# 21 世纪特殊教育创新教材

**主编单位**
华东师范大学学前与特殊教育学院
南京特殊教育职业技术学院
华中师范大学教育科学学院
陕西师范大学教育学院
总主编：方俊明
副主编：杜晓新　雷江华　周念丽

**学术委员会**
主　任：方俊明
副主任：杨广学　孟万金
委　员：方俊明　杨广学　孟万金　邓　猛　杜晓新　赵　微
　　　　刘春玲

**编辑委员会**
主　任：方俊明
副主任：丁　勇　汪海萍　邓　猛　赵　微
委　员：方俊明　张　婷　赵汤琪　雷江华　邓　猛　朱宗顺
　　　　杜晓新　任颂羔　蒋建荣　胡世红　贺荟中　刘春玲
　　　　赵　微　周念丽　李闻戈　苏雪云　张　旭　李　芳
　　　　李　丹　孙　霞　杨广学　王　辉　王和平

**21世纪特殊教育创新教材·理论与基础系列**

主编：杜晓新　　　　　审稿人：杨广学　孟万金

- 特殊教育的哲学基础(华东师范大学：方俊明)
- 特殊教育的医学基础(南京特殊教育师范学院：张婷、赵汤琪)
- 融合教育导论(华中师范大学：雷江华)
- 特殊教育学(雷江华、方俊明)
- 特殊儿童心理学(方俊明、雷江华)
- 特殊教育史(浙江师范大学：朱宗顺)
- 特殊教育研究方法(华东师范大学：杜晓新、宋永宁)
- 特殊教育发展模式(纽约市教育局：任颂羔)

**21世纪特殊教育创新教材·发展与教育系列**

主编：雷江华　　　　　审稿人：邓　猛　刘春玲

- 视觉障碍儿童的发展与教育(华中师范大学：邓猛)
- 听觉障碍儿童的发展与教育(华东师范大学：贺荟中)
- 智力障碍儿童的发展与教育(华东师范大学：刘春玲)
- 学习困难儿童的发展与教育(陕西师范大学：赵微)
- 自闭症谱系障碍儿童的发展与教育(华东师范大学：周念丽)
- 情绪与行为障碍儿童的发展与教育(华南师范大学：李闻戈)
- 超常儿童的发展与教育(华东师范大学：苏雪云；北京联合大学：张旭)

**21世纪特殊教育创新教材·康复与训练系列**

主编：周念丽　　　　　审稿人：方俊明　赵　微

- 特殊儿童应用行为分析(天津体育学院：李芳；武汉麟洁健康咨询中心：李丹)
- 特殊儿童的游戏治疗(华东师范大学：周念丽)
- 特殊儿童的美术治疗(南京特殊教育师范学院：孙霞)
- 特殊儿童的音乐治疗(南京特殊教育师范学院：胡世红)
- 特殊儿童的心理治疗(华东师范大学：杨广学)
- 特殊教育的辅具与康复(南京特殊教育师范学院：蒋建荣、王辉)
- 特殊儿童的感觉统合训练(华东师范大学：王和平)

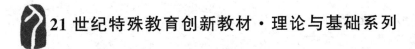
21世纪特殊教育创新教材·理论与基础系列

# 特殊教育史

朱宗顺　主　编

北京大学出版社
PEKING UNIVERSITY PRESS

### 图书在版编目(CIP)数据

特殊教育史/朱宗顺主编.—北京：北京大学出版社,2011.5
(21世纪特殊教育创新教材·理论与基础系列)
ISBN 978-7-301-15939-2

Ⅰ. ①特… Ⅱ. ①朱… Ⅲ. ①特殊教育－教育史－世界－教材 Ⅳ. ①G769.1

中国版本图书馆CIP数据核字(2011)第177011号

| | |
|---|---|
| 书　　　名： | 特殊教育史 |
| 著作责任者： | 朱宗顺　主编 |
| 丛 书 策 划： | 周雁翎 |
| 丛 书 主 持： | 李淑方 |
| 责 任 编 辑： | 李淑方 |
| 标 准 书 号： | ISBN 978-7-301-15939-2/G·2692 |
| 出 版 发 行： | 北京大学出版社 |
| 地　　　址： | 北京市海淀区成府路205号　100871 |
| 网　　　址： | http://www.pup.cn　　新浪微博：@北京大学出版社 |
| 微信公众号： | 通识书苑(微信号:sartspku)　科学元典(微信号:kexueyuandian) |
| 编辑部邮箱： | jyzx@pup.cn |
| 总编室邮箱： | zpup@pup.cn |
| 电　　　话： | 邮购部 010-62752015　　发行部 010-62750672 |
| | 编辑部 010-62767857　　出版部 010-62754962 |
| 印 刷 者： | 河北滦县鑫华书刊印刷厂 |
| 经 销 者： | 新华书店 |
| | 787毫米×1092毫米　16开本　18印张　450千字 |
| | 2011年5月第1版　2024年12月第8次印刷 |
| 定　　　价： | 39.00元 |

未经许可,不得以任何方式复制或抄袭本书之部分或全部内容。
**版权所有,侵权必究**
举报电话：(010)62752024　　电子信箱：fd@pup.pku.edu.cn

# 顾明远序

去年国家颁布的《国家中长期教育改革和发展规划纲要》专门辟一章特殊教育，提出："全社会要关心支持特殊教育"。这里指的特殊教育主要是指："促进残疾人全面发展、帮助残疾人更好地融入社会"。当然，广义的特殊教育还包括超常儿童与问题儿童的教育。但毕竟残疾人是社会的弱势群体中的弱势人群，他们更需要全社会的关爱。

发展特殊教育（这里专指残疾人教育），首先要对特殊教育有一个认识。所谓特殊教育的特殊，是指这部分受教育者在生理上或者心理上有某种缺陷，阻碍着他的发展。特殊教育就是要帮助他排除阻碍他发展的障碍，使他得到与普通人一样的发展。残疾人并非所有智能都丧失，只是丧失一部分器官的功能。通过教育我们可以帮助他弥补缺陷，或者使他的损伤的器官功能得到部分的恢复，或者培养其他器官的功能来弥补某种器官功能的不足。因此，特殊教育的目的与普通教育的目的是一样的，就是要促进儿童身心健康的发展，只是他们需要更多的爱护和帮助。

至于超常儿童教育则又是另一种特殊教育。超常儿童更应该在普通教育中发现和培养，不能简单地过早地确定哪个儿童是超常的。不能完全相信智力测验。这方面我没有什么经验，只是想说，现在许多家长都认为自己的孩子是天才，从小就超常地培养，结果弄巧成拙，拔苗助长，反而害了孩子。

在特殊教育中倒是要重视自闭症儿童。我国特殊教育更多的是关注伤残儿童，不大关心自闭症儿童。其实他们非常需要采取特殊的方法来矫正自闭症，否则他们长大以后很难融入社会。自闭症不是完全可以治愈的。但早期的鉴别和干预对他们日后的发展很有帮助。国外很关注这些儿童，也有许多经验，值得我们借鉴。

我在改革开放以后就特别感到特殊教育的重要。早在1979年我担任北京师范大学教育系主任时就筹办了我国第一个特殊教育专业,举办了第一次特殊教育国际会议。但是我个人的专业不是特殊教育,因此只能说是一位门外的倡导者,却不是专家,说不出什么道理来。

方俊明教授是改革开放后早期的心理学家,后来专门从事特殊教育二十多年,对特殊教育有深入的研究。在我国大力提倡发展特殊教育之今天,组织五十多位专家编纂这部"21世纪特殊教育创新教材"丛书,真是恰逢其时,是灌浇特殊教育的及时雨,值得高兴。方俊明教授要我为丛书写几句话,是为序。

中国教育学会理事长

北京师范大学副校长

2011年4月5日于北京求是书屋

# 沈晓明序

由于专业背景的关系,我长期以来对特殊教育高度关注。在担任上海市教委主任和分管教育卫生的副市长后,我积极倡导"医教结合",希望通过多学科、多部门精诚合作,全面提升特殊教育的教育教学水平与康复水平。在各方的共同努力下,上海的特殊教育在近年来取得了长足的发展。特殊教育的办学条件不断优化,特殊教育对象的分层不断细化,特殊教育的覆盖面不断扩大,有特殊需要儿童的入学率达到上海历史上的最高水平,特殊教育发展的各项指标均位于全国特殊教育前列。本市中长期教育改革和发展规划纲要,更是把特殊教育列为一项重点任务,提出要让有特殊需要的学生在理解和关爱中成长。

上海特殊教育的成绩来自于各界人士的关心支持,更来自于教育界的辛勤付出。"21世纪特殊教育创新教材"便是华东师范大学领衔,联合四所大学,共同献给中国特殊教育界的一份丰厚的精神礼物。该丛书全篇近600万字,凝聚中国特殊教育界老中青50多名专家三年多的心血,体现出作者们潜心研究、通力合作的精神与建设和谐社会的责任感。丛书22本从理论与基础、发展与教育、康复与训练三个系列,全方位、多层次地展现了信息化时代特殊教育发展的理念、基本原理和操作方法。本套丛书选题新颖、结构严谨,拓展了特殊教育的研究范畴,从多学科的角度更新特殊教育的研究范式,让人读后受益良多。

发展特殊教育事业是党和政府坚持以人为本、弘扬人道主义精神和保障人权的重要举措,是促进残障人士全面发展和实现"平等、参与、共享"目标的有效途径。《国家中长期教育改革和发展规划纲要》明确提出,要关心和支持特殊教育,要完善特殊教育体系,要健全特殊教育保障机制。我相信,随着我国经济的发展,教育投入的增加,我国特殊教育的专业队伍会越来越壮大,科研水平会不断地提高,特殊教育的明天将更加灿烂。

沈晓明

上海交通大学医学院教授、博士生导师

世界卫生组织新生儿保健合作中心主任

上海市副市长

2011年3月

# 丛 书 总 序

特殊教育是面向残疾人和其他有特殊教育需要人群的教育,是国民教育体系的重要组成部分。特殊教育的发展,关系到实现教育公平和保障残疾人受教育的权利。改革和发展我国的特殊教育是全面建设小康社会、促进社会稳定与和谐的一项急迫任务,需要全社会的关心与支持并不断提升学科水平。

半个多世纪以来,由于教育民主思想的渗透以及国际社会的关注,特殊教育已成为世界上发展最快的教育领域之一,它在一定程度上也综合反映出一个国家或地区的政治、经济、文化和国民素质的综合水平,成为衡量社会文明进步程度的重要标志。改革开放30多年以来,在党和政府的关心下,我国的特殊教育也得到了前所未有的大发展,进入了我国历史上最好的发展时期。在"医教结合"基础上发展起来的早期教育、随班就读和融合教育正在推广和深化,特殊职业教育和高等教育也有较快的发展,这些都标志着我国特殊教育的发展进入了一个全球化、信息化的时代。

但是,作为一个发展中国家,由于起点低、人口多、各地区发展不均衡,我国特殊教育的整体发展水平与世界上特殊教育比较发达的国家和地区相比,还有一定的差距,存在一些亟待解决的主要问题。例如:如何从狭义的仅以盲、聋、弱智等残疾儿童为主要服务对象的特殊教育逐步转向包括各种行为问题儿童和超常儿童在内的广义的特殊教育;如何通过强有力的特教专项立法来保障特殊儿童接受义务教育的权利,进一步明确各级政府、儿童家长和教育机构的责任,使经费投入、鉴定评估等得到专项法律法规的约束;如何加强对"随班就读"的支持,使融合教育的理念能被普通教育接受并得到充分体现;如何加强对特教师资和相关的专业人员的培养和训练;如何通过跨学科的合作加强相关的基础研究和应用研究,较快地改变目前研究力量薄弱、学科发展和专业人员整体发展水平偏低的状况。

为了迎接当代特殊教育发展的挑战和尽快缩短与发达国家的差距,三年前,我们在北京大学出版社出版意向的鼓舞下,成立了"21世纪特殊教育创新教材"的丛书编辑委员会和学术委员会,集中了国内特殊教育界具有一定教学、科研能力的高级职称或具有本专业博士学位的专业人员50多人共同编写了这套丛书,以期联系我国实际,全面地介绍和深入地探讨当代特殊教育的发展理念、基本原理和操作方法。丛书分为三个系列,共22本,其中有个人完成的专著,还有多人完成的编著,共约600万字。

**理论与基础系列。**

本系列着重探讨特殊教育的理论与基础。讨论特殊教育的存在和思维的关系,特殊教育的学科性质和任务,特殊教育学与医学、心理学、教育学、教学论等相邻学科的密切关系,力求反映出现代思维方法、相邻学科的发展水平以及融合教育的思想对现代特教发展的影响。本系列特别注重从历史、现实和研究方法的演变等不同角度来探讨当代特殊教育的特点和发展趋势。本系列由以下8种组成:

《特殊教育的哲学基础》《特殊教育的医学基础》《融合教育导论》《特殊教育学》《特殊儿童心理学》《特殊教育史》《特殊教育研究方法》《特殊教育发展模式》。

**发展与教育系列。**

本系列从广义上的特殊教育对象出发,密切联系日常学前教育、学校教育、家庭教育、职业教育和高等教育的实际,对不同类型特殊儿童的发展与教育问题进行了分册论述。着重阐述不同类型儿童的概念、人口比率、身心特征、鉴定评估、课程设置、教育与教学方法等方面的问题。本系列由以下7种组成:

《视觉障碍儿童的发展与教育》《听觉障碍儿童的发展与教育》《智力障碍儿童的发展与教育》《学习困难儿童的发展与教育》《自闭症儿童的发展与教育》《情绪与行为障碍儿童的发展与教育》《超常儿童的发展与教育》。

**康复与训练系列。**

本系列旨在体现"医教结合"的原则,结合中外的各类特殊儿童,尤其是有比较严重的身心发展障碍儿童的治疗、康复和训练的实际案例,系统地介绍了当代对特殊教育中早期鉴别、干预、康复、咨询、治疗、训练教育的原理和方法。本系列偏重于实际操作和应用,由以下7种组成:

《特殊儿童的行为治疗》《特殊儿童的游戏治疗》《特殊儿童的美术治疗》《特殊儿童的音乐治疗》《特殊儿童的心理治疗》《特殊教育的辅具与康复》《特殊儿童的感觉统合

训练》。

"21世纪特殊教育创新教材"是目前国内学术界有关特殊教育问题覆盖面最广、内容较丰富、整体功能较强的一套专业丛书。在特殊教育的理论和实践方面,本套丛书比较全面和深刻地反映出了近几十年来特殊教育和相关学科的成果。一方面大量参考了国外和港台地区有关当代特殊教育发展的研究资料;另一方面总结了我国近几十年来,尤其是建立了特殊教育专业硕士、博士点之后的一些交叉学科的实证研究成果,涉及5000多种中英文的参考文献。本套丛书力求贯彻理论和实际相结合的精神,在反映国际上有关特殊教育的前沿研究的同时,也密切结合了我国社会文化的历史和现实,将特殊教育的基本理论、基础理论、儿童发展和实际的教育、教学、咨询、干预、治疗和康复等融为一体,为建立一个具有前瞻性、符合科学发展观、具有中国历史文化特色的特殊教育的学科体系奠定基础。本套丛书在全面介绍和深入探讨当代特殊教育的原理和方法的同时,力求阐明如下几个主要学术观点:

1. 人是生物遗传和"文化遗传"两者结合的产物。生物遗传只是使人变成了生命活体和奠定了形成自我意识的生物基础;"文化遗传"才可能使人真正成为社会的人、高尚的人、成为"万物之灵",而教育便是实现"文化遗传"的必由之路。特殊教育作为一个联系社会学科和自然学科、理论学科和应用学科的"桥梁学科",应该集中地反映教育在人的种系发展和个体发展中所发挥的巨大作用。

2. 当代特殊教育的发展是全球化、信息化教育观念的体现,它有力地展现了人类社会发展过程中物质文明与精神文明之间发展的同步性。马克思主义很早就提出了两种生产力的概念,即生活物资的生产和人自身的繁衍。伴随生产力的提高和社会的发展,人类应该有更多的精力和能力来关注自身的繁衍和一系列发展问题,这些问题一方面是通过基因工程来防治和减少疾病,实行科学的优生优育,另一方面是通过优化家庭教育、学校教育和社会教育的环境,来最大限度地增加教育在发挥个体潜能和维护社会安定团结与文明进步等方面的整体功能。

3. 人类由于科学技术的发展、生产能力的提高,已经开始逐步地摆脱了对单纯性、缓慢性的生物进化的依赖,摆脱了因生活必需的物质产品的匮乏和人口繁衍的无度性所造成"弱肉强食"型的生存竞争。人类应该开始积极主动地在物质实体、生命活体、社会成员的大系统中调整自己的位置,更加注重作为一个平等的社会成员在促进人类的科学、民主和进步过程中所应该承担的责任和义务。

4. 特殊教育的发展,尤其是融合教育思想的形成和传播,对整个教育理念、价值观念、教育内容、学习方法和教师教育等问题,提出了全面的挑战。迎接这一挑战的方法只能是充分体现时代精神,在科学发展观的指导下开展深度的教育改革。当代特殊教育的重心不再是消极地过分地局限于单纯的对生理缺陷的补偿,而是在一定补偿的基础上,积极地努力发展有特殊需要儿童的潜能。无论是特殊教育还是普通教育都应该强调培养受教育者积极乐观的人生态度和做人的责任,使其为促进人类社会的进步最大限度地发挥自身的潜能。

5. 当代特殊教育的发展,对未来的教师和教育管理者、相关的专业人员的学识、能力和人格提出了更高的要求。未来的教师和教育管理者、相关的专业人员不仅要做到在教学相长中不断地更新自己的知识,还要具备从事普通教育和特殊教育的能力,具备新时代的人格魅力,从勤奋、好学、与人为善和热爱学生的行为中,自然地展示出对人类未来的美好憧憬和追求。

6. 从历史上来看,东西方之间思维方式和文化底蕴方面的差异,导致对残疾人的态度和特殊教育的理念是大不相同的。西方文化更注重逻辑、理性和实证,从对特殊人群的漠视、抛弃到专项立法和依法治教,从提倡融合教育到专业人才的培养,从支持系统的建立到相关学科的研究,思路是清晰的,但执行是缺乏弹性的,综合效果也不十分理想,过度地依赖法律底线甚至给某些缺乏自制力和公益心的人提供了法律庇护下的利己方便。东方哲学特别重视人的内心感受、人与自然和人与人之间的协调,以及社会的平衡与稳定,但由于封建社会落后的生产力水平和封建专制,特殊教育长期停留在"同情"、"施舍"、"恩赐"、"点缀"、"粉饰太平"的水平,缺乏强有力的稳定的实际支持系统。因此,如何通过中西合璧,结合本国的实际来发展我国的特殊教育,是一个需要深入研究的问题。

7. 当代特殊教育的发展是高科技和远古人文精神的有机结合。与普通教育相比,特殊教育只有200多年的历史,但近半个世纪以来,世界特殊教育发展的广度和深度都令人吃惊。教育理念不断更新,从"关心"到"权益",从"隔离"到"融合",从"障碍补偿"到"潜能开发",从"早期干预"、"个别化教育"到终身教育及计算机网络教学的推广,等等,这些都充分地体现了对人本身的尊重、对个体差异的认同、对多元文化的欣赏。

本套丛书力求帮助特殊教育工作者和广大特殊儿童的家长:① 进一步认识特殊

教育的本质,勇于承担自己应该承担的责任,完成特殊教育从慈善关爱型向义务权益型转化;② 进一步明确特殊教育和普通教育的目标,促进整个国民教育从精英教育向公民教育转化;③ 进一步尊重差异,发展个性,促进特殊教育从隔离教育向融合教育转型;④ 逐步实现特殊教育的专项立法,进一步促进特殊教育从号召型向依法治教的模式转变;⑤ 加强专业人员的培养,进一步促进特殊教育从低水平向高质量的转变;⑥ 加强科学研究,进一步促进特殊教育学科水平的提高。

我们希望本套丛书的出版能对落实我国中长期的教育发展规划起到积极的作用,增加人们对当代特殊教育发展状况的了解,使人们能清醒地认识到我国特殊教育发展所取得的成就、存在的差距、解决的途径和努力的方向,促进中国特殊教育的学科建设和人才培养。在教育价值上进一步体现对人的尊重、对自然的尊重;在教育目标上立足于公民教育;在教育模式上体现出对多元文化和个体差异的认同;在教育方法上本着实事求是的精神实行因材施教,充分地发挥受教育者的潜能,发展受教育者的才智与个性;在教育功能上进一步体现我国社会制度本身的优越性,促进人类的科学与民主、文明与进步。

在本套丛书编写的三年时间里,四个主编单位分别在上海、南京、武汉组织了三次有关特殊教育发展的国际论坛,使我们有机会了解世界特殊教育最新的学科发展状况。在北京大学出版社和主编单位的资助下,丛书编委会分别于2008年2月和2009年3月在南京和上海召开了两次编写工作会议,集体讨论了丛书编写的意图和大纲。为了保证丛书的质量,上海市特殊教育资源中心和华东师范大学特殊教育研究所为本套丛书的编辑出版提供了帮助。

本套丛书的三个系列之间既有内在的联系,又有相对的独立性。不同系列的著作可作为特殊教育和相关专业的教材,也可供不同层次、不同专业水平和专业需要的教育工作者以及关心特殊儿童的家长等读者阅读和参考。尽管到目前为止,"21世纪特殊教育创新教材"可能是国内学术界有关特殊教育问题研究的内容丰富、整体功能强、在特殊教育的理论和实践方面覆盖面最广的一套丛书,但由于学科发展起点较低,编写时间仓促,作者水平有限,不尽如人意之处甚多,寄望更年轻的学者能有机会在本套丛书今后的修订中对之逐步改进和完善。

本套丛书从策划到正式出版,始终得到北京大学出版社教育出版中心主任周雁翎和责任编辑李淑方、华东师范大学学前教育学院党委书记兼上海特殊教育发展资源中心主任汪海萍、南京特殊教育职业技术学院院长丁勇、华中师范大学教育科学学院院长邓猛、陕西师范大学教育科学学院副院长赵微等主编单位领导和参加编写全体同仁的关心和支持,在此由衷地表示感谢。

最后,特别感谢丛书付印之前,中国教育学会理事长、北京师范大学副校长顾明远教授和上海市副市长、上海交通大学医学院教授沈晓明在百忙中为丛书写序,对如何突出残疾人的教育,如何进行"医教结合",如何贯彻《国家中长期教育改革和发展规划纲要》等问题提出了指导性的意见,给我们极大的鼓励和鞭策。

"21世纪特殊教育创新教材"
编写委员会
(方俊明执笔)
2011年3月12日

# 前　言

在教育大家庭中,特殊教育因其服务对象的特殊性而自成体系。所谓特殊教育,是指根据特殊儿童的身心特点和教育需要,采用一般的或特殊的教学方法或手段,最大限度地发挥受教育者的潜能,使他们增长知识,获得技能,拥有良好的品德,提高适应能力的一种教育。① 由于特殊儿童存在广义和狭义的区别(广义特殊儿童泛指在身心各个方面同正常儿童相比有显著差异的儿童,狭义特殊儿童专指残疾儿童或障碍儿童),因此,特殊教育也就有广义和狭义之别。广义特殊教育就是对各类身心异常的儿童所实施的各种形式的教育,狭义特殊教育是指在专门机构中对残疾儿童——主要是指盲、聋、哑、智障等——所实施的教育。本书主要是在狭义的含义上使用特殊教育这一概念。当然,根据历史材料和研究的需要,有时也会在广义的含义上使用特殊教育概念,尤其在梳理萌生时期的特殊教育发展史时更是如此;有时也会根据时代发展要求,使用"残疾人教育"、"障碍者教育"等指称特殊教育。

特殊教育同其他教育领域一样,作为一种社会现象,有其产生、演变的历史,具有历史性。特殊教育史是以研究中外特殊教育发展历史为任务的学术研究领域。无论是从特殊教育事业的发展还是特殊教育学科建设的角度看,开展特殊教育史研究都十分必要。一方面,特殊教育史属于史学范畴,而史学研究的价值在于"告诉我们人已经做过什么,因此,就告诉我们人是什么"②。史学可以帮助我们认识社会和人自身的发展规律,更好地指导实践,正所谓"以史为鉴可知兴替"。从这个角度来讲,研究中外特殊教育史,无疑会为我国特殊教育事业的发展提供有益的镜鉴。另一方面,特殊教育史也是特殊教育学科和特殊教育专业建设不可缺少的组成部分,还是教育史学的一个研究领域。从世界范围看,自 19 世纪后期,已经有学者关注特殊教育史的研究了。如:伊拉·H.德比(Ira H. Derby)的《美国第一所聋哑学校的历史》(*The History of The First School For Deaf-Mutes of America*,1885)、C.J.豪(C. J. Howe)的《加拿大的聋哑人:教育的历史》(*The Deaf-Mutes of Canada*,1888)、W.H.伊林沃思(W. H. Illingworth)的《盲人教育史》(*History of the Education of the Blind*,1910)等。不过,这些作品主要是关于某个领域的特殊教育历史,宏观特殊教育史的研究始于 20 世纪后半期,代表作是 M.A.文策尔(M. A. Winzer)的《特殊教育史:从隔离到一体化》(*The History of Special Education：From Isolation to Integration*,1993)。在我国,华林一曾于 1929 年编写出版《低能教育》、《残废教育》两书,但均非专门的特殊教育史著作。近年来,国内不少特殊教育理论著作也对特殊教育史列专章介绍,如朴永馨所著《世界

---

① 方俊明.特殊教育学[M].北京:人民教育出版社,2005:3.
② R.G.柯林武德.历史的观念[M].何兆武,张文杰,译.北京:中国社会科学出版社,1986:11.

教育大系·特殊教育》(2000)等，但直到张福娟等主编的《特殊教育史》(2000)面世，我国才有专门的特殊教育史作品。因此，从国内外特殊教育史研究的现状看，加强特殊教育史的研究显得非常必要。

特殊教育史的研究对象是特殊教育发展的历史，它所涉及的内容应该包括哪些呢？这与对历史和教育史的理解有关。概言之，历史是人类已经经历过的、做过的事迹，它既包括已经经历的客观事迹本身，也包括对人类所作所为的记录、思考，正如黑格尔的理解："历史这个名词有这么一种双重意义：它一方面指事迹或事象本身，另一方面又指那些通过想象、为了想象而写出来的东西。"①有学者据此将教育史分为客观的教育史和记录的教育史两部分。② 从这个角度来说，特殊教育史的内容应包括两个方面：一是在人类社会发展过程中留下的客观的特殊教育事迹，如机构、制度等；二是人们对这些特殊教育事迹的主观记录、思考，如各类文献中对特殊教育的记载、反思等。根据这种思考路径，本书对中外特殊教育史的梳理，既注重对客观的特殊教育史迹的整理、爬梳——重点是特殊教育的制度、实践；又注重研究有关特殊教育的思考——重点是特殊教育的思想、观念。

关于特殊教育发展历史阶段的划分，研究者们已经有了一些有益的探索。③ 对这些探索，本书在充分借鉴的基础上，力图体现一些新的特色。为全面总结中外特殊教育发展历史的宏观面貌，本书根据特殊教育发展的自身轨迹，将中外特殊教育史分为三个历史时段，即"特殊教育的萌生"、"特殊教育的确立"、"特殊教育的发展"。相应地，本书在结构上分为三编，每编兼顾中外特殊教育、兼顾各类特殊教育。而各章内部，均循"实践"、"观念"的逻辑来组织。全书结构如下：

第1编"特殊教育的萌生"。从原始社会到文艺复兴和启蒙运动时期，是特殊教育的萌芽期，残疾人和残疾人教育从受忽视甚至被全面排斥，逐步过渡到受关注。本编共分三章：第1章"外国古代的特殊教育"，梳理原始社会、古希腊、古罗马、古代印度以及中世纪的残疾人和残疾人教育的观念及实践，展示柏拉图、亚里士多德和昆体良等人的残疾人及残疾人教育的观念。第2章"西方文艺复兴和启蒙运动时期的特殊教育"，分析文艺复兴和启蒙运动时期残疾人及残疾人教育的萌动，展示夸美纽斯等人文主义教育家的特殊教育观念。第3章"中国古代的特殊教育"，梳理中国古代至明清时期的残疾人观念和特殊教育的实践，分析孔子、朱熹等中国古代教育家的特殊教育思想。

第2编"特殊教育的确立"。在文艺复兴的推动下，各类特殊教育在近代逐步建立。本编共分四章，分别梳理近代西欧、北美等地听觉障碍教育、视觉障碍教育、智障教育及其他特殊教育产生和兴起的历史，以及中国近代特殊教育的确立，总结列斯贝、布雷渥、加劳德特、霍维、布莱尔、菲舍、伊塔德、塞甘、张謇等中外特殊教育先贤们的特殊教育思想。

第3编"特殊教育的发展"。20世纪中期以来，在社会变革的背景下，各国特殊教育得到了快速发展。本编共分六章，从特殊教育实践和特殊教育思想两个角度，分别

---

① 黑格尔.哲学史讲演录(第1卷)[M].贺麟，王太庆，译.上海：商务印书馆，1959：109.
② 杜成宪，邓明言.教育史学[M].北京：人民教育出版社，2004：7.
③ 朴永馨.特殊教育[M].长春：吉林教育出版社，2000：6-11.

梳理欧洲现代特殊教育的发展,北美现代特殊教育的发展,日本和印度现代特殊教育的发展,中国现代特殊教育的发展,以及中华人民共和国的特殊教育;思想史方面,分析了蒙台梭利、马卡连柯、陈鹤琴的特殊教育思想。

最后,本书以"附录"的形式,编辑了"世界特殊教育大事记",简明扼要地展示了特殊教育发展的轨迹。

我们希望上述结构,能够对中外特殊教育发展历史展开比较简明而又完整的讨论,以期有助于特殊教育实践的发展,有助于特殊教育学科、专业的建设。

本书各章执笔者如下:朱宗顺(前言,第1、2、3章,附录),黄丽娇(第4、5章),李贤智(第6、8章),张纯(第7章),陈光华、伊藤聪知(第10章)(英国伯明翰大学Dr. M. Miles提供了第10章的部分资料),曹漱芹(第11章),龚兵(第12章),田景正、朱宗顺(第13章),姚娅萍、赵翠芝(第9章)。全书由朱宗顺完成修改和统稿。

在本书写作中,我们参阅并借鉴了许多国内外学者的研究成果,在此表示真诚的感谢。浙江大学田正平教授,华中师范大学喻本划教授、杨汉麟教授,深圳大学熊贤君教授,为本书的写作提供了重要的意见,在此表达特别的感谢。另外,"21世纪特殊教育创新教材"编委会的专家也给予了我们直接的指导,在此深表谢忱。

当然,由于特殊教育史的研究相对比较薄弱,影响特殊教育史研究的资料整理等基础性工作尚未展开,尤其是对有关近代外国特殊教育家的史料掌握不足,加之本书研究者们的学识和能力也有待提高,因此,本书肯定存在不足,诚挚欢迎专家批评指正。

编 者
2011年3月

# 目 录

顾明远序 ································································································ (1)
沈晓明序 ································································································ (1)
丛书总序 ································································································ (1)
前　　言 ································································································ (1)

## 第 1 编　特殊教育的萌生

### 第 1 章　外国古代的特殊教育 ································································ (1)
#### 第 1 节　中世纪以前的残疾人及其教育 ·············································· (1)
一、原始社会与特殊教育的源头 ························································· (1)
二、古代东方的特殊教育 ·································································· (3)
三、古代西方的特殊教育 ·································································· (5)
#### 第 2 节　古代西方的特殊教育观念 ······················································ (8)
一、柏拉图的特殊教育观念 ······························································· (8)
二、亚里士多德的特殊教育观念 ························································· (9)
三、昆体良的特殊教育观念 ······························································· (10)
#### 第 3 节　西方中世纪的残疾人及其教育 ·············································· (11)
一、中世纪的残疾人 ········································································ (11)
二、基督教的传播与特殊教育 ··························································· (13)
三、促使特殊教育登台力量的初步显现 ················································ (14)

### 第 2 章　西方文艺复兴和启蒙运动时期的特殊教育 ································ (16)
#### 第 1 节　文艺复兴和启蒙运动时期的残疾人及其教育 ···························· (16)
一、文艺复兴和启蒙运动时期的残疾人状况 ········································ (16)
二、文艺复兴和启蒙运动时期特殊教育的萌芽 ····································· (20)
#### 第 2 节　文艺复兴和启蒙运动时期的特殊教育思想 ······························· (21)
一、人文主义教育思想与特殊教育 ···················································· (21)
二、夸美纽斯的特殊教育观 ······························································ (22)
三、经验主义与特殊教育 ································································· (25)
四、启蒙思想与特殊教育 ································································· (28)

1

### 第3章 中国古代的特殊教育 …………………………………………………… (33)
#### 第1节 中国古代的残疾人与教育 ……………………………………………… (33)
一、中国古代的残疾人 ……………………………………………………… (33)
二、中国古代的残疾人政策 ………………………………………………… (35)
三、中国古代的特殊教育状况 ……………………………………………… (37)
#### 第2节 中国古代的神童教育 …………………………………………………… (40)
一、中国古代神童的类型 …………………………………………………… (40)
二、中国古代神童的教育与考选 …………………………………………… (41)
#### 第3节 中国古代特殊教育思想的萌生 ………………………………………… (43)
一、儒、佛、道与特殊教育思想的萌生 …………………………………… (43)
二、孔子、朱熹思想中的的特殊教育思想资源 …………………………… (47)

## 第2编 特殊教育的确立

### 第4章 听觉障碍教育的确立 ……………………………………………………… (51)
#### 第1节 听觉障碍教育机构的建立 ……………………………………………… (51)
一、西欧听觉障碍教育机构的建立 ………………………………………… (51)
二、北美听觉障碍教育机构的建立 ………………………………………… (54)
#### 第2节 听觉障碍教育思想的初步发展 ………………………………………… (58)
一、听觉障碍教育先驱的教育思想 ………………………………………… (58)
二、列斯贝的听觉障碍教育思想 …………………………………………… (60)
三、海尼克的听觉障碍教育思想 …………………………………………… (62)
四、布雷渥的听觉障碍教育思想 …………………………………………… (64)
五、加劳德特的听觉障碍教育思想 ………………………………………… (65)
六、贝尔的听觉障碍教育思想 ……………………………………………… (66)
七、听觉障碍教育中的"手口之争" ………………………………………… (67)

### 第5章 视觉障碍教育的确立 ……………………………………………………… (70)
#### 第1节 视觉障碍教育机构的建立 ……………………………………………… (70)
一、西欧视觉障碍教育机构的建立 ………………………………………… (71)
二、北美视觉障碍教育机构的建立 ………………………………………… (73)
#### 第2节 视觉障碍教育思想的初步发展 ………………………………………… (76)
一、霍维的视觉障碍教育思想 ……………………………………………… (76)
二、塞缪尔·格雷德利·豪的视觉障碍教育思想 ………………………… (77)
三、布莱尔与盲文的发展 …………………………………………………… (80)

### 第6章 智障教育及其他特殊教育的确立 ………………………………………… (84)
#### 第1节 智障教育机构的建立 …………………………………………………… (84)
一、欧洲智障教育机构的产生 ……………………………………………… (84)

  二、北美智障教育机构的建立……………………………………………(88)
  三、其他特殊教育机构的建立……………………………………………(90)
 第2节 智障教育思想的初步发展………………………………………………(97)
  一、伊塔德的智障教育思想………………………………………………(97)
  二、塞甘的智障教育思想…………………………………………………(103)
  三、塞缪尔·格雷德利·豪的智障教育思想……………………………(107)

第7章 中国近代特殊教育的确立……………………………………………………(111)
 第1节 中国近代的特殊教育实践………………………………………………(111)
  一、西方特殊教育的传入…………………………………………………(111)
  二、盲人教育机构的建立…………………………………………………(113)
  三、聋人教育机构的建立…………………………………………………(117)
 第2节 中国近代的特殊教育思想………………………………………………(120)
  一、张謇的特殊教育思想…………………………………………………(120)
  二、傅兰雅、傅步兰父子的特殊教育思想………………………………(123)

# 第3编 特殊教育的发展

第8章 欧洲现代特殊教育的发展……………………………………………………(129)
 第1节 英国现代特殊教育的发展………………………………………………(130)
  一、20世纪上半期的英国特殊教育………………………………………(130)
  二、《沃诺克报告》与英国特殊教育的发展……………………………(132)
  三、20世纪80年代以来的英国特殊教育…………………………………(134)
 第2节 法国现代特殊教育的发展………………………………………………(137)
  一、二战后至20世纪70年代法国特殊教育的发展………………………(137)
  二、20世纪70年代以来法国特殊教育的发展……………………………(139)
 第3节 德国现代特殊教育的发展………………………………………………(143)
  一、二战后至20世纪70年代德国特殊教育的发展………………………(144)
  二、20世纪80年代以来德国特殊教育的发展……………………………(145)
 第4节 苏联现代特殊教育的发展………………………………………………(147)
  一、"二战"后至五六十年代苏联的特殊教育……………………………(147)
  二、20世纪70年代以后苏联的特殊教育…………………………………(149)
 第5节 东欧现代特殊教育的发展………………………………………………(153)
  一、颁布了特殊教育的相关法规…………………………………………(153)
  二、发展了各类特殊教育机构……………………………………………(154)
  三、重视特殊教育师资的培养……………………………………………(154)

## 第9章　北美现代特殊教育的发展 ……………………………………………… (156)
### 第1节　美国现代特殊教育的发展 …………………………………………… (156)
  一、美国特殊教育政策法规的演变 ……………………………………… (156)
  二、美国特殊教育行政的发展 …………………………………………… (159)
  三、美国现代听障教育的发展 …………………………………………… (160)
  四、美国现代视障教育的发展 …………………………………………… (163)
  五、美国现代智障教育的发展 …………………………………………… (166)
### 第2节　加拿大现代特殊教育的发展 ………………………………………… (169)
  一、加拿大现代特殊教育的发展概况 …………………………………… (169)
  二、特殊教育管理与政策法规 …………………………………………… (172)
  三、特殊儿童的教育安置 ………………………………………………… (174)
  四、师资培训 ……………………………………………………………… (176)

## 第10章　日本和印度现代特殊教育的发展 …………………………………… (177)
### 第1节　日本现代特殊教育的发展 …………………………………………… (177)
  一、明治维新之前的日本特殊教育 ……………………………………… (177)
  二、明治维新至二战结束时日本的特殊教育 …………………………… (178)
  三、二战结束后日本特殊教育的发展 …………………………………… (181)
### 第2节　印度特殊教育的发展 ………………………………………………… (185)
  一、独立前印度特殊教育的建立 ………………………………………… (185)
  二、独立后印度特殊教育的发展 ………………………………………… (188)

## 第11章　国外现代特殊教育思想 ……………………………………………… (193)
### 第1节　蒙台梭利的特殊教育思想 …………………………………………… (193)
  一、蒙台梭利的生平与活动 ……………………………………………… (193)
  二、特殊教育思想 ………………………………………………………… (195)
  三、评价 …………………………………………………………………… (201)
### 第2节　马卡连柯的特殊教育思想 …………………………………………… (202)
  一、马卡连柯的生平与活动 ……………………………………………… (202)
  二、特殊教育思想 ………………………………………………………… (204)
  三、评价 …………………………………………………………………… (210)

## 第12章　中国现代特殊教育的发展 …………………………………………… (212)
### 第1节　中国现代特殊教育政策法规的演变 ………………………………… (212)
  一、中华民国前期的特殊教育政策法规 ………………………………… (212)
  二、中华民国后期的特殊教育政策法规 ………………………………… (214)
  三、中华民国时期特殊教育政策法规的特点 …………………………… (215)
### 第2节　中国现代特殊教育机构的发展 ……………………………………… (216)
  一、特殊教育机构发展的概况 …………………………………………… (216)
  二、几所有代表性的特殊教育机构 ……………………………………… (218)
  三、各地特殊教育的发展情况 …………………………………………… (221)

  第 3 节 陈鹤琴的特殊教育思想 …………………………………………（223）
    一、陈鹤琴的生平与活动 ………………………………………………（223）
    二、陈鹤琴的特殊教育思想 ……………………………………………（225）
    三、评价 …………………………………………………………………（227）
第 13 章 中华人民共和国的特殊教育 ……………………………………（228）
  第 1 节 特殊教育政策法规的变革 ……………………………………（228）
    一、特殊教育政策法规的初步确立 ……………………………………（228）
    二、特殊教育政策法规的全面拓展 ……………………………………（231）
  第 2 节 各类特殊教育事业的发展 ……………………………………（235）
    一、特殊儿童基础教育的发展 …………………………………………（235）
    二、残疾人职业技术教育和高等教育的发展 …………………………（239）
    三、特殊教育的教师教育 ………………………………………………（240）
  第 3 节 特殊教育思想的发展 …………………………………………（240）
    一、当代西方特殊教育理论的传入和影响 ……………………………（240）
    二、随班就读教育思想的产生与实践 …………………………………（242）
附录 世界特殊教育大事记 ………………………………………………（245）
参考文献 ………………………………………………………………………（251）

# 第1编 特殊教育的萌生

特殊教育的发展有一个漫长的萌生期。对各类身心异常者尤其是身心残疾者的教育,是在社会生产力逐步发展的条件下,随着对他们的观念的逐步改变而出现的。从原始社会到18世纪前后,残疾人及其教育,从受忽视甚至被全面排斥,逐步过渡到受到零星关注。中外特殊教育在各自独特的历史和文化语境中,集聚着萌生的能量。本编对这一漫长的特殊教育萌生期进行梳理。

本编共分三章:第1章"外国古代的特殊教育",梳理原始社会、古希腊、古罗马、古代两河流域、古代印度以及中世纪的残疾人及其教育的观念、实践,整理柏拉图、亚里士多德和昆体良等西方先贤的残疾人及残疾人教育观念。第2章"西方文艺复兴和启蒙运动时期的特殊教育",分析文艺复兴、启蒙运动时期残疾人及残疾人教育的萌动,整理人文主义、感觉经验主义、启蒙思想对特殊教育观念的影响,总结夸美纽斯特殊教育观念。第3章"中国古代的特殊教育",梳理中国古代的残疾人观念和特殊教育的实践,分析孔子、朱熹等中国古代思想家的残疾人及其教育的观念。

## 第1章 外国古代的特殊教育

1. 理解原始社会是特殊教育的源头。
2. 了解古代两河流域、埃及、印度等古代东方各地的残疾人及其教育。
3. 了解古希腊、罗马等古代西方国家的残疾人及其教育。
4. 领会柏拉图、亚里士多德、昆体良等人的残疾人观念及影响。

从原始社会到中世纪,别国的特殊教育经历着怎样一种萌生的准备呢?本章将带领读者去理解这一过程。读者将会读到:广义的特殊教育源头在原始社会;古代东方的两河流域、埃及、印度以及古代西方的希腊、古罗马等,对残疾人及教育的认识都是模糊、矛盾的,柏拉图、亚里士多德和昆体良等为特殊教育留下了自己的思考;而中世纪则似乎为残疾人及特殊教育状况的改变聚集了初步的力量。

### 第1节 中世纪以前的残疾人及其教育

一、原始社会与特殊教育的源头

探究特殊教育的产生问题,必然要追索人类的产生问题。因为身心障碍者的出现一定是伴随着人的产生而产生的,有了人类就一定会有身心残障的成员。学术界比较一致的结论是:"教育伴随着人类社会的产生而产生,随着社会的发展而发展,与人类社会共始终。"① 如果我们不怀疑上述结论的话,那么,也应该承认:特殊教育——当然是广义的特殊教育——也是伴随着人类的产生而产生的,其源头理应就在原始社会。

### (一) 作为特殊教育源头的原始社会背景

人的产生是古老的话题。神创人类是人类对自身起源的最早的共同假说,直到18、19世纪,随着科学的发展,尤其是达尔文(Charles Robert Darwin,1809—1882)出版《人类的由来》(1871)之后,人类的产生才同猿猴、大猩猩等动物的进化联系在一起。恩格斯在《劳动在从猿到人转变过程中的作用》中提出人的形成经历了攀树的猿群、正在形成中的人和完全形成的人三个阶段。制造工具标志着正在形成的人发展为完全形成的人、原始社会开始形成。

原始社会是人类社会发展的必经之阶。根据原始人使用生产工具的情况,原始社会又被划分为旧石器时期(始于约300万年前)、中石器时期(始于约15000年前)和新石器时期(始于约9000年前)。原始社会时期,社会生产、社会结构和文化习俗等,均处于原始萌生阶段。到新石器时代,原始农业和畜牧业产生,社会的第一次大分工出现。随着生产力发展和剩余产品出现,在不同分工的原始部落之间出现商品交换,氏族内部萌生出私有制、奴役制和阶级关系。随着手工劳动和农业的分工,私有制、奴役制进一步扩展,原始社会走向解体。原始社会的解体时间,古埃及和美索不达米亚约为公元前3000年左右,中国约在公元前2000年左右,古希腊、古罗马更晚,而在世界的某些地区,直到现代还有原始社会状态存在。②

### (二) 特殊教育的源头

要回答原始社会有没有特殊教育的问题,需要弄清楚两个前提:原始社会有没有教育?原始社会有没有特殊教育的对象——残疾人?尽管缺少研究原始社会的实物和文献资料,但我们还是可以根据原始社会的基本状况,对这两个问题进行回答。

原始社会有没有教育?答案其实是肯定的。撇开今天专门化、制度化的学校教育来看,同生产、生活紧密相连的非形式化的广义教育在原始社会存在是肯定无疑的。人类社会产生以后,为了从事生产和维系种族繁衍,以对下一代的培养为目标的教育就得以产生。由于没有产生家庭、生产力水平低下、文化不发达,原始社会的教育具有以下特点:① 实行儿童公有和儿童公育。② 传授社会生活和生产劳动的实际知识与技能。③ 在社会生活和生产劳动的过程中进行教育。③ 概括起来说,原始社会的教育具有全民(全氏族)的、平等的性质,教育内容具有多样性,同时,教育还没有为少数人垄断,没有沦为少数人奴役多数人的工具,也没有同生产劳动分离。④ 当然,没有理由将原始社会的教育理想化,原始社会教育的这些特点,只不过是原始社会低下的生产力和欠发达的文化发展的无奈结果,更重要的是,这个时候的教育还只是最宽泛的非形式化的教育,教育还没有从生产、生活中独立出来而成为一项专门化的社会活动。

原始社会有没有身心异常者或残疾人?答案也是肯定的。从特殊教育对象存在的特点来看,"特殊儿童——包括智力超常儿童的存在是客观的、必然的,是不以人的意志为转移的,或者说,特殊儿童是人类(物种)存在的一种形式"⑤。现代研究证明:遗传变异普遍存在和外界环境的影响,是决定身心异常者必然存在的两个前提。生物遗传的变异性不会因为是在原始社会而

---

① 顾明远.教育大辞典(第1卷)[M].上海:上海教育出版社,1990:4.
② 夏征农.辞海(缩印本)[M].上海:上海辞书出版社,1989:172.
③ 曹孚,等.外国古代教育史[M].北京:人民教育出版社,1981:2-12.
④ 滕大春.外国教育通史(第1卷)[M].济南:山东教育出版社,1989:20-21.
⑤ 刘全礼.特殊教育导论[M].北京:教育科学出版社,2003:8.

消失,而原始社会的环境也不会因为没有现代工业的污染而对新生一代没有消极影响。相反,由于原始社会生产力水平低,文化不发达,对新生一代进行孕育、生产和养育的条件更加恶劣,至少不会优于现代社会新生一代成长的环境。当然,要对原始社会特殊儿童的规模进行估计几乎是一项不可能的工作,中国最早的人口调查也要到商朝才有①,遑论统计原始社会的残疾人规模了。不过,这不影响我们认定残疾人或身心障碍者在原始社会就存在的结论。

教育因人的存在而存在,而原始社会残疾人的存在是不可避免的,那么,对残疾儿童进行教育同样就不可避免了。可以推测:只要原始社会残疾儿童还没有达到非被抛弃不可的残疾程度,就一定会像氏族公社的其他儿童一样受到公养公育,在生产、生活活动中接受生产、生活知识和技能的教育。尽管这只是一种非形式化的、广义的特殊教育,但同样可以肯定特殊教育的源头在原始社会。

**二、古代东方的特殊教育**

世界各地的人类走出原始社会进入文明社会的时间是不同的,但相同的是:生产力因为金属工具的使用而进一步发展,家庭及国家产生,以文字的发明为标志,文化得到发展,形式化的专门教育机构学校产生。这些变化,导致古代东西方特殊教育走出原始的非形式化的发展阶段,特殊儿童的家庭教育形式得以产生。古代两河流域、古埃及、古印度是古代东方文明的代表,通过他们的特殊教育可以窥见古代东方特殊教育发展之一斑。

**(一)古代两河流域的特殊教育**

古代美索不达米亚平原的两河流域是人类文化的发祥地之一。约从公元前3000年起,两河流域出现奴隶制国家,苏美尔文明兴起。公元前18世纪,巴比伦第六代国王汉谟拉比(Hammurabi,约公元前1792—公元前1750年在位)统一两河流域诸国,建立古巴比伦王国。公元前689年,巴比伦为亚述所灭。公元前538年,又为波斯所占。古代两河流域创造了辉煌的文化,发明了用泥板书写的文字,在数学、天文学等方面的成就尤其突出。从教育的发展来看,除了家庭教育这一形式外,还建立了文士学校这种专门的教育机构,形成了独特的学校制度、课程和教学方法。②

就特殊教育而言,有三点值得关注:① 古代两河流域在苏美尔文明兴起后,逐步出现了不同的王朝,伴随着家庭教育和学校教育的产生,特殊儿童在家庭中接受父母和其他长辈教育的情况是可以肯定的。当然,这种特殊儿童家庭教育依然是非专门化的。② 在古代两河流域的观念中,残疾人是神的不当作为的结果。在苏美尔人的神话中有关于神制造残疾人的想象。如传说地母神宁玛赫(Ninmah)在酒醉后造出了六个人,结果只有两个人有可辨识的特征,一个是不会生育的女人,一个是没有性别的人;生育之神的儿子恩基(Enki)也试图擅自造人,结果,所造之人生命残缺不全,身体虚弱,智力低下。③ 毫无疑问,在苏美尔人的神话中,残疾人只不过是天神"醉酒后"或"擅自"所为的结果,而不

古苏美尔废墟尼普尔
(Nippur)发掘记载关于
人类起源的神话的泥板

---

① 葛剑雄.中国人口史(第1卷)[M].上海:复旦大学出版社,2002:34.
② 滕大春.外国教育通史(第1卷)[M].济南:山东教育出版社,1989:28-42.
③ Samuel Noah Cramer. Sumerian Mythology: A Study of Spiritual and Achievement in the Third Millennium B. C(Revised)[M]. Philadelphia: University of Pennsylvania Press,1961:70-72.

是按照神的正常秩序造人的结果。到了巴比伦人那里,他们甚至认为残障者是"魔鬼缠身"。①对残疾人的这种观念当然无助于特殊教育的发展。③ 巴比伦国王汉谟拉比制定了世界上第一部比较完备的成文法典《汉谟拉比法典》。法典一方面规定:打瞎别人的眼睛就必须被打瞎眼睛作为处罚,被别人打断了腿就可以打断别人的腿作为补偿,甚至害死了别人的儿子则他自己的儿子也要被处死;另一方面,又强调保护孤寡。这就透露出一种残忍和人道交织的矛盾的观念,而真正的人道关爱才是特殊教育得以产生的土壤。古代两河流域文明对残疾人的模糊认识和矛盾的人道观念,自然有碍特殊教育的发展。

### (二) 古代埃及的特殊教育

古代埃及是世界文明古国之一,它位于富饶的尼罗河流域,农业发达,很早就建立了国家。在公元前 3500 年左右,就建成了上埃及和下埃及两个王国,公元前 3000 年左右,埃及统一。以后历经早期王朝(约前 3000—前 2700)、古王国(约前 2700—前 2100)、中王国(约前 2100—前 1580)和新王国(约前 1580—前 1085),发展为奴隶制国家。后相继被波斯和马其顿所征服,公元前 30 年为罗马帝国所灭,公元 640 年成为阿拉伯帝国的一个行省。② 在学校建立以前古代埃及的教育主要在家庭中进行,由父母教育子女。埃及的专门教育机构学校建立比较早,根据古代埃及的文献记载,在古王国时期就有了宫廷学校,此后还出现了职官学校、文士学校、寺庙学校等形式。教育内容以宗教、文字、道德等为主,方法上重视灌输和惩戒。③

古代埃及的特殊教育有几点需要关注:① 家庭教育仍然是那些能够被父母留下来的残障儿童接受教育的基本形式。② 埃及人对残疾人的认识和采取的措施同样存在矛盾。一方面残疾人被认为是"魔鬼缠身",是上帝的惩罚,要用祈祷、念咒等办法驱邪,另一方面,古埃及人又能善待侏儒。古埃及有好几位侏儒神,在古埃及宫廷里还立有侏儒石像,这说明古埃及人没有视侏儒为残疾人。③ 古埃及人注重研究残疾的病因和治疗方法,但方法又十分可笑。古代埃及以手抄本形式记录了某些疾病和残疾的处理方法:如为使狂躁者镇静而进行劝说,为使人从堕胎、肿瘤的痛苦中解脱而施以魔法。另外还提到了对智力障碍者、聋人和传染病人的处理方法,并描述了治疗器官疾病的处方,提出用鹅毛、铜、一种产于亚洲和非洲热带的树脂与其他物质进行搅拌,将搅拌物滴入病人眼中治疗眼疾的方法。④ ④ 古埃及人注重对残疾人的帮助甚至训练:卡马神父训练盲人学习音乐、艺术及按摩,让他们参加宗教仪式,令盲人在一定时期内可成为诗人和音乐家;同时智力障碍者及其他残疾孩子也受到埃及天神奥塞斯追随者的保护。⑤

### (三) 古代印度的特殊教育

古代印度也是世界文明古国之一。据考古发现,公元前 2800 前后的哈拉巴文化时期,印度出现了奴隶制萌芽。公元前 1500 年左右,印度进入"吠陀"时代,印度社会向奴隶社会过渡,由吠陀教演变而来的婆罗门教成为最大的宗教派别,由婆罗门、刹帝利、吠舍和首陀罗四个等级构成的种姓制度形成。公元前 600 年以后,印度进入"列国时代",佛教产生。古印度的教育就产生于这种多元的文化和宗教背景之中。在吠陀时期,家庭是各等级儿童接受教育的主要形式,但首陀罗、农民和奴隶则被剥夺受教育权。公元前 8 世纪后,随着"奥义书"时期的来临和"古儒"的出现,专门的学校教育产生。公元前 600 年以后,随着佛教产生,佛教的寺院教育兴起。⑥ 古代印度

---

① 潘一.特殊教育学基础[M].北京:高等教育出版社,2006:13.
② 滕大春.外国教育通史(第1卷)[M].济南:山东教育出版社,1989:45.
③ 曹孚,等.外国古代教育史[M].北京:人民教育出版社,1981:17-22.
④ 张福娟,等.特殊教育史[M].上海:华东师范大学出版社,2000:7.
⑤ 张福娟,等.特殊教育史[M].上海:华东师范大学出版社,2000:7.
⑥ 曹孚,等.外国古代教育史[M].北京:人民教育出版社,1981:124-130.

的特殊教育就是在上述背景下产生的。

同世界上其他大多数地区一样,古代印度先民一般对身心残障的儿童持否定的态度。那些身体残障的儿童大多数要被杀死。因为印度先民相信,身心残疾是魔鬼附身,是上帝惩罚的结果。古代印度对残疾人的这种看法,可以追溯到印度佛教的"因果报应"说,根据这种理论,个人现世的生活状况是他过去生活的结果,而现世的生活状况又会决定来世的生活。① 当然,那些还没有残疾到非被杀死或抛弃不可的儿童,则会在生产生活中接受非形式化的特殊教育;家庭产生以后,这些幸运的残疾儿童同样会在家庭中受到一定程度的教育。

在印度的文献中,没有资料提到对残疾儿童的教育。不过,在印度经常被提到的一个似乎与特殊教育有关的例子是:印度教的圣哲阿胥他瓦卡(Ashtavakra),虽然身体有8个曲弯,但他在《吠陀》中的诗作却非常出色。② 这似乎说明古代印度对残疾人及其教育又有一种开放的态度。一些佛教修行的僧徒往往也对一些残疾人给以帮助,以为自己积累一些"因果报应"的资源。但能够得到这些僧徒帮助的残疾人规模有限。由于佛教提倡怜惜残疾人,也推动了对残疾人和贫穷者的帮助和保护工作。如在完成扩张统一战争后大力提倡佛教的印度孔雀王朝君主阿育王(Asoka,前273—前236年在位),战后就为残疾人和穷人建立了许多收养院和医院。哈尔沙国王(King Harsha)在位期间(606—647),为残疾人提供保护和救济金,国库专门指定一笔款项划拨给残疾儿童的父母。这种由政府为残疾儿童的保育和保护提供经费的做法一直延续到中古的印度。印度中古时期(1200—1857),盲人可以成为诗人,聋人可被雇为间谍,聋哑人则被聘为文书抄写员。尽管对残疾人的雇用类型还很有限,但这显示出印度教育系统中存在着对残疾人相应的教育和训练。③

### 三、古代西方的特殊教育

古代西方以古希腊、古罗马为代表,当他们进入文明时代以后,广义的特殊儿童也以家庭生活或社会生活为接受教育的主要形式,而残疾程度严重的儿童则有各自不同的遭遇。

#### (一) 古希腊的特殊教育

1. 古希腊特殊教育萌生的背景

古希腊位于现今欧、亚交界的爱琴海区域。这一地区在公元前3000年就兴起了爱琴文明,但到公元前1100年左右衰落了,希腊半岛进入沉寂的"黑暗期"。公元前9—前8世纪,希腊社会向城邦国家转变。公元前5世纪上半叶希波战争后,希腊文明进入空前繁荣时期。发生在公元前431—前404年的伯罗奔尼撒战争使希腊陷入混乱。公元前338年,马其顿击败希腊联军,开始了希腊化时代。古希腊人在文学、戏剧、雕塑、建筑、哲学等诸多方面都有很深的造诣。这一文明遗产在古希腊灭亡后被古罗马延续下去,从而成为整个西方文明的精神源泉。

古希腊的教育是随着古希腊文明的发展而发展起来的。古希腊人将教育视为国家的责任。在斯巴达,儿童从一生下来就要接受检查,合格的由母亲或保姆负责照管,7岁以后就送进军营接受严格训练。斯巴达人忽视文化知识教育,片面进行军事、体育训练。而在雅典,儿童7岁前也要在家中接受教育,7岁后,进入音乐学校(弦琴学校)和体操学校(角力学校),接受身心和谐发展的教育。

2. 古希腊的特殊教育

在古希腊,广义的特殊儿童中那些残疾程度较轻者,各自在家庭中接受家庭教育的做法是可

---

① Hifzur Rahman. History of Special Education in India[M]. Delhi: Sanjay Prakashan, 2005: 97-98.
② Hifzur Rahman. History of Special Education in India[M]. Delhi: Sanjay Prakashan, 2005: 98.
③ Hifzur Rahman. History of Special Education in India[M]. Delhi: Sanjay Prakashan, 2005: 99.

以肯定的,但残障程度较重的特殊儿童的命运就因矛盾多元的残疾人观念而复杂得多了。

古希腊从强种保国的角度出发,非常重视儿童的先天身体素质,以至于存在弃婴甚至杀婴的习惯,许多神话故事就与弃婴有关。如希腊著名悲剧《俄狄浦斯王》的主人公俄狄浦斯刚出生三天就被生父底比斯的国王拉伊俄斯丢掉;爱奥尼亚的建造者伊恩在襁褓中就被圣母遗弃;海神波塞东、医神埃斯科拉庇俄斯、火神赫菲斯托斯等也有相同的命运;据公元前5世纪的希腊诗人欧里庇得斯描述,婴孩被扔在河里或粪坑里,或抛尸街头,成为飞鸟和走兽的美食。① 在斯巴达,婴儿出生后,由部落长老决定是否抚养。新生儿出生后,送给长老检查,如是病弱、残疾,就要扔到山谷中去,被抛弃的婴儿有时会被别的城邦的人收去抚养。② 这种习俗显然不利于残疾儿童的生存和教育,当然,"因为有些残疾在出生时还不那么明显,因此,有不少残疾儿童存活了下来"③。

古希腊人注重用医学来解决残疾人问题,但这种医学与神话、迷信、误解混杂,对残疾人的影响好坏参半。古希腊医生提倡对疾病分类,并根据他们推测出的疾病,采用不同的方法来处理,还特别关注精神错乱、盲和聋三类残疾。然而,当时占统治地位的处理疾病的方法是神秘主义的。在古希腊神话中,天神能够拿走一个人的精神,因而心理疾病被认为是神力附体,精神现象会通过一种神秘的力量同身体联系起来。因此,医生需要考虑他们对疾病的处理是否越轨。④

希波克拉底(Hippocrates,前460—前377)是古希腊的名医,他的医学理论对古希腊残疾人及其教育产生了影响。⑤ 他吸收古埃及医疗技术,试图治疗各种残疾病人,包括视力障碍、聋、癫痫、智力迟钝等。他的医疗实践在一定程度上改变了当时流行的神秘主义的病因及其治疗观念。但他并没有完全摆脱神秘主义的影响,既强调生理诊断,又承认超自然力量对疾病的影响。希波克拉底的医学是以通过屠宰动物和检查战士的伤口而获得的知识为基础的,而不是以通过检查人的身体变化获得的知识为基础的。据他推断,外部因素会引起创伤,而没有创伤的病症则是由各种生理、精神或者上帝的因素造成的。希波克拉底还提出了一套独特的体液理论作为他的医学理论的基础。他认为,每个人体内都有血液、淋巴、黄胆汁和黑胆汁四种体液,每种体液有其基本特征,如热、冷、干燥和湿等,当某种外部因素和内部因素导致其中一种体液过剩或者不平衡时,就会影响身体,产生疾病。按照他的观点,智力异常是一种疾病或者是其他疾病的表现形式;而精神异常则是由于某种体液分泌过多的缘故,当黑色体液分泌过多或过少时,就会引起各类精神异常,精神抑郁症的原因就在于此。希波克拉底还曾提出:说和听在人的大脑中应该有一个共同的源头,因此,聋不是什么超自然因素的结果。⑥ 可以肯定的是,以希波克拉底为代表的希腊医生对疾病和残疾的这种具有一定理性色彩的探索和实践,虽然不能改变古希腊时代残疾人的命运,但为后世残疾人及其教育的改观指明了方向,累积了可贵的能量。

**(二)古罗马的特殊教育**

1. 古罗马特殊教育萌生的背景

古罗马文化是希腊文化的延续。古罗马历史一般分为三个时期:王政时期(前8—前6世纪末)、共和时期(前509—前30年)和帝国时期(前30—公元476年)。王政时期还带有浓厚的氏

---

① 施密特,等.基督教对文明的影响[M].江晓丹,等译.北京:北京大学出版社,2004:37.
② 滕大春.外国教育通史(第1卷)[M].济南:山东教育出版社,1989:148.
③ Philip L. Safford,etc.. A History of Childhood and Disability[M]. New York:Teachers College Press,1996:5.
④ Philip L. Safford,etc.. A History of Childhood and Disability[M]. New York:Teachers College Press,1996:6.
⑤ 张福娟,等.特殊教育史[M].上海:华东师范大学出版社,2000:7-8.
⑥ Margret A. Winzer. The History of Special Education:From Isolation to Integration[M]. Washington,D. C.:Gallaudet University Press,1993:18.

族公社色彩。共和时期法律逐步建立,随着对希腊城邦占领而推进的希腊化逐步加快,希腊文化教育对罗马也产生巨大影响。这个时期的罗马儿童7岁前在家中接受教育,7岁后进入各级学校接受教育。罗马帝国时期,疆域辽阔,帝国政府强化国家对教育的控制,建立了国家教育制度。而帝国时期的另一变化是,随着基督教的传入,新生的教会教育逐步建立,这不仅影响帝国后期的教育制度,也深深影响了此后西方教育的发展。

2. 古罗马的特殊教育

宽泛意义上的特殊教育在古罗马家庭中展开的具体资料同样缺乏,但客观上的存在是可以肯定的。有资料表明:罗马帝国的第四任皇帝克劳狄(Tiberius Claudius Caesar Augustus Germanicus,公元前10—公元54)不仅身体有残疾,而且说话口吃。残疾人能当上皇帝,至少可以推断他接受过教育,这表明对残疾人的教育应该是存在的。当然那些不是出生在皇家而且残疾程度较重的特殊儿童的命运,同他们古希腊的前辈一样命运多舛。

同古希腊一样,古罗马普遍存在着弃婴、杀婴习俗,这威胁着古罗马残疾儿童的生存及教育。在罗马的《十二铜表法》中,虽然规定父亲必须抚养他所生的第一个男孩和第一个女孩,但规定"畸形的新生儿例外"。① 残杀婴孩有不同的原因,那些生下来就残疾或体质虚弱的通常要被除掉,办法是溺死。古罗马政治家、著名学者西塞罗(Marcus Tullius Cicero,前106—前43),还通过列举《十二铜表法》来论证杀死残疾婴孩的合理性,他的结论是"当杀死残疾婴孩"。堪称当时道德典范的古罗马作家塞内加(Seneca, Lucius Annaeus,约前4—65)也说"我们将生下来虚弱畸形的孩子溺死"。弃婴风俗在古罗马也由来已久。据传说,建造罗马城的罗慕路斯(Romulus)和雷慕斯(Remus)就是被抛弃在台伯河的弃儿,幸好两个孩子都没有死,而是被狼养大了。尽管这一传说"多半没有历史的种子"②,但从这一传说还是可以窥见古罗马弃婴风俗的一斑。在古罗马城,不受欢迎的孩子通常都被丢在一个名叫哥伦那拉克塔里亚(Columna Lactaria)的地方,这个地方因政府允许乳母们在此喂养弃儿而得名。③ 与弃婴、杀婴相比,在古罗马存在的残酷的角斗表演,虽然不直接威胁残疾婴孩,但格斗、残杀和流血所激发的是残忍之心。这不利于人道之心这一攸关残疾人命运的理念的成长。不过,随着基督教的传入,弃婴、杀婴习俗逐步得到纠正,这一点将在本章第三节讨论。

古罗马人也试图为残疾人提供医学上的支持和关怀,虽然对残疾人及其教育发展的正面影响在增大,但还是比较缓慢。由于缺乏对病因的正确认识,罗马医生带给残疾病人的可能是适得其反的影响。资料显示④:罗马帝国初期,有个名叫塞尔萨斯(Cornelius Celsus,前25—50)的医生总结了前辈特别是希波克拉底的医学理论与实践,采用了一套与希波克拉底不同的医疗方法。例如对于精神病人,希波克拉底建议采用休息、有意义的工作、促进相互理解的办法来进行治疗,而塞尔萨斯的处理方法则不同,他的处方中包括了各种动物、蔬菜和矿物质,用得最普遍的是黑藜芦。黑藜芦有强烈的腹泻功效,当时被认为是治疗精神错乱者的常规方法。塞尔萨斯建议对精神压抑者用黑色的黑藜芦,而对狂乱者则用白色的黑藜芦;如果药物不见效,就建议通过殴打、鞭打和镣铐来治疗。塞尔萨斯还试图治疗耳疾,建议患者自己将黄杨的汁,或韭菜与蜜蜂的混合物液,或去皮的甜石榴加上热带的树脂滴入耳内;或用低度酒精洗耳,然后用烈性酒与玫瑰油混合物灌耳。而对于那些年老的听力迟钝者,他建议用热油或用铜绿加蜜蜂酒灌入。盖伦(Galen,130—200)是罗马医生中最有影响的一位,他捍卫希波克拉底反对智力障碍是由超自然的力量引

---

① 让-皮埃尔,内罗杜.古罗马的儿童[M].张鸿,等译.桂林:广西师范大学出版社,2005:160.
② 科瓦略夫.古代罗马史[M].王以铸,译.上海:上海书店出版社,2007:52.
③ 施密特,等.基督教对文明的影响[M].汪晓丹,等译.北京:北京大学出版社,2004:34.
④ 张福娟,等.特殊教育史[M].上海:华东师范大学出版社,2000:8-9.

起的立场,并使用生理学概念来解释智力障碍。他还秉持希波克拉底对聋的传统看法,推测听和说是脑的功能。盖伦和以后的医生通过对舌系带进行手术的办法治疗耳聋,这一方法一直持续到20世纪。①

古罗马人对残疾人的态度仍是反感和嫌恶。② 在古罗马,盲的男孩会成为乞丐或纤夫,盲的女孩沦为妓女,有智力缺陷的人则被当做奴隶贩卖。公元2世纪,帝国境内的一些富人有时会收留残疾者作为丑角,供家人和客人们娱乐。为此,在罗马还建立了一个可以买到断脚、短臂、三只眼、巨人、侏儒或两性人等的特殊市场。据古罗马皇家的记事随笔记载,古罗马帝国第一位皇帝奥古斯都(Augustus,前63—14)厌恶侏儒或各种畸形者,把他们看成是厄运携带者。

总的来说,对残疾人有偏见、迷信和嫌恶等消极看法的现象,在古罗马时期依然存在。但情况似乎有改变,残疾人的活动范围在消极使用或雇佣的背景下有所扩大,对残疾人医学处理的一些合理的理论和实践得到坚持与推广。这些进步在基督教和罗马法典中有关残疾人的正面规定的双重影响下,将对中世纪及此后的残疾人及其教育产生正面作用。

## 第2节 古代西方的特殊教育观念

严格地讲,从原始社会到中世纪以前,狭义的特殊教育还没有产生的条件,特殊儿童在社会和家庭生活中接受广义上的教育,特殊教育处于自发的萌生状态。在这样的背景下,自然不可能出现现代意义上的特殊教育思想家。但一些学者直接或间接提出过一些关于残疾人及其教育的观念,尽管这些观念的思想火光还很微弱,有的可能并不能够为未来特殊教育的生长起到指路的作用,但这毕竟是特殊教育萌生期留下的特殊教育观念资源。总结这些观念,有利于更好地认清布满荆棘的特殊教育发展之路。本节将以柏拉图、亚里士多德和昆体良三位对世界教育产生过巨大影响的思想家为线索进行分析。

### 一、柏拉图的特殊教育观念

#### (一) 柏拉图特殊教育观念提出的背景

柏拉图(Plato,前427—前347)是古希腊伟大的思想家、哲学家、教育家。他出生于雅典贵族家庭,从小受到良好的教育,20岁时成为苏格拉底(Socrates,前469—前399)的学生。苏格拉底被处死后,柏拉图开始了为期12年的游历生涯。公元前387年,柏拉图创办阿加德米学园(Academy),它成为当时希腊教育和学术研究的中心。柏拉图的代表作为《理想国》。他的教育思想可以从两方面来看:① 以培养理想国的哲学王为最高目标。柏拉图认为教育的目的是要培养理想国的公民,尤其是军人和执政者,而最高目标是培养"哲学王",除非哲学家成为国王,否则的话,"对国家甚至我想对全人类都将祸害无穷,永无宁日。"③② 主张教育是国家的责任,并对各级教育及其课程展开了讨论。

#### (二) 柏拉图的特殊教育观念

在柏拉图的思想中,与残疾人和特殊教育相关的有两点值得注意:① 柏拉图在对话中,常用盲人、聋人来做消极的比喻。比如,"你认为下述这种人与盲者有什么不同吗:他们不知道每一事物的实在,他们的心灵里没有任何清晰的原型,因而不能像画家看着自己要画的东西那样地注

---

① Margret A. Winzer. The History of Special Education: From Isolation to Integration[M]. Washington, D. C. : Gallaudet University Press,1993:17-18.
② 张福娟,等.特殊教育史[M].上海:华东师范大学出版社,2000:4.
③ 柏拉图.理想国[M].郭斌和,等译.北京:商务印书馆,1986:214-215.

视着绝对真实,不断地从事复原工作,并且,在必要时尽可能真切地注视原样,也在我们这里制定出关于美、正义和善的法律,并守护着他们?"①"你有没有注意到,脱离知识的意见全都是丑的?从其中挑选出最好的来也是盲目的;或者说,你认为那些脱离理性而有某种正确意见的人,和瞎子走对了路有什么不同吗?"②在古代,盲人看不见、聋人听不见是客观存在的事实,这里引用的两段对话中只不过是说出了这一事实。但是,这一事实的说出是用来作为一个反面的、消极的材料以佐证正确的结论,透露出柏拉图对残疾人的能力存在轻视的倾向。② 主张优生优育,抛弃残疾婴孩。柏拉图借苏格拉底之口说:"最好的男人必须与最好的女人尽量多结合在一起;反之,最坏的与最坏的要尽量少结合在一起。最好者的下一代,必须培养成长;最坏者的下一代则不予养育,如果品种要保持最高质量的话。""优秀者的孩子,我想他们会带到托儿所去,交给保姆抚养;保姆住在城中另一区内。至于一般或其他人生下来有先天缺陷的孩子,他们将秘密地加以处理,有关情况谁都不清楚。"③优生优育从现代科学的角度看,有益于减少残疾的发病率,但要将残疾婴孩"处理"掉,就不仅不利于特殊教育,连残疾人的生存权也要被粗暴地剥夺了。

当然,轻视残疾人也好,要"处理"掉残疾婴儿也罢,实际上是反映了当时的古希腊社会对残疾人及其能否受教育的一般态度,过于苛责柏拉图是没有道理的。事实上,柏拉图对国家应负教育责任的强调,在恰当的历史时期,会成为政府部门承担特殊教育责任的有力的理论根据。

## 二、亚里士多德的特殊教育观念

### (一) 亚里士多德特殊教育观念提出的背景

亚里士多德(Aristotle,前384—前322)是古希腊著名哲学家、教育家,恩格斯(Friedrich Engels,1820—1895)称他是古希腊"最博学的人",具有"百科全书式的科学兴趣"④。亚里士多德童年接受医学基础知识教育,17岁时进入柏拉图的阿加德米学园,在此生活和学习了20年之久。柏拉图去世后,亚里士多德离开雅典在外游历12年。公元前336年,亚里士多德回到雅典,创办吕克昂学园(Lyceum),一边教书,一边从事学术研究。他著述丰富,反映其教育思想的代表作品包括:《政治学》《伦理学》《论灵魂》等。他的教育思想主要包括以下几方面:
① 教育应该由国家统一办理。尽管亚里士多德的理想城邦和柏拉图由哲学王统治的城邦不同,但他也与其老师一样,主张国家要承担教育责任。他指出:"城邦应该是许多分子的集合,唯有教育才能使他成为团体而达成统一。"⑤② 主张自然、和谐发展的教育。亚里士多德把人的灵魂区分为植物的、动物的、理性的三个部分,提出三者应该根据自然顺序、和谐发展。为此,要相应实施体、智、德、美全面和谐发展的教育。③ 对教育的阶段及相应的课程展开讨论。他把出生到21岁的教育分为三阶段,对每个阶段的特征和教育任务、内容分别作了论述。

### (二) 亚里士多德的特殊教育观念

1. 主张优生优育,禁止畸形儿的生存

他提出,为了使城邦的儿童体格健康,城邦的立法者首先要注意的便是有关"婚姻的问题"。他认为公民在何时与何人结婚、何时生育小孩继承父母最为合适,父母具有怎样的体格对孩子有利,孕妇应该保持怎样的营养和心理等,都应该在立法时加以考虑。至于儿童的遗弃与抚养问

---

① 柏拉图.理想国[M].郭斌和,等译.北京:商务印书馆,1986:229.
② 柏拉图.理想国[M].郭斌和,等译.北京:商务印书馆,1986:262.
③ 柏拉图.理想国[M].郭斌和,等译.北京:商务印书馆,1986:193-194.
④ 中共中央马克思恩格斯列宁斯大林著作编译局编译.马克思恩格斯全集(第3卷)[M].北京:人民出版社,1972:59.
⑤ 亚里士多德.政治学[M].吴寿彭,译.北京:商务印书馆,1965:57.

题,"国家可以定一法律不许养活畸形残废儿童。但那只得在儿童人数过多时方始实行。如果在国家公认的习俗中禁止这种措施(因为我们国家里,人口有一定限额),就不应该遗弃任何儿童。但当夫妇孩子过多时,可以在胎儿未有感觉与生命之前堕胎。这是否做得合法,就在于胎儿有无感觉与生命的问题。"① 优生优育是古希腊的传统,也是亚里士多德的老师柏拉图所坚持的,亚里士多德秉持了这一传统,这对残疾人及其教育是有益的。但是,他仍然没有摆脱古代抛弃、杀溺残疾婴儿的习俗,不过,亚里士多德为禁止残疾婴儿的生存列出了一些前提条件,在某种程度上可以视为缓慢的进步。

2. 他的感觉理论影响了残疾人及特殊教育的发展

首先,亚里士多德非常重视感知在人认识事物中的作用,从长远看这有助于特殊教育的发展。"在亚里士多德看来,知识的最终源泉是感官知觉","亚里士多德把可感的个体放在舞台的中心,因而把感官知觉当做它的火把。"② 应该说,重视感官的思想,对感官有缺陷的残疾人及其教育是一个福音。

其次,他在感觉问题上的一些模糊认识有不利于残疾人及其教育的一面。亚里士多德对感觉的功能、本质、种类和错觉等均有专门的描述。他认为:感觉是外物作用于感官所产生的印象和痕迹,从本质上说,如果某一种感官的功能丧失了,那么,与此相应的某些知识也一定不可避免地要失去。在味觉、听觉和视觉三种感觉中,他认为,就生存的需要来说,视觉是最重要的,而在智力发展中,听觉是最重要的。因此,他认为,盲虽然是较严重的残疾,但是,那些一出生就盲的人要比一出生就聋的人聪明,因为盲人与视力正常者有相同的智力。根据这一观点,应该是听力对知识获得及智力发展的贡献最大。亚里士多德把"感觉缺失和推理无能"看成是聋人的特征,并认为"他们与森林中的动物一样,是不可教育的"。亚里士多德还将语言看成是天生的,而不是通过模仿获得的。他甚至说:"生下来就聋的人在任何情况下都是哑巴;他们能够发出声音,但是不能说话。"③

在这里,亚里士多德没有看到感觉的补偿功能,他对听力残疾给智力发展造成的影响的估计显得有些过度,有关聋人"感觉缺失和推理无能"、"任何情况下都是哑巴"、"是不可教育的"等论断,给残疾人及其教育,尤其是聋人及其教育的发展,造成了极大的消极影响。当我们想到,文艺复兴时期,阅读古希腊、古罗马经典作品是人们的时尚,亚里士多德的这些观点也必然伴随其作品的流传而广泛传播,影响之广自可想见。

### 三、昆体良的特殊教育观念

#### (一) 昆体良特殊教育观念提出的背景

昆体良(Marcus Fabius Quintilianus,约35—100),是古罗马帝国初期最负盛名的雄辩家、教育家。他出生于西班牙(当时为罗马帝国的一个行省),在罗马受过雄辩教育,做过律师。公元58年他返回故乡西班牙,从事律师和讲授雄辩术工作达10年之久,后来他又回到罗马,担任罗马帝国皇帝的家庭教师。公元78年,罗马帝国设立国家支付薪金的修辞学讲座,昆体良出任第一任教师,在该校主持工作达20年之久。退休后他着手著述,完成了代表作《雄辩术原理》,系统总结了他20多年的教育经验。他的教育思想的主要观点包括:① 重视教育的作用,以培养雄辩家为教育目的,而品德是雄辩家的首要品质。② 主张学校教育优于家庭教育,提倡以班级授课

---

① 华东师范大学教育系,等.西方古代教育论著选[M].北京:人民教育出版社,2001:102-103.
② 乔纳森·伯内斯.亚里士多德.余继元,译.北京:中国社会科学出版社,1990:26.
③ 张福娟,等.特殊教育史[M].上海:华东师范大学出版社,2000:10.

取代个别教学。③ 提出了区分各个阶段的教育内容、方法的意见,尤其反对体罚。①

**(二)昆体良的特殊教育观念**

首先,他强调,天赋的才能对教育具有重要影响。"必须予以强调,那就是若没有天赋的才能,关于技术的规则是无用处的。所以,缺乏才能的学生不能从这种著作里获得益处,正如贫瘠的土地不能从一篇有关农业的论文里获得益处一样……在某些情况下,这些天赋的素质缺乏到如此程度,以致学习因缺少一切有利条件(例如才能)而无法进行。"②昆体良对先天条件的强调,对残疾人而言,应该是个不好的征兆。

其次,他肯定大多数人的天赋是能学习的,"呆笨的不可教的"是极少数。他认为,那种抱怨只有少数人有能力接受知识,而多数人理解能力"如此迟钝"以致实施教育是浪费时间的观点是没有根据的。在他看来,恰恰相反,大多数人是敏于推理和乐于学习的,推理的能力自然地降临在人的身上,正如鸟的飞翔、马的飞奔、野兽的凶猛一样,自然赋予我们的头脑以灵敏和机智,"那些呆笨的不可教的人,正如天生的怪胎和怪物是不正常的一样,只是极少数"③。昆体良肯定不可教的呆笨者是少数,某种程度上又弥补了因强调"天赋"而可能给残疾人及其教育带来的损失。

再次,在对聋哑人的认识上,他保持了亚里士多德的传统。昆体良在论述不能将雄辩术交给那些品行不良的人时提出:"如果把天赋的才能变为他们的互相毁灭的话,还不如生为聋哑而没有理性。"④这个陈述,反映出昆体良的思想中天生聋哑的人就是没有理性的人的观念。这和亚里士多德的结论是一致的,显然不利于特殊教育的发展。

## 第3节 西方中世纪的残疾人及其教育

中世纪是指从公元476年西罗马帝国灭亡,到公元1453年东罗马帝国即拜占庭衰亡为止的千余年历史时期。这一概念实际上不仅用来指欧洲的发展历史,也往往用以泛指世界不同国家和地区向现代转变的历史时期。中世纪后期同文艺复兴很难截然分开,因此,本书并不打算遵循严格的史学分段,而更多是从现代转型这个角度使用中世纪的概念。通常谈到中世纪,总是会令人想起"黑暗"、"灾乱"等消极形容词,但这种评价太过简单。事实上,"西方文明进化的线索,在中世纪并不会完全消灭,其中尽有许多文明史上不朽的成绩存在;因之,'黑暗时代'之称号,实为不公。"⑤就特殊教育的发展而言,中世纪就不能称为"黑暗时代",至少不会比此前的时代更黑暗。在中世纪的西方,一方面因为灾乱、瘟疫、战争,残疾人及其教育的处境依然艰辛,但另一方面,随着基督教的传播,人们对残疾人的观念逐步改变,残疾人及其教育的命运确实出现了微光。

**一、中世纪的残疾人**

**(一)战争、灾害、瘟疫与残疾人**

中世纪西方到底有多少残疾人,已无法准确估计。但中世纪人类生存的自然和社会状况并没有大的改变,残疾人大量存在是肯定的。

1. 战争与动荡威胁人类并制造着残疾。西罗马帝国灭亡后,西欧陷入频繁的战争与混乱之中,既有西欧自身各民族、各王朝为重新定位而掀起的战争,也有同东方拜占庭、穆斯林的战争,

---

① 吴式颖.外国教育思想通史(第2卷)[M].长沙:湖南教育出版社,2002:394-421.
② 华东师范大学教育系.西方古代教育论著选[M].北京:人民教育出版社,2001:136-137.
③ 华东师范大学教育系.西方古代教育论著选[M].北京:人民教育出版社,2001:137.
④ 华东师范大学教育系.西方古代教育论著选[M].北京:人民教育出版社,2001:155.
⑤ 吴康.译者序.格莱夫斯.中世教育纪史[M].吴康,译.上海:华东师范大学出版社,2005:3-4.

直到中世纪早期行将结束的时候,西方在第二个千年的开端才开始"笼罩着和平的色彩"[①]。11世纪到13世纪的十字军东征,则扩展了战争范围、加深了灾乱的程度。"十字军高涨的贪欲、暴力和战斗精神导致欧洲出现一种迫害心理"[②],持异见者面临着新的威胁,犹太人和其他少数民族惨遭横祸,连基督徒和军人也要受到迫害。战争必然带来经济和社会的动荡,恶化了残疾人及其教育的环境。总之,一方面战争不断制造着残疾人,另一方面,残疾人的生存环境也在恶化。

2. 饥荒与瘟疫的影响。从1315年持续到1322年的饥荒,至少造成1/10的欧洲人口死亡。[③] 从14世纪30年代开始持续数个世纪的瘟疫(也称"黑死病",Black Death),给欧洲带来了极大的灾乱。1348年至1349年间,瘟疫以惊人的速度扩散到整个欧洲,使欧洲损失了大约1/3的人口,在人口密集的城镇,死亡率超过了50%。[④] 饥荒、瘟疫不仅造成人口减少,同时还制造新的残疾人口,许多人因恐惧而精神错乱,更重要的是,因瘟疫又引起新的人道灾乱。有人把瘟疫归因于神秘的理念,有人归因于地震、烟雾等自然现象,有人认为是犹太人在水井里下毒,教会则认为是"上帝的愤怒",这些没有根据的归因给人们带来了更大的伤害。教皇和神职人员组织大型宗教游行队伍,参加游行的人们泪流满面,披头散发,残酷鞭打自己直到血流如注,以期平息上帝的愤怒;犹太人成为瘟疫的牺牲品,大量居住在欧洲的犹太人遭基督徒的杀害。在充满惊恐的欧洲,残疾人处境只会更为艰难。

(二) 迫害、医学与残疾人

1. 各种迫害的影响。在中世纪的欧洲,因民族、宗教、自然灾害等引起的各种迫害,也直接给残疾人造成消极影响,比如宗教迫害。随着基督教西传,在欧洲产生了不同宗教派别,为了确保教会权力,1230年,教皇格里高利九世(Pope Gregory IX,1227—1241年在位)任命宗教裁判官建立"异端裁判所",使用秘密审讯、严刑拷打并处以火刑等方法打击异端。在基督教徒和反基督教徒相互迫害的过程中,越来越多的人相信有魔鬼力量要摧毁教会。人们认为巫师与魔鬼有关,一场波及整个欧洲、前后近300余年的异端裁判所迫害巫师的灾乱开始了。1484年,教皇公开对巫师宣战,一本宣扬巫师是恶魔、号召审判巫师的题为《锤击女巫》(Hexenhammer)的书迅速流传,由于该书认为巫师主要是女性,于是被饥荒、瘟疫折磨的人们纷纷将愤怒投向女巫。据估计近3个世纪中,成千上万名所谓的巫师死于火烧、绞刑、水淹或其他处死方法,受到审判的人数超过10万人,其中大约80%为妇女。[⑤]

有多少残疾人遭到迫害不得而知,但可以进行推测。一是巫师队伍中肯定不乏残疾人;二是一些残疾人本来就会因为自身身心的异常而被视为异端。奥古斯丁(Aurelius Augustinus,354—430)要求将疯子与癫痫患者置于宗教管辖范围内;他还拒绝残疾人加入教会,聋者不能参加教会的盛典。而智力障碍者会因为自己怪异的行为而遭迫害;约翰·加尔文(John Calvin,1509—1564)宣称智力障碍者为撒旦所控制。马丁·路德(Martin Luther,1483—1546)建议将智力障碍者抛入河中淹死。因此可以肯定,残疾人在中世纪的迫害潮中不仅不能幸免,反而更加悲惨。

2. 充满野蛮、迷信色彩的医学方式得到延续。[⑥] 中世纪,社会上流行着用自愿敲打自己头部来治疗各种头部疾病、精神忧郁症、狂乱症、麻痹症、听力障碍、牙痛、歇斯底里狂笑以及色情狂等

---

[①] 朱迪斯·M.本内特.欧洲中世纪史(第10版)[M].杨宁,等译.上海:上海社会科学院出版社,2007:7.
[②] 朱迪斯·M.本内特.欧洲中世纪史(第10版)[M].杨宁,等译.上海:上海社会科学院出版社,2007:252.
[③] 朱迪斯·M.本内特.欧洲中世纪史(第10版)[M].杨宁,等译.上海:上海社会科学院出版社,2007:357.
[④] 朱迪斯·M.本内特.欧洲中世纪史(第10版)[M].杨宁,等译.上海:上海社会科学院出版社,2007:360.
[⑤] 张福娟,等.特殊教育史[M].上海:华东师范大学出版社,2000:18.
[⑥] Margret A. Winzer. The History of Special Education: From Isolation to Integration[M]. Washington, D.C.: Gallaudet University Press,1993:28-29.

的说法。而对癫痫病患者,也采用了各种治疗的方法,人们认为癫痫症状可以在其血液变化的影响下得以缓解,因此,罗马人让癫痫患者在广场上排队,依次去喝据说有治疗作用的惨死的罗马格斗士的血,或是让患者吃山羊的脑子,或者是让患者吞下刚刚杀死的狗的热胆。苏格兰人建议用活公鸡做祭品对癫痫患者进行治疗,理由是可以通过这种办法把患者身上的恶魔驱赶到公鸡身上去。另外,治疗具有明显痴愚的人,药方则是淡色啤酒肉桂、白羽扁豆等物以及"圣水",在配置后让患者喝下。至于疯子和狂躁症患者,则沿用塞尔萨斯的治疗方法,让患者喝热的黑藜芦汁,以此清除患者体内导致抑郁症的体液。

战争与动荡、饥荒与瘟疫,再加上各种迫害相随和荒唐的医学处理措施,中世纪残疾人的生存环境无疑是恶劣的、黑暗的。但这只是残疾人及其教育在中世纪命运的一面,而不是全部。

## 二、基督教的传播与特殊教育

### (一)基督教的西传

基督教对残疾人的影响有两面性。就迫害而言,带给残疾人的是痛苦。但另一方面,基督教的一些观念,如反对弃婴、杀婴习俗,又给残疾人及其教育带来正面影响。

基督教发源于公元1世纪罗马帝国东部的巴勒斯坦、耶路撒冷地区,并逐步向帝国境内希腊、罗马文化区传播。313年,君士坦丁大帝(Constantine the Great,280—337)颁布米兰诏书,正式承认基督教。391年,最后一位统一的罗马帝国的皇帝狄奥多西一世(Theodosius I,346—395)宣布基督教为国教。到中世纪,基督教在西方取得了至高无上的地位,影响无所不在,残疾人及其教育深受影响。

### (二)基督教与中世纪残疾人的教育

1. 基督教经典中有很多善待残疾人、治好残疾人的记载。《马太福音》(Matthew)有治好手臂枯萎的病人、治好两个盲人等故事;《马可福音》(Mark)有耶稣为人治麻风、瘫痪病、盲等记载。《马太福音》中写道:"带来跛脚的、瞎眼的、残废的、哑巴的和许多患其他疾病的人,放到耶稣脚前,耶稣一一治好了他们。那群人看见了哑巴说话、残废的复原、瞎眼的看见,都非常惊奇。"[1]这些记载未必是真实的历史,但显示出基督教教义中存在有利于残疾人及其教育发展的因子。

2. 基督教对杀婴、弃婴的反对。[2] 早期基督教徒将希腊、罗马流行的杀婴称为谋杀。对他们而言,小孩是上帝的创造物,要被基督所救赎。《马太福音》中记载,耶稣明确地说:让小孩子到我这里来,不要禁止他们。正是在基督教的影响下,罗马帝国皇帝瓦伦提尼安一世(Valentinian I,364—375)于公元374年正式废除杀婴,这项写在《十二铜表法》中推行多年的杀婴规定终于被改变。尽管杀婴现象并没有马上清除,但积极意义应该予以肯定。对弃婴行为,早期基督教徒同样不遗余力地反对。公元2世纪后半叶埃及(当时为罗马帝国的一部分)杰出教父克莱门特谴责罗马人说:他们一方面豢养、保护雏鸟,另一方面却毫无惭愧之心地丢弃自己的孩子;君士坦丁大帝儿子的老师莱克坦修(Lactantius)说"丢弃与残杀一样邪恶"。基督徒对弃婴不仅谴责,而且经常将被丢弃的孩子捡回家抚养。在基督徒的著述中,随处可见收养弃儿的记载。第戎的贝尼格纳斯(Benignus of Dijon)经常保护、收养被弃的孩童,其中一些是残疾儿童。

3. 中世纪基督教与残疾人及其教育的发展关系极大的另一件事是修行主义和修道院的发展。修行主义(Monasticism)源于世风的颓废,当基督教在欧洲取得完全胜利之后,一些牧师教士屈于世俗诱惑,失德败行之举渐盛。于是,有一些教徒觉得解救的希望在于逃避世俗物质诱

---

[1] 朴永馨.特殊教育[M].长春:吉林教育出版社,2000:3.
[2] 施密特,等.基督教对文明的影响[M].汪晓丹,等译.北京:北京大学出版社,2004:33-39.

惑,去过一种"幽独的"修行生活。① 中世纪到来前,修行在埃及、叙利亚、巴勒斯坦等地已经出现。对中世纪修道院的发展影响最大的是本尼狄克(Benedict,480—550),他于公元529年在罗马与那不勒斯之间的山上,兴建修道院,制定了一套规章制度,后世通常称之为《本尼狄克规程》(Rule of Saint Benedict),它对修道院的组织管理、修道士的职责、日常生活、宗教活动以及对外联系等,作了全面、详尽的严格规定,对中世纪修道院的发展产生了巨大影响。据规定,中世纪修道院的主要职责包括:① 从事对修道士的灵魂关怀、教育和救济工作。② 从事写作和誊写以保存古典教育的工作。③ 从事社会救济工作,承担照顾老人、妇女和弱者的任务。② 中世纪修道院不仅对文化教育和学术研究有着很大贡献,而且,通过对包括残疾人在内的弱者的救助,给残疾人及其教育带来了希望。后来聋哑教育的兴起与修道院关系密切,绝非偶然。

### 三、促使特殊教育登台力量的初步显现

#### (一)有关残疾人法令的变化

六世纪,在东罗马帝国皇帝查士丁尼(Justinian,527—565年在位)主持下,法学家开始修订罗马法,汇集成后世称为《民法大全》(Corpus Juris Civilis)的法典。该法典不仅成为"拜占庭法学的奠基石,也是11世纪晚期罗马法回归西欧的媒介",正是从该法典出发才"发展出欧洲各国更成系统的法学体系"③。更有学者认为:"任何国家要创制调整经济关系的民法,包括英美法系、伊斯兰法系国家,以及社会主义国家在内,不从罗马法吸取营养是不可能的。"④在这样一部影响广泛的法典中,有关残疾人的规定同古罗马相比没有太多变化,但修改了有关智力落后者、聋人和一些无法治愈的疾病患者的法令。

在这些修订的法令中,虽然对残疾人的分类还缺乏科学性,但有了一些进步。⑤ ① 规定了不同程度残疾者的权利和义务。法律规定:精神错乱和白痴不能结婚;精神异常的父亲不必对其正常孩子的婚姻作出承诺;允许有精神异常后代的人收养其他孩子等。② 法律将聋分为五种类型,范围从聋而不哑到完全丧失听觉和言语能力。不过值得注意的是,罗马法律中对这些残疾人作出规定,最初的起因是为了"公共财产和人员"⑥,其中有多少是为了残疾人的利益着想就不得而知了。

#### (二)残疾人照料和教育的零星探索

公元4世纪开始,在今天的土耳其境内出现了盲人照料机构。370年,恺撒占领区的主教圣·巴西尔(Saint Basil)将各类残疾人收留在他主持的修道院里,每类残疾约1/4,所有的人都从事相同的工作和做礼拜。据传说在同一世纪里,当今土耳其南部一位小镇的主教尼克拉斯(Nicholas)为贫穷的姑娘提供嫁妆,并照顾愚者和低能者,成为发育迟缓者的保护神。另外,在比利时的一个小村庄内有一个叫吉尔(Gheel)的人,因建立了照顾智力障碍者的独特体制而出名。人们在圣·迪姆那(Saint Dympna)建立了医院和教堂,有障碍的孩子在教会精神和村民的指导之下,从事劳动。⑦ 5世纪,圣·林内斯(Saint Lymnaeus)在他隐居的地方为盲人建立了特殊的小屋,在那

---

① 格莱夫斯.中世教育纪史[M].吴康,译.上海:华东师范大学出版社,2005:3-4.
② 汉斯-维尔纳·格茨.欧洲中世纪生活:7—13世纪[M].王亚平,译.北京:东方出版社,2002,75-81.
③ 朱迪斯·M.本内特.欧洲中世纪史(第10版)[M].杨宁,等译.上海:上海社会科学出版社,2007:81.
④ 周枏.罗马法原论[M].北京:商务印书馆,2004:17.
⑤ 张福娟,等.特殊教育史[M].上海:华东师范大学出版社,2000:11-12.
⑥ Margret A. Winzer. The History of Special Education: From Isolation to Integration[M]. Washington, D. C.: Gallaudet University Press,1993:19.
⑦ Margret A. Winzer. The History of Special Education: From Isolation to Integration[M]. Washington, D. C.: Gallaudet University Press,1993:20-21.

里教盲人唱歌,也接受那些被盲人唱歌所感动的人的施舍。圣·赫瑞(Saint Herre)出生在法国一个小村庄里,传说他是一位盲人,赤着脚,有一条白狗引路,在乡间四处游荡,教孩子们唱歌。后来,他建造了一所小修道院,成为培养盲人音乐家的圣地。7世纪,法国勒芒的一位主教圣·雷诺建立了一所盲人学校。

公元630年,在耶路撒冷建立了专门照顾盲人的"盲人看顾所"(Typholocomiun)。13世纪,路易九世在巴黎为专门照顾盲人建立了著名的奎因斯-温茨盲人收容所(Hospice des Qwuinze-Vingts)。① 14世纪,基督徒开设了一些收容盲人的收容所。这些做法为以后盲人教育的发展起到了示范作用。

尽管已经有了一些特殊教育的零星探索,但残疾人及其教育并未有大的改观,歧视残疾人的情况仍然发生。在16世纪的德国汉堡,智力障碍者被监禁在城墙内的塔中,那里因而被称为"愚人监狱"。这说明,进步力量的聚集还相当微弱。

 **本章小结**

原始社会,广义的特殊儿童在生产和生活之中接受广义教育,这虽可名为特殊教育的源头,但还不是真正意义上的特殊教育。人类进入文明社会以后,家庭教育成为那些能够存活的特殊儿童接受教育的主要形式,在古代东方、西方均是如此。但总的来看,无论是古代东方的埃及、两河流域、印度,还是西方的希腊、罗马,有关残疾人的观念仍然是消极的甚至是错误的,有时是充满矛盾的,还没能积聚有分量的能促使专门化的特殊教育产生的能量。柏拉图、亚里士多德和昆体良的特殊教育观念就反映了这一状况。到了中世纪,一方面,残疾人及其教育的生长环境非但没有改善,反而有恶化的倾向;另一方面,基督教的传播又给残疾人及其教育带来了尽管微弱但仍很宝贵的希望之光,一些零星的特殊教育实践时隐时现地露头,特殊教育产生的力量有了初步的聚集。

 **思考与练习**

1. 为什么说特殊教育的源头在原始社会?
2. 古代埃及、两河流域有哪些不利于残疾人的观念?
3. 古代印度的残疾人及其教育情况是怎样的?
4. 古希腊、古罗马的残疾人及其教育状况是怎样的?
5. 柏拉图、亚里士多德和昆体良的特殊教育观体现在哪些地方?
6. 中世纪残疾人及其教育有了哪些进步?

---

① 施密特,等.基督教对文明的影响[M].汪晓丹,等译.北京:北京大学出版社,2004:165.

# 第 2 章　西方文艺复兴和启蒙运动时期的特殊教育

**学习目标**

1. 了解文艺复兴、启蒙运动时期残疾人及其教育的社会背景。
2. 了解这一时期残疾人的生存状况。
3. 了解杰诺米·卡丹对特殊教育的影响。
4. 了解这一时期特殊教育萌生的情况。
5. 理解人文主义思想、经验主义和启蒙运动对特殊教育的影响。
6. 掌握夸美纽斯、培根、洛克、卢梭、狄德罗和孔狄亚克等人的特殊教育思想。

文艺复兴和启蒙运动是西方向现代转变的关键阶段,也是特殊教育漫长萌生期的结束阶段,本章将带领读者去梳理这一时期特殊教育在实践和理论两方面进一步萌生的历史。第 1 节,梳理残疾人生存背景的变化,勾勒残疾人的状况,整理特殊教育在实践领域的一些新探索。第 2 节,对这一时期给特殊教育带来直接或间接影响的思想家及其思想进行总结,重点分析夸美纽斯以及人文主义教育思想家、经验主义思想家、启蒙思想家有关残疾人及其教育的思考。

## 第 1 节　文艺复兴和启蒙运动时期的残疾人及其教育

14—17 世纪,欧洲社会发生全面而深刻的转变,这个伟大的时代后来被冠以"文艺复兴"之名。文艺复兴时期,文学、艺术、哲学、宗教、科学等各个领域都发生巨变,有助于特殊教育产生的力量得到新的聚集和加强。紧随文艺复兴而起的启蒙运动,则为特殊教育的产生做好了最后的准备。

### 一、文艺复兴和启蒙运动时期的残疾人状况

**(一)残疾人生存背景的改变**

中世纪,阿拉伯人西侵和十字军东征,将拜占庭保存的古希腊、古罗马典籍带回了被北方蛮族破坏并被基督教神学所控制的欧洲,"在惊讶的西方面前展现了一个新的世界——希腊的古代。在它的光辉形象面前,中世纪的幽灵消失了"[1]。搜集、整理、学习和研究古希腊、古罗马的典籍,成为一大时代特色,因此,这一时期被称为"文艺复兴"时期。其实,"'文艺复兴'这个美丽的名词并没有把时代的全貌和它的本质充分地表达出来"[2]。这一个时期并不只是简单复活古希腊、古罗马文化,而是新兴资产阶级继承、利用和改造古希腊、古罗马文化,为建立自己的新文化服务。更重要的是,变革已在社会的各个领域发生。

---

[1] 中共中央马克思恩格斯列宁斯大林著作编译局编译.马克思恩格斯选集(第 3 卷)[M].北京:人民出版社,1972:444.
[2] 张椿年.从信仰到理性——意大利人文主义研究[M].杭州:浙江人民出版社,1993:2.

文艺复兴时期，残疾人所面临的生存环境，发生了或正在发生着全方位的改变。在思想方面，为反对中世纪占统治地位的禁欲主义和宗教观、摆脱教会对人们思想的控制、推倒作为神学和经院哲学基础的一切权威和传统教条，人文主义成为文艺复兴时期思想变革的显著特点。人文主义的核心价值是"人乃万物之本"，其共同点是：① 赞颂人的尊严、人的价值，将人从神的束缚中解救出来；② 宣扬人的思想解放和个性自由，"这个时期首先给了个性以最高的发展，其次引导个人以一切形式和在一切条件下对自己进行最热忱的和最彻底的研究"[①]。③ 肯定现世生活的价值和尘世的享乐，冲破中世纪禁欲主义的藩篱。④ 提倡学术，崇尚理性，突破经院哲学和神学的禁锢。

在自然科学方面，哥白尼（Nicolaus Copernicus，1473—1543）、开普勒（Johannes Kepler，1571—1630）的天文学说，对"上帝创造世界"的宗教观念予以打击；哥伦布（Colombo，1451—1506）等人的地理大发现，提供了反驳"地圆说"的证据；伽利略（Galileo Galilei，1564—1642）、笛卡儿（Rene Descartes，1596—1650）、牛顿（Isaac Newton，1643—1727）等人在数学和物理等方面的发现使人们认识宇宙有了新的视角；比利时医生维萨留斯（Andreas Vesalius，1514—1564）对人体结构的研究、西班牙医生塞尔维特（Michael Servetus，1511—1553）和英国解剖学家哈维（William Harvey，1578—1657）对血液循环的研究，为现代医学和生理学的发展奠定了基础。在宗教方面，16世纪从德国扩展到整个欧洲的宗教改革，不仅改变了基督教的格局，也使它在中世纪至高无上的地位开始削弱。在文学、艺术、建筑、雕刻等领域，大师和杰作迭出，影响深远。恩格斯评价道："这是一次人类从来没有经历过的最伟大的、进步的变革，是一个需要巨人而且产生了巨人——在思维能力、激情和性格方面，在多才多艺和学识渊博方面的巨人的时代。"[②]

文艺复兴时期，人文主义对生命的敬仰、自然科学对迷信的冲击、宗教改革对教会统治的打击，正在锻造着一个重视人文、理性和科学的环境，这对于残疾人及特殊教育而言，是一个值得期待的结果。随后兴起的18世纪的启蒙运动，则通过对理性、科学、唯物主义经验论的倡导，进一步冲击着阻碍残疾人生存和特殊教育发展的陈腐观念，为逐步登台的特殊教育准备了温床。

### （二）有关残疾人医学的状况

医学与特殊教育的发展虽然没有直接关系，但它与特殊儿童的生存状况有关。如果医学能够为残疾人提供恰当的处理方法，就会改变残疾人的生存环境，也能间接为特殊教育的产生提供有力的支撑。残疾人在古代往往被视为"魔鬼附身"，医学处理的方法也充满神秘色彩。而中世纪的医学虽然并非完全一团漆黑，也有医生存在，但庸医、骗子、巫师、神学家等充斥着医学领域。文艺复兴时期，由于人文意识觉醒、科学进步，对巫师的狂热、迷信和迫害在越来越宽松的环境中开始降温，医学尤其是与残疾人有关的医学开始有了不同程度的进展。

解剖学的发展为人们了解和认识耳朵的结构作出了贡献。两位意大利人在耳朵的结构方面有重要发现：加布里奥·法罗皮奥（Gabriello Fallopio，1523—1562）描述了耳朵的骨迷路结构；巴托洛米奥·欧斯塔齐奥（Bartolommeo Eustachio，1524—1574）验证了鼓膜张肌及咽鼓管的存在。另外一些人也为人们对耳朵的认识作出了贡献：科斯塔奇·瓦伏里（Costanzo Varoli）在1570年发现了镫骨肌；阿圭潘登特（Aquapendent）在1589年描述了中耳肌群的功能。[③] 对耳朵结构的认识，客观上会给聋人带来福音。

---

① 雅各布·布克哈特.意大利文艺复兴时期的文化[M].何新,译.北京：商务印书馆,1996：302.

② 中共中央马克思恩格斯列宁斯大林著作编译局编译.马克思恩格斯选集（第3卷）[M].北京：人民出版社,1972：445.

③ Margret A. Winzer. The History of Special Education: From Isolation to Integration[M]. Washington, D. C.: Gallaudet University Press,1993：27.

从中世纪到文艺复兴时期,试图减轻听力残疾者痛苦的治疗方法也有了多种尝试。[①] 一种方法是强迫聋人大声叫喊,直至口吐鲜血,目的是为了唤醒聋人潜存的听力。另一种办法是狠击患者的枕骨,希望能够通过头部某些部分的松动来让患者听到声音。耳聋患者被建议在患病的耳朵里滴入洋葱汁;或者将饱蘸鸦片酒的棉签插入患耳;或者将土里的虫子用鹅油脂炸好,滴进聋人或耳疾患者耳中,以期温热耳朵。还有一些更为温和的方法,尽管不是很有效,但也出现在17世纪的一些期刊上。《大不列颠阿波罗》(*British Apollo*)的一位读者讲述了这样一个故事:正常情况下,人们为了与耳聋的朋友交流,不得不尽量大声说话。但是,当他和朋友坐在马车内的一块石头上,他的耳聋朋友却能够听清楚他说的每一句话。据杂志的编辑解释说:这位朋友耳聋的原因可能是鼓膜被感染或者鼓膜松弛。因此,若是利用不断的或更尖锐的声音来刺激鼓膜,并通过一定的媒介传递声音,迫使鼓膜达到适当的张力,鼓膜便能发挥其应有的功能。

总之,人们在对耳聋或其他耳疾的认识以及相应医学处理的探索上,尽管仍然充满前科学时期的特点,但已开始脱离神学和迷信的束缚,为残疾人带来了希望。

### (三) 残疾人状况

1. 麻风病院的消失

6—13世纪,当麻风病成为欧洲主要的健康问题时,公共照料机构开始普遍建立。麻风病院成倍增加,整个基督教世界麻风病院达19000多个。14—17世纪,当麻风病开始在欧洲消退时,许多为照料麻风病人建立的机构转变用途,变成为精神病患者服务的场所。中世纪遍布欧洲的麻风病院在文艺复兴时期消失或转变,是当时残疾人命运的一个侧影。法国20世纪著名思想家福柯(Michel Foucault,1926—1984)在其名著《疯癫与文明》中对此有颇为精彩的描述:

法国路易八世(Louis VIII le Lion,1187—1226)于1226年颁布麻风病院法的前后,官方登记的麻风病院超过9千个,仅巴黎主教区就有43个。早在16世纪,法国政府就开始控制和整顿捐赠给麻风病院的巨大财产。1543年,弗朗索瓦一世(François I,1494—1547)下令进行人口调查和财产清查,"以纠正目前麻风病院的严重混乱"。1606年,亨利四世(Henry IV,1553—1610)颁布敕令,要求重新核查麻风病院的财产,并将这次调查出来的多余财产用以赡养贫困贵族和伤残士兵。1672年,路易十四(Louis XIV,1638—1715)把所有的军事和医护教团的动产都划归圣拉扎尔和蒙特—卡梅尔教团,它们被授权管理王国的全部麻风病院。自1693年至1695年,经过一系列左右摇摆的措施,麻风病院的财产最后还是被划归给其他的医院和福利机构。分散于遗存的1200所麻风病院里的少数病人,被集中到奥尔良附近的圣梅曼病院。

英格兰和苏格兰,在12世纪时仅有150万人口,就开设了220个麻风病院。但是,早在14世纪,这些病院就开始逐渐闲置了。1342年,爱德华三世(Edward III,1312—1377)下令调查已无麻风病人的里彭麻风病院,把该机构的财产分给穷人。1348年,圣奥尔本斯大麻风院仅收容3个病人;24年后,肯特的罗默纳尔医院因无麻风病人而被废弃。在查塔姆,建于1078年的圣巴托罗缪麻风病院曾经是英格兰最重要的病院之一,但是在伊丽莎白一世(Elizabeth I,1533—1603)统治时期,它只收容了2个病人;到1627年,该院终于被关闭。

在德国,麻风病院也同样在消退,或许只是稍微缓慢一些。然而,德国的宗教改革运动加速了麻风病院的改造。结果,由市政当局掌管了福利和医护设施。在莱比锡、慕尼黑和汉堡均是如此。1542年,石勒斯威希-霍尔斯坦麻风病院的财产被转交给了医院。在斯图加特,1589年的一份地方行政长官的报告表明,50年以来该地麻风病院中一直没有这种病人。在利普林根,麻风

---

[①] Margret A. Winzer. The History of Special Education: From Isolation to Integration[M]. Washington, D.C.: Gallaudet University Press, 1993: 29.

病院也很快被绝症患者和精神病人所充斥。①

从福柯的上述记录,可以看出麻风病院在欧洲逐渐消退的历史。按照福柯的看法,从中世纪到文艺复兴时期,麻风病院逐步消失或转变为精神病院,实际上是文艺复兴时期人文意识和理性逐步觉醒的结果。"在蛮荒状态不可能发现疯癫,疯癫只能存在于社会之中",由于文艺复兴的推动,社会虽然逐步摆脱了对残疾人的神秘主义的认识,但疯癫还是"作为一种美学现象或日常现象出现在社会领域中,17世纪,由于禁闭,疯癫经历了一个沉默或被排斥的时期"②,直到20世纪疯癫才被看作自然现象,被套入精神病学这一科学的谱系之中。

中世纪欧洲风行的麻风病院,在文艺复兴时期消失或转变,无疑意味着人类理性力量的上升。这一转变也给包括麻风病患者在内的残疾人的生存状况带来积极影响。

2. 社会看管机制的变化

那些16、17世纪主要在早期麻风病院基础上逐步建立起来的精神病院,让不少有精神残疾、智力障碍等的患者获得了一定的照料,直接给残疾人带来了小步的、正面的影响。③

17世纪中期,对疯人和其他残疾人的管束实践已经变得普遍。此时的巫术已无法应付社会上各种可怕的因素,于是,一种变通的方法自然产生,那就是将疯人和残疾人集中在一个管束性的机构,集中看管。其目的是为了保护社会免受在身体、智力等方面具有怪异性的残疾人的消极影响。虽然这些早期的看管机构所收容的患者都被贴上了精神病人的标签,但其实只有大约10%的人具有精神或心理上的疾病。这些精神病院也禁闭异教徒、持不同政见者,以及其他既有社会秩序的潜在威胁者。乞丐和流浪无赖之徒,没有财产、工作的无职业者,政治流氓和异教徒,妓女,怀疑论者,梅毒患者和酒鬼,白痴和怪人,被抛弃的妻子,被糟蹋的女孩和挥霍无度的儿子等,都可能被监禁在精神病院里,这样对社会倒是无害,但社会上就也看不到他们了。

伦敦的伯利恒圣玛丽医院,最早建于1247年,1676年重建为一所精神病院。这个名称很快就被赤裸裸地改为"疯人院",它逐渐成为精神病院的通用名称。1630年,在圣文森·德·保罗(Saint Vincent de Paul,1581—1660)指导下,一个性质相似的机构在巴黎建立起来。起先是法国红衣主教黎塞留(Richelieu,1585—1642)将圣拉扎雷城堡(Chateau of St. Lazare)改为一个军事医院,后将其产权转让给圣文森·德·保罗,在这里收容无家可归者、流浪者、身体和精神虚弱者。后来,这个机构被称为巴士底精神病院(Bicêtre Hospital),收容的唯一标准是看社会公众是否有此需要。圣文森·德·保罗也获得了政府为收容乞丐而建立的萨尔贝特耶(Salpêtrière)收容院的财产。到18世纪,萨尔贝特耶成为女子精神病院,而巴士底则成为男子精神病院。

3. 视力和语言障碍者的状况

当然,文艺复兴时期除了精神病患者的处境有了变化外,在理性与科学进步的推动下,其他残疾人的处境也因为科技的进步有了改善的空间。比如,视力障碍者的处境在文艺复兴时期就出现了改变,改善视力的希望因为眼镜的发明而大大增强。据说,罗马帝国时期亚历山大盲人学校最杰出的学生圣·杰罗米(Saint Jerome,约340—420)是眼镜的发明者。④ 无论是谁发明的眼镜,事实上14世纪的意大利已经开始使用眼镜,到16世纪,眼镜已得到广泛应用。这肯定会有助于视力障碍者生存状况的改变。

---

① 米歇尔·福柯. 疯癫与文明[M]. 刘北成,等译. 北京:生活.读书.新知三联书店,2007:1-3.
② 米歇尔·福柯. 疯癫与文明[M]. 刘北成,等译. 北京:生活.读书.新知三联书店,2007:273.
③ Margret A. Winzer. The History of Special Education: From Isolation to Integration[M]. Washington, D. C.: Gallaudet University Press, 1993:29-30.
④ Margret A. Winzer. The History of Special Education: From Isolation to Integration[M]. Washington, D. C.: Gallaudet University Press, 1993:28.

语言的起源和发展问题在文艺复兴时期再次成为热点。为了发现没有任何语言伴随而长大的儿童的自发语言是什么——是说希伯来语、拉丁语、阿拉伯语，还是他们父母所说的语言——13世纪时，神圣罗马帝国的皇帝腓特烈二世(Frederick Ⅱ,1194—1250)曾招收儿童做试验，不幸的是，试验中的孩子均未活到成年。15世纪时，苏格兰国王詹姆斯四世(James Ⅳ,1473—1513)又重复试验，据说取得了一些成果。[①] 17世纪，英国皇家学会(The Royal Society)建立后，为了找到一种能够证明语言是天赋的、语言在人与动物区别中的作用的方法，皇家学会中的一些并不了解聋童教育的成员开始招收聋童进行教学试验。尽管这类试验最终没能获得科学的结论，但研究者对语言问题的普遍关注，无疑有助于语言障碍者社会处境的改善，也有助于对听力和语言障碍者教育的发展。

## 二、文艺复兴和启蒙运动时期特殊教育的萌芽

### (一) 杰诺米·卡丹与特殊教育

16世纪，意大利医生、数学家、思想家杰诺米·卡丹(Gironimo Cardano,1501—1576)不仅公开反对迫害行巫者，而且逐渐淡化了原欧洲人心目中认为巫师是罪犯的过激思想。[②] 这不仅使有利于欧洲迫害巫师行为的减少，更有利于残疾人生存和特殊教育的发展。

杰诺米·卡丹是文艺复兴时期思想最活跃的思想家之一。其父是律师，对数学很有研究，后来成为帕杜瓦大学(Padua University)校长，该校在当时欧洲医学界具有领导地位。卡丹是一位天才，他的职业是内科医生，但他又是一位具有天赋的数学家，同时又被称为精神病学之父。早在1550年他就认为那些具有残疾的人实际上是可怜的，他把乞丐以及年迈妇女的异常或越轨行为，看成是贫穷、饥饿和困苦所造成的结果。当他的一个儿子被发现患有听力障碍后，卡丹投入到有关残疾人的潜能及相关教育方法的哲学思考中。他摒弃亚里士多德的观点，相信对感觉障碍者的教育是可能的，他推测：应用各种刺激物作用于感觉障碍者感官的教育方法可能获得成功。

根据文献推测，卡丹可能采用了感觉方法教育盲人，为盲人设计了盲文。他认为，"聋人教育是困难的，但是是有可能的"，而更合理的是"书写同言语相连，言语同思想相关"。因此，"书写特征和思想可以不必借助声音而联系在一起"。为此，他为聋人设计了一套凸起的印刷码，但并没有资料证明他进行过尝试应用。

可以肯定，卡丹关于巫师的观点、对聋人和盲人教育的初步探索，启动了文艺复兴时期西方特殊教育萌生的进程。

### (二) 特殊教育的萌生

在文艺复兴的推动下，西方残疾人教育的实践出现了一些新的尝试。尽管这些探索还是初步的、不成熟的，但已能证明残疾人是能够学习并取得成就的。

在特殊教育史上，首先进行特殊教育尝试的，不是文艺复兴的发源地意大利，而是西班牙。为首次特殊教育尝试提供直接动力的不是哲学思想，而是经济利益的考量。西班牙北部靠近布尔戈斯的地方有一个本尼狄克修道院，在那里最早开始了对耳聋患者的正规、系统的教育。耳聋患者明显的遗传特性，长期困扰着一些西班牙的贵族家庭。因为根据查士尼丁一世法令中继承法的规定，不能说话的聋童没有财产继承权。因此，影响巨额家产继承权的继承法，成为启动贵族聋儿教育工作的催化剂。庞塞(Pedro Ponce de León,1520—1584)作为这所西班牙本尼狄克修

---

[①] 张福娟,等.特殊教育史[M].上海：华东师范大学出版社,2000：29.

[②] Margret A. Winzer. The History of Special Education: From Isolation to Integration[M]. Washington, D.C.: Gallaudet University Press,1993：26-27.

道院的修道士,他用自己设计的聋教育方法,对某些西班牙富有贵族家庭的聋儿进行教育。关于该方法的详细记载已无法考证,但是,庞塞本人、他的学生以及当时客观的观察者都证明他教的聋童能学会流利地说话。庞塞首先教孩子写字,然后指出书写的字母所代表的物体,最后将书写与发音联系起来,让孩子反复不断地进行发音练习。在一份1578年的文件中,庞塞叙述道:"我有办法来教育我的学生们,他们是达官显贵的孩子,一生下来就既聋又哑。我教他们说、读、写和计算,教他们祈祷、帮助别人,教他们了解基督教教义、教规,教他们懂得如何用语言忏悔。他们中的一些人还学习拉丁文,有的既学拉丁文也学希腊文,同时还懂得意大利语。有一位学生后来到教堂任职,掌管教堂的办公室和薪金,这位学生以及其他一些人还懂得自然哲学和占星术。另一位学生成功地获得了财产和爵位的继承权并参军。"

用古时对残疾人充满偏见的视角来观察,庞塞的成就是一个奇迹。但是,他自己的报告中似乎也有许多溢美夸张之词。正如学者们所评价的那样:庞塞的工作只是将他和他的修道院同事们日常使用的语言符号灵活地应用于教聋童说话的实践中,远未达到"令人惊讶的认知飞跃"。庞塞的伟大成就或许不在于教聋童学习说话,而在于他认识到残疾并不能阻碍残疾人的学习以及他们对各种刺激的利用,甚至是学习符号语言。也许更为重要的是,庞塞是第一位成功的特殊教育家。人类在1578年有了真正意义上的残疾人教育。①

当然,在16、17世纪,还有其他一些特殊教育的探索者。西班牙本尼狄克修道院修道士卡瑞恩(Manuel Ramirez Carrion,1579—1652)直接继承了庞塞的聋教育方法,著有《自然的奇迹》。他分析了由聋至哑的原因,但其教育方法因保密而无法让后人确知。西班牙人波内特(Juan Pablo Bonet,1579—1629)继承了庞塞和卡瑞恩教育聋人的方法。荷兰化学家、医生杨·海尔特(Jan Baptist van Helmont,1577—1644)也有过教育聋人的实践,对德国聋人口语教学产生了一定影响。瑞士人阿曼(Johann Conrad Amman,1669—1724)在荷兰从事过聋童教育,被认为是聋人口语教学的奠基人,对德国聋童教育影响甚大。在英国,约翰·布韦(John Bulwer,1614—1684)是第一个论述聋人教育的人,出版过《聋人的朋友》、《普通手语》等书。数学家约翰·瓦利斯(John Wallis,1616—1703)是17世纪英国聋童教育的先驱之一,对聋童教育进行过理论和实践的探索。英国皇家协会会员、音乐家、牧师威廉·霍尔德(William Holder,1616—1698)也是17世纪英国聋童教育的又一先驱,曾用手指字母教聋童说话。

虽然这些聋童教育的探索还没有形成比较稳定的体系,也缺乏连贯性,但这些聋童教育先驱者在不同地区的聋童教育尝试,毕竟为后世留下了聋童教育的宝贵经验,从而也为特殊教育最终全面登上历史舞台做好了最后的预演。

## 第2节 文艺复兴和启蒙运动时期的特殊教育思想

### 一、人文主义教育思想与特殊教育

#### (一)人文主义与教育

在文艺复兴时期人文主义思想的影响下,人文主义教育首先从意大利兴起。弗吉里奥(Pietro Paolo Vergerio,1349—1420)率先阐述了人文主义教育思想,主张以人文学科为主要内容、应用适合儿童特点的方法来培养身心全面发展的人。维多里诺(Vittrino da Feltre,1378—1446)首

---

① Margret A. Winzer 在1993年出版的 *The History of Special Education*:*From Isolation to Integration* 中,将1578年作为残疾人教育的开始之年。本书认为这似乎缺乏说服力。因为1578年只是庞塞叙述其残疾人教育成就的年份。如果说特殊教育可以视庞塞的特殊教育实践为起始的话,那么时间也应该在1578年之前。

先开办了人文主义教育的新学校"快乐之家",在风景优美的环境中教育儿童。在意大利兴起的人文主义教育迅速扩展到北欧及整个欧洲,不仅推动了人文主义理念的传播,而且促进了欧洲教育思想的转变。尽管各个时期人文主义教育的内容呈现出不同的特色,但它们有着如下共同点:① 人本主义。以人为本,注重儿童的个性,尊重天性,反对禁欲主义。② 古典主义。古希腊、古罗马经典著作成为课程的重要内容。③ 世俗性。教育的目标和内容更关注尘世生活。④ 宗教性。虽然人文主义反对宗教神学,但仍希望以人文精神来改造神学。⑤ 贵族性。人文主义教育主要是服务于上流阶层子弟。人文主义教育尽管还掺杂许多落后的因素,但它对人文精神的凸显、对儿童的尊重,终将有益于残疾人及其教育。①

### (二) 人文主义教育家与特殊教育

人文主义教育家们还没有直接从事残疾人教育的实践,甚至也很少进行认真的思考。但他们的一些充满人文主义教育情怀的作品,尤其是那些借由边缘化的、残疾的人物形象来反映人文主义教育理念的作品,给残疾人及其教育带来了一缕新鲜空气。这其中应该特别关注的是伊拉斯谟和拉伯雷作品中的思想。

伊拉斯谟(Desiderius Erasmus,1466—1536)是荷兰哲学家,16世纪早期著名的人文主义学者和杰出的教育理论家,代表作是《愚人颂》。伊拉斯谟在作品中,对教皇、僧侣、枢机主教、神职人员、经院哲学家和贵族进行辛辣的嘲讽,提倡个性自由和个性解放,热情讴歌具有自由精神、富有个性的"愚人"。他认为:假如所有的人都聪明得脱离人性,如同那些虚伪的文法学家和修辞学家们一样,那么,世界将变得更加丑恶,只有愚人是"唯一朴实、诚实和讲真话的人"。他赞扬道:"再没有比我们通常所叫的愚人、白痴、低能儿和傻瓜更幸福的了!我认为这些都是光彩耀人的美称。愚人不怕死,不因恶的降临而恐惧,也不因即将来临的幸运而高兴。""万事万物都不愿伤害他们。即使是十足的野兽,看到愚人无邪的天性,也不加害于他们。"② 应该肯定的是,直截了当地赞扬"愚人"不仅有些惊世骇俗,而且对残疾人及其教育而言也将是一种有力的鼓舞和支持。

拉伯雷(Francois Rabelais,1493—1553)是文艺复兴时期法国著名的人文主义学者、作家和教育思想家。拉伯雷在其代表作《巨人传》中,透过主人公高康大及其儿子庞大固埃的成长过程,用荒诞的手法、夸张的语言、幽默而辛辣的笔调,无情地抨击了经院教育的腐败与教会的权威,热情地讴歌了人文主义教育,颂扬了文艺复兴的新精神。拉伯雷作品中的"巨人"本身就具有"特殊"色彩:小说中,高康大是从母亲耳朵里生出来的,一降生就声音宏大,要一万七千多头奶牛供奶,躯干高大;高康大的儿子庞大固埃也是"惊人的肥大","就像一只熊似的全身带毛"。③ 就是这样的"特殊"儿童,拉伯雷通过所设想的人文主义教师也能将其培养成才。尽管这样的"特殊"儿童是小说的想象,但体现出作为人文主义教育家的拉伯雷对在过去被视为"怪物"的特殊儿童接受教育抱有信心,这同样对残疾人及其教育有正面的促进作用。

## 二、夸美纽斯的特殊教育观

### (一) 夸美纽斯特殊教育观的背景

夸美纽斯(Johan Amos Comenius,1592—1670)是17世纪捷克杰出的教育家,是西方教育史上承前启后的杰出人物,被誉为欧洲封建社会的最后一位教育家、资产阶级新时期的最初一位教育家。夸美纽斯继承了文艺复兴时期人文主义教育的成果,总结了当时进步教育家的教育经验,

---

① 吴式颖.外国教育史教程[M].北京:人民教育出版社,1999:169.
② 吴式颖.外国教育思想通史(第4卷)[M].长沙:湖南教育出版社,2002:286-287.
③ 拉伯雷.巨人传[M].成钰亭,译.上海:上海译文出版社,1990:236.

提出了系统的教育理论,奠定了近代资产阶级教育理论体系的基础。

夸美纽斯出生在波希米亚王国东部摩拉维亚境内的一个手工业家庭,其父参加了隶属加尔文教派的摩拉维亚兄弟会。童年时的夸美纽斯在父母双双病逝后,在兄弟会的支持下完成学业。大学毕业后,他被选为兄弟会的牧师,主持兄弟会的学校,从此献身于教育事业。30 年战争(1618—1648)爆发后,国破家亡的夸美纽斯被迫流亡国外,在颠沛流离中继续从事教育活动和社会活动,先后出版了《母育学校》、《大教学论》、《泛智的先声》、《世界图解》等著作。其中,《大教学论》一书成为教育学科独立的标志。作为教育学科的真正奠基人,夸美纽斯在教育理论和教育实践上都有突出贡献:① 他从人文主义、民主主义和民族主义的立场出发,主张热爱儿童,提出了普及教育、泛智教育的主张。② 对教育在人成长中的意义、教师的作用以及人接受教育的可能性深信不疑并有详细论述。③ 对教学规律进行了探讨,以教育要适应自然和泛智教育为指导,对课程体系、教学过程、教学原则和方法等都有深入的论述。④ 提出了由母育学校、国语学校、拉丁语学校和大学构成的学制体系。⑤ 创立了班级授课制度和系统的学校管理制度。此外,他在学前教育、教师教育以及道德教育等方面也进行了探索。① 美国教育史学家克伯雷(Ellwood Patterson Cubberley,1868—1941)对夸美纽斯的影响作了高度评价:"夸美纽斯引进了全套关于教育过程的现代概念,并多方面勾勒出现代教育改革运动的轮廓","几乎所有 18 及 19 世纪教育理论的萌芽均可在他的著作中发现,不仅在他之前,而且在他死后的至少两个世纪内,没有一个人做过认真的努力去将新的科学研究引入学校"。②

**(二)夸美纽斯的特殊教育观**

夸美纽斯对特殊教育的贡献不仅表现在他的儿童观、教育观为特殊教育的产生进一步积累了支持性力量,而且表现在他已开始直接讨论与特殊教育有关的话题。

1. 承认人人具有教育的必要性和可能性

同其他人文主义者一样,夸美纽斯高度肯定人的价值、肯定教育的必要性,他认为,人是上帝最崇高、最完善、最美好的创造物,而不是带着所谓的"原罪"来到人间的,"他们既然是人,他们就不应该变成野兽,不应当变成死板的木头"。因此,"生而为人都有受教育的必要"。③ 人不仅具有受教育的必要性,还有可能性。夸美纽斯认为:人是一个"可教的动物",因为每个人身上都具有天生的知识、德行和虔信的种子;但是,天生的种子还不等于实际的知识、德行和虔信,"只有受过一种合适的教育之后,人才能成为一个人"。④

夸美纽斯对人的价值的肯定、对人人具有教育的必要性和可能性的信仰,为残疾人也要接受教育作了思想的铺垫。

2. 肯定儿童的价值,反对残害儿童

夸美纽斯将儿童视为"无价之宝",他认为:"对于父母,儿童应当比金、银、珍珠和宝石还珍贵。"⑤因此,关心、爱护儿童是夸美纽斯儿童观的基本特色。在他看来,"儿童比黄金更为珍贵,但是比玻璃还脆弱"⑥,由此,成人务必给予儿童细心的保护和教育。他在《母育学校》中,借宗教的名义,反对用儿童献祭等残害儿童的陋习,"上帝常为那些将其儿女献祭给莫洛克神的人们所

---

① 吴式颖.外国教育思想通史(第 5 卷)[M].长沙:湖南教育出版社,2002:300-301.
② Elwood Cubberly. The History of Education: Educational Practice and Progress Considered as Phase of Development and Spread of Western Civilization[M]. Boston: Houghton Mifflin Company,1920:415-416.
③ 张焕庭.西方资产阶级教育论著选[M].北京:人民教育出版社,1979:5.
④ 张焕庭.西方资产阶级教育论著选[M].北京:人民教育出版社,1979:4.
⑤ 任钟印.夸美纽斯教育论著选[M].北京:人民教育出版社,1990:13.
⑥ 任钟印.夸美纽斯教育论著选[M].北京:人民教育出版社,1990:33.

激怒","不仅如此,上帝还严厉警告那些要欺侮儿童的人,哪怕是最小的限度,命令这种人要尊敬他们像尊敬他(基督)一样,并且用严厉的惩罚谴责任何人对儿童中最小的一个冒犯"。① 夸美纽斯对儿童价值的肯定和反对残害儿童的观点,无疑是有利于残疾人及其教育的。

3. 看到了孕妇营养保健和残疾病儿产生之间的关系

夸美纽斯认为,天生就智力极低或盲聋等的残疾人是极少的,出现残疾人的原因不少是由于"疏忽"。他说:"事实上才智极低的人是很少见的,和生来肢体不全的人一样少见。因为盲、聋、跛、弱实际很少是与生俱来的,而是由于自己的疏忽之故;才智特别低的人也一样。"② 为了避免因疏忽而产生残疾患儿的结果,夸美纽斯在《母育学校》中从孕妇营养健康的角度,要求"主妇们应特别保护其身体的健康而不致伤害其儿女",这显示出他对孕妇营养保健与残疾人产生之间的关系已经有了一定的认识。为了减少残疾患儿的出现率,他要求孕妇们"注意节制和饮食",以免使其子女"消瘦或虚弱";"不要蹒跚而行,绊倒或碰撞着东西以及走路不小心",以免"软弱和发育不健全的婴儿受到伤害";要"约束一切情感",以免"生育一个怯懦的、易动感情的、忧虑和沮丧的婴儿"。③ 应该肯定的是,夸美纽斯的这些建议是有利于减少残疾患儿的出现的。

4. 首次在图画书中帮助儿童认识、了解残疾人

1658年,夸美纽斯为幼儿编写的《世界图解》出版。该书用图画配以文字,向幼儿介绍大千世界,内容不仅涉及动物、植物,还涉及了人类的起源、各年龄阶段的名称、人类有机体的组成部分、人的活动、道德、家庭、城市、国家和教会等内容,附插图200幅,图画逼真生动、形象鲜明。值得一提的是,书中还包括了向儿童介绍残疾人的内容。书中第43幅图中,有一个手拄木杖的巨人、一个矮小的侏儒和一个双头双体人,图画取名为"畸形和怪物"。夸美纽斯在书中将"畸形和怪物"定义为"身体长得和平常人的样子不大相同",并指出畸形和怪物的类别包括:巨人、侏儒、双体人、双头人以及巨头人、大鼻子、厚嘴唇、粗脖子、斜视者、歪脖子、肿脖子、驼背、跛子、尖脑袋、秃顶。④ 尽管这些认识并不全面,但反映了当时社会对"异常者"的看法。虽然夸美纽斯在这里提到的只是残疾人的一部分,介绍也不完全正确,但他试图让人们从幼年时代起就对残疾人有客观的认识和了解,这种努力是值得称道的,因为这种努力终将有利于形成客观认识残疾人的社会氛围。

5. 肯定迟钝和愚笨的人也可以受教育

夸美纽斯认为,只要有合理的教育,人人的智力都能得到发展,他反对以"智力迟钝"为借口拒绝给儿童以教育。在他看来,一般人都可以接受教育,因智力极低而不能发展的人极少,"大家会说,有些人的智性非常迟钝,要他们去求得知识是不可能的。我的答案是:我们差不多找不出一块模糊的镜子模糊到了完全反映不出任何形象的地步,我们也差不多找不出一块粗糙的板子粗糙到了完全不能刻上什么东西的地步。此外,假如镜子被灰尘或斑点弄脏了,镜子首先就应打扫干净;假如木板粗糙,木板就应磨光;那时它们便能实践它们的功用了。同样,假如教员肯充分卖力气,人是可以琢磨好的"。⑤ 即使是那些智力确有滞后表现的儿童,夸美纽斯对他们的教育也充满信心,他说:"有些人虽则看上去天性鲁钝笨拙,这也毫不碍事,因为这使普遍培植这类智能一事更加刻不容缓。任何人的心性愈是迟钝羸弱,他便愈加需要帮助,以便使他能尽量摆脱粗犷和愚蠢。世上找不出一个人的智性羸弱到了不能用教化去改进的地步。就像一只筛子,如果你不断地用水泼去,它便愈来愈干净,虽则它不能把水留住;同样,鲁钝和悟性羸弱的人,虽则在

---

① 任钟印.夸美纽斯教育论著选[M].北京:人民教育出版社,1990:10-11.
② 任钟印.西方近代教育论著选[M].北京:人民教育出版社,2001:24.
③ 任钟印.夸美纽斯教育论著选[M].北京:人民教育出版社,1990:27.
④ 任钟印.夸美纽斯教育论著选[M].北京:人民教育出版社,1990:113-114.
⑤ 夸美纽斯.大教学论[M].傅任敢,译.北京:人民教育出版社,1984:68-69.

学问上面得不到进步,但是心性可以变得比较柔和,可以服从官吏和牧师……然则我们为什么在学问的花园里,却只希望智力活泼前进的一批儿童受到宽容呢?谁也不要被排斥,除非是上帝没有给他感觉与智力。"①夸美纽斯对智力落后者教育的这种信心无疑是值得称赞的。当然,因为时代的局限,夸美纽斯对残疾人教育和康复前景的肯定还是有所保留,他满腹疑虑地问道:"谁能修正那些瘸腿的、瞎眼的、有缺陷的或畸形的呢?"②

6. 首次将"狼孩"故事引入教育理论中

"狼孩"能否教育的问题,同现代智力障碍儿童教育的兴起有着紧密的关系。在教育史上,夸美纽斯是第一个在其教育理论著作中向人们介绍"狼孩"具有可教育性的教育家。夸美纽斯在其教育名著《大教学论》中讨论教育、环境和儿童的关系时,介绍了两则 16 世纪分别在德国和法国发生的"狼孩"故事。故事的介绍如下③:

大约在 1540 年的时候,有一个叫哈西阿(Hassia)的村落,坐落在一片森林当中,村里有个 3 岁的孩子,由于父母的疏忽丢失了。过了几年,乡里人看见一只奇怪的动物和豺狼在一道奔跑,它和豺狼的形状不同,有四只脚,可是有一副人类的面孔。这传说到处一散布,地方官就叫农人们设法活捉它,带到他的跟前去。农人们照办了,最后,那动物被送到了卡塞尔(Cassel)伯爵那里。到了城堡以后,它躲在凳下,凶狠地望着追赶的人,骇人地咆哮着。伯爵给他以教育,让他不断和人相处,受了这种影响,他的野蛮习惯才逐步变得文明:他开始用后脚,像两足动物一样走路,最后,他便能够说话,他的行为也像一个人了。于是他尽力说明了他是怎样被狼抓去,被狼养大,怎样习惯于和狼一道猎取食物的了。这个故事见于德累斯(M. Dresser)的《古代与现代教育》(Ancient and Modern Education)一书,卡美拉利乌斯(Camerarius)在他的《时间》(Hours)一书中也说到了这件事和另外一件同类的事。

另外古拉迪阿斯(Gulartius)也在《当代奇迹》(Marvels of Our Ages)中叙说了同类的事。1563 年,法国贵族外出打猎,他们打死了 12 只豺狼,还用网捉住了一只东西,像个裸体的孩子,大约 7 岁左右,皮肤是黄的,毛发是卷曲的。他的指甲弯曲得像鹰爪一样,不会说话,只会发出狂野的吼声。当他被带到堡邸的时候,他非常凶猛地挣扎,几乎脚镣都不能安上去;但是,饿过几天后,他变得柔顺了一些,再过了几个月,他开始说话了。他的主人把他带到城市去展览,挣了不少的钱。最后一个贫苦的妇人承认他是她的儿子。

夸美纽斯在《大教学论》中介绍的上述两个"狼孩"的故事说明,"狼孩"一旦回归人类社会,通过精心教育,仍然可以恢复人性,具有一定的可教育性。这在客观上为后世智障者的教育埋下了伏笔。

作为承上启下的教育家,夸美纽斯对特殊教育展开了此前从未有过的比较广泛的直接和间接的思考。他从文艺复兴时代人文主义教育的立场出发,肯定了人的价值、儿童的价值,论述了人人俱可受教育的必要性与可能性,为特殊儿童教育的产生提供了有利的支持;他对智力迟钝者教育的信心,对孕妇营养保健和残疾儿产生之间关系的认识,对"狼孩"故事的引用,使人不得不联想到,教育家们的步伐正在一步步接近对特殊教育展开直接讨论的目的地。

## 三、经验主义与特殊教育

17、18 世纪,在英国经验主义思想家的谱系中,培根和洛克是两位代表人物。经验主义强调认识、观念来自经验而非天启,这对于摆脱束缚残疾人教育发展的天赋观念起到了推动作用。

---

① 夸美纽斯.大教学论[M].傅任敢,译.北京:人民教育出版社,1984:52-53.
② 任钟印.夸美纽斯教育论著选[M].北京:人民教育出版社,1990:22.
③ 夸美纽斯.大教学论[M].傅任敢,译.北京:人民教育出版社,1984:41-42.

### (一) 培根与特殊教育

培根(Francis Bacon,1560—1626)是近代英国经验主义哲学和实验科学的"真正始祖",在政治、哲学、散文、历史、法学、教育学、心理学诸领域都有建树,主要著作有《论人类知论》《论学术的进展》《新工具》等。培根提出了"知识就是力量"的论断,赞美科学知识,提倡发展实际学问来改造人类知识体系。为此,他提出了唯物主义经验论,批判经院哲学,制定了归纳法,促进了科学的发展,为近代教育的发展奠定了基础。

1. 批判经院哲学

培根是近代对经院哲学展开较为深刻批判的第一人。经院哲学是欧洲中世纪主流的哲学形态,是一种为宗教神学服务的思辨哲学。它的主要任务是对天主教教义、教条进行论证,以神灵、天使和天国中的事物为对象,脱离自然、脱离实际生活,养成盲从、迷信的态度,贬低理性的能力。培根认为,造成欧洲学术落后的根源就在于经院哲学,"就现在的情况而论,由于有了经院学者们的总结和体系,就使得关于自然的谈论变得更为困难、有了更多危险"[①]。他批判经院哲学压制科学发展,故步自封、闭目塞听,"一般人的研究只是局限于,也可以说是禁锢于某些作家的著作,而任何人如对他们稍持异议,就会径直被指控为倡乱者和革新"[②]。培根对经院哲学的批判,瓦解了阻碍科学发展的意识形态的基础,也为对残疾人及其教育的研究提供了适宜的氛围。

2. 倡导经验主义的认识论

培根不仅在哲学本体论上秉持唯物主义的态度,而且以此为基础,开创了近代经验主义认识论的先河。他认为,一切知识均起源于感性经验。在他看来,探求知识、发现真理,只有两条道路,一是"从感官和特殊的东西飞跃到最普遍的原理",二是"从感官和特殊的东西引出一些原理,经由逐步而无间断的上升,直至最后达到最普遍的原理"[③]。不过,虽然他看重经验,但也不否认理性的作用,他认为经验只有经过理性的归纳,才能把握事物的一般规律。黑格尔(G·W·F·Hegel,1770—1831)评价培根的哲学思想时写道:培根的哲学体系,"以经验的观察为基础,从而做出推论,并以这种方式找到这个领域内的普遍观念和规律。这种方式或方法首先出现在培根这里,不过还很不完善,虽说他被称为这种方法的鼻祖和经验哲学家的首领"[④]。培根的经验主义哲学体系尽管还不完善,但他开启了近代英国经验主义认识论的大门,并通过洛克等人的进一步论述,彻底改变了中世纪遗留下来的认识论基础。对经验的强调,最终会导致人们对残疾人尤其是感官残疾者研究的关注,这可以说是培根留给特殊教育萌生的最强的动力。

### (二) 洛克与特殊教育

洛克(John Locke,1632—1704)是17世纪英国著名哲学家、政治家、教育家,主要著作包括《政府论》《人类理解论》《教育漫话》等。政治上,他反对君权神授和君主专制,是君主立宪的辩护者。哲学上,他继承了培根、霍布斯(Thomas Hobbes,1588—1679)等人的经验论,是18世纪法国启蒙运动时期唯物主义思想的先驱。在教育方面,洛克系统论述了绅士教育思想,以培养有道德、有学问、有礼貌的绅士为教育目的,提出了一套包括德、智、体等在内的教育内容及其方法。洛克以其对"天赋观念"的反对和对感觉经验、语言的思考,为特殊教育提供了观念上的武器。

1. 批判天赋观念

观念天赋、天启是人类解决认识来源问题的思维路向之一,洛克生活的时代,笛卡儿及其唯心主义后裔的天赋观念论就颇为流行。洛克在《人类理解论》中对天赋观念论进行了批判。他列

---

① 培根.新工具[M].许宝骙,译.北京:商务印书馆出版,1984:69.
② 培根.新工具[M].许宝骙,译.北京:商务印书馆出版,1984:71.
③ 培根.新工具[M].许宝骙,译.北京:商务印书馆出版,1984:12.
④ 黑格尔.哲学史讲演录(第4卷)[M].贺麟,等译.北京:商务印书馆,1978:16.

举大量例证来说明"人心中没有天赋的原则",知识不是天赋的;一些普遍同意的实践和思辨原则也不是天赋的,根本"没有天赋的实践原则";即使是某些很早就存在于人们心中的知识,也不是天赋的,"如果我们愿意观察的话,仍然会发现,那些观念不是天赋的,而是后天获得的;那些观念是由外物印入的,这些外物婴儿最早即与之发生关系,并在他们的感官上造成最常见的印象"①。

2. 论述经验论

观念既不是天赋的,那观念和知识从何而来呢?洛克提出:① "白板说"。他认为,人的心灵开始并没有所谓的天赋观念,"让我们假定人心是白纸,如我们所说,没有一切特性,没有任何观念"②。② 观念来自经验。没有天赋观念,那么,人的心灵是怎样准备起来的呢?人的心里从哪里得到大量的东西呢?又从哪里得到理性和知识的全部材料呢?洛克对此做了明确回答:"对这个问题,我用一句话答复,从经验而来;我们所有的知识都是建立在经验之上,知识归根到底来源于经验。"③ 经验来自感觉和反省。武装人们心灵的经验又从何而来呢?洛克认为,"我们对于外界可感觉的物体的观察,或者对于我们自己知觉到的与反省到的内部心理活动的观察,供给我们理解所有东西的思维材料。这两者乃是知识的源泉,我们所有的观念,或者能够自然发生的观念,都从这里发源"③。此外,洛克还区分了简单观念和复杂观念,提出外界可被感知的物体具有"第一性质"和"第二性质",将知识分为直觉的、解证的和感觉的三类。尽管洛克的经验论具有二重性,对观念的阐述是一种"经验-心理学"④的模式,但它对天赋观念的批判、对经验的肯定,极大地冲击了那些妨碍残疾人教育的陈腐的宿命论和天赋观念。

3. 论述语言问题

洛克从经验主义认识论出发,在《人类理解论》第三卷中详细讨论了语言问题,为语言障碍者的教育提供了观念基础。洛克认为,语言是人们观察到的事物的观念,"在各种语言中,许多名称所表示的事物虽然不是被感官所知觉到的,可是如果我们一追溯它们的起源,就会看到,它们亦是由明显而可感的观念出发的。由此我们可以猜想,初创语言的那些人心中所有的意念都是什么样的,都是由哪里来的"⑤。但人们如何表达观察到的事物呢?洛克认为,每个人都有用词代表他愿意表达的观念的自由,没有人能强迫其他人在使用同一语词时怀有同样的观念。可见,洛克特别强调个人意志在观念表达上的作用,凸显了语言的任意性,因此他说:"词的原始的或直接的意义只代表用词人内心的思想。"⑥

洛克强调语言使用的任意性的观点,对语言障碍者教育的展开产生了影响。18世纪法国的哲学家们以洛克的理论为依据,用未经语训的聋哑儿童能交流的实例作为支持他们辩论的基本资料。这最终导致了对交流、语言、符号、聋哑人及其手语的富有创造性的系统性试验的展开。⑦

(三) 经验主义思想对特殊教育的影响

培根、洛克等人对经验主义认识论的阐述,使感官经验在认识过程中的作用受到广泛关注,由"白板说"以及知识源于感知觉的观点所引起的颠覆性的观念,直到18世纪仍然是认识论和心理学的核心观念,对感官经验的这种持续关注为残疾人尤其是感官残疾者的康复带来了乐观的前景。不仅如此,一个更为关键的问题也引起了哲学家们的关注。焦点集中在下列提问上:来

---

① 任钟印. 西方近代教育论著选[M]. 北京:人民教育出版社,2001:84-85.
② 张焕庭. 西方资产阶级教育论著选[M]. 北京:人民教育出版社,1979:55-56.
③ 张焕庭. 西方资产阶级教育论著选[M]. 北京:人民教育出版社,1979:56.
④ 文德尔班. 哲学史教程(下卷)[M]. 罗达仁,译. 北京:商务印书馆,1993:602.
⑤ 洛克. 人类理解论[M]. 关文运,译. 北京:商务印书馆,1983:381.
⑥ John Locke. An essay concerning human understanding[M]. Oxford:Clarendon Press,1894:9.
⑦ 张福娟,等. 特殊教育史[M]. 上海:华东师范大学出版社,2000:29.

自一种感官的经验,是否能够成为构建另一类感官经验的有效的基础?进一步而言,不同种类的感知觉是否具有不同的内容和结构?换句话说,一个盲人通过触觉学会辨别物体,能否等同于一个明眼人通过视觉来准确辨别物体?一个恢复了视觉的盲人,能否不要触觉的帮助仅仅依靠视觉就能辨别物体的形状?或者一个聋人能否学会利用手语交流,而不需要借助听力?①

该问题最初由爱尔兰国会议员、学者型作家、哲学家、天文学家莫尼纽克斯(William Molyneux,1656—1698)提出。当时,莫尼纽克斯的夫人出现了视力问题,这使他对视觉产生了兴趣。1688年7月,莫尼纽克斯给洛克写信请教:"对一个生下来就盲的人而言,球体和立方体几乎一样。如果我们将这两个物体放到这个盲人手中,教他或者告诉他,那个是球体,这个是立方体,那么,这个盲人通过触摸或感觉就能够比较容易区分这两个物体了。然后,我们将这两个物体从盲人手中移开,放到桌子上,并假设他的视力得到恢复。那么,他是否能够在触摸到物体之前,仅凭视力就知道哪一个是球体,哪一个是立方体呢?或者在伸出手之前,他能否通过视力判断出,这两个物体他是否够不着,物体距他是有20尺还是1000尺?"②由于两人并不认识,洛克没有回信。数年后,两人已相互了解,莫尼纽克斯于1692年再次向洛克提出同一问题,并且在信中自己做出了否定的回答:重获视力的人无法仅凭视力去辨别出他通过触觉而知道的物体,因为盲人虽然通过触觉获得了球体和立方体的经验,但他还没有通过视力获得过这种经验。这次洛克回了信,并且给出了同莫尼纽克斯相同的答案。

莫尼纽克斯问题(Molyneux's problem)以及他和洛克的通信讨论,引起许多学者的关注。英国著名哲学家贝克莱(George Berkeley,1685—1753)在1709年出版的《视觉新论》中详细讨论了视觉、触觉问题,并且支持了洛克和莫尼纽克斯的结论。洛克、贝克莱、莫尼纽克斯均赞同:一个人如果突然恢复视力,他还不能仅凭视力来辨别物体,因为他从来没有过对物体的视觉经验。这一重新恢复的视力没有得到先前感觉的支持,或者说不能得到其他感觉的支持。这一问题随着启蒙时代法国哲学家伏尔泰(Voltaire,1694—1778)将洛克、牛顿和贝克莱的哲学普及化,也最终传到法国。

1728年,外科医生、解剖学家威廉姆·切赛尔顿(William Cheselden,1688—1752)为一名13岁的小男孩成功做了白内障切除手术,这使得有关莫尼纽克斯问题的哲学猜想获得了验证的机会。虽然这个男孩的视觉恢复了,但他对于熟悉物体的形状却很难形成任何视觉判断,他不能区分狗和猫。有一天,当猫穿过他的手时,他说:"小猫咪,下次我就认识你了。"显然,这个男孩仍然更相信手的判断,而不是眼睛的判断。③

## 四、启蒙思想与特殊教育

启蒙运动(enlightenment)是17—18世纪在欧洲兴起的、波及整个世界的又一次思想解放运动,崇尚理性、高扬批判精神。正如康德所述:"是人类脱离了自己招致的监护,决定没有他人(实际即神)的指引而独自运用理性,敢于认知的时代;是人类由未成熟而达到逐渐成熟的时代。"④启蒙思想的旗手们虽然没有从事或提出任何有实质意义的残疾人教育计划,但他们的唯物主义经验论思想,尤其是有关感觉经验的论述,为破土萌发的特殊教育提供了理论基础。

---

① Margret A. Winzer. The History of Special Education: From Isolation to Integration[M]. Washington, D. C.: Gallaudet University Press, 1993: 43.

② Marjolein Degenarr. Molyneux's Problem: Three Centuries Discussion on The Perception of Forms[A]. Sarah Hutton. International Archives of the History of Ideas/Archives internationales d'histoire des idées. Volume 147[M]. Dordrecht: Kluwer Academic Publisher, 1996: 17.

③ 张福娟,等. 特殊教育史[M]. 上海:华东师范大学出版社,2000:28-29.

④ 葛力. 十八世纪法国哲学[M]. 北京:社会科学文献出版社,1991:797.

**（一）卢梭与特殊教育**

让·雅克·卢梭(Jean Jacques Rousseau,1712—1778)是法国18世纪杰出的启蒙思想家。他一生动荡不安,四处流浪。在流浪生活中,通过自学获得渊博的知识。长期艰难的流浪生活,对卢梭的思想产生了很大的影响。主要著作包括:《论人类不平等的起源和基础》、《社会契约论》、《爱弥儿》、《忏悔录》等。在政治上,卢梭揭露和批判等级制度下的社会不平等现象,提倡自由和平等;在教育上,他提倡自然主义的教育,要为他的理想社会培养新人。在卢梭的思想中,虽然没有直接讨论残疾人的教育问题,但他对等级社会的批判、对自然教育的倡导,为残疾人教育的发展提供了积极的力量。

卢梭猛烈批判了造成残疾人处境不利的社会制度。卢梭在《论人类不平等的起源和基础》中将社会的不平等区分为两种,"我认为在人类中有两种不平等:一种,我把它叫做自然的或生理上的不平等,因为它是基于自然,由于年龄、健康、体力以及智慧或心灵的性质不同而产生的;另一种可以称之为精神上的或政治上的不平等,因为它是起因于一种协议,由于人们同意而设立的,或者至少它的存在是为大家所认可的。第二种不平等包括某一些人通过损害别人而得以享受的各种特权,譬如:比别人更富足、更光荣、更有权势,或者甚至叫别人服从他们。"①卢梭以人类天赋的自由、平等的自然权利证明私有制及其造成的社会不公平是违背自然的、不合法的,通过宣告封建专制社会是暴虐的、腐朽的、反人道的社会制度,实际上宣告了长期以来维持残疾人不平等状况的等级社会的终结,"人人生而自由,但却往往住在枷锁之中。自以为是其他一切的主人的人,反而比其他一切人更是奴隶……"②不仅如此,透过卢梭对社会不平等的区分,我们还可以看到,卢梭对"生理不平等"已有了客观的认识。

他提倡人性本善、人人平等,他说:"出自造物主之手的东西,都是好的,而一到人手里,就全变坏了。"③"在人的心灵中根本就没有什么生来就有的邪恶。"④他认为,在社会的自然秩序中,"所有的人都是平等的。他们共同的天职,是取得人品;不管是谁,只要在这方面受了很好的教育,就不至于欠缺同他相称的品格"⑤。他还提倡自然的教育,要依人的自然本性,根据儿童自身的规律,促进人的自然、自由的发展。毫无疑问,卢梭以其对社会不平等的批判和对自然主义教育的倡导,为人们改变对待残疾人的陈旧看法、发展残疾人教育事业提供了思想基础。

**（二）狄德罗与特殊教育**

狄德罗(Denis Diderot,1713—1784)是18世纪法国启蒙思想家和唯物主义哲学家,也是法国启蒙运动和百科全书派的领袖。他在哲学方面,根据当时科学的发展成果,继承和发展了唯物主义传统,坚持感觉主义、经验主义的认识论;政治上,反对专制暴政,提倡建立自由、平等的合理社会;教育上,高度重视教育的作用,主张建立国民教育体系。狄德罗的政治、哲学和教育思想,为启蒙时代特殊教育的产生再添理论武器。

狄德罗对神创世论、天赋观念进行了彻底的批判。他认为,自然界里只有自然现象,舍此而外没有别的东西;所谓神的观念,只不过是神学家们的虚构而已,牧师虽然自称能够揭示所谓神的"启示",但实质上只不过是为了攫取财富和权力,"用一个奇迹来证明福音,就是用一个违反自然的东西来证明一个荒谬的东西"⑥。在认识论上,他认为感觉是一切观念的源头,"我们就是赋

---

① 吴式颖.外国教育思想通史(第6卷)[M].长沙:湖南教育出版社,2002:188-189.
② 卢梭.社会契约论[M].何兆武,译.北京:商务印书馆,1990:8.
③ 卢梭.爱弥儿(上卷)[M].李平沤,译.北京:人民教育出版社,1985:1.
④ 卢梭.爱弥儿(上卷)[M].李平沤,译.北京:人民教育出版社,1985:88.
⑤ 任钟印.西方近代教育论著选[M].北京:人民教育出版社,2001:118.
⑥ 狄德罗.狄德罗哲学选集[M].江天骥,等译.北京:商务印书馆,1959:39.

有感受性和记忆的乐器。我们的感官就是键盘,我们周围的自然弹它,它自己也常常弹自己;依照我们判断,这就是一架与你我具有同样结构的钢琴中所发生的一切"①。

1749年,狄德罗发表了《供明眼人参考的谈盲人的信》(即《论盲人书简》),宣传彻底唯物主义的无神论思想,并因此引来牢狱之灾。尽管该书不是直接讨论盲人教育的问题,但对盲人的教育无疑是有帮助的。狄德罗撰写该书源于盲人的手术。②当时法国一位昆虫学家收留了一位先天失明的人并做了手术,引起了喜欢沉思思想来源的狄德罗的兴趣。当这个盲人要做第二次手术时,狄德罗被允许现场观察,尽管盲人手术仍然没有出现奇迹。此后,狄德罗还去拜访了一位索邦神学院教师的儿子,他是一位先天盲人,以制造和出售烧酒为生。这些经历都促使狄德罗对盲人进行了一番"哲学讨论"。狄德罗在讨论中表达了一些有利于盲人教育产生的思想。① 他认为天生的盲人是通过身体的各种运动形成图形概念的,"一个天生的盲人是怎样形成各种图形观念的呢?我认为是他的身体的各种运动,他的手在若干地点的相继存在,一个在他的手指间通过的物体的连续不断的感觉,使他得到方向的概念"③。② 他提出了发挥感官障碍者现有感官能力的思想。盲人是否愿意有眼睛呢?狄德罗借盲人之口回答:"要是好奇心不支配我的话,我倒是愿意有长胳膊;我觉得我的手告诉我月亮的情况要胜过你的眼睛告诉你望远镜里的情况;而且眼睛看不到的东西要多于手摸不到的东西。因此与其答应我拥有我所欠缺的器官,倒不如改善我所具有的器官。"④

编辑《百科全书》是狄德罗最重要的成就之一,这项工作也给特殊教育的产生提供了支持。狄德罗和他的同事一起试图搜集世界上所有的知识,用字母顺序排列,编成目录,使读者能够比较方便地查阅所需知识。他们的这种做法,给残疾人教育提供了启示。狄德罗的朋友、也是《百科全书》编辑之一的阿泽扎特(Assézat)评价说:"只有狄德罗有权对霍维、莱佩、西卡德的慈善工作提出重要意见,因为他们对聋哑人和盲人所得出的一些观点,狄德罗已经在他的思想中提出过。他提出的这些思考结论不仅得到了广泛传播,而且被证明是正确的推测。"⑤此外,他在《百科全书》中对残疾人的测验及对其受教育可能性的意见,以及他在《关于聋哑人的书信》中对手势语、聋哑人仿效普通语言时的态度、语气差异等展开的讨论,均都为残疾人教育的产生进一步积累了力量。

**知识小卡片**

**狄德罗《供明眼人参考的谈盲人的信》节选**

天生盲人的问题,从莫礼瑙(即莫尼纽克斯——引者注)先生提出的更一般一点的意义来说,包括另外两个问题,这两个问题我们将分别加以考察,我们可以问:(1)天生盲人会不会一动过割翳手术就马上看得见?(2)如果他看得见,他会不会看得明白到足以辨别形状?在他看见的时候,会不会能把他曾经凭触觉给它们定下的名称确切地给它们应用上去?他会不会能够证明这些名称对它们是否合适?

---

① 狄德罗.狄德罗哲学选集[M].江天冀,等译.北京:商务印书馆,1959:127.
② 安德烈·比利.狄德罗传[M].张本,译.北京:商务印书馆,1995:80.
③ 北京大学哲学系外国哲学史教研室.十八世纪法国哲学[M].北京:商务印书馆,1963:301-302.
④ 北京大学哲学系外国哲学史教研室.十八世纪法国哲学[M].北京:商务印书馆,1963:300.
⑤ Margret A. Winzer. The History of Special Education: From Isolation to Integration[M]. Washington, D.C: Gallaudet University Press,1993:46.

天生盲人在器官治好之后会立刻看得见吗？那些主张他不会看见的人说："天生盲人刚刚享有使用眼睛的能力的时候,展示在他面前的整个景象立刻都划在他的眼底。这个由无数个聚集在一个极小的空间里的东西组成的影像,只不过是一大堆混乱的形状,他是不会有能力把它们彼此区分开来的。人们几乎一致认为,只有经验才能教会他们判断各个对象的距离,他甚至必须走到这些东西跟前,摸摸它们,然后离开它们,又走到它们跟前,再摸摸它们,才能确定它们不是自己身上的一部分,它们是异于他的存在的,他一会儿走近它们,一会儿离开它们；为什么经验对他来说,不会仍然是看到这些对象所必需的呢？要是没有经验,第一次看到一些对象的人,当对象离开他或者他离开对象直到他的视力范围之外的时候,就一定会想象对象已经不复存在了；因为我们从持久的对象中取得一种经验,又在我们存放过它们的同一地点重新取得这种经验,只有这种经验才向我们证明它们在远处继续存在……"

人们用切瑟尔登（即切赛尔顿——引者注）的那些著名的实验补充这些推论。经过这位熟练的外科医生割翳的那个年轻人很久之后都分辨不出大小、距离、位置,甚至形状。一个一寸大的东西放在他眼睛的前面,遮住了一座房子,他就觉得跟房子一样大。他把所有的东西都拿来放在眼睛上；他以为这些东西作用于这个器官,就像触觉对象作用于皮肤那样。他不能分别开他曾经靠手的帮助判定为远的东西,与他曾经判定为有角的东西；他也不能用眼睛辨别他曾经感觉到在高处或低处的东西实际上究竟在不在高处或低处。他很花了一番气力,才做到看出他的屋子比他的房间大,但是仍然不能理解眼睛怎样能给他这个观念……

但是,怎样回答另外一些难题呢？因为事实上,一个成年人的有经验的眼睛,看东西要比一个孩子或者一个刚割过翳的盲人的笨拙的崭新的器官看得更清楚。夫人,请您看一看修道院院长孔狄亚克先生在他的《人类知识起源论》的末尾所提出的全部证明,他在那里的用意是反驳切瑟尔登作出的、由伏尔泰先生转述的那些试验。光在第一次见光的眼睛上所产生的那些效果,以及这个器官的角膜、水晶体等等各种体液所要求的条件,都非常明确有力地表明,并且不大容许怀疑：在一个初次睁开眼睛的儿童身上,或者一个刚动过手术的盲人身上,视觉是非常不完善的。

（选自：北京大学哲学系外国哲学史教研室.十八世纪法国哲学[M].北京：商务印书馆,1963：317-319.）

### （三）孔狄亚克与特殊教育

孔狄亚克（Etienne Bonaot de Condillac,1714—1780）是18世纪法国哲学的重要代表之一,对洛克经验论在法国的传播起了极其重要的作用,他的认识论思想使他在西方哲学史上具有重要地位,而他的感觉主义思想也为特殊教育的产生提供了理论支持。

1700年,洛克《人类理解论》的法文版在法国出版,这深深吸引了孔狄亚克,他成了培根、洛克的感觉主义、经验主义认识论路线的坚定追随者。他和洛克等人一样,明确反对天赋观念,认为人类的认识始于感觉,通过感觉产生观念、概念,观念和概念的分解和组合形成知识体系,"各种感觉和各种灵魂活动乃是我们一切知识的原料"①。孔狄亚克比洛克等人走得更远,他详细讨论每种感觉尤其是触觉的作用,他提出：从认识主体来看,感觉产生于感觉器官,一种感官专司一种职能、产生一种感觉,不能兼及别种活动、摄取他种感知经验。他对触觉特别看重："各种官能的领域是分得一清二楚的。唯有触觉是传达形状、大小等观念的,视觉若没有触觉的帮助,就只能把一些被称为颜色的单纯变更传递给灵魂,正如嗅觉只能把一些被称为气味的单纯变更传

---

① 北京大学哲学系外国哲学史教研室.十八世纪法国哲学[M].北京：商务印书馆,1963：127.

递给它一样。"①孔狄亚克不仅对各种感觉尤其是触觉进行讨论,他还开展有关嗅觉、触觉的试验,研究各种感觉的产生、偏好、动机和记忆,以及它们在认识中的作用,试图说明人的心理世界的构造过程,证明人的知觉经验都来自感觉及他们之间的相互作用。孔狄亚克对感觉的详细讨论,为残疾人特别是感官残疾患者的救治和教育提供了支持。

孔狄亚克还同样对语言给予关注,这为言语障碍患者及其教育提供了思想资源。② 孔狄亚克认为,人是智慧的生物,有语言的才能。他把人类智力的进步主要视为有关语言成长和发展的学习过程。当时有关语言的争论,主要集中在手势是否是语言的自然前身,或者手势与言语是否在人类的进化中毫无联系。孔狄亚克对手势理论很有研究,他建议,声音一开始就应该同手势联系起来,因为他相信,手势的运用有助于观念的回忆。孔狄亚克特别看重语言的作用,认为当某个观念和词或者手势相连时,观念就会更牢固。虽然他强调,学习主要是通过感觉来进行,但是,理论知识的获得同样需要语言的帮助。孔狄亚克关于语言在人学习中的重要性、关于手势的作用等的讨论,为聋哑人语言教育的产生奠定了基础。

## 本章小结

在文艺复兴和启蒙运动中,随着人文主义、理性主义、经验主义等思想的发展和传播,科学得到前所未有的进步,宗教神学的地位被削弱,残疾人及其教育存在的社会背景发生了巨大转变。令人望而生畏的欧洲麻风病院命运的转变是残疾人生存状况缓慢改进的一种象征,社会在视觉、语言等方面的零星发明和研究,也为残疾人生存的改善带来了希望。杰诺米·卡丹、庞塞等人在聋人教育实践领域的探索,拉开了特殊教育产生的序幕,17世纪欧洲有越来越多的人加入了聋人教育实践的队伍,特殊教育已呼之欲出。在特殊教育观念领域,虽然仍然没有专门从事特殊教育研究的队伍,但一些哲学家、教育家在思考他们的专业问题时,正在越来越多地踏进特殊教育的领域,直接或间接地思考残疾人及其教育的问题。在这一阶段里,以伊拉斯谟、拉伯雷为代表的人文主义教育家,以培根、洛克为代表的经验主义哲学家,以卢梭、狄德罗和孔狄亚克为代表的启蒙思想家,均透过各自的思考,为特殊教育提供了不同的思想支持;作为近代教育科学独立的标志性人物,夸美纽斯同样奉献了自己对残疾人及其教育的思考。这些实践的探索和理论的思考,完成了特殊教育正式登场前的准备工作,西方特殊教育在18世纪终于走出了其漫长的萌生旅程。

## 思考与练习

1. 分析文艺复兴和启蒙运动给残疾人及其教育带来的变化。
2. 卡丹和庞塞进行了哪些特殊教育实践的探索?
3. 16、17世纪有哪些特殊教育实践萌生?
4. 以伊拉斯谟、拉伯雷为例,分析人文主义教育思想对特殊教育的影响。
5. 夸美纽斯有哪些与特殊教育有关的思想,意义何在?
6. 试析经验主义哲学思想对特殊教育的影响。
7. 阐述"莫尼纽克斯问题"的内容和意义。

---

① 北京大学哲学系外国哲学史教研室.十八世纪法国哲学[M].北京:商务印书馆,1963:139.
② Margret A. Winzer. The History of Special Education:From Isolation to Integration[M]. Washington,D.C:Gallaudet University Press,1993:43.

# 第3章 中国古代的特殊教育

1. 了解中国古代文献中所记载的残疾人类型。
2. 掌握中国古代各个历史时期的残疾人政策。
3. 了解中国古代的特殊教育状况。
4. 了解中国古代神童的教育与考选制度。
5. 理解儒、佛、道思想中的特殊教育思想资源。
6. 理解孔子、朱熹的特殊教育观念。

从原始社会到鸦片战争之前,中国古代的特殊教育经历了漫长的萌生过程,为特殊教育的产生储备了思想和实践资源,本章将对此进行梳理。您会阅读到以下三方面内容:一是我国古代的残疾人类型、残疾人政策以及残疾人教育实践萌芽的状况;二是我国古代的神童教育及考选状况;三是我国古代的特殊教育思想资源,梳理儒家、佛教、道教以及孔子、朱熹等思想中有利于残疾人及其教育的思想。最终帮助读者建立起我国古代处于萌生期的特殊教育的基本概貌。

## 第1节 中国古代的残疾人与教育

### 一、中国古代的残疾人

#### (一)原始社会的残疾人

有人类社会就有残疾人产生,这是人类发展的普遍规律,中国也不例外。从170万年前的元谋人到公元前3000年左右,是我国的原始社会时期。这一时期残疾人的确切状况已不可考,但原始社会生活条件艰苦,有残疾人存在是可以肯定的。根据文献推测,"我国远当伏羲、燧人氏之世,已有水潦之厄;黄帝一百年复有地震之灾"①。《尚书·尧典》记载了帝尧时期洪水泛滥成灾的情况:"汤汤洪水方割,荡荡怀山襄陵,浩浩滔天。"《尚书·益稷》也记载了帝舜时发生水灾的情形:"洪水滔天,浩浩怀山襄陵,下民昏垫。"②毫无疑问,水灾、地震等自然灾害会造成大量的残疾人,而伏羲、燧人氏、尧、舜均生活在我国原始社会末期,这成为我国原始社会存在残疾人的有力证据。在《史记·五帝本纪》中记载,"虞舜者,名曰重华。重华父曰瞽叟"③。瞽就是盲人,这说明舜的父亲为盲人。④ 盲人之子能成为中国历史传说中的圣人,这似乎预示着中国古代残疾

---

① 邓云特.中国救荒史[M].上海:商务印书馆,1937:2.
② 江灏.今古文尚书全译[M].贵阳:贵州人民出版社,1992:18,57.
③ 司马迁.史记[M].长沙:岳麓书社,1988:4.
④ 关于舜父"瞽叟"的"瞽"字有不同理解。孔颖达在《尚书正义》中认为:"无目曰瞽。舜父有目而不能分辨好恶,故时人谓之瞽;配字曰'瞍','瞍'无目之称。"[阮元·十三经注疏(上册)[M].北京:中华书局,1980:123]本书编者倾向于认为舜父"瞽叟"是盲人。

人的生存环境会相对友好。

**(二) 古代的各类残疾人**

在我国先秦时期，对残疾人的称谓使用不同的单字，如"残"、"疾"、"废"等，还出现了双音节词如"废疾"等。在汉代以后的典籍中，出现了"癃病"、"疲癃"、"残废"、"废人"、"癃废"等称谓。据考证，"残疾"一词，在南北朝时已经出现，南朝陈诗人江总在《衢州九日》中写道："秋日正凄凄，茅茨复萧瑟；姬人荐初醖，幼子问残疾。"① 各类残疾人在我国古代的文献中，均有比较明确的分类和记载。分述如下：②

视力残疾在先秦及两汉的古籍中多用"瞽"、"矇"、"瞍"、"盲"、"瞑"、"眇"等表示。《周礼·春官·瞽矇》记载："瞽矇掌播鼗、柷、敔、埙、箫、管、弦、歌。"③ 郑玄解释："无目眹谓之瞽，有目眹而无见谓之矇，有目无眸子谓之瞍。"④ 这说明当时已经对各类视力障碍有了一定认识。据记载，晋国著名音乐家师旷就是一位盲人，汉代刘向在《说苑·建本》中记载：师旷曾建议年届七十的晋平公"秉烛"而学，晋平公以为师旷在戏弄他，师旷则以"盲臣安敢戏其君乎"释君之疑。在文献中，还可见由"瞽"衍生出来的表示各类不同身份盲人的词语，如瞽人、瞽工、瞽夫、瞽目、瞽师、瞽妪等。

听力残疾在先秦文献中用"聋"、"聩"等指称。《左传·僖公》记载：周王室大夫富辰劝阻周惠王攻打郑国时说："耳不听五声之和为聋，目不别五色之章为昧，心不则德义之经为顽，口不道忠信之言为嚚。"⑤《国语·晋语四》中说"聋聩不可使听"，三国吴韦昭注："耳不别五声之和曰聋，生而聋曰聩。"⑥ 这说明当时对聋的类型也已有初步认识。

语言和言语类残疾在先秦时多用"喑"、"哑"等表示，在《韩非子》、《管子》等文献中均有记载。"人皆寐，则盲者不知；人皆嘿，则喑者不知。""聋、盲、喑、哑、跛蹩、偏枯、握递不耐自生者，上收而养之疾"⑦。甚至现今作为聋人交际工具的"手语"一词，也已出现在文献中，五代冯延巳所著《昆仑奴》中有："知郎君颖悟，必能默识，所以手语耳。"⑧

肢体类残疾包括上肢残疾和下肢残疾，在文献中称为"孑孓"、"握递"、"瘸"、"跛"、"挛躄"等。"孑孓"为上肢残疾，在《说文》中被解释为："孑，无右臂也；孓，无左臂也。""握递"也是指一种上肢残疾。"瘸"、"跛"是下肢残疾，《管子·入国》在讨论国家的"养疾"政策时，就提及了包含下肢残疾在内的各类残疾人，所谓"聋盲、喑哑、跛蹩、偏枯、握递不耐自生者"⑨。"挛躄"是上下肢的混合残疾，宋朝陆游《剑南诗稿·养生》就提到"挛躄岂不苦，害犹在四支"。

躯干类残疾在古文献中被称为"驼"、"偻"、"伛偻"、"侏儒"、"偏死"等。驼是一种脊柱不能挺直的残疾，先秦时期常用偻、伛偻等指称驼背，《谷梁传·成公元年》中有"使偻者御偻者"语，《淮南子·精神》中记载"子求行年五十四，而病伛偻"。还有将驼称为"戚施"、身不能俯称为"籧篨"的，《国语·晋语四》记载晋国胥臣向晋文公进言时就提到"戚施直镈，籧篨蒙璆"。"侏儒"是身材矮小的人，上古时也写做"朱儒"。"偏枯"、"偏死"在古代是指身体部分或完全丧失运动能力，即现在的瘫痪，《庄子·齐物论》："吾尝试问乎女，民湿寝则腰疾偏死，鳅然乎哉？"《素问·风

---

① 陆德阳.中国残疾人史[M].上海：学林出版社，1996：2.
② 张福娟，等.特殊教育史[M].上海：华东师范大学出版社，2000：197-199；陆德阳.中国残疾人史.上海：学林出版社，1996：7-22.
③ 阮元.十三经注疏(上册)[M].北京：中华书局，1980：797.
④ 阮元.十三经注疏(上册)[M].北京：中华书局，1980：754.
⑤ 王守谦.左传全译[M].贵阳：贵州人民出版社，1990：305.
⑥ 上海师范大学古籍整理研究所.国语[M].上海：上海古籍出版社，1988：388.
⑦ 陆德阳.中国残疾人史[M].上海：学林出版社，1996：9.
⑧ 傅逸亭.聋人手语概论[M].上海：学林出版社，1988：1.
⑨ 赵守正.白话管子[M].长沙：岳麓书社，1993：567.

论》中有"风之伤人也……或为偏枯"①。

智力类残疾在古代也有言及,一般称之为"痴"、"呆"、"愚"等。《周礼·秋官·司刺》有"三赦曰蠢愚",郑玄注:"蠢愚,生而痴骇童昏者。"②"痴"在《说文》中解为"痴者,迟钝之意,故与慧正相反"。"疙"在古代文献中则是指轻度智力残疾。

精神类残疾在古代文献中也有记载,称为"癫"、"疯"、"狂疾"等,如《太平御览》中提到"阳气独上,则为癫痫"。据《汉书·外戚传》记载,中郎谒者张由有"狂"疾:"由素有狂易病,并发怒去,西归长安。"颜师古注:"狂易者,狂而变易常性也。"③

尽管我国古代对各类残疾人的分类还不完全科学,但从各类残疾人在我国古代文献中频频出现这一事实来看,有两点意义应该肯定:一是这些初步的分类为我国残疾人生存状况的改观以及特殊教育的发展奠定了一定的思想基础;二是我国古代对残疾人已经有了比较客观而且全面的认识,在西方出现的将残疾人同魔鬼缠身、上帝的惩罚等观念联系在一起的现象,在中国古代则并不普遍。

## 二、中国古代的残疾人政策

### (一) 先秦时期的残疾人政策

西周时期,我国已经建立了一套比较完善的官制,在这套制度中,残疾人的管理被纳入体制之内。西周中央枢机设地官司徒主管民政,残疾人事务在其管辖范围内。《周礼·地官》规定:大司徒掌管王室的土地与人民,行养民之政,对残疾人实行减免赋税等"宽疾"政策。要求大司徒:"以保息六养万民:一曰慈幼,二曰养老,三曰振穷,四曰恤贫,五曰宽疾,六曰安富。"何谓"宽疾"? 清代阮元解释:"若今癃不可事,不筭卒,可事者半之也。"所谓"可事者半之也"者,谓"不为重役,轻处使之,取其半功而已,似今残疾者也。是其宽饶疾病之法"。④ 除了大司徒之外,小司徒之职:"掌建邦之教法,以稽国中及四郊都鄙之夫家九比之数,以辨其贵贱、老幼、废疾,凡征役之施舍,与其祭祀、饮食、丧纪之禁令。"⑤也就是说,小司徒承担了辨别老幼贵贱废疾的责任,以便减免他们的徭役、赋税。其他如"乡师"、"乡大夫"、"族师"、"遂人"等,也分别负责各辖区内残疾人的鉴别以及相应的赋税、徭役的减免工作。

除了徭役、赋税的减免,当时还设置了医疗机构治疗病患,也是残疾人可能享受到的惠政。《周礼·天官·医师》规定:"医师掌医之政令,聚毒药以共医事。凡邦之有疾病者、疕疡者造焉,则使医分而治之。"⑥

养疾和量才使用残疾人等政策出现在春秋时期。春秋战国虽为乱世,但诸侯为雄霸天下,必须寻求民众的支持,于是惠民之政在乱世得到一定发展。⑦《礼记·王制》记载:国家应确保孤、独、矜、寡四类"穷而无告"者"皆有常饩",免受饥饿之苦;还要对残疾人量才使用,所谓"瘖聋、跛、躄、断者、侏儒、百工,各以其器食之"⑧。《管子·入国》提倡"老老"、"慈幼"、"恤孤"、"养疾"、"合独"、"问病"、"通穷"、"振困"、"接绝"等九惠之教,均间接或直接与残疾人有关,其中,"养疾"是直

---

① 陆德阳.中国残疾人史[M].上海:学林出版社,1996:14-16.
② 阮元.十三经注疏(上册)[M].北京:中华书局,1980:880.
③ 班固.前汉书·上海古籍出版社,上海书店编.二十五史(1卷)[M].上海:上海古籍出版社,上海书店,1986:735.
④ 阮元.十三经注疏(上册)[M].北京:中华书局,1980:706.
⑤ 阮元.十三经注疏(上册)[M].北京:中华书局,1980:710.
⑥ 阮元.十三经注疏(上册)[M].北京:中华书局,1980:666.
⑦ 周秋光.中国慈善简史[M].北京:人民出版社,2006:68.
⑧ 陈澔.礼记集说.宋元人注.四书五经(中册)[M].天津:天津市古籍书店,1988:80.

接关系残疾人的政策。"所谓养疾者,凡国、都皆有掌养疾,聋、盲、喑、哑、跛躄、偏枯、握递不耐自生者,上收而养之疾馆,而衣食之。殊身而后止。此之谓养疾。"①要求将这些残疾人收到"疾馆",养至身死为止。尽管在动荡的春秋战国时期,这些政策的实现程度不可能很理想,但毕竟给残疾人带来了福音。当然,在世界各地存在的杀婴现象在先秦时期同样存在,《韩非子·六反》中就提到:"且父母之于子也,产男则相贺,产女则杀之。"②杀婴现象的存在无疑会威胁到那些生来有残障者,不利于残疾人的生存。

### (二)秦汉到隋唐时期的残疾人政策

秦汉时期,灾荒不绝,残疾人处境艰难。据统计,嬴秦和两汉440年中,各种自然灾害就多达375种之多。③灾荒连年,势必产生大量的灾民乃至残疾人,统治者如不加救济,势必天下大乱。如果说典籍中有关先秦时期残疾人的宽疾、养疾政策还缺乏足够的证信史料的话,那么,汉代开始逐步成为定制的皇帝向残疾人赐谷的政策④,史书中随处可见。

向包括残疾人在内的灾民赈米、赐谷之举,始见于《晏子春秋》,齐景公(前547—前490年在位)在晏子的劝说下,为灾民赈米,在汉代以后奉行无间。明确惠及残疾人的赐谷政策,始于光武帝刘秀。建武六年(公元30年)春,光武帝诏曰:"往岁水旱蝗虫为灾,谷价腾跃,人用困乏。朕惟百姓无以自赡,恻然愍之。其命郡国有谷者,给廪高年、鳏、寡、孤、独及笃癃、无家属贫不能自存者,如律。"⑤此后,历代皇帝向包括残疾人在内的贫病不能自存者赐谷的措施成为常例。这种赏赐虽然并没有根本改善残疾人的处境,但毕竟体现了统治者对残疾人的关心,有利于残疾人的生存,无疑也是有利于残疾人教育的发荣滋长的。先秦时期的医疗救济和养疾政策,在南北朝时期得到进一步发展,建立了专门收容鳏寡孤独及癃残等病患的"六疾馆"。该馆初创于5世纪末6世纪初,由信佛南朝齐文惠太子、竟陵王萧子良创设。据《南史·齐文惠太子传》载:"太子与竟陵王子良俱好释氏,立六疾馆,以养穷人。"⑥这类救济病患贫民的机构虽不是专门为残疾人而设,但残疾人从中得到关照是可以肯定的。

隋唐时期,我国古代的社会救济制度有新的进展,储粮救荒的仓廪制度得到发展。一方面,从汉代开始政府建立的常平仓得到延续;另一方面,由政府提倡、民间创办的义仓在隋朝时大量建立。由常平仓、义仓构成的仓廪系统,对隋唐时期包括残疾人在内的贫民的救济起到了重要作用。在此后各代成为一项制度性建设。

除此之外,隋唐时期对残疾人产生积极影响的还有"悲田养病坊"的创建。在两汉之际传入中国的佛教,到隋唐时期进入鼎盛期,寺院林立,这也使得佛教行善好施的慈善思想得到广泛传播,悲田养病坊在这一背景下创立。"悲田"就是对贫病孤老实施的布施,体现了佛教慈悲思想。唐朝时,僧人们开始在寺庙创办悲田养病坊。武则天统治时期,政府开始介入对悲田养病坊的创办和管理工作,民间慈善性质的悲田养病坊开始变为官办慈善机构。⑦

### (三)宋代到清朝中叶的残疾人政策

宋代到明清时期,除了延续前代宽疾、养疾、救疾等残疾人政策外,在具体制度方面又有新的

---

① 赵守正.白话管子[M].长沙:岳麓书社,1993:567.
② 韩非子.韩非子[M].陈秉才,译注.北京:中华书局,2008:248.
③ 邓云特.中国救荒史[M].上海:商务印书馆,1937:11.
④ 陆德阳.中国残疾人史[M].上海:学林出版社,1996:52.
⑤ 范晔.后汉书·上海古籍出版社,上海书店.二十五史(2卷)[M].上海:上海古籍出版社,上海书店,1986:769.
⑥ 李延寿.南史·上海古籍出版社,上海书店.二十五史(4卷)[M].上海:上海古籍出版社,上海书店,1986:2789.
⑦ 周秋光.中国慈善简史[M].北京:人民出版社,2006:93.

发展。

宋代创建福田院、居养院,收养残疾人、鳏寡孤独老人、乞丐等。宋代福田院是承续隋唐悲田养病坊旧制发展而来的,根据《宋史·食货志·食货上六》载:北宋京师旧置东西福田院,但规模狭小。宋英宗(1064—1067年在位)时,"命增置南、北福田院,并东、西各广官舍,日廪三百人。岁出内藏钱物百万给其费,后易以泗州施利钱,增为八百万"①。宋仁宗(1023—1063年在位)诏令诸州府,救济鳏、寡、孤独、癃老、疾废、贫乏不能自存者,安排居养。北宋徽宗崇宁年间(1102—1106),蔡京当国,建立起居养院、安济坊等救济机构,增拨钱款,添置人员,以致州县奉行过当,致使"靡费……贫者乐而富者忧矣"②。由此可见当时居养院等救济机构创建的盛况。此外,宋代为解决溺婴、弃婴问题,从北宋开始就创办了慈善育婴机构收容弃婴,到南宋发展为举子仓、慈幼局等不同名称的机构,对残疾人的收养也有帮助作用。

元朝在各地建立济众院、养济院,赈济鳏寡孤独废疾者,设立惠民局,为贫病者提供医疗救济。明朝承袭元制,太祖洪武年间(1368—1398年在位)建立养济院和惠民局,据《明史·食货志》载:"初,太祖设养济院收无告者,月给粮。"③《明史·职官志》载:"洪武三年,置惠民药局,府设提领,州县设官医,凡军民之贫病者,给之医药。"④清代除继续办理养济院外,在康熙年间,还由民间力量创办普济堂,作为养济院的补充,救济鳏寡孤独贫病者。

总之,从先秦时代开始,历代统治者均注意对残疾人的宽、养等措施,创建了各种救济残疾人的惠民机构,创造了一个较为宽松的残疾人生存环境。

### 三、中国古代的特殊教育状况

#### (一) 先秦时期的特殊教育

同世界各地一样,我国原始社会的残疾人,也是在生产和生活中受到相应教育的。传说中的五帝时期正当我国原始社会晚期,一些传说中的残疾人物的命运似乎能说明当时存在着某种形式的残疾人教育。被四岳推荐给尧做继承人的虞舜,其父是一位盲人,《尚书·尧典》这样介绍舜:"瞽子,父顽,母嚚,象傲。"⑤从文献来看,舜父"瞽瞍"两次结婚,而且养育了一代圣君,这样的人,不论他如何心术不正,都很难想象他没有接受过任何教育。当然,对原始社会末期的残疾人教育也不能作过分夸张的想象,毕竟还处于儿童公养、公育的时代,不可能有专门给盲人的教育。更何况舜父是否是盲人,以及舜父如果真是盲人的话,是先天盲,还是后天盲,均无法确证。

我国学校教育萌芽于氏族公社末期,在传说中的五帝时期已经出现了"成均"、"虞庠"、"明堂"等教育机构。⑥ 西周是我国先秦学校体系最完整的时期,根据文献来看,大致可以分为国学和乡学两类,国学又分为大学与小学两级,尽管这一体系有后人附会之嫌,但出现不同的教育机构是可以肯定的。在这些机构中,"瞽宗"是天子所设的五所大学之一,这可能是"世界上设立最早的特殊教育机构"⑦。

---

① 脱脱.宋史(上)·上海古籍出版社,上海书店编.二十五史(2卷)[M].上海:上海古籍出版社,上海书店,1986:5733.
② 脱脱.宋史(上)·上海古籍出版社,上海书店编.二十五史(2卷)[M].上海:上海古籍出版社,上海书店,1986:5733.
③ 张廷玉.明史·上海古籍出版社,上海书店编.二十五史(10卷)[M].上海:上海古籍出版社,上海书店,1986:7981.
④ 张廷玉.明史·上海古籍出版社,上海书店编.二十五史(10卷)[M].上海:上海古籍出版社,上海书店,1986:7973.
⑤ 江灏.今古文尚书全译[M].贵阳:贵州人民出版社,1992:18,20.
⑥ 毛礼锐.中国教育通史(第1卷)[M].济南:山东教育出版社,1985:46-50.
⑦ 喻本伐.中国教育发展史[M].武汉:华中师范大学出版社,1991:26.

根据郑玄解释,无目眹谓之"瞽",瞽也就是盲,因此,"瞽宗"与盲人、音乐教育相关。瞽宗最早出现在商代,西周时成为专门的教育机构之一。将瞽宗视为同盲人教育有关的机构的证据是,西周的官制中有教育和使用盲人乐官的制度安排,如《诗经·周颂·臣工之什·有瞽》描述"有瞽有瞽,在周之庭",①应该是盲人乐官在宫廷工作的真实写照。

西周初制礼作乐,设立了执行礼乐的机构大司乐,由大师、小师、瞽矇等组成了一支一千多人的盲人音乐队伍。根据《周礼·春官宗伯》:大师是盲人乐官之长,"掌六律、六同,以合阴阳之声",每当朝廷有"大祭祀"、"大飨"、"大射"、"大丧"时,则率领众"瞽"演奏音乐,大师平时还负有教育瞽矇之责,所谓"凡国之瞽矇正焉"②;小师"掌教鼓鼗、柷、敔、埙、箫、管、弦、歌",平时负责教授瞽矇演奏乐器,遇有大祭祀、大飨、大丧时亲自演奏;瞽矇"掌播鼗、柷、敔、埙、箫、管、弦、歌",既是音乐学习者,又是宫廷盲人乐队成员。根据规定,由瞽矇组成的乐队兼具教育机构性质,有三种不同的编制:"上瞽四十人,中瞽百人,下瞽百有六十人。"③

由此可见,西周宫廷组织了一支颇具规模的盲人乐队,这支盲人乐队,遇有礼仪大事时就演奏音乐,平时则在大师、小师率领下学习文化和音乐。大师"教六诗:曰风、曰赋、曰比、曰兴、曰雅、曰颂"。小师则教乐器演奏的技术。可以肯定的是,这是我国盲人教育之始。《国语·周语》记载邵穆公谏厉王语曰:"天子听政,使公聊至于列士献诗,瞽献曲,史献书,师箴,瞍赋,矇诵,百工谏,庶人传语,近臣尽规,亲戚补察,瞽史教诲,耆艾修之,而后王斟酌焉,是以事行而不悖。"④这意味着在朝堂上,瞽献乐曲,瞍赋诗,矇讽诵,盲人史官则以天道施行教诲,各种视力障碍者均有所用。这种盛况同样可以证明在我国先秦时期,视力残疾者的教育已经产生。至于对视力残疾人实施教育的地方是否就在西周五所大学之一的"瞽宗",还有待发掘史料证明。

### 知识小卡片

**先秦时宫廷乐官中的盲人**

**春官宗伯(节选)**

惟王建国,辨方正位,体国经野,设官分职,以为民极,乃立春官宗伯,使帅其属而掌邦礼,以佐王和邦国……

大司乐中大夫二人。乐师下大夫四人、上士八人、下士十有六人,府四人,史八人,胥八人,徒八十人;大胥中士四人,小胥下士八人,府二人,史四人,徒四十人。

大师下大夫二人,小师上士四人。瞽矇:上瞽四十人,中瞽百人,下瞽百有六十人,眂瞭三百人,府四人,史八人,胥十有二人,徒百有二十人……

大司乐掌成均之法,以治建国之学政,而合国之子弟焉。凡有道者,有德者,使教焉。死则以为乐祖,祭于瞽宗……

乐师掌国学之政,以教国子小舞……凡乐成则告备,诏来瞽皋舞。诏及彻,帅学士而歌彻。令相,飨食诸侯,序其乐事,令奏钟鼓。令相,如祭之仪。燕射,帅射夫以弓矢舞。乐出入,令奏钟鼓。凡军大献,教恺歌,遂倡之。凡丧,陈乐器,则帅乐官,及序哭,亦如之。凡乐官掌其政令,听其治讼。

---

① 阮元.十三经注疏(上册)[M].北京:中华书局,1980:594.
② 阮元.十三经注疏(上册)[M].北京:中华书局,1980:795-796.
③ 阮元.十三经注疏(上册)[M].北京:中华书局,1980:754.
④ 左丘明.国语[M].尚学锋,译注.北京:中华书局,2008:10.

> ……
> 　　大师掌六律六同,以合阴阳之声……大祭祀,帅瞽登歌,令奏击拊。下管,播乐器,令奏鼓朄。大飨亦如之。大射,帅瞽而歌射节,大师执同律以听军声,而诏吉凶。大丧,帅瞽而廞,作匶谥。凡国之瞽矇正焉。
> 　　小师掌教鼓、鼗、柷、敔、埙、箫、管、弦、歌。大祭祀,登歌击拊,下管击应鼓,彻歌。大飨,亦如之;大丧,与廞。凡小祭祀,小乐事,鼓朄,掌六乐声音之节,与其和。
> 　　瞽矇掌播鼗、柷、敔、埙、箫、管、弦、歌。讽诵诗,世奠系,鼓琴瑟。掌九德六诗之歌,以役大师。眂了掌凡乐事,播鼗,击颂磬笙磬。掌大师之县,凡乐事相瞽,大丧廞乐器,大旅亦如之。宾射皆奏其钟鼓,鼜恺献亦如之。
> 　　(节选自《周礼·春官宗伯》,阮元.十三经注疏(上册)[M].北京:中华书局,1980:752-754,787-799。题目是编者所加。)

　　先秦时期,除了盲人之外,其他各类残疾人也受到了一定的教育。《礼记·王制》中提出:"瘖、聋、跛、躃、断者、侏儒、百工,各以其器食之。"①《荀子·王制》记载:"请问为政?……五疾,上收而养之,材而事之,官施而衣食之,兼覆无遗。""相阴阳,占祲兆,钻龟陈卦,主攘择五卜,知其吉凶妖祥,伛巫跛击之事也。"②显然,若要求瘖、聋、跛、躃、断者、侏儒等残疾人能够自食其力,前提是他们必须通过某种形式的教育获得相应的能力;同样,若要求伛、跛之人能担当巫师,也须教育在前。

　　先秦时期还出现了对各类残疾人要因材施教的思想。根据《国语·晋语》记载,晋国大夫胥臣向晋文公建议,对驼背、侏儒、聋哑、愚昧等八类残疾人应因材施教:"官师之所材也,戚施直镈,蘧蒢蒙璆,侏儒扶卢,矇瞍修声,聋聩司火。童昏、嚚瘖、僬侥,官师之所不材也,以实裔土。夫教者,因体能质而利之者也。"③根据他的建议:驼背的可以让他击钟,身不能俯者则带上玉佩,侏儒可以表演杂技,矇瞍辨识音乐,聋聩掌管烧火;而愚昧无知的人、不能说话的人以及矮人,由于他们自身实在无可用之处,就把他们迁往荒远之地。尽管后面的建议在今天看来还缺乏充分的人性关怀,但就历史条件而言,能够认识到对残疾人也应依其自身条件加以教育和应用,还是难能可贵的。

**(二)秦汉到清末的特殊教育**

　　秦汉以来的两千余年间,历代统治者从治国安邦的需要出发,推行宽疾、养疾等惠民之政,客观上有利于残疾人生存条件的改善。然而,在残疾人教育方面,却鲜有超过先秦的举措,"和先秦相比,反而逊色、萎缩了"④,导致我国的特殊教育长期处于停滞不前的萌生状态。

　　社会变化是导致这种状况的根本原因。先秦时期的残疾人教育主要是盲人教育,而且是以礼乐教育为主。这是因为当时文字还不发达,宫廷所需乐曲的传授和表演、宫廷历史的记载等,主要依靠口头传授、大脑牢记,而盲人则因目无所见,能专心记忆,所以成为宫廷乐师和史官的首选对象,这也就促成了西周时期盲人教育的发展。但春秋战国以来,礼崩乐坏,诸侯无心追求礼乐,像西周那样培养一支庞大乐队的条件已经不存在了;再加上学术下移、学在四夷,文化知识逐步传播,语言文字在秦汉以后渐为普及,盲人用心来记乐曲、历史事迹的工作,由明眼的读书人来

---

① 陈澔.礼记集说.宋元人注.四书五经(中册)[M].天津:天津市古籍书店,1988:80.
② 杨任之.白话荀子[M].长沙:岳麓书社,1991:365,371.
③ 左丘明.国语[M].尚学锋,译注.北京:中华书局,2008:250.
④ 陆德阳.中国残疾人史[M].上海:学林出版社,1996:332.

完成变得更为方便,这时培养盲人乐者、史官的社会文化基础就已经失去了。

盲人教育发展的政治、文化基础既已时过境迁,以盲人教育为主体的先秦残疾人教育盛况在秦汉以后也就难以延续,而隋代开始建立的科举制度及其对残疾人的歧视,则进一步恶化了残疾人教育产生的基础。首先,科举考试主要是对儒家经典进行诵记,考试办法是默写、策问、诗赋等,在通行的盲文或手语发明以前,这种办法对残疾人特别是视力和听力残疾人而言是很困难的。其次,科举考试的报名和取录资格对残疾人也有一定限制。根据《文献通考·选举制》所载,北宋明文规定:"其有残废笃疾并不得预解"①;明孝宗甚至规定残疾人不许留在官学:"弘治十七年,令提学官有徇情将老疾鄙猥之人滥容在学及克贡者,参究黜罢。"②这些限制残疾人的规定,减少了残疾人向学的热情,也无助于特殊教育的发展。

在上述政治、文化、科举制度等因素的作用下,秦汉以来,我国特殊教育长期停滞不前,以至于从秦到宋,我国历史上再也没有出现过官办的残疾人教育机构。③ 虽然明朝宣德元年(1426年)曾设立过太监教育机构,清朝也有过宫廷太监教育,但这种机构是封闭的,而非开放的公共残疾人教育机构。

尽管秦汉以后公共特殊教育停滞、萎缩,但并不意味着长达两千余年的中国封建社会里没有特殊教育。这一时期的残疾人,主要在家中接受相应的教育。绝大多数残疾人是在家庭生活和社会生活中接受"自然"的教育;部分残疾程度较轻者,进行自学或者是到普通学校,与正常儿童一样接受教育,史籍中也有残疾人学习成功的记载;官宦或富贵人家,也有为其残疾后代聘请专门家庭教师的,但很难成为通例。不过,这些教育至多是普通教育的翻版,还不能称为因质施教的真正的特殊教育。中国特殊教育的产生仍然需要经历漫长的等待。

## 第2节 中国古代的神童教育

"神童"是我国古代对特别聪明的超常儿童、天才儿童的称呼。在我国古代,围绕天才儿童的培养和选拔,建立起了一套神童教育体系,为处于尘封中的古代特殊教育增添了绚丽的色彩。

### 一、中国古代神童的类型

我国古代典籍中对天资聪颖的儿童早有记载,这些神童的聪慧之处表现在各个方面,宋代编纂的《册府元龟·总录部·幼敏》将这类儿童描述为:"有特禀异资,迥越伦萃,岐嶷兆于襁褓,颖悟发于龆龄。"④从文献记载来看,古代的神童主要有智慧计谋型、诗赋属文型、道德礼仪型等。

**(一)智慧计谋型神童**

这类儿童往往记忆力强、思维敏捷,学习能力强、做事颇善于计谋。东汉经学家郑玄,八九岁时能通四则运算,13岁时能诵读五经,16岁时就有神童之誉。宋代文学家晏殊年14岁时,宋真宗亲自考试九经,不漏一字;朱天赐11岁就能背诵《周易》《尚书》等七经各5道,无一字误,宋神宗元丰二年(1079年),"礼部侍郎召本曹郎官赴坐,左右观者数百人,此童讽诵自若,略无慑惧"⑤。关于颇具计谋的神童的故事,我国民间耳熟能详的便是曹冲称象、司马光砸缸等。

---

① 杨学为.中国考试制度史资料选编[M].合肥:黄山书社,1992:166.
② 陆德阳.中国残疾人史[M].上海:学林出版社,1996:334.
③ 陆德阳.中国残疾人史[M].上海:学林出版社,1996:339-340.
④ 陈汉才.中国古代幼儿教育史[M].广州:广东高等教育出版社,1996:75.
⑤ 尹德新.历代教育笔记资料(第2册)[M].北京:中国劳动出版社,1991:286.

### (二) 诗赋属文型神童

出口成章,善于赋诗撰文,是诗赋属文型神童的特点,文献中关于这样神童的史料非常丰富。如东汉文学家班固(32—92),史载"九岁能属文诵诗赋。及长,遂博贯载籍,九流百家之言无不穷究"①。《新唐书》记载:"王勃,字子安,绛州龙门人;六岁善文辞,九岁得颜师古注《汉书》读之,作《指瑕》以摘其失,年未及冠,授朝散郎。骆宾王,义乌人,七岁能赋诗。"②南宋孝宗(1163—1189)时,礼部上书陈:"本朝童子以文称者,杨亿、宋绶、晏殊、李淑,后皆为贤宰相、名侍从。"③据《宋史·杨亿传》记载:杨亿,建州浦城人,七岁能属文,对客谈论有老成风。"年十一,太宗闻其名,诏江南转运使张去华就试词艺,送阙下。连三日得对,试诗赋五篇,下笔立成。太宗深加赏异,命内侍都知王仁睿送至中书,又赋诗一章。宰相惊其俊异,削章为贺。翌日下制曰:'汝方髫龀,不由师训,精爽神助,文字生知,越景绝尘,一日千里。予有望于汝也。'即授秘书省正字,特赐袍笏。"④《宋史·晏殊传》记载:晏殊,抚州临川人,七岁能属文,"景德初,张知白安抚江南,以神童荐之,帝召殊与进士千余人并试廷中,殊神气不慑,援笔立成"⑤。

### (三) 道德礼仪型神童

崇尚礼仪、讲究道德,是中国传统的一大特色。为了宏扬这一文化传统,对善于礼仪、道德高尚的神童的宣传,构成了我国古代神童谱系的另一面。相传孔子幼年为儿嬉戏时,就尝试陈俎豆、设礼容,非同一般儿戏。孔融四岁让梨、黄香九岁替父母温席的故事在民间广为流传,并写入了我国古代影响最大的蒙学教材《三字经》中:"香九龄,能温席,孝于亲,所当执;融四岁,能让梨,弟于长,宜先知。"⑥汉时的黄香年方九岁便知事亲之理。据说他夏日替父母扇凉枕席,冬日则以身温暖父母的衾裯枕席,名播京师,号曰"天下无双,江夏黄童",在我国古代的《二十四孝》中,就将"黄香扇枕"列为一孝。

## 二、中国古代神童的教育与考选

### (一) 神童的教育

中国古代虽然有各种超常儿童事迹的记载,但并没有专门的神童教育。对这些能力超常儿童的教育主要是在家庭、小学或蒙学中完成的。超常儿童的教育完全取决于家庭的经济和教育情况。出生于富贵人家或书香门第的天资聪颖的儿童,会得到家庭教师或家中长辈的良好教育和熏陶。颜之推在《颜世家训·序致》中就描写了他从小接受父兄教育的情形:"吾家风教,素为整密。昔在龆龀,便蒙诱诲;每从两兄,晓夕温清。规行矩步,安辞定色,锵锵翼翼,若朝严君焉。赐以优言,问所好尚,励短引长,莫不恳笃。"⑦而出生于普通家庭的聪慧儿童能否有良好的早期教育,则要取决于运气了。

---

① 范晔.后汉书·上海古籍出版社,上海书店编.二十五史(2卷)[M].上海:上海古籍出版社,上海书店,1986:921.
② 欧阳修.新唐书·上海古籍出版社,上海书店编.二十五史(6卷)[M].上海:上海古籍出版社,上海书店,1986:4738-4739.
③ 脱脱.宋史(上)·上海古籍出版社,上海书店编.二十五史(7卷)[M].上海:上海古籍出版社,上海书店,1986:5645.
④ 脱脱.宋史(下)·上海古籍出版社,上海书店编.二十五史(8卷)[M].上海:上海古籍出版社,上海书店,1986:6306.
⑤ 脱脱.宋史(下)·上海古籍出版社,上海书店编.二十五史(8卷)[M].上海:上海古籍出版社,上海书店,1986:6320.
⑥ 喻岳衡.传统蒙学书集成[M].长沙:岳麓书社,1996:1.
⑦ 庄辉明.颜世家训译注[M].上海:上海古籍出版社,2006:3.

至于童蒙的学校教育,中国古代从西周起,就设有小学,但实际上官办小学的设立还不可能非常普遍。因此,大多数儿童的教育要通过私立的家塾、家馆、私塾等蒙学机构来进行。蒙学教育的内容,主要以识字为基础,以传授伦理道德、自然、历史与文化等基础知识为主。中国古代非常重视童蒙教育,从先秦时期,就逐步形成了一系列童蒙学习的教材。先秦时期出现了《仓颉篇》、《史籀篇》、《爰历篇》;汉代出现《凡将篇》、《急救篇》、《元尚篇》,其中,《急救篇》是汉至唐民间流传最广的启蒙教材;魏晋南北朝时期,出现了周兴嗣所编的《千字文》;隋唐到两宋,我国古代的童蒙教材逐步成形,形成了以《三字经》、《百家姓》、《千字文》等为代表的童蒙教育教材。历代神童便是在家庭或者童蒙教育机构中,从学习童蒙教材开始,逐步成长的。

**(二)神童的考选**

我国从汉代开始,就建立起对聪慧的儿童进行考选的制度,这是古代神童教育发达,并能成为我国古代特殊教育的一道亮丽风景的原因。

汉初,萧何制定律令时就规定:"太史试学童,能讽书九千字以上,乃得为史,又以六体试之,课最者以为尚书、御史、史书、令史。"①此处"太史试学童,能讽书九千字以上,乃得为史",被视为后世童子科之滥觞。东汉顺帝尚书令左雄奏:"召海内名儒为博士,使公卿子弟为诸生,有志操者,加其俸禄;及汝南谢廉、河南赵建章年始十二,各能通经,雄并奏童子郎。"②从此,十来岁的儿童可以通过"童子郎"踏入仕途,《文献通考·选举考八》云:"汉法孝廉试经者拜为郎,年幼才俊者,拜童子郎。"③据文献中记载,东汉的臧洪、黄琬,以及三国时期的司马朗,皆被选为童子郎。这对神童教育是极大的鼓舞。

南朝梁武帝天监七年(508 年),置"童子奉车郎"。④ 史载岑之敬年十六拜为"童子奉车郎",庾质八岁拜为"奉车郎",此期的"童子奉车郎"、"奉车郎",应系东汉童子郎的延续。

唐代科举盛行,童子举也正式建立。《新唐书·选举志》:"凡童子科,十岁以下能通一经及《孝经》、《论语》,卷诵文十,通者予官;通七,予出身。"⑤唐代童子科从高祖起就开始设立,唐高祖武德七年(624 年)下诏:"自隋以来,离乱永久,雅道沦缺,儒风莫扇。朕膺期御宇,静难齐民,钦若典谟,以资政术,思弘德教,光振遐轨。是以广设庠序,益召学徒,旁求俊异,务从奖擢。宁州罗川县前兵曹史孝谦,守约丘园,伏膺道素,爰有二子,年并幼童。讲习《孝经》,咸畅厥旨。义方之训,实堪励俗。故从优秩,赏不以次,宜普颁示,咸使知闻。如此之徒,并即申上,朕加亲览,时将衰异。"⑥但此后,童子科时开时停,断断续续。唐代的童子科名录中包括:被誉为初唐四杰之一的杨炯,"华阴人,显庆六年举童子,授校书郎"⑦。唐朝中期最著名的理财家刘晏,"年七岁,举神童,授秘书省正字"⑧。

自唐到五代,童子举时罢时复,断断续续,但仍然存在着。宋代童子举虽几次停罢,但多数时

---

① 班固.前汉书·上海古籍出版社,上海书店编.二十五史(1卷)[M].上海:上海古籍出版社,上海书店,1986:529.
② 范晔.后汉书·上海古籍出版社,上海书店编.二十五史(2卷)[M].上海:上海古籍出版社,上海书店,1986:979.
③ 杨学为.中国考试制度史资料选编[M].合肥:黄山书社,1992:24.
④ 姚思廉.梁书·上海古籍出版社,上海书店编.二十五史(3卷)[M].上海:上海古籍出版社,上海书店,1986:2026.
⑤ 杨学为.中国考试制度史资料选编[M].合肥:黄山书社,1992:86.
⑥ 徐松.登科记考(上册)[M].北京:中华书局,1984:7.
⑦ 徐松.登科记考(上册)[M].北京:中华书局,1984:50.
⑧ 刘昫.旧唐书·上海古籍出版社,上海书店编.二十五史(5卷)[M].上海:上海古籍出版社,上海书店,1986:3899.

间都得到了实行,且在南宋中期变得较为制度化。《宋史·选举制》记载:"凡童子十五岁以下,能通经作诗赋,州升诸朝,而天子亲试之。其命官、免举无常格。"①童子举的选拔程序为州郡推荐、国子监初试、中书省复试、皇帝亲试。考试内容以背诵儒经为主,兼及诗赋等。据对《宋会要·选举九》的统计,两宋童子科考试,共赐出身者36人,授官12人。②

以选拔神童为目的的童子科,到元、明两朝,虽然仍然存在,但盛况不再,即使是考中童子科的儿童,也要求继续读书,没有官可授了。到了清代,童子科因已完全融入科举考试的第一级童试之中,彻底退出了历史舞台。

纵观我国古代的神童考选制度,始于汉代的童子郎,盛于唐宋时期的童子科,终于清代的童试。就其作用而言,因为童子可以通过考选入仕,对我国古代的神童教育起到了促进作用。但是,由于这种考试过分强调对经书的诵记,使得神童教育变成了过早背诵经书、写诗作文的教育,不仅没能探索出一条适合神童特点的教育模式,而且可能加重聪慧儿童的负担,最终危害到那些能力超常儿童的发展。

## 第3节 中国古代特殊教育思想的萌生

中国古代的特殊教育在先秦有所实践,但秦汉以后就停滞不前。神童教育虽然延续时间较长,但也只是普通教育的翻版。因此,严格地说,我国古代同样还没有产生专门的特殊教育思想的实践基础。但这并不意味着我国古代就没有有助于特殊教育萌生的思想资源。对中国传统文化影响深远的儒、佛、道等思想中蕴含着有助于特殊教育萌生的力量,孔子、朱熹等思想巨匠的理念中也饱含着特殊教育的思想资源,这些均可视为我国古代特殊教育思想的萌芽。

### 一、儒、佛、道与特殊教育思想的萌生

在中国诸多的传统思想流派中,儒、佛、道三家思想的影响最为显著。儒家自孔子以后,虽经流变,但始终是中国古代文化的主流,儒家之于中国,"犹如基督教文明之于西方人一样,实际上久已转化成民族的文化印记,是一个民族无论如何都难以真正地摆脱的文化符号"③。道教奉先秦老子等道家思想为源头,通过吸纳神仙方术、天人感应说,衍生为汉代以后的本土宗教,流传两千年之久,影响广泛。佛教自两汉之际传入中国,通过与本土文化的融合,也成为传统文化不可分割的组成部分。三家思想借助教育制度、民间宗教信仰等力量,广为传布,各家思想中有利于残疾人的观念,也因此直接或间接地为特殊教育提供了支持,成为我国特殊教育思想萌生的源头。

**(一)儒家思想中的特殊教育思想资源**

1. 一以贯之的"仁爱"思想有助于残疾人及其教育的发展

在对残疾人还充满种种疑虑的古代社会,能不能关爱残疾人,甚至教育残疾人,根本观念在于人们对人的认识。在儒家思想中,一以贯之的以人为本的仁爱思想无疑是有利于残疾人及其教育的发展的。

"仁"是儒学创始人孔子的核心思想。何谓"仁"?孔子对仁的最简单明了的回答是"爱人",《论语·颜渊》云:"樊迟问仁。子曰:'爱人。'"④围绕"仁"这一儒家追求的最高目标,孔子建立

---

① 杨学为.中国考试制度史资料选编[M].合肥:黄山书社,1992:179.
② 李正富.宋代科举制度之研究[M].台北:国立政治大学出版社,1963:114.
③ 庞朴.中国儒学(第1卷)[M].上海:东方出版中心,1997:1.
④ 金良年.论语译注[M].上海:上海古籍出版社,1995:142.

起了一套从"孝悌"、"忠恕"开始的伦理道德践履体系。在传统农业社会中,父母、兄弟等血缘亲情关系是首要面对的伦理实践领域,从亲情之爱而及于朋友、邻里、社会,仁的理想就播及天下了。所以,《论语·学而》要求:"弟子入则孝,出则悌,谨而信,泛爱众而亲仁。行有余力,则以学文。"①除了道德规范外,孔子还示范了一条处理问题的"人本主义"伦理原则,《论语·乡党》记载,"厩焚,子退朝,曰:'伤人乎?'不问马。"②大火过后,孔子首先关心的是人,这是他对仁者爱人原则的垂范。"仁"的理想能否实现,还取决于个人的意志,儒家希望人们能够设身处地,践行仁爱之道,《论语·雍也》云:"夫仁者,己欲立而立人,己欲达而达人。能近取譬,可谓仁之方也已。"③以己之心,度人之意,这种推己及人的思想,有利于将人们导向对他人疾苦的关爱之境。

孟子(前372—前289)是儒家思想谱系中的关键人物,他进一步发展了儒家的仁爱思想,并将其提升到了先验的本体论的高度,认为仁、义、礼、智均出乎人的本性,而不是外在强制的结果。《孟子·告子上》曰:"恻隐之心,人皆有之;羞恶之心,人皆有之;恭敬之心,人皆有之;是非之心,人皆有之。恻隐之心,仁也;羞恶之心,义也;恭敬之心,礼也;是非之心,智也。仁义礼智,非由外铄我也,我固有之也,弗思耳矣。"④在这里,孟子进一步将"仁"解释为具体的"恻隐之心"、"不忍人之心",人们看到别人有危难之处会自然地伸出援手,《孟子·公孙丑上》曰:"人皆有不忍人之心……所以谓人皆有不忍人之心者,今人乍见孺子将入于井,皆有怵惕恻隐之心。非所以内交于孺子之父母也,非所以要誉于乡党朋友也,非恶其声而然也。"⑤尽管儒家很重视男女授受不亲的戒律,但孟子认为:如果看到嫂嫂淹入水中,必须权变加以救援,若拘泥于礼节而不伸援手,那就同豺狼没有区别了。孟子将仁爱的思想视为人本性所固有的,并且主张仁爱要不拘泥于礼节,进一步张扬了儒家仁者爱人的理念。

汉唐以后,儒家思想在佛、道等思想的影响下发生了变化,但仁爱思想没有改变。董仲舒(前179—前104)利用天人感应、天人相通等思想对儒家学说进行了神秘化的加工,但他仍然提倡仁爱思想,主张:"仁"的根本是"爱人"而非爱己,他在《春秋繁露·仁义法》说:"《春秋》之所治,人与我也,所以治人与我者,仁与义也。以仁安人,以义正我。故仁之为言人也,义之为言我也。言名以别矣,仁之于人,义之与我,不可不察也……是故《春秋》为仁义法。仁之法,在爱人不在爱我;义之法,在正我不在正人。我不自正,虽能正人,弗予为义。人不被其爱,虽厚自爱,不予为仁。"⑥唐代思想家韩愈(769—824)以坚守儒家道统为己任,他在《原道》中开宗明义:"博爱之谓仁,行而宜之之谓义,由是而之焉之谓道,足乎己无待于外之谓德。仁与义为定名,道与德为虚位。"⑦显然,韩愈在坚守"仁爱"思想的同时,又有了新的发展。他将"仁"阐释为"博爱",而沿着博爱之心所产生的行动,就是人之"义",不越仁义之径而行的就是"道"。

宋代理学家张载(1020—1077)不仅阐发了"仁统天下之善"的儒家仁爱观,而且继续沿着孟子开拓的本体论的路向,提出了人人均是我同胞的思想。张载在《正蒙·乾称》中,提出了一个万物一体、物我不分的本体世界,他描述到:"乾称父,坤称母。予兹藐焉,乃混然中处。故天地之塞,吾其体;天地之帅,吾其性。民,吾同胞,物,吾与也。大君者,吾父母宗子;其大臣,宗子之家相也。尊高年,所以长其长;慈孤弱,所以幼其幼。圣,其合德;贤,其秀也。凡天下疲癃残疾茕独

---

① 金良年.论语译注[M].上海:上海古籍出版社,1995:4.
② 金良年.论语译注[M].上海:上海古籍出版社,1995:112.
③ 金良年.论语译注[M].上海:上海古籍出版社,1995:65.
④ 金良年.孟子译注[M].上海:上海古籍出版社,1995:236.
⑤ 金良年.孟子译注[M].上海:上海古籍出版社,1995:72.
⑥ 李家庆.教育古文选[M].上海:上海社会科学院出版社,1995:52-53.
⑦ 王炳照.中国教育思想通史(第2卷)[M].长沙:湖南教育出版社,1994:459.

鳏寡,皆吾兄弟之颠连而无告者也。'于时保之',子之翼也;'乐且不忧',纯乎孝者也。"①在张载的世界里,"民吾同胞,物吾与也",人与外物是一体的,世间万民是同胞,因此,要慈爱孤幼,要帮助疲癃残疾、茕独鳏寡等残疾人。这就直接为传统的宽疾、养疾等惠民之政提供了思想基础,当然也为对残疾人的教育关怀提供了依据。

总之,从孔子提出仁者爱人的主张以后,儒家思想虽然在经历着发展变迁,但这一主张一直没有改变。相反,历代儒家阵营的思想家们,均从不同的角度强化了儒家仁者爱人的思想,将其从最初的格言警句式的论断,渐次提升至本体论的高度,从而赋予仁者爱人思想以不可移易的坚实基础。这种思想所阐扬的"爱人"、"博爱"、"民吾同胞"等多种理念,最终会指向对包括残疾人在内的所有人的关爱,在我国古代之所以能从先秦时代就开始奉行宽疾、养疾政策,历经千年而不辍,除了政治的需要外,儒家思想的仁爱主张的影响是重要原因。虽然我们遗憾地看到,儒家的仁爱思想最终没为我国古代的残疾人开拓出教育的天地,但其将有利于残疾人教育的发展。

2. 大同思想对残疾人及其教育的支持

天下大同,曾经是人类对自己所生存社会的理想建构。这种理想社会设想着不分贵贱、男女老幼、富贵健残,人人皆有平等的生存和发展的权利。在儒家思想中,就有这种大同社会的设计。《礼记·礼运》篇借孔子之口明确表达了大同社会的理想,子曰:"大道之行也,天下为公。选贤与能,讲信修睦,故人不独亲其亲,不独子其子,使老有所终,壮有所用,幼有所长,矜寡孤独废疾者,皆有所养。男有分,女有归。货恶其弃于地也,不必藏于己;力恶其不出于身也,不必为己。是故谋闭而不兴,盗窃乱贼而不作,故外户而不闭,是谓大同。"②在这里,孔子提出,大同社会不仅应有选贤任能的政治组织、讲信修睦的人际关系,还应让人人都能得到生存和发挥其能力的保障,特别是应让"矜寡孤独废疾"等人人"有所养",而不是将他们抛弃。大同理想给残疾人的这种制度设计,无疑是有助于他们的生存和发展的。

儒家的大同思想,从古代的儒家学者就开始提倡,到近代,康有为、孙中山等政治家、思想家仍然难以忘怀,在绵延数千年的传承和传播中,不仅对社会政治改革产生了影响,也为残疾人生存状态的改变和特殊教育的萌生提供了思想启发。

**(二)道家思想中的特殊教育思想资源**

1. 先秦道家有利于残疾人及其教育的思想

老子是先秦道家的创始人,他的思想中也饱含着有利于残疾人及其教育的思想观念。老子著有《道德经》,主张"自然天道观"、"无为而治"、"使人无争"的政治观,"清静无为"、"返璞归真"的人生观。老子独特的伦理道德观包含着有益的因素。他反对儒家的伦理教条,要求"绝仁弃义",主张道德应该"惟道是从"。他在《道德经·二十一章》中说:"孔德之容,惟道是从。"③也就是说,大德遵从"道",依"道"为转移。从道德义务的角度看,《道德经·八十一章》提出的"圣人不积,既以为人己愈有,既以与人己愈多,天之道利而不害,圣人之道为而不争"④向人们揭示了天道利人、利人所以利己的道理,有利于引导人们去做利人的善事。在对待善恶的问题上,老子主张"报怨以德"⑤,"善者吾善之,不善者吾亦善之,德善"⑥。这种用善对待一切的思想,有利于导社会入于善良之境。面对社会的不平等现象,他提出了损有余而补不足的主张,《道德经·七十

---

① 张载.张子正蒙[M].王夫之,注.上海:上海古籍出版社,2000:231.
② 陈澔.礼记集说.宋元人注.四书五经(中册)[M].天津:天津市古籍书店,1988:120.
③ 贺荣一.道德经注译与析解[M].天津:百花文艺出版社,1994:156.
④ 贺荣一.道德经注译与析解[M].天津:百花文艺出版社,1994:550.
⑤ 贺荣一.道德经注译与析解[M].天津:百花文艺出版社,1994:449.
⑥ 贺荣一.道德经注译与析解[M].天津:百花文艺出版社,1994:361.

七章》:"天之道,其犹张弓与。高者抑之,下者举之,有余者损之,不足者补之。天之道,损有余而补不足。"①同常人相比,残疾人无疑是"下者"、"不足者",老子希望"举"下者、"补"不足者,明显有利于残疾人。在他看来,只有如此,才能使天下无"弃物"和"弃人",《道德经·二十七章》:"是以圣人常善救人,故无弃人;常善救物,故无弃物。"②可见,老子从"天道"出发,提出了循天道而行是大德的主张,而天道利人而不相害、损有余而补不足,于是就得出了善待一切、常使天下无弃人的伦理道德的结论,这些结论对残疾人处境的改善来说是有利的思想资源。

庄子(约公元前369—前286)继承和发展了老子的思想,他的相对主义的平等观以及共利共给等思想,包含着有利于残疾人的因素。庄子从物我一体的角度,倡言相对主义的平等观。他提出:"天地与我并生,万物与我为一"③,"以道观之,物无贵贱;以物观之,自贵而相贱;以俗观之,贵贱不在己"④。《庄子·德充符》:"自其异者观之,肝胆楚越也;自其同者视之,万物皆一也。"⑤从天道自然、万物一体的角度,庄子又提出了共利共给的社会平等主张,他主张人们应该"不拘一世之利以为己私有",只要"富而使人分之"、"四海之内,公利之谓悦,共给之谓安"⑥,天下就符合道的要求。庄子的相对主义的齐物论、平等观以及共利共给的主张,强调人与人之间的平等,主张利益共享,这在客观上有利于残疾人。

2. 道教思想中有利于残疾人及其教育的思想观念

本土道教在东汉末年形成,唐宋达到鼎盛,在道教典籍《太平经》、《抱朴子》、《太上感应篇》等著作中,都包含着有助于残疾人的思想。

《太平经》又称《太平清经》,是东汉末年的道教经典,宣扬神仙方术、善恶报应等思想。《太平经》提出:经过一定时期,自然和社会就会发生大灾难,只有善良的人才能存活下来。"昔之天地与今天地,有始有终,同无异矣。初善后恶,中间兴衰,一成一败。阳九百六,六九乃周,周则大坏。天地混鳖,人物糜溃。唯积善者免之,长为种民"。⑦ 由此,《太平经》中提出了"乐以养人"、"周穷救急"等作为善人的标准,若非如此,"积财亿万,不肯救穷周急,使人饥寒而死,罪不除也"。⑧《太平经》中还提出了一种善恶"承负说",人的善恶行为不仅报应自身,而且会延及子孙,"凡人所以有过责者,皆由不能善自养,悉失其纲纪,故有承负之责也"⑨。《太平经》中提出了六种不能祛除的大罪,其中包括了不行"周穷救急"的人,最终会流报于自身乃至子孙。《太平经》中的这种善恶报应、因果承负说,对信众行善起到了极大的推动作用。

魏晋时期的道教代表人物葛洪(283—343)进一步宣扬了因果报应思想,他认为一个人要想长生,只求方术还不行,必须修炼德行,积善立功。《抱朴子·微旨》:"欲求长生者,必欲积善立功,慈心于物,恕己及人,仁逮昆虫,乐人之吉,愍人之苦,赈人之急,救人之穷,手不伤生,口不劝祸,见人之得如己之得,见人之失如己之失……如此乃为有德,受福于天,所作必成,求仙可冀也。"⑩唐宋时期最为流行的道教书籍是《太上感应篇》,通篇千余字,全都借助神道说教来宣扬善恶报应,劝人行善。提出"祸福无门,惟人自招。善恶之报,如影随形",要求人们"是道则进,非道

---

① 贺荣一. 道德经注译与析解[M]. 天津:百花文艺出版社,1994:527.
② 贺荣一. 道德经注译与析解[M]. 天津:百花文艺出版社,1994:203.
③ 陈鼓应. 庄子今注今译(上册)[M]. 北京:中华书局,1983:71.
④ 陈鼓应. 庄子今注今译(中册)[M]. 北京:中华书局,1983:420.
⑤ 陈鼓应. 庄子今注今译(上册)[M]. 北京:中华书局,1983:145.
⑥ 陈鼓应. 庄子今注今译(中册)[M]. 北京:中华书局,1983:298、306、324.
⑦ 王明. 太平经合校(上册)[M]. 北京:中华书局,1960:1.
⑧ 王明. 太平经合校(上册)[M]. 北京:中华书局,1960:242.
⑨ 王明. 太平经合校(上册)[M]. 北京:中华书局,1960:54.
⑩ 周秋光. 中国慈善简史[M]. 北京:人民出版社,2006:42-43.

则退。不履邪经,不欺暗室,积德累功,慈心于物,忠孝友悌,正己化人,矜孤恤寡,敬老怀幼"。只有"诸恶莫做,众善奉行",才能获吉庆,转祸为福。①

总之,东汉以后的道教虽然神秘主义色彩浓厚,但它宣扬的善恶报应观,推动了民间慈善救济事业的发展,有利于残疾人的生存境况的改善。

### (三)佛教思想中有利于残疾人及其教育的思想观念

佛教之于中国是一种外来宗教,公元前6世纪诞生于印度,西汉末年传入中国,在与中国本土文化的冲突融合过程中,最终发展为中国文化不可分割的一个部分。佛教本身就是一种"伦理道德色彩相当浓厚的宗教"。② 佛教的基本主张是:人生与世界的一切皆"苦",只有通过修行,消除痛苦,才能得到解脱,实现涅槃的理想。修行解脱的根本办法是诸恶莫做、诸善奉行。大乘佛教将修行之法概括为"六度",即布施、持戒、忍辱、精进、禅定和智慧,其实质不外乎去恶从善。佛教在隋唐本土化以后,教义虽有变化,但其劝善化俗、扬善止恶的道德教化功能未有稍变。也正是在佛教的伦理道德思想中,蕴含着有利于残疾人及其教育的思想因素。

#### 1. 佛教的慈悲思想

佛教的慈悲就是指对众生的怜悯、同情和爱。由于佛教主张"缘起说"和"无我说",因此,世间每个人都可能与其他众生的前世今生有关,人与人之间产生"同体大悲"之心就势所必然,慈悲精神贯穿于佛教的全部精神之中。大乘佛教强调慈悲是佛教的根本,《大智度论》:"慈悲是佛道之根本。所以者何?菩萨见众生老、病、死苦、身苦、心苦、今世、后世苦等,诸苦所恼,生大慈悲,就如是苦……以是故,一切诸法中慈悲为大。若无大慈大悲,便早入涅槃。"③慈悲之心必然促使人们关注他人的疾苦,这是佛教为残疾人及其教育提供的最积极而有力的思想武器。

#### 2. 佛教的善恶报应思想

佛教将人们的善恶行为称为"业力",这种业力会对人们的今世、来生产生作用,从而使得众生在"三界"不断流转,遵从天、人、畜生、饿鬼、地狱和阿修罗等"六道"之序运转,形成业报轮回。善行的业报是天界,而恶行的业报只能是地狱。佛教这种善恶报应思想对人的伦理启示是:今生修善德,来生可至天界,今生造恶行,来生堕入地狱;止恶行善是出离三界、摆脱轮回的必由之路。④ 如何修善德呢?佛教提出了"布施"、"修福田"等具体办法。"布施"就是以己财分布与他人,"修福田"就是积功德。显然,这种观念及做法,有益于促使人们去关爱残疾人等处境不利人们的生活。

## 二、孔子、朱熹思想中的的特殊教育思想资源

### (一)孔子思想中的特殊教育观念

孔子(前551—前479)是我国儒家学说的创始人。孔子生当春秋乱世,继承了传统的礼乐文化,提出以"仁"为核心、"礼"为规范构建理想社会的主张。但他的政治抱负在当时无法实现,他一生主要的精力都用于文化教育事业。30岁就开始创办私学,从教40余年,未曾间断,《史记·孔子世家》称:"孔子以《诗》、《书》、礼、乐教,弟子盖三千焉,身通六艺者七十有二人。"⑤孔子从"性相近也,习相远也"的命题出发,重视教育的作用;提出了培养具有儒家理想人格的教育目标;整理、编纂文献,删《诗》、《书》,订《礼》、《乐》,编《春秋》,奠定了我国传统教育内容的基础;在丰富

---

① 林世田.道教经典精华[M].北京:宗教文化出版社,1999:743-745.
② 方立天.中国佛教与传统文化[M].长春:长春出版社,2007:155.
③ 方立天.中国佛教伦理思想论纲[J].中国社会科学,1996(2):105-106.
④ 王月清.中国佛教伦理研究[M].南京:南京大学出版社,1999:34.
⑤ 司马迁.史记[M].长沙:岳麓书社,1988:419.

的教育实践基础上,孔子对道德教育、知识教学等教育理论的主要领域进行了总结与思考。孔子虽然没有直接从事残疾人教育的实践,也没有有关残疾人教育的论述,但他的儒家学说和教育思想,是后世残疾人生存和教育的理论基础,可以说与残疾人及其教育大有关系。在孔子的思想中,对残疾人及其教育有影响的至少有两点:

1. 孔子的仁爱思想

"仁"是孔子思想的核心,它最基本的外显行为要求就是"爱人"。《论语·子罕》中记载了孔子对盲人充满仁爱与恭敬之心的史料:"子见齐衰者、冕衣裳者与瞽者,见之,虽少必作;过之必趋。"魏晋时玄学家何晏解释说:"此夫子哀有丧、尊在位、恤不成人。"宋代经学家邢昺说:"言夫子见此三种之人,虽少,坐则必起,行则必趋。"①孔子对盲人的这种态度,正是其仁爱思想的体现。经过孔子的提倡,仁者爱人的主张由此成为儒家的核心理念,也成为残疾人得到社会关爱与救助的最早的思想资源。

2. 孔子"有教无类"的思想

《论语·卫灵公》记载:"子曰:'有教无类'。"②这里的"类"是种类、种族之意,表明孔子主张教育对象应不分种族、华夷、贵贱,各类人等一体都能接受教育,具有教育平等的思想。孔子的学生来自鲁、齐、卫、晋、蔡、秦、宋、薛、吴、楚等国,既有过着箪食瓢饮的贫穷生活的颜渊、学稼学圃的樊迟,也有家累千金的子贡,他真正做到了有教无类。虽然在孔子的弟子中,还没有看到残疾人,但孔子这种"有教无类"的平等的教育对象观,在理论上为生活在强调等级秩序的传统社会中的残疾人接受教育预留了空间,这是孔子为我们留下的有助于特殊教育产生的宝贵思想资源。

 **知识小卡片**

### 孔子与盲人乐师

瞽人失明,听觉却很灵敏,师旷"生而目盲,善辨声乐"(《仪礼·大射礼》),以其"目无所见,于音声审也"(《毛诗》郑笺),"以目无所见,思绝外物,于音声审故也"(《毛诗正义》),"以其无目,无所睹见,则心不移于音声。故不使有目者为之也"(《周礼·春官·序官》)。瞽人又长于记忆,擅长讽诵诗文。

瞽者不仅是乐人,而且名列"王官"。《周礼·春官》有"瞽蒙"之官,"掌播鼗柷敔埙箫管弦歌,讽诵诗,世奠系,鼓琴瑟,掌九德六诗之歌,以役大师。"瞽蒙的老师"大师"、"小师"也为瞽者……

孔子推崇周礼,《论语·八佾》:"子曰:'周监于二代,郁郁乎文哉!吾从周'"……

孔子"恶郑声之乱雅"(《论语·阳货》),认为治理国家就在于"放郑声,远佞人"(《论语·卫灵公》)。因为"使夷俗邪乐不敢乱雅,太师之事"(《荀子·乐论》),所以孔子与太师的关系特别密切。

孔子会击磬,向卫国乐官师襄子"学鼓琴"(《史记·孔子世家》,《论语》);孔子与齐国、鲁国的师乐、师旷、师乙、师挚、师冕等乐师讨论"乐";"就太师以正雅颂"(《文心雕龙·史传》);赞赏鲁太师挚正乐的举动:"师挚之始,关雎之乱,洋洋乎盈耳哉。"(《论语·泰伯》)他尊重瞽人,"见齐衰瞽者,虽童子必变";见师冕,为之相;离开鲁国,师乙相送。

---

① 阮元.十三经注疏(下册)[M].北京:中华书局,1980:2490.
② 金良年.论语译注[M].上海:上海古籍出版社,1995:194.

但礼乐到了春秋之时,已是"变礼的时代"。孔子之时,作为礼乐文化传统的传承者——瞽乐官虽仍活动在宫廷中,但瞽者越来越无法举乐。鲁哀公时礼崩乐坏,乐人纷纷离开,"大师挚适齐,亚饭干适楚,三饭缭适蔡,四饭缺适秦,鼓方叔入于河,播鼗武入于汉,少师阳、击磬襄入于海"。鲁定公时,"齐人归女乐,季桓子受之。三日不朝,孔子行"(《论语·微子》)。司马迁《史记·乐书》评论道:"自仲尼不能与齐优遂容于鲁,虽退正乐以诱世,作五章以刺时,犹莫之化。""优"已取代"瞽",成为宫廷音乐的主角。孔子借重瞽者恢复礼乐文化的努力终归失败。

(节选自:蔺文锐.孔子与瞽者[J].孔子研究,2003,1:110-113.有删节。)

### (二)朱熹思想中的特殊教育思想观念

朱熹(1130—1200),南宋思想家、教育家,是宋代理学的集大成者。朱熹5岁就开始读《孝经》,10岁开始读《大学》《中庸》等"圣贤之学",14岁后随理学名师学习。18岁中举,次年考中进士,为官时间不足8年,一生主要从事教育和学术研究工作。他的主要贡献是继承并发展了北宋以来的理学思想,"成为程朱理学的集大成者,是宋明理学第一个发展高潮中的杰出代表"①。朱熹从"天命之性"和"气质之性"的二元人性论出发,提出了"存天理,灭人欲"的教育目的论,他对不同教育阶段的教育内容、道德教育、知识教育等均有深刻的思考与论述。在朱熹的思想中,对残疾人和特殊教育的发展产生间接影响的主要包括以下几方面。

#### 1. 对儒家"仁"的思想的进一步阐发

仁爱思想是儒家的核心主张之一,朱熹对此作了进一步的阐述。他认为"仁"是儒家道德的根本,"仁便是本,仁更无本了……如爱,便是仁之发,才发出这爱来时,便事事有:第一是爱亲,其次爱兄弟,其次爱亲戚,爱故旧,推而至于仁民,皆是从这物事发出来"②。仁如何表现呢?朱熹认为,对人之"爱"就是仁的体现。他在《论语章句集注》中对孔子回答樊迟的仁者"爱人"的解释是,"爱人"意为"仁之施"③,这意味着,在朱熹看来,"爱"是"仁"的显性标准。如何落实爱人的道德要求呢?朱熹主张由近及远、由亲及疏,"亲亲仁民"而已。他在《孟子集注》中解释说:"盖骨肉之亲,本同一气,又非但若人之同类而已。故古人必由亲亲推之,然后及于仁民;又推其余,然后及于爱物。由近以及远,自易以及难。"④"亲亲而仁民,仁民而爱物,所谓以其所爱及其所不爱。"⑤爱人由"亲"而及于爱"民"、爱"物",最终有利于培养起社会对残疾人的爱心。

#### 2. 创建社仓的思想

我国自古便有平仓备荒储粮、灾时济民的思想。《礼记·王制》曰:"国无九年之蓄,曰不足;无六年之蓄,曰急;无三年之蓄,曰国非其国也。三年耕必有一年之食,九年耕必有三年之食,以三十年之通,虽有凶旱水溢,民无菜色。"⑥《周礼·天官》中记载,西周时就设有专门掌管备荒之粮的官员。汉代正式由政府设立常平仓,隋朝开始在州县设立义仓。而作为社会救济设施的仓储机构,在宋代虽仍然设立着,但却因种种原因还不能满足社会救灾之需。孝宗乾道四年(1168年)春夏之交,闽北建阳、崇安、浦城一带因灾成荒,饥民骚动,朱熹倡导救济灾民,大获成功。1171年,在朱熹的主持下,崇安县开耀乡五夫社仓正式建成,这对乡里民众的粮食救济发挥了重要作用。淳熙八年(1181年),浙东饥荒,朱熹任提举浙东常平茶盐公事,主持救灾。他上奏孝

---

① 毛礼锐.中国教育通史(第3卷)[M].济南:山东教育出版社,1985:200.
② 龙文玲.朱子语类选注(上册)[M].桂林:广西师范大学出版社,1998:421.
③ 朱熹.论语章句集注.宋元人注.四书五经(上册)[M].天津:天津市古籍书店,1988:53.
④ 朱熹.孟子章句集注.宋元人注.四书五经(上册)[M].天津:天津市古籍书店,1988:6.
⑤ 朱熹.孟子章句集注.宋元人注.四书五经(上册)[M].天津:天津市古籍书店,1988:110.
⑥ 阮元.十三经注疏(上册)[M].北京:中华书局,1980:1334.

宗,详述崇安社仓行之有效的经验,请求推广于各地,作为防备灾荒的久远之计。孝宗皇帝采纳其建议,"颁其法于四方",予以推广。朱熹创建社仓的思想和实践,虽然不是直接关乎残疾人的生存与教育,但会产生正面的影响。一方面,残疾人在饥荒时也能从中得救;另一方面,社会救济思想得到了民间和朝廷的普遍赞同,这将有利于对残疾人的救济,也为残疾人教育事业的建立准备了良好的思想基础。

**本章小结**

中国古代积累了比较丰富的救济残疾人的思想与经验,也出现零星的特殊教育实践。原始社会的残疾人在生产和生活中受到非正式的教育影响;到原始社会末期,已有关于残疾人的记载。从先秦开始,我国古代文献中已有了各类残疾人的记载,宽疾、养疾是我国古代对待残疾人的基本政策。从特殊教育实践来看,西周宫廷盲人乐师的培养和使用,表明我国特殊教育在先秦时已经萌生,但在秦汉以后长达两千多年的历史长河中,除了神童的教育和考选以外,官办残疾人教育处于停滞和萎缩状态。从思想资源来看,儒家的仁爱和大同思想、佛教的慈悲和善恶报应思想、道教的报应和承负思想等,是推动中国古代社会善待残疾人的重要原因,也为特殊教育的产生奠定了坚实的思想基础。孔子和朱熹的思想中也蕴含着有利于残疾人及其教育的思想观念。尽管中国古代社会特殊教育的实践有限,但其深厚的思想资源还是为近代特殊教育的产生准备了适宜的土壤。

**思考与练习**

1. 收集整理我国古代对残疾人的分类。
2. 我国古代的残疾人政策如何?
3. 我国古代残疾人教育的状况如何?
4. 我国古代的神童教育与考选制度。
5. 分析儒家、道家、佛教思想中有利于残疾人及其教育的因素。
6. 孔子、朱熹思想中有哪些有利于残疾人及其教育的资源?

# 第2编 特殊教育的确立

特殊教育在经历漫长的萌生期以后,从18世纪到20世纪中期,进入了确立期。特殊教育确立期的标志是:特殊教育从萌生时期的个人和民间行为,逐步变为各国政府稳定的、系统的行政举措,特殊教育的类型也从听觉障碍教育逐步扩展到其他障碍类型,一个覆盖面广的特殊教育体系在各国普遍建立。本编主要对特殊教育确立时期各国特殊教育实践和思想的历史进行梳理。

本编共分四章:第4章"听觉障碍教育的确立",主要梳理西欧、北美各主要国家听觉障碍教育机构的建立情况,并整理主要的听觉障碍教育家的特殊教育思想。第5章"视觉障碍教育的确立",主要研究西欧、北美各主要国家视觉障碍教育机构的建立情况,并整理有代表性的视觉障碍教育家的特殊教育思想。第6章"智障及其他特殊教育的确立",主要梳理西欧、北美各主要国家智障及其他特殊教育的建立情况,并整理主要的智障教育家关于智障教育等的特殊教育思想。第7章"中国近代特殊教育的确立",主要梳理中国近代各类特殊教育的建立情况,整理有代表性的教育家的特殊教育思想。

## 第4章 听觉障碍教育的确立

**学习目标**

1. 了解英法等欧洲国家听觉障碍教育确立的历史线索。
2. 了解北美听觉障碍教育确立的基本历史线索。
3. 梳理和理解波内特、阿曼、列斯贝、海尼克、加劳德特和贝尔的听觉障碍教育实践和思想。
4. 梳理和理解听觉障碍教育史上的"手口之争"。

文艺复兴、启蒙运动,将西欧推到了人类发展历史的前沿,在思想变革、科学进步和生产力发展的影响下,18世纪开始,听觉障碍教育在欧洲开始逐步确立,表现为听觉障碍教育机构的建立和听觉障碍教育思想的初步发展。本章首先梳理西欧与北美听觉障碍教育机构建立的历史,重点分析法国、英国、美国听觉教育机构的建立及其历史意义;其次,对西欧和北美早期听觉障碍教育家的特殊教育思想展开讨论,以期从思想史的角度厘清听觉障碍教育的确立时期和发展轨迹。

### 第1节 听觉障碍教育机构的建立

**一、西欧听觉障碍教育机构的建立**

听觉障碍教育以包括聋人在内的听觉障碍者为对象,在早期常被直称为聋人教育。聋人教育在历史上处于被忽视的境地。人类早期的聋人教育已无法知晓,古代社会与现代社会的差异之大,也使得人们难以通过稀缺的文献推断出当时确切的状况。即使是在现代社会中,关于聋和聋人的信息依然有限。冯·克利夫(Van Cleve)在《揭开聋人历史的面纱》(*Deaf History Unveiled*,1993年)一书的序言中写道:在1970年之前,具有真正历史意义的有关聋人的文字记载根本不存在。1991年在美国华盛顿加劳德特大学召开的第一届聋人历史大会才成为改变这一状况的重大转折。当时会议上提交的16篇文章内容都是关于发生在欧洲和北美地区的一些事件,其中14篇是对于19世纪和20世纪时期聋人现实状况的描述,另外两篇提及了西班牙的庞塞在聋人教育中的实践。虽然更多人知道的是法国人列斯贝(Abbé Chales Michel del'Épée,1712—1789)于1760年在法国巴黎建立了世界上第一所聋人学校,并将之作为世界特殊教育确立的标志,然而,西欧在听觉障碍教育领域的尝试及实践却是开始于此前的庞塞。详情已在本书第二章有论述。

## (一)法国听觉障碍教育机构的建立

法国从文艺复兴时期开始就强调人的天赋权利,并认为一个理想的社会应该保护人们的各种权利。法国特殊教育先驱也受到文艺复兴和启蒙运动时期一些观念的影响。正是他们的尝试与努力,使得特殊教育终于在18世纪末期开始成为大教育体系的一个重要组成部分。

1745年,被流放的西班牙犹太人嘉士伯·罗德里格·泊瑞尔(Jacob Rodrigue Péreire,1715—1780)受卢梭的感觉理论影响,在法国建立了一所聋童学校,将教育的重点放在对聋童的感觉训练上。但由于他对自己的方法进行保密,后人对其聋童教育的方法了解不多。不过通过零星的资料汇集可以了解到他的基本方法:在学习和表达新事物前,要先通过感知器官去感知这一事物,再在感知的基础上进行语言训练,语言训练以口语教学法为基础,除了采用西班牙的手指语外,还自己创造了40个手语。① 正因为他对自己教育方法的保密,后来的研究者才将法国聋人教育的开创之功归于他人。

法国聋校教育源于1760年列斯贝在巴黎开办的第一所聋校。列斯贝在特鲁瓦(Troyes)的一个教区走访时,曾遇到一对孪生的聋姐妹,并试图向她们传教。这两个孩子因为聋哑而不能了解和接受天主教的困境促使他为贫穷的聋人孩子建了一所学校。列斯贝的聋童教育方法为法国聋童教育家西卡德(Abb Roche Ambroise Cucurron Sicard,1742—1882)所继承。他在1789年接管列斯贝的巴黎聋校,强调手语教育,使法国成为18世纪世界聋人教育的中心。

## (二)英国听觉障碍教育机构的建立

早在16、17世纪,伦敦就有一个由思想家和科学家组成的皇家协会,其中一些科学家因热衷于研究人类在产生有声语言之前的沟通方式而对听觉障碍者的语言发展很感兴趣,如约翰·布韦、约翰·瓦利斯、威廉·霍尔德等。他们多是倾向于哲学思考的学者,他们对听觉障碍儿童和成年人进行教学,并通过详细分析来了解语言的本质。但需要注意的是,不同的学者对当时的听觉障碍者所进行的教育,都是为了证明自己所坚持的理论。当时人们对于听觉障碍者的研究更多是出于好奇,并希望找到解释致聋的生理原因和治疗方法,而不是从教育、心理以及社会学角度来应用他们的发现和理论。这其中最有影响的是约翰·瓦利斯,他是牛津大学一位几何学教授,也是皇家科学院的创建人之一。他曾于1653年用拉丁文出版了一本针对非英语母语者学习英语语法的书;1661年,他还教授过一位名叫丹尼尔·威立(Daniel Whalley)的25岁的聋学生,主要运用书面语使其理解词的意义和相互之间的联系。为了刺激其口语发展,他努力让丹尼尔知道发音器官是如何发出某个特定音的。最终丹尼尔能够说出虽然不是完美的,但还算是能听

---

① 张福娟,等.特殊教育史[M].上海:华东师范大学出版社,2000:53-54.

得懂的口语。①

在英国,与约翰·瓦利斯同时期的人出于个人兴趣或研究目的进行了一些聋人教育尝试,并积累了一定的教学经验,但却一直都没有成立正式的聋人学校。如亨利·贝克尔(Henry Baker,1698—1774),英国皇家协会的一位博物学家,他因为读了记录约翰·瓦利斯教学方法的书,从而对聋儿教育产生兴趣。当他去拜访一位有个聋女儿的亲戚时,就将这些教学方法用在了这个女孩身上,该女孩遂成为他的第一个学生。在成功教育这个女孩之后,他成为一个游走在聋儿家庭中的教师。但他没有建立自己的学校,而是和所教授的学生住在一起。同时,他对于自己的教学方法非常保密,向学生收取 100 英镑作为保证金,以使他们不泄露他的教学方法。在选择学生时,他通常会招收那些教育成功性高的聋儿。这一工作后来成为他唯一的谋生方式,他也被认为是英国第一位专业的聋人教育教师。②

正式创立英国第一所听觉障碍教育学校的人则是托马斯·布雷渥(Thomas Braidwood,1715—1806),他于 1760 年就在爱丁堡创办了英国第一所听觉障碍学校。但因其对自己的教学方法甚是保密,而法国的列斯贝则很开放地向社会宣传自己的教育理念与方法,所以形成了法国列斯贝的学校最早得到世人了解和认可,而布雷渥的教育思想则在最早期没能流传的结局。不过,在对教学方法保密的同时,因为其家族成员在英国的不同城市创办学校,甚至去往美国建立学校,他的教学理念还是一度主宰了英国听觉障碍教育很多年,甚至还影响了美国部分聋校的最初教育模式。1792 年,英国第一所为贫苦的聋童所建立的慈善性聋人学校,即贝尔蒙塞福利院在伦敦建立。

**(三)欧洲其他地区听觉障碍教育机构的建立**

在欧洲的其他地区,听障教育也在 18 世纪逐步建立。当列斯贝在法国从事聋童教育探索时,德国的海尼克(Samuel Heinicke,1727—1790)也在德国尝试着聋童教育,1778 年,他在莱比锡建立了德国第一所聋哑学校,成为"世界上最先得到政府认可之聋哑学校"③。从 18 世纪聋校创立开始到 20 世纪初,欧洲各国的听障教育得到普遍建立。据统计④:英国到 1910 年时,有聋哑学校 52 所、教师 468 人、学生 4653 人,用口语教学的有 26 所,用混合方法教学的有 14 所。法国在 1907 年的调查中显示,共有聋哑学校 65 所、学生 3894 人,其中 4 所为国立,其余为私立。德国在 1909 年的调查中表明,共有聋哑学校 89 所、教师 829 人、学生 7226 人。据 1901 年的统计,欧洲其他国家聋哑学校的发展情况是:奥地利有聋哑学校 38 所、教师 277 人、学生 2339 人,比利时有聋哑学校 12 所、教师 181 人、学生 1265 人,丹麦有聋哑学校 5 所、教师 57 人、学生 348 人,意大利有聋哑学校 47 所、教师 234 人、学生 2519 人,荷兰有聋哑学校 3 所、教师 74 人、学生 473 人,挪威有聋哑学校 5 所、教师 54 人、学生 309 人,葡萄牙有聋哑学校 2 所、教师 9 人、学生 64 人,俄罗斯有聋哑学校 34 所、教师 118 人、学生 1719 人,西班牙有聋哑学校 11 岁、教师 60 人、学生 462 人,瑞典有聋哑学校 9 所、教师 124 人、学生 726 人,瑞士有聋哑学校 14 所、教师 84 人、学生 650 人。上述学校一般采用口语教学法,间有混合其他的教学方法。

---

① Margret A. Winzer. The History of Special Education,From Isolation to Integration[M]. Washington,D. C.:Gallaudet University Press,1993:34.

② Margret A. Winzer. The History of Special Education,From Isolation to Integration[M]. Washington,D. C.:Gallaudet University Press,1993:37.

③ 华林一. 残废教育[M]. 上海:商务印书馆,1929:7.

④ 华林一. 残废教育[M]. 上海:商务印书馆,1929:10-11.

## 二、北美听觉障碍教育机构的建立

### (一) 美国听觉障碍教育机构的建立

当18世纪以法国为代表的欧洲开始对少数富有人家的男性聋童进行正规教育,并慢慢扩大教育对象范围的时候,在同时代的美国,有关聋人的知识还处于相对落后的状态。在美国,聋儿总被认为是白痴,多被安置在救济院一类机构中。幸运一些的孩子则会生活在家庭中,得到家人的爱与保护。这些家人努力寻求可以与之沟通的途径,他们或者请家庭教师教授他们,或者送他们远赴欧洲求学。而在当时的法国,列斯贝则已开始以一种比较民主的方式接纳聋人,打破阶级的束缚,使得不同背景的聋人分享相同的语言、历史和文化。由于美国同欧洲大陆在文化上的独特联系,19世纪时,列斯贝的这种理念终于被带到美国,并生根发芽,对北美的听觉障碍教育产生了深远的影响。

1. 欧洲聋人教育观念的传入

弗朗西斯·格林(Francis Green,1742—1809)是在美国最早引进和传播聋人教育的先驱。[①] 格林是波士顿人,14岁进入哈佛大学。后与表妹结婚,其子查尔斯在6个月时被发现有听力问题。孩子8岁时,格林将他带到英国,进入布雷渥设在爱丁堡的聋哑学校学习。查尔斯在此学会了说话、阅读和书写,对他的教育取得了成功。1784年,格林携子返回美国。1787年,查尔斯不幸溺水身亡,格林深受打击,乃辞去公职,重返英国,随布雷渥学习聋人教育方法。1796年,格林学成回国。一边工作,一边撰文宣传介绍布雷渥、列斯贝等欧洲教育家的聋人教育经验。19世纪初,格林还直接促成并参与了马萨诸塞州的聋人人口调查,为美国社会认识聋人教育的重要性奠定了基础。格林虽然没有直接创建美国的聋人教育机构,但他的宣传、提倡对19世纪美国聋人教育的发展产生了积极影响。

讲到美国聋人教育的历史,不得不提到英国的布雷渥家族,该家族所保密的聋童教育方法对美国聋人教育的发展起到了推动作用。弗吉尼亚州的上校托马斯·伯苓(Thomas Bolling)有三个聋的子女和两个聋的孙子。由于美国当时还没有可以教育聋孩子的学校,他曾把子女送到英国布雷渥家族建于爱丁堡的学校学习。因对教学效果很满意,并希望能让孩子们在家里接受教育,他邀请了托马斯·布雷渥的侄子约翰·布雷渥(John Braidwood)来美国从事聋人教育工作,由他出资开办一所学校。于是,在1812—1815年间,约翰·布雷渥受雇于托马斯·伯苓上校,在弗吉尼亚的一所规模很小的聋人教育学校里工作。但这所学校只存在了很短时间。约翰·布雷渥离开托马斯·伯苓上校后,前往纽约,找到几名聋孩子,又在那里创办了一所学校。但同在弗吉尼亚的学校一样,这所学校又以失败结束。但还是传播了聋人教育的实践经验,为后来纽约盲聋学校的建立与发展带来了积极的影响。[②]

2. 美国第一所聋人教育学校的建立

美国第一所比较有影响的正规聋人学校的建立要归功于康斯威尔(Mason Fitch Cogswell,1761—1830)和托马斯·霍普金斯·加劳德特(Thomas Hopkins Gallaudet,1788—1851)。康斯威尔教授是美国当时一位很有名的外科医生,时任美国康涅狄格州医药社团主席。他有一个女儿,名字叫艾丽斯,两岁时因脊髓性脑膜炎失去了听力。家里请了一位有名的女作家担任她的家庭教师,这位女作家主要通过家庭式手势语来教育艾丽斯。除她之外,还有一个人也是用这种手

---

[①] Margret A. Winzer. The History of Special Education, From Isolation to Integration[M]. Washington, D.C.: Gallaudet University Press, 1993: 87-88.

[②] Margret A. Winzer. The History of Special Education, From Isolation to Integration[M]. Washington, D.C.: Gallaudet University Press, 1993: 98-99.

势与艾丽斯交流，这个人就是加劳德特。18岁就从耶鲁大学毕业的加劳德特，于1814年时成为一名牧师。他对邻居康斯威尔教授的9岁的聋哑女儿艾丽斯的教育很感兴趣，并运用西卡德的著作里所描绘的一种沟通方式与艾丽斯交流。他从教艾丽斯一些简单的单词和句子开始，取得了一定的教学效果。但是，无论是家庭教师的教学还是加劳德特的尝试，所取得的成绩都不能让康斯威尔教授满意。同时他也很快意识到，最有挑战性的工作是不仅要教会艾丽斯说话，还要去教育全国至少2000多个和她一样的聋孩子。于是他开始认真考虑如何将之付诸于实践，并常与朋友们一起商讨具体的办法。

在马萨诸塞州弗朗西斯·格林的指导下，康斯威尔教授在康涅狄格州进行了一次聋哑人人口的调查。1815年，康斯威尔教授将他的调查结果交给哈佛大学的相关机构，希望得到他们的支持和帮助。不久哈佛大学建立了一个委员会，并筹集资金派人到欧洲学习聋人教育，托马斯·霍普金斯·加劳德特理所当然地成为出去学习的人选。1815年春天他开始了欧洲访学之旅。

加劳德特学习聋人教育的过程一波三折。最初他来到英国的伦敦和爱丁堡，好不容易见到了当时的布雷渥家族成员，打算向他们学习几个月之后再去法国。英国的布雷渥家族则因为聋校是自家人办的私立学校，不愿把口语教学方法泄露于世，没有答应加劳德特的请求。因此，加劳德特断绝了与布雷渥家族的来往，转而去了巴黎，向曾在英国相遇并相识的巴黎聋校校长西卡德学习聋人教育。

加劳德特最初认识西卡德时，西卡德正在英国演讲，随行带着两位聋人老师。这两位聋人老师的言行均很出色，因为在西卡德演讲时，这两位聋人老师陪在他身边，并用手语回答了有关哲学的抽象概念问题。这使得当时遭到布雷渥家族的拒绝而深感沮丧的加劳德特对法国式聋人教育非常感兴趣。他接受了西卡德的培训，培训持续了大约4个月。在法国期间，他与西卡德谈过自己需要一位助手，以便回到美国创办聋校。此后不久，西卡德学校里的一位聋人老师，即曾跟随西卡德去英国的两位聋人之一的劳伦特·克拉克（Laurent Clerc，1785—1869），主动找到加劳德特，表示如果能得到西卡德的同意，他愿意作为加劳德特的助手前往美国。克拉克在婴儿时就失去了听力，直到12岁时才进入法国的聋校接受正规的聋人教育。他进步极快，很快就成为老师的一个助手，最后留在学校任教。在取得西卡德的同意后，加劳德特与克拉克于1816年8月回到美国。

当加劳德特游历欧洲时，康斯威尔教授则在美国国内通过各种渠道筹集建立学校所需要的资金，他获得了来自于个人、教堂和当地政府的捐助和支持。加劳德特和克拉克回到美国后，在1816年秋天到1817年间，利用康斯威尔募得的经费开始学校的筹建工作。1817年4月，康涅狄格聋哑人教育收容所（Connecticut Asylum for the Education and Instruction of Deaf and Dumb Persons）成立，这是美国第一所专门为聋障者提供教育的学校。学校成立初只有7个学生。有文献表明，到1817年7月，这所聋校已经有学生21人。1819年5月，学校更名为哈特福德美国聋哑教育收容所（American Asylum at Hartford for the Education and Instruction of the Deaf and Dumb），后来又改称为美国聋校（The American School for the Deaf）。加劳德特本人在1830年辞职之前一直担任学校校长之职。

3. 早期创办的其他聋校

在康涅狄格州聋哑学校的带动下，美国的聋人教育机构在19世纪早期逐步发展起来。

美国历史上第二所聋校纽约聋哑学校（New York Institution for the Deaf and Dumb）于1818年建立。此前，从英国来到美国的约翰·布雷渥试图在纽约建立聋校，但以失败结束。纽约聋校的创建最终由约翰·斯塔福德（John Stafford）完成。最初，这所学校通过民间赞助、捐赠和收取学费的方式创立起来。成立后不久，当时的纽约政府开始关注起这所学校的存在与发展，并于不久之后拨给学校少量经费（相当于全校学生10天所需的经费）。1821年，政府决定为另外32名学生提供长期资助。开始,纽约聋哑学校是一所日间聋校,但它很快就成为寄宿式聋校。这所学校不仅招收聋孩子,还招收一部分盲童和智力障碍儿童,有时还会接纳孤儿和被遗弃的孩子。

美国第三所聋校是宾夕法尼亚聋哑学校,由一个叫戴维·瑟克斯(David Seixas)的陶瓷经营商所创办。起初,他想帮助自己在费城街头看到的流浪聋儿童,试着在自己的家里教育这些孩子。1820年4月,宾夕法尼亚聋校建立。这所学校开始是由宾夕法尼亚的慈善人士资助,聘请了一位聋人教师教授10名聋孩子。很快,这所学校就被宾夕法尼亚政府接办,政府于1821年赞助50名学生。由于这所学校需要一些专业的指导和帮助,美国聋校的克拉克曾到宾夕法尼亚聋校做了7个月的代理校长,管理学校,完成设置课程、培训老师等工作,并在将学校的工作带入轨道后离开。克拉克离开后,美国聋校的另一位老师路易斯·韦德(Lewis Weld)接替了他的代理校长职务,继续帮助管理宾夕法尼亚聋哑学校。直到1830年,路易斯·韦德回到了哈特福德,接替加劳德特担任美国聋校校长。

美国最初的3所聋哑学校分别位于哈特福德、纽约和宾夕法尼亚,它们建立的时间间隔在3年以内。纽约和宾夕法尼亚的聋哑学校经历相似,二者都是在独自建立后经历困难,然后向哈特福德的美国聋校寻求帮助,请求派来校长管理学校和设置课程。因此,它们有相似的课程、教师培训程序及教学原理。不同学校之间老师和校长的调动巩固了学校之间的关系。这3所学校,以哈特福德美国聋校为首,在相当长的时间内主导着美国的聋人教育。

在上述3所早期聋校创办不久,美国得克萨斯州政府开始关注聋人教育。1819年马萨诸塞州议会决定资助美国聋校;新英格兰地区(美国东北部六州的总称)的其他州此后也采取相似的措施。1822年,美国第一所州立聋人教育机构"肯塔基聋哑指导中心"成立,标志着政府对特殊教育的正式介入。此后,很多州纷纷建立自己的聋校,如新罕布什尔州于1821年、缅因州和佛蒙特州于1825年、罗得艾兰州于1845年先后成立了聋校。

4. 倡导口语教学的克拉克聋哑学校

1864年,罗杰斯小姐(Harriet Rogers,1843—1919)在马萨诸塞州的切姆斯福德开设了一所私人性质的小型口语学校,这是美国第一所以口语教学为主体的聋童学校。[①] 1865年,罗杰斯小姐遇到了一位极力提倡聋人口语教学的波士顿富商。该富商的小女儿因患猩红热而致聋,他希望能培养他女儿说话的能力,但当时的美国聋校以手语教学为主。在这位商人的支持下,罗杰斯小姐聋校的口语教学取得了成功,并得到了政府和商人的支持。富商约翰·克拉克(John Clarke)为学校提供了慷慨赞助;1867年,政府同意将该校纳入聋人教育系统之中,并出资委托该校培养聋童。1870年,学校更名为"克拉克学校"。克拉克聋校的成功不但影响了美国听觉障碍教育的立法,还推动了美国聋人口语教学的发展,很多以口语教学体系组建的听觉障碍教育机构迅速出现。1880年,美国的口语学校有11所;1882年,美国的聋童中有9%的人在接受口语教学;1893年,接受口语教学的聋童达到24.7%;1903年,聋童接受口语教学的比例已升至48.4%。[②] 至于美国全部聋校的数目,到1907年时的统计为131所,学生总数为11259人。[③]

5. 聋人高等教育机构的建立

随着聋人教育的发展,到19世纪五六十年代,为聋人提供高等教育的问题被提到了议事日程上来。托马斯·霍普金斯·加劳德特是发展聋人高等教育的发起人之一。1857年,美国国会决定将慈善家阿莫斯·肯德尔(Amos Kendall,1789—1869)开办的盲聋学校与加劳德特创办的

---

① 张福娟,等.特殊教育史[M].上海:华东师范大学出版社,2000:95-96.
② 张福娟,等.特殊教育史[M].上海:华东师范大学出版社,2000:97.
③ Margret A. Winzer. The History of Special Education, From Isolation to Integration[M]. Washington, D. C.: Gallaudet University Press,1993:102.

美国聋校合并,成立哥伦比亚盲聋哑学院。1864年,国会同意在哥伦比亚盲聋哑学院内设立有学位授予权的大学部,美国第一所聋人高等教育机构成立。由托马斯·霍普金斯·加劳德特的幼子爱德华·米纳·加劳德特(Edward Miner Gallaudet,1837—1917)担任第一任校长。1894年学校改名为加劳德特学院。

 **知识小卡片**

### 美国加劳德特大学

加劳德特大学位于美国首都华盛顿,是世界上唯一一所专门为聋人和重听者设置本科、硕士及博士课程的大学。一百多年来,加劳德特大学已成为一所学术机构、一个文化中心和聋人能力的象征,它在聋人群体持久的传承中起到了重要作用。这里是全世界唯一一所集教学、研究、学习及服务于一体的聋人的"乐园"。

阿莫斯·肯德尔(Amos Kendall,1789—1869),慈善家,曾任美国邮政大臣,因担任电报发明者塞缪尔·默尔斯(Samuel Morse)的商业伙伴而积累了财富,希望投身于慈善事业。塞缪尔·默尔斯的妻子是位听力障碍者,这促使他选择了听力障碍教育及其相关工作作为自己慈善事业的方向。1856年,他捐出自己在华盛顿东北的两英亩地产、一幢房子和部分资金,建立了一所聋校。聘请托马斯·霍普金斯·加劳德特的儿子爱德华·米纳·加劳德特(Edward Miner Gallaudet)担任学校的第一位负责人。1864年,亚伯拉罕·林肯签署法案,批准建立一所全国性质的大学,其目的是想将这所大学作为肯德尔聋校在高等教育阶段的延伸。1894年,学校的两部分分离了,在校友会的要求下,大学部分以托马斯·霍普金斯·加劳德特的名字命名为加劳德特学院,学院创设的最初目的在于为美国的聋人教育培养和培训更多的师资。1986年里根总统签署的聋人教育法案批准了其大学的地位。而肯德尔聋校已成为加劳德特大学的附属学校,现今依然在大学校园内,设置了从听力障碍学前到高中阶段的教育课程。

加劳德特大学现在已成为聋人教育、聋人心理、手语与聋文化的研究中心。聋人的主体性及权利得到了从未有过的彰显。1988年,学校学生因反对由正常人担任校长而自发举行了"推选聋人校长"(Deaf President Now)抗议运动,在美国形成了巨大影响,最终导致学校董事会不得不改变决定,任命I·金·乔丹博士(Dr. I. King Jordan)为加劳德特大学第一任聋人校长。这也被认为是聋人历史上的重要事件之一。

自20世纪80年代开始,加劳德特大学教育系和中国各地的聋校在交流学习、教师培训方面进行了不同形式的合作。该校教师和学生已来过中国多次。全世界聋和重听的学生都可申请加劳德特大学的本科课程,聋、重听及健听学生还可申请研究生课程。该校对确有需要的学生可尽全力提供财政帮助,以及不同水平的学术奖学金。

每年有将近两千名学生在艺术及科学学院、交流学校、教育及人文学院和学校管理学院的50多个专业和研究生课程中进行学习,专业有聋人教育、心理咨询、财会、生物、计算机、手语翻译等。本科生全体为聋或重听,只有在2002年以后,才有几位来自于聋人家庭或曾长期服务于聋人社区的健听学生被允许进入到本科课程的学习之中。硕士和博士研究生中的聋和重听人数达到总人数的一半。教职工中亦有很多聋人或重听者,而健听教授授课也以手语为教学语言。该校及其全体员工在发展的过程中愈来愈明确如何满足学生们的需要,他们面向美国及全世界的聋及重听者提供高等教育。

(选译自加劳德特大学官方网站,网址:www.gallaudet.edu)

### (二) 加拿大听觉障碍教育机构的建立

在美国聋人教育发展的影响下,北美北部加拿大的聋人教育也在19世纪逐步建立起来。加拿大南部地区在地理上同哈特福德美国聋校所在州比较接近,因此,加劳德特创办的美国聋校也影响了加拿大的聋校的发展。1829年,由南加拿大议会出资,培训了一位名为罗纳德·麦当劳(Ronald McDonald)的报业工作者,希望他能在加拿大创办一所聋校。在克拉克和加劳德特的指导下,他在美国聋校里受训了一年。回到加拿大后,他创办了一所很小的聋校,在很勉强地维持了5年后,学校不得已而关闭。直到后来天主教的人在魁北克地区创办了新的学校,才成为加拿大长期存在的聋校。

加拿大北部地区聋校的建立与发展离不开约翰·巴瑞特·麦甘(John Barrett McGann)的功劳。他是英国人,在美国纽约聋哑学校做了几年文员工作以后,来到多伦多,于1858年创办了一所很小的聋校。该校于1861年开始面向盲少年学生招生。1863年以后,这所学校得到当地政府与民间团体的资助。1870年,麦甘成功地说服安大略省政府建立了稳固的聋校。1872年,这所学校又开始为盲生提供教育。到1907年,加拿大共有6所聋校,学生总数为735人。[①]

纵观整个北美地区,从1818年美国创办第一所聋校,到20世纪初聋人教育机构普遍建立,从聋人初等教育到高等教育的完整聋人教育体系基本确立,北美聋人教育呈现出蓬勃发展的态势,大有取代特殊教育发源地欧洲在聋人教育领域地位的气魄。到1910年,美国公私立聋哑学校共有145所、教师1673人、学生12332人,加拿大共有省立聋哑学校7所、教师151人、学生832人。[②] 由此可见北美聋哑教育发展的盛况。

## 第2节 听觉障碍教育思想的初步发展

不同时期和不同国家的听觉障碍教育者们,在特定的历史文化、政治条件下,孕育着各自不同的教育理念与教育实践,它们之间又跨越了时空与政治差异而相互影响着,甚至在我们现代社会的听觉障碍教育政策和教育实践中,仍然可以找到它们的影子。

### 一、听觉障碍教育先驱的教育思想

#### (一) 波内特的听觉障碍教育思想

波内特是西班牙人,他曾经当过兵,任卡斯蒂利亚地区总管的秘书。由于这位总管的弟弟是一位聋人,波内特顺理成章地承担起了教育他的责任,由此开始了听觉障碍教育实践。他继承了庞塞和卡瑞恩教育聋人的方法,于1620年发表了《字母表简化方案和教聋人说话的方法》,这是人类历史上第一篇有关残疾人教育实践的论文。[③] 该文发表后不久就佚失了,直到1890年才在伦敦被人发现。他的教育方法后来传到英国和法国,对17世纪英国哲学家的语言研究起到了推动作用。作为聋人教育的先驱之一,他的听觉障碍教育思想主要有以下三点:

1. 以口语为主的教学理念

波内特的听觉障碍教育实践以口语教学为主。庞塞的教育思想给了他很大的影响,但庞塞的手势教学没有提及指拼(finger spelling)和看话(speech reading),波内特则在自己的教育实践中补充了这两项内容,成为第一个确认看话在听觉障碍教育中的地位的人。他不但主张利用阅

---

① Margret A. Winzer. The History of Special Education, From Isolation to Integration[M]. Washington, D. C.: Gallaudet University Press,1993:102.
② 华林一. 残废教育[M]. 上海:商务印书馆,1929:8-9.
③ 朴永馨. 特殊教育词典(第2版)[M]. 北京:华夏出版社,2006:223-224.

读、写作、发音、指拼等方法指导听觉障碍儿童学习语言,而且强调"看话的作用",认为对聋人的教学不能单纯地通过教来实现,还要通过聋人的高度注意来获得良好的教学效果。

2. 直观口语教学方法

为了刺激聋学生的言语发展并教会他们语言,波内特建议"使用灵活的橡皮舌头来模拟人在说话时舌头位置的变化情况,使学生从视觉上感知发音时发音器官的运动"[①]。这种让聋学生看到应该如何发清楚某个音的直观教学方法,依然是今天进行口语教学的聋校教师教学的最主要原则之一。

3. 重视读唇的作用与训练

尽管波内特很强调读唇(lip reading),但他并不认为每个人都可以学会读唇。在他看来,读唇只是极少数聋人能够掌握的一门艺术。他指出,如果教师用足够的时间来训练学生的读唇技巧,成功的学生是可以达到看懂老师口形的程度的,但并不能将个体成功的读唇训练经验迁移到其他人的读唇训练情景之中。因此,聋学生能否学会读唇的技能,与个体因素有很大关系,没有一种训练读唇的方法可以适用于大多数的聋人。

因教学效果显著,波内特的教学法吸引了许多慕名者前往求教。后来英国的听觉障碍教育也直接受到他的影响,在持续近半个世纪的时间里,他影响了英国的听觉障碍教育者在本土手语、言语要素和聋人教育教学等方面的发展。

### (二) 阿曼的听觉障碍教育思想

19世纪后期,德国的听觉障碍教育以主张不用任何其他辅助手段来进行言语训练而著名,并影响了很多人的聋人教育观念。这种模式源于阿曼(1669—1724)的实践。阿曼原是一位医生,瑞士人,后移民到荷兰,一生大部分时间生活在阿姆斯特丹,也是在那里接触到了聋学生。阿曼对于人类语言发展的各种问题非常着迷,他认为"声音"是天赐的,上帝在赋予人类灵魂时,将声音吹进了人们的鼻孔。他也认同亚里士多德的学说,承认声音是上帝的礼物。因此,他在对于教会聋人说话感兴趣的同时,也对一些听力正常者的发音问题如口吃、失语症等个案进行矫治。他出版过两种著作:《能说话的聋哑人或能帮助聋哑人学会说话的方法》和《说话的聋人》。阿曼的聋人教育思想体现在以下四方面。

1. 肯定听觉障碍者的可教育性

阿曼指出:聋人有着和听力正常者一样的智力,他相信聋人的可教育性;强调读唇与语音教学的重要性。在他看来,聋哑人之所以哑是聋所致,发音器官则是完全正常的,不是因为智力有问题。

2. 重视听觉障碍者的口语发展

阿曼相信口头语言对个体智力的发展具有重要作用。聋人因为自身的缺陷,不得已通过手势和姿势进行交流,这是一种不幸和悲哀。因此,他强调口语的重要性,并认为通过教育可发展学生的情感与智能。

3. 利用触觉和视觉进行教学

阿曼在自己的著作中,注重表述自己的教育理念,以及良好的教学效果,但没有描述可以操作的具体教学方法。在《说话的聋人》一书中,他清晰地阐述了自己的教学目标,即强调让聋学生掌握正确、清楚的发音,学会口头语言,发展学生的心智。由于他只强调聋人应该并可以习得口语的理念,却根本没有在他的文字里详细表述到底通过什么方式可以让聋人学会清楚发音,所以人们至今也无从知晓他究竟用什么方法教会聋人读唇和清楚发音。所能确定的只是他在读唇与

---

① 张福娟,等.特殊教育史[M].上海:华东师范大学出版社,2000:23.

语音教学中,通过大量运用触觉和镜子,注重让学生利用触觉、视觉及精确模仿,以学习清晰发音的方法;在发音教学过程中,先教学生学习元音的发音方法,从而让学生感受到声带的震动,再教他们学习辅音的发音方法,最后过渡到词语和句子的教学。①

4. 重视听觉障碍者的早期教育

在教学对象的选择上,阿曼倾向于面向年纪比较小的聋童进行口语教学,他认为这样可以保证教学的成功。同时,阿曼虽然支持和维护口语教学,并认为这是唯一正确的方式,但他自己也并不认为所有的听力障碍者都可以学会口语。

虽然我们不知道阿曼具体的聋人教育教学法,但他重视口语教学的聋人教育思想不仅深刻地影响了当时德国聋人教育的发展,也对瑞士、丹麦等欧洲其他国家后来的聋人教育理论与实践产生过重大的影响。

## 二、列斯贝的听觉障碍教育思想

### (一) 列斯贝生平与活动

列斯贝,原为天主教神父,是法国听觉障碍教育的先驱。列斯贝从1743年就开始尝试教育聋儿童。因为认定了要教育聋童的目标,他努力从更早期的一些个别聋人教师的文字资料及著作中寻求方法。他认真地研究了阿曼和波内特的著作,为此还专门学会了西班牙语以了解波内特的教育思想和方法。

1760年,他在位于巴黎莫林路的家中开设了一个由6个贫穷聋童组成的班,这就是世界上第一所聋校。到1785年为止,学校的总人数已经达到72人。② 不同于在当时聋人教育领域占主导地位的口语教学理念,列斯贝提出了通过手语教学方法教育聋哑人的主张,他的观点和实践对当时的法国和后来的美国听觉障碍教育都产生了巨大影响。可以说从列斯贝建立的学校开始,聋孩子才聚集起来接受教育,使用相同的语言、拥有相似的成长历程,更是分享着同样的文化。列斯贝对世界聋人教育的发展影响甚大。

### (二) 列斯贝听觉障碍教育思想

1. 强调手语的作用

列斯贝接受了洛克等人的观点,认为语言是人造的和约定俗成的;抽象的观点和用耳朵听到的声音之间不存在什么天然的联系。列斯贝推测:伴随着可观察到的手势语的使用,用写出来的字去教育聋哑人是有可能的,这是他听觉障碍教育的理论根基。③

列斯贝相信:教育聋人说话不是唯一的目标,他主张对聋人采用手势语教学,希望他的学生不仅学会说话,还学会用语言进行思维。他指出:单纯的发音练习只是一种简单的语音模仿学习,不能算是真正的语言学习。真正意义上的语言学习,应该将学习语言、进行发音训练看做是为了唤醒和刺激聋人的思维、发展他们的潜力,绝不仅仅是学习怎样用口语去与人交流。他推测:设计出一种既容易识别、又伴有可视手势的书写符号来教聋人掌握语言是有可能的。基于此,他在日常生活中搜集学生所用的手势语,创制出一些新的手势语。

2. 手势与文字交替进行的教学

在具体教学中,列斯贝运用手势与文字交替进行的方法,这是他在听觉障碍教育上的一个最

---

① Margret A. Winzer. The History of Special Education, From Isolation to Integration[M]. Washington, D. C.: Gallaudet University Press, 1993: 37.

② Margret A. Winzer. The History of Special Education, From Isolation to Integration[M]. Washington, D. C.: Gallaudet University Press, 1993: 50.

③ Margret A. Winzer. The History of Special Education, From Isolation to Integration[M]. Washington, D. C.: Gallaudet University Press, 1993: 49.

主要的特征。这样的模式建立在他对教育对象系统而客观的观察基础之上。大量的事实让他相信：聋学生彼此交流时，自然使用的手势语就是他们的母语。他肯定聋学生需要的是手势语沟通系统而不是有声语言交流系统。同时，他也认为聋人自己的自然手势语将他们与主流社会区分开来，即手语使聋人在社会中具有自己特殊的身份。在意识到这些客观事实的基础上，列斯贝继续致力于将其学生的手势语系统化，力求使其成为一种新的语言。在观察自己所教的聋学生所使用的手语之基础上，列斯贝自己还加入了一些新的手势，有些是改良他的学生所使用的手语，有些则完全是新发明的手语。当时学生们使用的手语大多是表示具体事物、性质和事件的，但是列斯贝的手势语则与法语语法功能紧密联系。由他发展出来的手势语能够表明时态、人称、语法等等，甚至可以表示抽象关系，以及哲学的、宗教的观念。有资料表明：在列斯贝的努力下，手语体系发展成为可与口语相媲美的可视动作语言，手指语也被并入了这个体系。①

3. 重视听力障碍学生的认知发展

在解决沟通问题的基础上，列斯贝强调对学生进行严格的智力训练。他认为：在刺激聋童的感官、努力唤醒他们的理性之后，就可把全部教学重点集中到教聋人结合自己已有的观念进行有条理的思考方面来。② 列斯贝坚持认为，教育的核心应该是让聋人能够逻辑地思考。从这种意义上讲，他的这一教育目标反映了当时法国的理性精神。

4. 反对口语教学

在语言教学方面，列斯贝坚持自己的态度。他指出：模仿发音与能够清楚表达思想之间是根本不同的，将某些音发清楚并不代表可以表达出自己的思想和要求。由于坚持听觉障碍教育的根本目的应该是唤醒和刺激聋人的思想，所以，他认为清晰的发音训练在此过程中所能起到的作用极为有限，他非常反对同时期存在的口语教学。列斯贝曾公开表明：那些用指拼法让聋学生学会说话的方法，最终只能被证明是根本没用的，因为聋学生没有学会怎样思维。他甚至认为教会聋人清楚地发音并不是什么难事，只要教育得当，聋人当然可以发音。而且在他看来，这个过程也不需要那样漫长或痛苦。这种发音教学完全可由具有最基本教学能力的女性来完成，因为他可以在两周内教会她们掌握这些教学方法。③ 但对于聋人来说，却不必要付出那么多的努力去学会发音。列斯贝对于手语的认识及其教学理念、方法与在他之前或与他同时的个别听觉障碍教育实践者都是不同甚至对立的。以往的不少聋人教育者都强调口语的重要性，并完全致力于口语教学，而列斯贝则相反。

列斯贝并没有像有些教育者那样将自己的教学方法视为独家秘方，而是欢迎所有正面或负面的评论。当然，当时对他的批评，虽然有部分观点是批判性的，但更多是挖苦性质、甚至是古怪的。面对这些负面的评论，1771年至1774年间，他在校舍里加盖了一个小教堂，每年都在里面举办展览会以展示学生的成就。列斯贝想要通过这些展览使教育家、学者和公众相信：聋人不仅能获得语言，而且也可以和那些健听人一样接受教育。④ 1773年8月，在一个极为重要的有宗教界人士参加的活动中，罗马教皇的特使和其他的教会显要人物莅临学校，用三种不同的语言向他的学生提了200个问题，其中很多问题都涉及了深奥的宗教理论，聋学生们很好地回答了这些问

---

① Margret A. Winzer. The History of Special Education, From Isolation to Integration[M]. Washington, D. C. : Gallaudet University Press, 1993: 51.

② Margret A. Winzer. The History of Special Education, From Isolation to Integration[M]. Washington, D. C. : Gallaudet University Press, 1993: 51.

③ Margret A. Winzer. The History of Special Education, From Isolation to Integration[M]. Washington, D. C. : Gallaudet University Press, 1993: 51.

④ Margret A. Winzer. The History of Special Education, From Isolation to Integration[M]. Washington, D. C. : Gallaudet University Press, 1993: 51.

题,得到在场人员的认可。类似事件可以在很大程度上表明,列斯贝的听觉障碍教育思想和实践符合了聋学生的认知发展特点。

5. 列斯贝听觉障碍教育思想的影响

列斯贝对于手势语系统的积极认识及持续的推进工作是前人不曾做到的,他在教学中结合了心理学与教育学的方法,得到了当时的教育家、立法者、牧师以及哲学家的高度赞扬。在他之前,人们多强调记忆离不开有声语言,这在一定程度上否定了那些不会说话的聋人的记忆能力,以及与此相关的推理能力。[①] 直到当代,依然有人赞赏列斯贝直接将手语作为一种教学方式,通过手语教给学生各种概念,这比另一些人很主观地想帮助聋人学会听到声音要更有现实意义。

列斯贝的成就成为后来听觉障碍教育的典范,对其他形式的特殊教育的发展也产生了深远影响。如西卡德就曾到巴黎向列斯贝学习,并在1789年接管了列斯贝的学校。这所学校在1791年被法国国民大会立为国立性的机构。西卡德虽然完全采用列斯贝的理念和教育学观点,但他使手势语更加系统化并高度发展。这些都使法国的特殊教育提升到了另一个发展高度,在当时的欧洲更具有影响力。

由于列斯贝等人卓有成效的工作,18世纪很多欧洲聋校都采用手语进行教学。他出色的教育思想和成果,特别是关于聋人的教育思想和方法对当时法国甚至其他国家都有着深远的影响,吸引了大批人从各地赶来向他学习。其中一个代表事件就是美国的加劳德特在法国学习之后,将师从于西卡德的克拉克带回美国,成为美国早期的聋人教育教师,而加劳德特又向克拉克学习,两人一起合作,相互支持,建立了美国第一所正式的聋校,成为北美特殊教育发展进程中的标志性事件。

列斯贝的教学对象不只是贵族或富有阶层,他也努力向平民和穷人家庭中的聋孩子提供教育。与当时英国及德国的其他聋人教育者不同,列斯贝很热情地宣传自己的理念及教学方法。因为他相信尽可能让更多的灵魂得到拯救是他的使命所在,他并不把自己的教学方法和成果视为利己"秘方",而是坦率地向所有的人宣传和展示,使其听觉障碍教育思想不仅成为当时法国的主流,而且在世界范围内影响深远。由此他深得同行的尊敬和学生的爱戴。他在听觉障碍教育中的实践及成就,间接促进了智力障碍教育的最初发展。列斯贝的专业水平、敬业和奉献精神、超越国度的持久影响力,使其在特殊教育创立者的系谱中占据最耀眼的位置。

## 三、海尼克的听觉障碍教育思想

### (一) 海尼克的生平与活动

在列斯贝高举听觉障碍教育的手语法教学旗帜的时代,德国也出现了一个叫海尼克的私人教师,与其持相反的教学理念与方法。海尼克受阿曼的影响,坚持用口语教学,并形成一套帮助聋人发音的教学方法。

海尼克出生在德国图林根的涝茨图兹(Nautschutz),经历丰富,曾从事过多种职业。最初是因为拒绝父亲给他远定的一门亲事而逃离家乡。他在战争中被捕,逃离监狱后又成为一名保镖。业余时间他到大学接受教师教育与培训,并学习了拉丁文和数学。这期间他辅导了一名聋童。从1754年起,他开始把自己的工作重心放在听觉障碍教育上。[②]

1768年,他在德国的艾本道夫(Eppendorff)成立了一所私人学校,旨在教聋童学会说话。然

---

① Margret A. Winzer. The History of Special Education, From Isolation to Integration[M]. Washington, D.C.: Gallaudet University Press, 1993: 52.

② Margret A. Winzer. The History of Special Education, From Isolation to Integration[M]. Washington, D.C.: Gallaudet University Press, 1993: 55.

而,当地教堂的牧师认为是上帝决定谁是聋人,因此海尼克的行为被认为是没有敬畏上帝所赋予这一类人的特质,有悖天意,所以牧师们百般阻挠这所学校的工作。无奈之下,海尼克于1775年离开艾本道夫,但他并没有放弃自己的理想,在别人的协助下,1778年他又在莱比锡设立了德国第一所国立聋校。他之所以能够获得政府资助,是因为他在给政府的报告中表述了在他学校学习的聋童在很大程度上提高了言语能力。

### (二)海尼克的听觉障碍教育思想

**1. 坚持口语教学**

海尼克认为聋人的教育应该是口语教育,主张把言语学习放在聋人教学最重要的位置上,并强调应该将口语教学看成是促进聋童心理发展的唯一手段。他认为口语与手势语之间没有任何可以调和的地方。[1]

在海尼克看来,说话不仅是聋童应该获得的能力,而且是发展其认知能力的唯一途径。使学生能用口语交流沟通无障碍是他的教学目标。他认为人类只有借助词语才能进行思考,而且只有能清楚地发出某个词的读音才能理解并学会这个词;若没有对这种语言的掌握,聋童最多只能成为一个抄写的机器,而且头脑中空空如也,没有什么形象。用手势或书写来学习在海尼克看来是根本不可能的。他尽可能避开手语不谈,一生坚持以读唇与发音结合来进行口语教学、教导聋童说话。他坚信口语法优于手语法、聋人可以通过仔细观察讲话者的唇动学会理解有声语言。

**2. 重视读唇教学**

海尼克口语教学法的具体操作方法鲜为人知,因为他将之视为秘方,严防死守,绝不外传。他曾公开表明:为了寻找和设计教学方法,他付出了难以置信的劳动,并经历了很多痛苦,所以他不愿意让别人轻易地享用这一成果。因此,他虽然写了好几本儿童读物,但却从未出版过有关他自己的听觉障碍教学方法的著作或书籍。不过资料显示,重视读唇教学是其主要方法。曾任纽约列斯顿聋校(Lexington School for the Deaf)校长的戴维·格林贝戈(David Greenberger)对海尼克读唇教学有两点评价:一方面他充分利用读话技能训练,使自己的学生能够通过口语进行交流;另一方面,他教会学生尽可能清晰地发音,尤其是元音部分。发音教学是海尼克教学效果最重要的评价标准。

**3. 海尼克听觉障碍教育思想的影响**

海尼克相信只有让聋人学会有声语言才是最根本的,他相信自己是当时世界上唯一一位发明了真正教育聋孩子的方法、并将之付诸实践的人。同时,他对于采用其他方法教育聋儿童的人持一种批评甚至是诋毁的态度,对于比他更早的一些听觉障碍教育实践者的尝试与成就也嗤之以鼻,不管那些先驱们是用口语法还是手语法或其他任何模式来进行教学。

当时有人怀疑海尼克的口语教学效果,想知道真实情况如何。同时,也因为他与列斯贝的争论,一个主要由欧洲哲学家、神学家组成的学术委员会曾组织成员对他的学校进行考察。维也纳一所聋校的校长接受这一委任,以欧洲学者的身份低调地访问了海尼克的学校,他在后来的报告中指出:他看到的事实与海尼克自己对外宣称的效果并不相符,海尼克夸大了自己的成就。而海尼克本人,在实际教学中因为他所坚持的纯口语法并未达到预期的目的,所以在他自己从事聋人教育工作的后期,坚持的观点有所改变。

无论当时或现在对于手语教学与口语教学的争议如何,都改变不了海尼克作为倡导口语沟通法体系最有力之人这一事实。正是由于他全力推广口语教学法,后人才把口语教学法称为"德国式教学法"。而他与同时代的手语法体系创始人法国人列斯贝进行的长期争论,形成了"手口

---

[1] 袁茵.听觉障碍儿童沟通方法评介[J].中国特殊教育,2002(1):37-41.

之争"的局面。

### 四、布雷渥的听觉障碍教育思想

#### (一)布雷渥生平与活动

托马斯·布雷渥是英国听觉障碍教育的最主要代表人物。他出生于苏格兰的那纳克郡(Lanarkshire)一个小镇的农场,最初的职业是教有钱人家子弟学习书法。1760年,他将职业从教有听力的孩子转为教听觉障碍孩子,并将自己在爱丁堡的寓所命名为"布雷渥聋哑学校"(Braidwood's Academy for the Deaf and Dumb),这是英国历史上第一所听觉障碍学校。他的第一个学生是一位酒商的儿子,据说他用了三年的时间教会了这个学生说话和阅读。由此布雷渥进入了听觉障碍教育这一领域,他认为可以用三年的时间教会任何一个智力正常的聋童学会说话及阅读。他其他的学生还包括天文学家、贵族等富有人家的孩子,他教授他们口语和阅读,据说都取得了成功。

1783年,他带领全家将学校迁到伦敦东部的一个小镇。布雷渥去世后,他的女儿继续主持家族学校。布雷渥的一位男性亲属在这所学校被培养成一位聋童教师,1792年他离开布雷渥的家族学校,成为英国第一所公立聋校伦敦聋哑学校(London Asylum for the Deaf and Dumb)的校长。布雷渥家族成员后来在伯明翰、利物浦、曼彻斯特、爱丁堡及威尔士等地区建立聋校。他们在奠定了英国口语教学法的基础的同时,也成为欧洲早期的口语教育的倡导者。

#### (二)布雷渥的听觉障碍教育思想

布雷渥作为英国读唇教学发展的最为重要的人物之一,热衷于对听觉障碍儿童与青少年的教育,其最主要的教学目标就是尽最大可能教聋儿童学会讲话。据说他的学生能通过眼睛进行倾听,实际上也就是训练了学生的看话能力。可以说,布雷渥聋人教育的核心理念就是通过教育,让聋学生学会口语,并具备良好的看话能力。

布雷渥开创了英国正规聋人教育的先河,而且主导英国聋人教育领域长达半个多世纪。无论后人对布雷渥的聋人教育方法有着怎样的评价,在当时,他的教育方法对英国和美国后来的聋人教育都有着深远的影响。并且在相当长的时间内,整个英国的聋人教育都被布雷渥家族严密地控制了起来,以至于任何一个想要从事聋人教育的人,不经他们的许可就不被允许从业。[1] 和当时其他一些口语教育者一样,布雷渥对于自己的教学方法也是严格保密。在他学校工作的教师要遵守契约:不能与任何其他人交流该校的教学方法。他也拒绝任何其他国家的人前来学习。因为他认为自己付出极大的辛苦、耗费了巨大精力才掌握的这一教学法,不能轻易传授给别人。因此,他究竟运用了怎样的教学方法,我们无从得知。关于其教学方法描述的文字极为有限,我们只能大概了解其发音教学的基本过程:用各种方法运动聋童的舌头,让他们的舌头尽可能灵活地运动起来,为发音学习打好基础;学习元音与辅音的发音;音节发音练习;最后学习词汇,并理解词汇的意义。

英国在20世纪70年代发布的沃诺克报告中曾指出,布雷渥家族的聋校和当时的其他盲校都是极其封闭的和被保护的地方,学生与学校外面的世界基本上没有或是根本没有联系。学校内提供的教育和培训内容也很有限,学生毕业之后的出路远不如预期,很多人后来无法找到可谋生的职业,甚至有人以乞讨为生。[2]

这一家族中后来又有几个人参与到听觉障碍教育中,在英国不同城市建立了聋校,成为英国

---

[1] 张福娟,等.特殊教育史[M].上海:华东师范大学出版社,2000:52.

[2] Warnock, H. M. Special Educational Needs: Report of the Committee of Enquiry into the Education of Handicapped Children and Young People[R]. London, 1978: 9.

听觉障碍教育先驱。

### 五、加劳德特的听觉障碍教育思想

#### (一) 加劳德特的生平与活动

托马斯·霍普金斯·加劳德特是美国听觉障碍教育领域最重要的代表人物之一。他于1787年12月出生在费城,后来随全家搬到康涅狄格州,进入到那里的文法学校学习。1802年,加劳德特开始在耶鲁大学学习,1805年17岁时,以最优异的成绩成为所在班级里年纪最小的毕业生。1808年在耶鲁大学获得硕士学位。1811年,他进入一所神学院学习。1814年成为一名牧师,并开始尝试聋人教育,曾赴欧洲学习西卡德的聋人教育经验。1817年,他和康斯威尔、克拉克等共同创办美国第一所聋校哈特福德聋校。详细情况在本章第1节已有讨论。

19世纪50年代后,他又同小儿子爱德华·米纳·加劳德特一道,促成了美国聋人高等教育的发展,建立了加劳德特大学。加劳德特一生致力于聋人教育事业,对美国乃至世界聋人教育的发展作出了重要贡献。

#### (二) 加劳德特的听觉障碍教育思想

加劳德特的聋人教育思想源于对法国列斯贝和西卡德聋人教育思想的学习和吸收,并得到了来自法国的克拉克的帮助,因此,注重手语教学的聋人教学模式是其主要的特色。当然,在实践中也形成了自己的一些特色。

1. 宗教和道德教育占有重要地位

加劳德特在聋人教育内容方面,强调宗教和道德教育。由加劳德特建立起来的美国聋校的早期课程反映了美国新英格兰地区当时的社会精神状态:一个处在工业化的始端、有浓厚宗教色彩的社会。加劳德特本人的宗教背景,因此,教学生处理宗教事务是聋哑教育者的主要任务之一,使得他从事教育工作的目标主要是向各类残障者进行宗教福音的传递。他认为,聋校应该为学生开设语言、文化知识等基础课程,但更重要的教学任务则是给学生以宗教和道德的教育。在他所创办的学校,课程设置极为重视宗教内容的教学,除了英语语法的特殊培训外,学校强调以下几个方面的教育:阅读、礼拜仪式、宗教、行为准则,学生也粗略学习历史、哲学和文学知识。

2. 重视职业教育

美国聋校是美国最早向学生提供职业教育的学校之一,这显示了其重视实践的教育倾向。1822年,学校在成立5年之后,建立了一个职业培训项目,向学生提供可以进入当时工业浪潮社会的技能,如设置了符合当时社会需要的机械课程。

3. 尊重并肯定聋人教师的作用

加劳德特尊重聋人,而且很重视聋人教师在聋人教育中的作用。他信任聋人教师克拉克,并相信其能力,这使得克拉克在美国第一所聋校的教学以及后来在其他城市聋校的建立过程中都起到了关键性的作用。资料表明:1850年,美国聋人教育领域中36.6%的教师为聋人,8年后,这个数据上升到40.8%,后来因为口语教学逐渐成为美国聋人教育的主流,这个数据就减少到14.0%。[①]

4. 以手语教学法为主

加劳德特的聋人教育方法深受法国聋人教育理念尤其是列斯贝手语教学模式的影响。加劳德特在离开美国开始访学英法两国时,本着兼收并蓄的方针,希望能将两国聋人教育中的优势结合起来以运用到美国的聋人教育之中。事实上,最终他带回美国的是当时法国的教育方法。法

---

① Jack R. Gannon. Deaf Heritage: A Narrative History of Deaf America[M]. Silver Spring, MD: National Association of the Deaf, 1981: 3.

国的聋人教育因此在很大程度上影响了美国当时的聋人教育。加劳德特采用列斯贝创立的法国式聋人教育技术,将法语手语译成英语手语在美国聋人教育中运用和推广。他创造的聋人手语教学模式成为后来美国聋童手语教学的基础。这使得在很长时间内,美国将手语教学看成是聋人教育的根本途径,手语教学法占据了美国聋人教学与沟通方法的主导地位。① 这也促进了手语在美国的推广及研究工作的发展。

由于加劳德特和克拉克在美国开创的手语教学体系影响美国的聋人教育长达半个世纪之久,后来虽然有人开始提倡口语教学等其他教育思想,但手语教学法至今在美国仍然拥有大量的支持者,尤其得到了聋人们的支持和提倡。加劳德特也被人们尊为美国历史上成功的教育改革家、特殊教育家。

### 六、贝尔的听觉障碍教育思想

#### (一) 贝尔的生平与活动

亚历山大·格雷厄姆·贝尔(Alexander Gramham Bell,1847—1922)是杰出的科学家、发明家,同时他也是一位聋人教育家。贝尔生于苏格兰的爱丁堡,小时随父亲学习,后进入爱丁堡大学学习。后来移居加拿大和美国。1874年,他开始形成与电话发明相关的一些设想,并最终于1876年实践了这些设想,将电话带到了世界上。1885年,贝尔又得到资金支持,成立了美国电话电报公司。

贝尔成为听觉障碍教育家,这与他的家庭背景有关系。贝尔的祖父、父亲、兄弟都同语言教育工作相关。他的母亲生病致聋,妻子孩提时代因猩红热致聋,但是母亲与妻子都可用口语与人沟通。为此,他很努力地想要帮助聋人、使他们都会说话。在父亲的引导下,贝尔很早就对声音传输的研究兴趣盎然,他关于听力和语言的研究不仅对聋人教育的发展产生了影响,而且促使他展开有关听力仪器设计的试验,这也使他在1876年成为美国电话之父。

贝尔的聋人教育实践始于移居加拿大之前。那时贝尔曾协助父亲在伦敦一所私立聋校从事可视语言的试验和教学工作,最初的两名学生是聋哑女孩,在他的指导下取得了明显的进步。虽然他的哥哥在这方面的成功似乎更大一些,但不幸的是1870年哥哥因肺结核而病逝。这个不幸,使得贝尔的父亲决定全家在1870年迁居加拿大魁北克。1871年,贝尔接受波士顿聋哑学校校长福勒(Sarah Fuller,1836—1927)的邀请,到波士顿聋校采用可视语言系统训练教师,取得了成功,后来他又在美国聋哑学校等聋校开展教师训练,同时继续声音传输试验。1872年10月,贝尔在波士顿开办了一所"声音生理学和言语力学学校"(Vocal Physiology and Mechanics of Speech),吸引了不少聋学生。在发明电话后,贝尔利用发明的收入,继续推动聋人语言教育的发展。1880年,贝尔利用电话发明的奖金,创办了一个实验室协会;1887年,该协会为聋人创办了一个图书馆;1890年,贝尔担任美国聋人语言教学促进协会第一任主席。

#### (二) 贝尔听觉障碍教育思想

1. 对于听觉障碍的态度

基于聋是一种不幸、是一种残障的认识,贝尔坚持认为听力障碍者应融于健听人社会,并旗帜鲜明地公开反对让他们聚集在一起,形成群体。一方面因为贝尔认为,听力障碍者只有和健听人在一起,和他们交流、沟通才能有"正常"的生活;另一方面则基于他对听力障碍者之间婚姻的反对,他希望通过减少这种婚姻,来减少由于遗传带来的听力障碍。早在贝尔之前,塞缪尔·格雷德利·豪和托马斯·加劳德特父子就表达了对于聋人通婚会形成遗传性听觉障碍的担忧,但

---

① 袁茵.听觉障碍儿童沟通方法评介[J].中国特殊教育,2002(1):37-41.

贝尔是第一位公开表明这种担心和恐惧的人。此外,他也是第一位致力于从优生学角度研究听觉障碍的人。

2．重视听觉障碍儿童的早期教育

贝尔重视聋童的早期教育。他亲自倡导并使用蒙台梭利的教育方法,开办聋童幼儿园,在让聋儿尽早接受教育的同时,为他们提供早期语言训练。在具体的教学中,他最终的目标就是让听力障碍儿童学会发音、学会说话。

他认为,对于儿童来说,最重要的学习就是语言的习得。在语言习得的过程中,接收系统先于表达系统。因此,他主张通过各种形式的技术将发音和言语呈现出来,让听力障碍儿童通过视觉或其他方式感受到发音和言语。一方面,受到喜欢音乐的母亲的影响,他认为可以通过让听力障碍儿童感觉音节与发音器官之间的关系,如发音位置等,从而学会清楚地发音。另一方面,出于对看话教学效果的怀疑,他希望借助于设备让听力障碍者"看到"声音,他努力地投入大量精力去研发这样一种可以将声音显现出来的设备。最终他将这种想法变成了现实。他发明电话的初衷是想改变聋人在社会中沟通不畅、甚至被主流社会隔离的状况。当然,电话最终只是主要为健听者带来了方便,还没能实现让听力障碍者无障碍交流的目的。为此,经过不懈努力,他又发明了电传打字机,对聋人语言沟通能力的改善起到了促进作用。

3．主张口语教学

贝尔不遗余力地宣传和推广口语教学的理念和方法。19世纪,口语教学法在全世界的听力障碍教育中逐渐占据了主导地位,贝尔更是这一时期的代表人物。他认为手语让人看着会产生厌烦的感觉,甚至用"非人性"来形容手语的使用。贝尔认为听力障碍者只能通过学习听力正常者的交际形式"口语",即学习看话和有声语言,来克服在主流社会中的沟通困难,只有这样才能进入正常人的生活,融入更广泛的社会。

1871年,贝尔将欧洲的可视语言系统介绍到北美,应用于聋儿的教育实践中,冲击了原有的教学方法。1872年,在贝尔刚到达波士顿时,那里仅有一所聋校采用口语教学法,但他已经开始给予读唇教育以更多的关注。贝尔坚持反对聋人使用手语进行沟通,他认为所有的聋人都能通过对可视语言的学习与发音训练获得有声语言。基于发展听障者口语能力的理念,他强调要尽可能为他们提供与健听人社会相似的语言环境,即正常的有声语言环境。

在贝尔的大力推动下,1922年口语教学法在美国的普及率高达80%。[①] 与此同时,美国聋人教育中聋人教师的数量也急剧下降,1927年,只有14%的教师为聋人。以至于加劳德特大学已经开始公开建议自己学校的学生认真考虑是否要从事聋人教育工作。[②]

## 七、听觉障碍教育中的"手口之争"

### (一) 早期争论的历史

整个聋人教育史一直是在手语教学与口语教学的矛盾与调和中发展着。17世纪,英国的约翰·瓦利斯、威廉姆·霍尔德争辩究竟该采用口语还是手语来教导聋人。瓦利斯主张口语教学,而霍尔德则提倡手语。18世纪,法国列斯贝与德国的海尼克的争议,则将这一矛盾更直接和清晰地展示出来。列斯贝主张手语教学,海尼克则提倡口语教学。在18世纪的聋人教育实践中,这两种方法都有其使用者。

---

① 张福娟,等.特殊教育史[M].上海:华东师范大学出版社,2000:102.
② Jack R. Gannon. Deaf Heritage: A Narrative History of Deaf America[M]. Silver Spring, MD: National Association of the Deaf, 1981: 3.

### (二) 口语教学的得势

19 世纪下半叶,口语教学法逐步成为聋人教育的主流方法。聋人教育由手语教学法为主转向口语教学法为主,主要原因大致有三:

一是聋人教育专家的努力工作和研究成果为聋人教育的口语教学实践提供了比较有效的方法。二是聋儿家长的教育参与和观念推动。家长们认为单纯的手语学习限制了孩子未来社会交际的范围,也影响了社会角色的定位,他们希望有一种使他们的聋孩子既能够使用口语、又能使用手语的教育模式,这样聋孩子才能够在主流社会和聋人社会中与人沟通都不受限制。三是 1880 年在意大利米兰召开的国际聋人教育会议(史称"米兰会议"),开始使口语教学在聋人教育中合法化,并将口语教学的地位提高到传统的手语教学之上,极大影响了后人对聋人教学方法的选择与运用。米兰会议在世界范围内推动了口语教学模式的应用,成为聋人教育发展过程中的一个转折点。

1878 年,第一届国际聋人教育会议(International Congress on Education of the Deaf,ICED)在巴黎举行,第一次世界大战前的参加者多半是学校行政人员和口语教学的支持者,很少有老师,几乎没有聋人。1880 年,在"米兰会议"中,与会者投票表决,通过了以口语作为聋人的沟通方式的决议,铸就了此后一个世纪中手语难以抬头的命运。

米兰会议之后,从 1880 年到 20 世纪 60 年代,美国和大部分欧洲地区的听觉障碍儿童和青年大多数只接受口语教育,手语在课堂上被严格禁止,在宿舍、餐厅和娱乐区内,手语不被人们鼓励,且被视为一种禁忌,家长被告知打手语对孩子不好,手语称不上是语言,并且只是一堆丑陋又粗糙的手势。

口语教学在相当长的时间内一直是听觉障碍教学方法的主流,但因为长达两百年的口语教学方法实践的结果不尽人意。到 20 世纪 60 年代,开始提倡将听觉、手语、口语结合起来运用的综合性教学方法。

### 知识小卡片

#### 米兰会议的 8 条决议

第二次国际聋人教育会议于 1880 年 9 月 6 日到 11 日在意大利米兰举行,史称"米兰会议",口语法在会上暂时取得了胜利。出席米兰会议的代表共有 164 名,其中,意大利代表 87 人,法国代表 56 人,英国代表 8 人,美国代表 5 人,其他国家代表 8 人。大会主席是古里欧·塔拉(Abbe Guilio Tarra)。会议目标就是禁止聋人教育中的手语教学,会上有 12 个代表发言,其中,支持口语教学的有 9 位,支持手语教学的只有 3 位。

会议通过的决议主要有 8 条内容:(1) 大会认为,在让聋哑人士回归正常社会方面,口语教学相对于手语教学有无可争辩的优势,应该教给他们更加完整的语言知识。大会宣称:在聋哑人的教育和教学中,口语方法应该优先于手语方法。(2) 大会认为,同时应用口语和手语方法存在着损害发音、读唇和思维过程的不足。大会宣称,纯口语方法应该优先应用。(3) 大会认为,许多聋哑人不能从教学中获益,而导致这种情况的原因是家庭和教学方法的无效。会议建议,政府应该采取必要措施让每个聋哑儿童都能接受教育。(4) 大会认为,利用纯口语方法对聋哑人进行说话的教学应该尽可能像教健听人士说话一样。大会宣称:第一,聋哑人可以获得有关"讲话"的语言知识的最自然、最有效的方法是直觉,首先是言语,然后是将眼前的物体和事件"写"下来。第二,在聋哑人成长的最初阶段,应该引导他们利用说话案例和实践练习观察语法形式,然后帮助他们从这些案例中推导出语法规则,尽最大努力做到表达清晰、简明。第三,书籍即用词和语言符号书写的作品,应该随时放到聋童的手中。(5)大会认为,图书需求是帮助聋哑人士在语言方面逐步改善的充足要素。会议建议:口语系统的教师应该致力于教学科目的专门作品的出版工作。(6)大会认为,通过许多有关各年龄段聋哑人士和他们离开学校后的各种情况的调查获得的结果显示:当被询问各种科目的问题时,他们能够以清晰的发音正确地回答问题,并能通过一些先进的工具理解提问者的唇动。会议宣称:第一,用纯口语培养的聋哑人在离开学校后不会忘记他们在学校里获得的知识,但还必须在口语教学对聋哑儿童变得非常容易时,通过交谈和阅读进一步发展他们的知识。第二,在同有语言的人士交谈时,他们只能利用谈话的方法。第三,言语和读唇的方法正在丢失,要通过实践来发展。(7)大会认为,利用口语的方法教育聋哑人需要有独特的条件,聋哑教师的经验毫无疑义是一个重要条件。会议宣称:第一,允许聋哑儿童上学的最佳年龄是8至10岁。第二,学校的教育年限至少要7年,当然,8年更好。第三,多于10人的班级教师无法有效运用纯口语开展教学。(8)大会认为,纯口语若在那些目前还没有运用此法的教学中应用,要慎重、稳健、渐进,避免失败。大会建议:第一,学校的新生应该单独组织一个班级,教学应该采用口语法。第二,这些学生应该同那些应用手语教育的高年级学生隔离开来。第三,每年都要建立一个新的口语教学班级,直到所有利用手语教学的学生完成他们的教育为止。

(编译自 Wikipedia, the free encyclopedia. Second International Congress on Education of the Deaf. [2009-05-28] http://en.wikipedia.org/wiki/Milan_Conference)

**本章小结**

特殊教育发展的早期,欧洲的西班牙、英国、法国和德国出现的一些聋人教育实践者用不同方法对听觉障碍儿童进行教育尝试,成为最初听觉障碍教育方面的探索者。在法国,列斯贝创办了世界上第一所聋校,逐步建立起正规的听觉障碍教育机构。英国则以布雷渥在爱丁堡的听觉障碍实践为代表,开启了正规聋人教育的大门。在北美,从19世纪初开始,听觉障碍教育体系逐步建立。在18世纪到20世纪上半期的聋人教育实践中,波内特、阿曼、列斯贝、布雷渥、海尼克、加劳德特、贝尔等教育家,总结自己的实践,提出了各自的听觉障碍教育观念,成为听觉障碍教育确立时期的一大显著特色。在听觉障碍的教学历史上,手语和口语之争长期相伴,尽管1880年的米兰会议肯定了口语教学的合法地位,但并没有解决听障教学的所有问题,因此,到20世纪60年代以后,以听觉、手语和口语相结合的综合性教学模式,重新为听觉障碍教育实践所接受。

**思考与练习**

1. 梳理法国、英国和美国早期聋校的创办过程。
2. 叙述波内特和阿曼的早期聋人教育主张。
3. 说明列斯贝和海尼克的听觉障碍教育思想及意义。
4. 梳理加劳德特的聋人教育思想与实践。
5. 梳理布雷渥、贝尔的聋人教育思想。
6. 欧美聋人教育中手语教学法与口语教育法的发展过程。
7. 叙述米兰会议对于世界听觉障碍教育中手语教学与口语教学转变的影响。

# 第 5 章 视觉障碍教育的确立

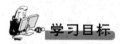 学习目标

1. 了解英法等西欧国家盲校建立的历史。
2. 了解美国和加拿大盲校建立的历史。
3. 理解霍维、豪等人的视觉障碍教育思想。
4. 了解盲文的发展历史。

在中国和西方，盲人教育实践在古代就有可能存在，中国先秦时期的宫廷盲人乐师教育和使用制度即是明证。但是，现代社会的盲人教育机构却似乎与这种古老的盲人乐师的教育实践缺乏必然的联系。真正的视觉障碍教育机构的确立始于 18 世纪。本章主要梳理视觉障碍教育确立的历史，一方面回顾和总结西欧和北美视障教育机构建立的历史，另一方面对西欧和北美早期视觉障碍教育家的视觉障碍教育思想展开讨论，以期从思想史的角度，厘清视觉障碍教育确立时期各国视觉障碍教育的发展轨迹。

## 第 1 节 视觉障碍教育机构的建立

视觉障碍教育的主要对象是盲人，因此，它又可称为盲教育或盲人教育。在人类历史的相当长时间内，盲人，尤其是那些生而盲目者，往往被认为无知、是上帝的惩罚。盲人过去常与"乞丐"联系在一起，被歧视性地称为"盲人乞丐"。据说在 4 世纪时，大主教圣·巴西尔(Saint Basil)在以色列创办过一所盲人收养院。在中世纪，有两所盲人养育院：一所位于巴伐利亚的梅明根(Memmingen)，创办于 1178 年；另一所位于巴黎，创办于 1260 年，是路易国王为收养因参战而失明的战士而建成的。① 1329 年，英国开办了一所盲人收容所，这个机构为 100 个男性盲人提供救济和保育，长达两个世纪，直到后来在欧洲麻风病院的改革大潮中被充公为止。文艺复兴、启蒙运动给盲人的命运带来了积极的变化，对视觉障碍尤其是盲人的看法渐趋积极，一些盲人成功者也对盲人命运的改变起到了促进作用。15 世纪时，英国出现了著名的盲人吟游诗人哈利(Blind Harry，1440—1492)，而英国科学家、数学家桑德森(Nicholas Saunderson，1682—1739)则自幼失明。17 世纪的英国诗人、历史学家米尔顿(John Milton，1608—1674)在 40 岁左右失明后，对自己的失明进行了哲学的思考，引发了许多哲学家关注盲人。② 这些思考和研究最终促使盲人教育学校首先在欧洲，然后在北美等地逐步建立起来。

---

① 华林一.残废教育[M].上海：商务印书馆，1929：23.
② Philip L. Safford，etc.. A History of Childhood and Disability[M]. New York：Teachers College Press，1996：125.

## 一、西欧视觉障碍教育机构的建立

### （一）法国盲校的建立

真正意义上的盲人教育机构的建立，要比听觉障碍教育机构的建立稍晚。同第一所聋校开始于法国一样，第一所盲校同样要追溯到18世纪的法国。法国第一所盲校由霍维（Valentin Haüy，1745—1822）建立。当时的启蒙运动思想家狄德罗等人有关感觉的理论影响了霍维，再加上他对列斯贝投身聋人教育工作充满敬意、对穷人的不幸深表同情，这使得他开始关注盲人的教育问题。他本人曾经历过三件与视觉障碍者有关的事件，这使他对视觉障碍者的情感从同情到赞叹，再到感动，最终变成创办盲校的行动。

第一件事发生于1771年，霍维在巴黎的一个市场里看到由6位盲人组成的乐队，他们通过扮鬼脸的表演让围观群众取乐。这一情景让霍维感到很震惊，但更多的是难过，因为在他看来这是有损人格与尊严的，是一种非人性的生活方式。由此他产生了教育视觉障碍者读书、习得有尊严的生活技能的想法。而几年之后发生的第二件事则使他开始赞叹盲人所具备的能力。因为他欣赏到了奥地利盲人钢琴家、作曲家冯·帕拉蒂斯（Maria Theresia von Paradis）的演奏会，在惊叹她的音乐才华之外，更是对其通过针孔形成的字母进行阅读和拼写感到赞叹。同时，帕拉蒂斯也答应帮助他选择和设计盲人教学内容。[①] 第一件事可以说是霍维因为同情盲人，希望可以通过教育改变他们的生活，而第二件事，则让他相信盲人也完全可以习得某种技能或获得某种能力。第三件事则让霍维从情感上坚定了创设盲校的决心。因为他本人曾在街头给了一位盲人乞丐一枚面值较大的钱币，并以为这位盲人根本无法分辨出来谁给了多少钱。没想到这位盲人乞丐却在当时立即还给了霍维，问是否给错了钱，因为给得太多了。这件事，让霍维在坚信了盲人能力的同时，更加认识到他们的诚实品质。这三件事坚定了霍维创办盲校的决心，他希望通过自己的努力引导视觉障碍者拥有积极的、也更能发挥其潜能的人生。

霍维的第一个学生名叫雷休尔（Francois Lesueur），是他在街头带回来的一个盲人乞丐。雷休尔17岁时，被霍维带到巴黎进行教育。霍维最初教育盲童的理念和方法就形成于他指导雷休尔阅读和书写的学习过程中。他研发出了一种在纸板上雕塑文字的读写系统，也称为凸字系统（后来布莱尔在此基础上将之发展成点字系统），这种凸字系统与听力障碍教育中的手语的不同之处在于：手语是单独为听力障碍者所使用的，而这一系统是明眼人也可阅读的。直到1832年布莱尔盲文的出现，才有了只适合于视觉障碍者所使用的学习和阅读工具。[②] 在霍维指导下，雷休尔能力的发展得到众人认可，甚至是震撼了很多人。于是，当时在巴黎很具影响力的哲学学会捐助霍维，提供经费让他继续教育更多的盲童，并将12位盲童的教育任务委托给霍维。获得了资助的霍维持续地公开其教学成效，以争取更多的经费。1784年，他终于创办了自己的学校，即巴黎国立盲童学校（L'Institution National des Jeunes Aveugles），第一批学生共有12人。这是世界上第一所真正意义上的盲校。霍维也成为盲人教育史上最有影响的人物之一。

### （二）英国盲校的建立

1. 盲校建立的概况

在霍维创办盲校的鼓舞下，盲校在英国逐步建立。例如：利物浦（Liverpool）盲校建于1791年，布里斯托尔（Bristol）盲校建于1793年，伦敦盲校建于1799年，都柏林的诺威奇盲童院（Norwich Asylum and School）创办于1805年，里士满国立盲童学校（Richmond National Institution）成

---

[①] 万明美. 视障教育[M]. 台中：五南图书出版有限公司，2001：22.

[②] Margret A. Winzer. The History of Special Education, From Isolation to Integration[M]. Washington, D.C.: Gallaudet University Press, 1993: 58.

立于1810年,阿伯丁(Aberdeen)盲童院创办于1812年。到19世纪中期,英国每一年或两年都有一所盲童学校创立。①

1893年到1902年期间,和聋童一样,英国的多数盲童可以进入学校或一些自愿接受盲童的机构中接受教育。但是这时期的盲人教育仍存在一个显著问题:盲童的早期教育基本处于空白状态。直到1918年时才开始了这一领域的实践。1921年,英国皇家协会成立了乔里伍德学院(Chorleywood College)招收视觉障碍女生。1934年,英国国家教育委员会又提出低视力儿童应该在普通学校中接受教育,而不是把他们和盲学生安置在一起。②

1838年,伦敦教育盲人识字协会(London Society for Teaching the Blind to Read)成立,目的在于摆脱过去对盲人仅仅实施职业训练的做法。这是盲人教育的转折点③,不仅是在英国,在其他国家包括美国都是转折点。英国教育家和倡导者对随后的盲人教育产生了四个方面的重要影响:课程设置、可替代的打印系统、日班和盲人高等教育。

英国还是较早为盲聋双重障碍者提供教育的国家。这其中的主要推动者是托马斯·布莱克洛克(Thomas Blacklock,1721—1791)。自幼失明、且家里极为贫困的他克服所有困难,通过努力成为当时著名的诗人和学者。他翻译霍维的视觉障碍教育著作,希望将法国式的视觉障碍教育思想引入英国,但直到他去世后著作才出版。他一直在积极地为盲聋双重障碍者的受教育机会而努力。在他去世后的1791年,第一所公立的盲聋儿童学校在不列颠群岛成立。

2. 利物浦盲校的建立

利物浦盲校是英国第一所盲校,建立于1791年。在英国视觉障碍教育机构的最初发展中起重要作用的并不是明眼人或慈善机构,而是视觉障碍者自身。最早的学校中的学生都是成年人。这其中有两个重要代表人物,一个是艾德华·鲁什顿(Edward Rushton,1756—1814),他是一位盲人诗人,另一个是约翰·克里斯蒂(John Christie),是一位盲人音乐家。两人对于英国建立位于利物浦的视力障碍机构有着重要的影响。在学校的筹建与建成后的具体教学中,他俩都发挥了重要作用。

利物浦的这所学校为男、女合校,主要为学生提供音乐和手工艺教育。约翰·克里斯蒂亲自在学校中教授音乐。在此之前,还没有任何一所机构可以为视觉障碍者开设这样的课程。学校的存在与发展需要资金,因此另一位明眼人,亨利·杜纳特(Henry Donnet,1837—1882),负责学校全面的管理工作,并为机构寻求所需要的经费。这所机构最初叫做贫困盲人教育学校(School of Instruction for the Indigent Blind),但很快更名为贫困盲人救济院(Asylum for the Indigent Blind)。更名的原因有两个,一方面,这所机构并没有开设具有真正意义的、比较全面的课程;另一方面,机构的学生年龄最小的9岁,最大的68岁。不久,机构将学生年龄范围限定在14—45岁之间的男性或12—45岁之间的女性。若是学生表现出在音乐上的发展潜质,则可以将年龄放宽到8岁。而有音乐才能的8—16岁的学生,可以集中地、有针对性地学习音乐4年。

在利物浦盲人教育学校创办后,又有多家类似的机构在英国不同城市建立,但与在利物浦的第一所机构一样,只是传授一些可能帮助学生将来就业的职业技能,而且所需的经费其实也依赖于机构自己的作坊所产生的收入,学校的发展并不稳定。尽管如此,利物浦盲校仍然开启了英国盲人视障教育的先河,它的历史意义不可否认。

---

① 华林一. 残废教育[M]. 上海:商务印书馆,1929:24.
② Warnock, H. M. Special Educational Needs, Report of the Committee of Enquiry into the Education of Handicapped Children and Young People[R]. London:1978:16.
③ Philip L. Safford, etc.. A History of Childhood and Disability[M]. New York:Teachers College Press,1996:126.

3. 强调教育意义的盲校的建立

英国第一所具有真正教育意义的盲校,是 1835 年成立的约克郡盲校(Yorkshire School for the Blind),这所学校是为纪念提倡废除奴隶贸易的英国著名政治家威廉·韦伯弗斯(William Wilberforce,1759—1833)而设的。该校不同于利物浦盲人教育学校,它为学生们开设数学、阅读、书写及部分职业培训的课程,教育的色彩浓厚。而 1847 成立于伯明翰的盲校则开始将工业时代背景下的技能培训和具有更广泛涵盖内容的课程结合起来,为学生提供相对全面的教育与培训。

英国在这一时期,还有几所盲校成立,但发展比较缓慢,到 1870 年,英国仅有十几所类似机构。而且多数是以为盲人提供培训为主,当时视觉障碍者总数中只有少部分能够接受到这些培训或教育并从中受益。这其中有一所学校相对比较特殊,即成立于 1866 年、位于伍斯特郡(Worcester)的绅士子嗣盲人学院(College for the Blind Sons of Gentlemen),这是当时视觉障碍者的最高等教育机构。

(三)其他欧洲国家盲校的建立

奥地利最早的盲校是由克莱因(Johann Wilhelm Klein,1765—1848)于 1804 年在维也纳创办的。同霍维一样,克莱因的盲校开始时只有 1 位盲童学生。但与霍维不同的是,他避免了仅仅依靠对慈善家的呼吁来办学。他相信,如果要使盲人从教育中获益,就应该在普通学校系统中提供教育。他的"发音教学法"和有效的管理帮助他获得了政府的支持,使他能够领导这所学校达半个世纪。他将霍维的凸版印刷(书写)引进教育系统。许多教育工作者都来学校参观。1819 年,克莱因出版《盲人教育的教师手册》(*Teacher's Manual for the Education of the Blind*)。① 弗兰茨·穆勒(Franz Muller)曾接受过克莱因的训练,他在非斯藤贝格(Furstenberg)王子的帮助下,在巴登创办了一所盲校,1826 至 1852 年间穆勒一直管理该校。他后来移居美国,建立了自己的学校。

在穆勒的影响下,奥地利在 19 世纪前期又创立了几所盲校,影响波及德国和欧洲其他各国。1809 年,德累斯顿盲校建立,此后德国各地的盲校相继建立。第一所荷兰盲校建立于 1808 年;瑞典始于 1810 年,丹麦始于 1811 年。②

## 二、北美视觉障碍教育机构的建立

(一)美国盲校的建立

19 世纪初,美国社会的人权、尊重人的多样性、民主思想及慈善意识等都开始得到提升。这一进步对社会诸多方面都产生了深远影响。加之欧洲视障教育已经展开,为美国视障教育的发展提供了经验。到 19 世纪,美国开始建立盲校,如新英格兰盲人院(New England Asylum for the Blind)筹建于 1829 年、纽约盲人学校(New York Institution for the Blind)建于 1831 年、宾夕法尼亚盲人学校(The Pennsylvania Institution for the Instruction of the Blind)建于 1833 年。三所盲校的创办人中,有两位是医生,第三位是教师,三校都学习借鉴欧洲的盲童教育模式。

1. 新英格兰盲人院和马萨诸塞盲人院的创办

新英格兰盲人院筹建于 1829 年,1832 年正式开办时命名为"马萨诸塞盲人院"(Massachusetts Asylum for the Blind),由于这所学校得到了视觉损伤的波斯顿富商帕金斯上校(Thomas Handasyd Perkins,1764—1854)的支持,后改名为帕金斯盲校(Perkins Institution for the Blind),

---

① Philip L. Safford, etc.. A History of Childhood and Disability[M]. New York: Teachers College Press,1996: 124.
② 华林一.残废教育[M].上海:商务印书馆,1929:25.

成为美国最早建立的视障教育机构。该校的创办得益于菲舍的提倡、豪的主持、政府和帕金斯等社会名流的支持。

波士顿医生约翰·菲舍(John Dix Fisher,1797—1850)是美国第一所盲人教育机构马萨诸塞盲人院的创办人。菲舍是家中六兄弟里最小的,他在哥哥的帮助下受到教育,进入布朗大学学习,1820年毕业,1825年从一所医学院获得医学硕士学位,毕业后赴欧洲旅行。在巴黎,他除了继续医学的学习和研究外,还注意观察当时正在实践的教育盲童的方法。他拜访了世界上第一所盲校的创办人霍维,对他教育盲童阅读凸起文字印制的书籍,学习书写、数学、地理、音乐、手工等印象深刻,这使菲舍开始关注美国的盲人教育问题。

1826年,菲舍回到波士顿后便开始筹备建立盲人教育机构,他极力劝说家人和朋友为在美国创办盲校提供资金帮助。1827年,菲舍在一次人口调查中发现马萨诸塞州有大约400名视觉障碍者,而新英格兰地区则有1500名,这些数字让他意识到对这个群体提供教育的必要性。于是,他召集了其他几位具有革新思想的人一起商讨,希望在新英格兰地区成立类似巴黎盲校的教育机构。1829年3月,马萨诸塞州议会通过法案,筹建新英格兰盲人院,并拨款6000美元。

要建立盲人学校,找到懂得盲人教育的专门人才是关键。但在菲舍主导的董事会这个小群体中,除了他自己在法国旅行时所了解到的法国视觉障碍教育的情况之外,其他人对于视觉障碍及其相关教育的直接经验只来自于这个群体中的另一位低视力历史学家。可以说他们对于这一领域的知识掌握得极为有限。要想实现创办机构、真正为视觉障碍者提供教育的理想,他们必须找到一位可以承担这个机构具体领导工作的人。

董事会为这所盲人学校寻找负责人花了两年时间。当时他们最先想到的人是托马斯·霍普金斯·加劳德特,但加劳德特没有接受这一职位。于是塞缪尔·格雷德利·豪(Samuel Gridley Howe,1801—1876)成为另一个最佳人选。因为他在当时极力为美国社会中各类弱势群体争取利益,富有责任感与民主意识,加上良好的教育背景,使得他成为这一重任的最终人选。菲舍和豪是大学同学。豪在正式接受这份职务之前,前往欧洲参观,访问巴黎、爱丁堡以及柏林的学校,他希望自己能真正了解对这一群体的教育,并期望带回至少一名、不超过两名可以作为助手的教师,以及所需的设备或辅具。他回到美国时,真的带回了两名教师,他们分别来自于巴黎和爱丁堡。①

1832年秋天,豪主持的学校正式开放,定名为马萨诸塞盲人院,菲舍成为学校的医生和副校长。校舍就是豪的父亲的房子。学生最初只有6位。学校在建立之初,只招收全盲学生,后来逐渐扩展到有残余视力的学生。学生人数也开始渐增。在获得当时马萨诸塞州议会的经费及帕金斯捐助的校舍后,学校更名为帕金斯学校及马萨诸塞盲人院(Perkins Institution and Massachusetts Asylum for the Blind)。学校强调培养盲童的思考能力,希望把盲童培养成为独立、具有生产能力、受到良好教育的社会成员。这所学校逐渐发展成为美国最有名的盲人教育机构,康涅狄格州和新罕布什尔州于1832年开始向这所学校输送学生;佛蒙特州于1833年开始向这所学校送学生;缅因州则是开始于1834年。到1872年时,学校的学生已不仅来自于全美国,还包括加拿大。② 学校培养出海伦·凯勒(Helen Keller,1880—1968)等杰出视障人才。1877年后,学校更名为帕金斯盲校。

---

① Margret A. Winzer. The History of Special Education, From Isolation to Integration[M]. Washington, D. C. : Gallaudet University Press,1993:107.

② Margret A. Winzer. The History of Special Education, From Isolation to Integration[M]. Washington, D. C. : Gallaudet University Press,1993:107.

知识小卡片

### 海伦·凯勒

海伦·凯勒可以说是特殊教育史上的一个奇迹式人物。她的一生激励了很多的残障者,同时也被很多的非残障者所传颂。

1880年6月27日,她出生于美国一个中产阶级家庭,19个月时因患猩红热,失去了听力与视力。因为无法沟通,7岁之前,她没有接受过任何形式的教育,完全处于无知的状态,连生活中最简单的事甚至都做不了。她的父亲不想让女儿的一生都处于这种状态,1888年时,带着她找到了A.G.贝尔,请求帮助。贝尔则将他们介绍给了豪。在帕金斯盲校,豪精心挑选并安排了毕业于该校的学生萨利文担任海伦·凯勒的家庭教师。萨利文虽为视力障碍者,但还有一些残余视力。萨利文的耐心与坚持,加上豪的指导,很快就在海伦·凯勒身上见到了效果。不到3个月的时间,她就学会了400多个词语的拼写,并很快掌握了布莱尔盲文。除了手语之外,她还学会了将手轻轻地置于说话人的嘴唇上,以感知对方的口语。良好的沟通能力与勤奋使她成为哈佛大学拉德克利夫女子学校的一名毕业生。此外,她还曾学习多种语言,最终能使用英语、法语和德语等五种语言。知识是她心里的光明。

海伦·凯勒将自己的经历和感受通过文字作品流传下来,《我的人生故事》、《冲出黑暗》、《假如给我三天光明》都成为很多人的励志读物。她生前曾四处演讲,鼓舞人们正确面对困难,不放弃希望,实现自己的人生理想,直至1968年6月1日去世。她用博大的胸怀宽容地面对自己终生残疾的生活。她的一生自信、美丽而优雅。

#### 2. 纽约盲人学校的建立

美国的第二所盲校纽约盲人学校的创立者是约翰·鲁斯(John D. Russ)。约翰·鲁斯曾与豪早年在希腊相识并共事。1827年,他曾在报告中指出,纽约救济院中的多数盲童是由于眼炎导致视力障碍,若能及时采取干预措施,则可减轻视力损失状况及因视力问题导致的其他发展障碍。同时,他认为国家不仅要为盲人提供食物,更应该给予他们适当的教育。在他的强烈坚持下,1832年3月,纽约盲人学校得以创立,他自己担任校长。开始时学校只有来自于救济院的3名年纪比较大的青年学生,但很快又增加了3个。在这之后,学校人数迅速增长,学生年龄为12—25岁不等。由于约翰·鲁斯不太善于整体管理工作,这所学校一直饱受经费问题的困扰,虽然在1837年时得到过捐助的校舍,但直到1863年开始依靠学生的某些作品展览才得以维持学校的正常运营。

#### 3. 宾夕法尼亚盲人学校

1833年,在一位名为约书亚·费舍(Joshua Fisher,1748—1833)的教友派信徒的支持和赞助下,宾夕法尼亚盲人学校成立于费城,这是美国的第三所盲校。约书亚·费舍曾于1830年到欧洲的盲人学校参观访问。在成立正式的学校之前,他在自己的家中教授盲学生。在得到来自于德国教师弗莱德兰德尔(Julius Friedlander)的帮助后,约书亚·费舍开始创办正式的学校,由弗莱德兰德尔担任校长。

#### 4. 视障教育的初步发展

最初三所视觉障碍教育机构建立后,美国盲校数量缓慢地增加,到1847年时,全美共有6所盲校。1854年,发展为18所。1875年,共有30所,其中,公立25所,私立5所。1900年,又增加到37所。1913年盲校共有61所,其中,公立48所,私立13所。美国很多盲校在创建之初,不仅仅只招收盲学生,如 1875 年时,有 11 个州所创办的学校为盲、聋合校。

最初的三所美国视觉障碍学校在很多方面都进行了相互沟通与合作,为视力障碍教育的发展寻求可能。如他们一起研究盲文印刷技术,努力提升视力障碍者的教育、独立和权利状况。他们在本土师资培养方面更做出了很大贡献,美国后来其他地区视力障碍教育机构的教师多数是由这三所学校培训出来的。

到 1913 年,在波士顿出现了为有残余视力的学生设立的特殊班,这是视觉障碍教育中对于教学对象安置形式上的发展。此后,随着融合教育理念的发展与推广,越来越多的州自愿在普通学校建立类似的特殊班。1930 年,在公立学校和各种机构中接受特殊教育的视力障碍学生总数达到 13282 人。[①] 1948 年,这个数字又升至 13366 人。[②]

### (二)加拿大盲童学校的建立

加拿大的视觉障碍学校发展得比较迟缓。蒙特利尔地区的拿撒勒学校(Nazareth Institute)由天主教会与格雷修女会联合创办于 1866 年。哈里法克斯盲校(Halifax Institute for the Blind)于 1871 年建立。安大略盲校成立于 1872 年。1875 年时,加拿大这三所学校共有学生 150 人。[③]

## 第 2 节 视觉障碍教育思想的初步发展

### 一、霍维的视觉障碍教育思想

#### (一)霍维的生平与活动

霍维是第一所盲校的创建者,他赢得了盲人教育之父的赞誉。霍维出生于巴黎的一个纺织业家庭。父亲是织布工,兼做修道院的摇铃工作。他同后来成为著名矿物学家的哥哥(René Just Haüy,1743—1822)一道,在修道院里完成了他的早期教育。在完成初步教育后,他来到巴黎,从事书法和语言工作,还曾一度从事外交翻译员工作。霍维对语言特别擅长,会说数种语言,还学习希腊文和希伯来文。

霍维从 1771 年看到盲童在市场上表演开始,就矢志于盲人教育工作,于 1784 建立了世界第一所盲校——国立盲童学校(L'Institution National des Jeunes Aveugles)。当时法国的听觉障碍教育已稳固建立并发展着,而视觉障碍教育的发展还相对落后。虽然有很多学者从不同角度指出盲人具有发展潜能及受教育的可能,但只有霍维最终将这一理念变为行动,从而开启了法国乃至世界的视觉障碍教育。这是特殊教育发展史上具有里程碑意义的事件。

霍维努力经营的盲校经历了路易十六王朝、法国革命和拿破仑时期。只有在法国革命期间,盲校是在政府的保护下运作的,取得较好的发展。而在另外两个时期则充满了艰辛。尤其是在 1799 年,拿破仑一世(Napoléon Bonaparte,1769—1821)突然下令将该校全部学生送到开设课程极其有限的盲成人之家。这使得霍维在无奈之下,接受了欧洲其他国家的邀请,离开法国,去帮助不同国家建立寄宿制盲校。1803 年,他受俄国沙皇之邀,在圣彼得堡开办了一所盲人收容所。在去俄国的途中,他曾在德国柏林做了短暂的停留,就在这几天中,他还具体指导了一所德国的

---

① Robert L. Osgood. The History of Inclusion in the United States[M]. Washington, D. C.: Gallaudet University Press. 2005:35.

② Robert L. Osgood. The History of Inclusion in the United States[M]. Washington, D. C.: Gallaudet University Press. 2005:42.

③ Margret A. Winzer. The History of Special Education, From Isolation to Integration[M]. Washington, D. C.: Gallaudet University Press,1993:108.

盲人学校,他的指导给了后来德国的盲人教育发展以一定的影响。①

由于法国政治剧变的持续阴影,霍维创办的盲校没能完整地按照他的意愿发展下去,但他在这个领域的影响力却得以延续下来,直至现代社会的今天。欧洲和北美的很多国家都仿效他的方式建立了盲校;19世纪视觉障碍教育能得以蓬勃发展,霍维功不可没,正是他打下了良好基础,并形成了纵深的影响,为后来人在这一领域的实践提供了更广阔的发展空间。②

霍维有两部关于盲人教育的著作。于1786年出版的《盲人教学笔记》,讨论了盲人教学的任务、内容和方法。1788年,他出版了《盲人教育的产生、发展和现状》。

### (二)霍维的视觉障碍教育思想

**1. 相信视觉障碍者的潜能**

对于视觉障碍者,霍维推崇的理念是:应该赞扬学生的才能,而不是怜悯他们的视觉障碍。同情或怜悯都不能让受教育者得到真正的、理性的教育,众多的残障者从内心深处并不愿意被同情和怜悯,而是希望成为常态社会的普通一员。霍维认为应该通过教育,让视觉障碍者成为有自尊、能自立于社会的个体。这种认识对于今天的特殊教育工作者依然具有积极意义。在很大程度上,对于教育对象持有何种态度决定着他们将会得到什么样的教育。

**2. 重视音乐和职业教育**

与传统认为的视觉障碍者在生活中受到诸多限制而不能适应社会的观点不同,霍维认为盲童的接受能力并不落后于明眼儿童,只是感知觉的来源不同,影响到他们理解事物的深度和广度。他极力试图让视觉障碍者克服这些障碍,从而最大可能地融入主流社会中。这也是他为什么非常强调音乐和职业教育的最主要原因,他还指出,学校教育应优先发展职业,而不是只强调学生的智力发展。让所有的盲童都学习音乐和一些职业技能,是他最主要的教育目标。他的学校就为学生提供编织、草席加工及绳子的制作等训练。③ 同时,他还注重学生阅读和书写能力的培养,因为这两项是学习音乐或其他技能及日常生活所必需的基本能力。

**3. 凸字读写系统教学法**

在具体教学中,霍维研发了凸字读写系统(raised print)进行教学,凸字即把文字雕塑在纸板上。④ 这种文字为伊利里亚语(Illyrian)格式。这样全盲的人可以通过触觉感知;还有残余视力的人,则还可以运用视力来看。而在此之前,视觉障碍者的沟通和学习常依靠倾听或浮凸读写方法,都没有形成持久的沟通系统。不过,也有人认为霍维的这种凸字读写法只是简单地将明眼人所用的书面语字母改成了用手可以触摸的形式,对于盲人来说,要快速、有效地阅读还是相当困难的。⑤

霍维对于盲人的态度和教育理念及方法不仅影响了与他同时代的人,还成为后来很多特殊教育者思想的来源,如美国视觉障碍教育家豪的思想。霍维还曾受邀去往不同国家创办盲校,如俄国、德国,可以说,他的教育思想影响了整个欧洲视觉障碍教育的发展方向。

## 二、塞缪尔·格雷德利·豪的视觉障碍教育思想

### (一)豪的生平与活动

塞缪尔·格雷德利·豪,美国19世纪享有盛名的特殊教育家,是美国最早投入视觉障碍教

---

① 张福娟,等.特殊教育史[M].上海:华东师范大学出版社,2000:70.
② 万明美.视障教育[M].台中:五南图书出版有限公司,2001:23-24.
③ Margret A. Winzer. The History of Special Education, From Isolation to Integration[M]. Washington, D. C. : Gallaudet University Press,1993:58.
④ 万明美.视障教育[M].台中:五南图书出版有限公司,2001:39.
⑤ 张福娟,等.特殊教育史[M].上海:华东师范大学出版社,2000:69.

育的人之一。他出生于马萨诸塞州波士顿,青年时代在波士顿求学,1821年从布朗大学毕业后进入哈佛医学院学医,1824年获硕士学位。此后,他远赴希腊,参加希腊独立战争,从事医疗服务工作,历时6年。豪在而立之年回到家乡,又参与了当时美国社会改革中与财政相关的一些工作。豪的特殊教育活动兼及盲人教育与智障教育两大领域。有关豪的智障教育思想,在本书第6章有详细讨论。

　　豪的视障教育实践始于19世纪30年代。1831年,豪接受菲舍之邀,担任新英格兰盲人院的主管。上任前他到欧洲考察特殊教育,主要的目的是访问视觉障碍学校。他先后去了巴黎、柏林、爱丁堡以及英格兰的几所学校,在学习教育经验的同时寻找适合的教师,并为新学校选购可能必须的设备。对于所参访的学校的理念及教学方式,他并没有全部吸收或照搬,而是坚守自己的客观评判。比如,他认为当时多数为视觉障碍儿童创办学校的人仅从慈善的角度介入这一领域,学校很大程度上只起着收容所的作用。尤其是英国的视觉障碍学校,看起来更像一个难民营,而非一所真正的学校。学校的领导者也没能如专业的教育者那样管理学校。而他心中的视觉障碍学校,应该是结合了慈善与发挥教育作用的地方。他的这些认识影响了他在美国实施视觉障碍儿童教育的理念。美国当时还没有真正意义上的视觉障碍学校出现,只是有几所盲人收容所,主要以养护为主。豪就在这样的现实基础之上开始自己的视觉障碍教育实践。

　　豪在巴黎考察了盲人教育的新方法后,回到波士顿,开始投身到特殊教育领域。1832年,豪创立盲童学校,招收盲童入学。1833年后,学校资金告罄。州立法机关同意每年向学校资助3万美元,并要求学校接受本州20名贫困盲童,进行免费教育。1839年,因波士顿富商帕金斯将其全部房产所值捐给学校,豪的学校便更名为帕金斯学校及马萨诸塞盲人院,19世纪70年代后定名为帕金斯盲校。许多家长在获悉豪的特殊教育取得成功后,纷纷写信给州政府官员和学校的学监,请求豪接受他们的孩子。豪在该校的教育实践取得了成功,声名远扬。

　　豪在帕金斯盲校发展了盲人教师在职培训。受到聋哑教育的鼓舞,豪还积极主张为盲人建立一个类似的高等教育机构,但成效甚微。1884年,哥伦比亚大学教师学院开设为盲人教育培训教师的课程。为了解决盲人的阅读问题,豪开办了盲文出版社,率先为盲人印刷书籍。他不知疲倦地唤起公众的注意,帕金斯盲校因此成为慈善事业的中心之一,并获得越来越多的经济资助。

**(二)豪的视觉障碍教育思想**

1. 关注并尊重残障者

　　豪关注弱势群体,从发展听觉障碍儿童和智力障碍儿童的教育、甚至是对监狱进行改革,到提升人权意识等,都能听到他的声音。他认为社会没有权力将那些贫苦者、老人和盲人送到救济院里,这些人其实就是每一个人自己,或者是自己的兄弟姐妹,他们都应该属于家庭,不应该被送到远离亲人的地方。他这种民主、人权与人性的思想在当时的社会环境中尤其可贵。

　　在对待视觉障碍者的态度上,他从不认为他们是不幸的,也不会认为他们是社会负担。他相信,视觉障碍者一样可以为社会创造价值。在参观英、法的盲校之后,他还请了两位盲人来到他所负责的学校中任教。因为豪认为盲人不应该只是社会施舍和救济的对象。他们拥有正常的智力水平,可以获得自立的能力,也应该得到社会的尊重,歧视或同情都是不正确和不必要的态度。这完全超越了当时整个美国、甚至是欧洲各个救济院对于视觉障碍者的认识和期望值,因为这些救济院更多发挥着难民营的作用。在我们今天的现代社会中,依然有很多人,甚至是某个国家和民族还不能具有这样的整体认识。豪在那样的时代,就已经拥有了革命性的民主意识,能够真正地尊重和接纳各类障碍者,值得所有后来者学习和称颂。

2. 反对隔离教育,提倡融合教育

　　在当时的美国和欧洲,盲校多为寄宿制。豪在美国也曾协助了数所寄宿学校的建立,但他个人对于这种隔离程度比较高的教育形式持批判态度。为了能让视觉障碍学生更多地了解社会,获得接近明眼人的生活的可能,他极力主张建立公立日间学校。即视觉障碍学生在盲校除了学习最重要的音乐和特殊职业技能之外,在课程设置上还要尽可能与现行的公立日间学校一致。他希望学生们能够由此获得与同龄者相似的生活环境及生活经验,为将来适应社会打好基础。在具体的教育内容上,他认为应该教给盲学生如下内容:盲文阅读、简单的数学、声乐、乐器演奏、宗教学习和品德教育。具体的课程还包括历史、地理、阅读、物理等普通课程。

针对当时寄宿制盲校将男女学生分离开来的情况,豪认为让学生处在集体大宿舍的生活环境中,会缺少正常的家庭环境及其他社会情境,这样会压抑个人的发展,违反自然本质。让学生在最接近真实社会的环境中成长和学习,是他十分重视的一个方面。他呼吁应让视觉障碍儿童与明眼儿童一起学习。另外,基于相信家庭对于特殊儿童成长所能发挥的潜在力量,他主张当这些孩子不得不与家庭分离,到学校学习时,学校应安排一些让学生体验到亲密关系的小组或团体,让他们生活在接近家庭的环境中,以激发他们完整情感的发展。他在帕金斯学校就实施这样的方案,后来被很多其他机构所接纳和采用。

对于家庭教育,他在强调家庭教育及家长的重要性的同时,积极向家长宣传应该培养自己的孩子成为独立、自立而且对社会有贡献的人。同时,为了防止由于过于保护或期望值过高而给孩子造成压力的倾向,他希望家长不要为孩子解决和处理生活中遇到的困难,而是要教会他们成长中需要的勇敢、宽厚与独立的个性。家长要努力与孩子一起分享他们成长中的烦恼和焦虑,给予他们理解、支持以及建议。

3. 重视视觉障碍儿童的早期教育

豪还是当时少数重视视觉障碍儿童学前教育的教育者。出于对家庭教育重要性的强调,他认为最好的早期教育应该是家庭提供的。在他这种重视早期教育的理念影响下,他去世后,1887年,帕金斯盲校建立了盲童幼儿阶段教育,这是当时全世界第二所开办幼儿园的盲校(1882年宾夕法尼亚盲校创办了第一所盲童幼儿园)。

4. 强调学生的个别差异

豪强调视觉障碍学生的个体差异性,认为应该按照学生的不同兴趣及能力进行个别化教育;他不仅仅强调手工与音乐教育,还从锻炼他们适应社会生活、学会社会交往及把握自己经济生活能力的目标出发,对盲生进行与实际生活密切联系的训练和教育,以让他们将来最大可能地融入社会之中。

5. 在盲聋双重障碍教育中取得成效

豪关注盲聋双重障碍者的教育,被认为是世界上第一个成功教育盲聋障碍者的特殊教育者。一位名为劳拉·布雷迪曼(Laura Dewey Bridgman,1829—1889)的女孩,两岁时因猩红热导致盲聋,同时还失去嗅觉。豪从一名医生写的文章里注意到这个女孩的存在。1837年,他在新汉姆斯菲尔农场找到了7岁的劳拉,并将她接到了帕金斯学校,为其量身订制专门的教育计划和独特的训练课程。豪认为应该最先建立与她之间的信息交流途径,于是利用她仅存的触觉,并参考了西卡德曾经试着与一位盲聋学生交流的经验,开始了他自己的尝试。劳拉的学习是从对生活中常用的物体进行辨识开始的。最初,豪使用一个汤勺和一个钥匙,让她去感受事物的存在,然后通过带着她感知水泵里的水,使她明白事物都有名字。首先,通过感知常用的物品,再用凸起的文字拼写出其名称,为物品贴上标签来训练劳拉触摸文字符号、并把触摸到的物体和名字联系起来。经过学习,劳拉懂得了字母是单个的存在,她能用字母组成单词,并掌握了字母及词语拼合。然后,豪又教她手写字母表(manual alphabet),最终让劳拉能够通过运用指拼和手语字母的方式拼出自己的词汇,表达自己的思想。最后,劳拉能够读简单的盲文书籍,学会了简单的算数,掌握了针线活和其他一些手工艺技能。通过学习,劳拉进步很快,后来还担任帕金斯盲校的教师,终身留在盲校,直至去世。后来这一幕被海伦·凯勒(Helen Keller,1880—1968)和她的老师萨利文（Anne Sullivan Macy，1866—1936）女士生动地再现出来。海伦·凯勒的父亲在贝尔的介绍下，请求豪帮助教育他的女儿。于是，豪挑选了在帕金斯学校毕业的学生萨利文担任海伦·凯勒的家庭教师。这最终成就了特殊教育史上的一个奇迹。实现对于盲聋学生的成功教育，在很大程度上与豪曾涉猎特殊教育的不同领域有极大关系。丰富的阅历与知识累积、敢于尝试与不断挑战自我的精神都是他能够取得成就的必要因素。直到今天，由他所创立的帕金斯盲校仍然是全球著名的盲聋障碍教育中心。

豪的这些视觉障碍教育思想并不是在从事视觉障碍教育的实践中发展起来的，也不是已有所成就的视觉障碍者让他形成这样的认识，从根本上，这源于他内心对于生命的尊重以及对人权的追求。他相信每一个生命的能力和价值。可以说，他是一个伟大的教育者，更是一位时代的改革者。反对特殊儿童寄宿教育模式、提出家庭与常态社会环境对于特殊儿童发展的重要性、呼吁特殊儿童与普通儿童一起学习，这种早期的随班就读理念虽然过于理想，甚至有些浪漫的色彩，但基于历史当时的现状，他的这种理念与尝试极为可贵。他的理念很快被很多教育者公认为是最正确的特殊教育思想。由于波士顿当时不仅代表美国的发展潮流，而且也是世界发展的中心，对社会发展起着风向标的作用，因此，豪的理念很快被宣传开来，他的学校成为当时各地视觉障碍教育机构的典范，这也使豪成为当时最有影响力的教育者和改革者。

## 三、布莱尔与盲文的发展

要确认到底是谁发明了教盲人识字的凸字是困难的，不少人认为是霍维，但狄德罗在1773年写的《盲人书简》中就提到了一个盲人使用凸字阅读的例子，这发生在霍维1784年创办盲校以前。可能的情况是，一些盲人利用凸字阅读的个案在18世纪前的很多年以来就一直存在。[①] 从早期刻于各处的凸字演变成世界通用的六点点字系统，使盲人能以有效的沟通工具获得知识，适应社会，在盲文经历的这多年演变过程中，法国盲人教育家布莱尔对盲文的产生作出了重要贡献。

### （一）盲文的早期探索

1. 凸形字母

16世纪早期，西班牙人弗兰西斯科·卢卡斯（Francesco Lucas）发明了一种将字母刻在木板上的装置，供盲人摸读。但他发明的摸读文字只是把普通的拉丁文字母雕刻或压印出来，适合摸读，却不适合盲人书写。

1651年，德国人赫德福尔（Harsdorffer）发明了盲人可以书写的蜡版。后来，瑞士数学家雅格布·伯努力（Jacob Bernoulli，1654—1705）发明了木制的字母板。但无论是模块字母还是蜡版字母，要解决的问题是要让盲人能够阅读，或者能让更多的盲人识字。经过长达一个世纪的探索，木板字母、铅字母或者其他材料的字母都被设计出来了，个别盲人在识字方面也的确进步很大，但一种具有可行性的教学系统还没有被创造出来。

霍维最初在1784年，以木刻字母教导雷休尔阅读，随后才研发了在纸板上雕刻文字的读写方法。1786年，雷休尔发现他可以摸读出葬礼通告上的印刷字母"O"，霍维便做了实验：在湿的纸上以相反方向铸出正面的字母，让雷休尔摸读；书写时则是以圆顶的金笔在厚纸的反面以反向刻字母。1786年，霍维出版了第一本浮凸字母书籍《盲人教学笔记》，得到同时代人的称赞。从此罗马字母被改造成各种浮凸字母，但这一过程中的研发者多为明眼人。理论上这应该是很好的沟通方式，但实际上却很难学习和书写，无法有效地教育盲人。[②]

---

① W·H·Illingworth, F. G. T. B. History of The Education of The Blind[M]. London Sampson Low: Marston & Company, LTD. 1910: 4.

② 万明美. 视障教育[M]. 台中：五南图书出版有限公司, 2001: 42-43.

### 2. 线条型字体

富雷尔（James Heteley Frere,1779—1866）是盲人,在1838年修改了前人的符号,创造了新的盲文字体。这种字体的主要特点是：较多语音符号；较为敏感；由点线、点、半圆、角、圆发展出33个符号；使用折返阅读法（一行从左至右阅读,次行则从右至左阅读）。1839—1851年间,他以此浮凸系统出版了旧约和新约圣经。但这一系统仍存在下列问题：缺少标点符号；语音不足；字母C、Q、W、X、Y无代表符号；仅适合高年级盲童,不适合低年级盲童学习。[①] 英国威廉·穆恩（William Moon,1818—1894）创造了一种穆恩体（Moon type）,这种穆恩体也是一种简单线条型的盲文。

### 3. 数学计算系统

主要包括英国盲人数学家桑德森于1720年发明的数学计算板和威廉·泰勒（William Taylor）所发明的计算盘。

## （二）布莱尔与点字盲文的发展

### 1. 布莱尔的生平与活动

路易·布莱尔（Louis Braille,1809—1852）出生于法国的手工业者家庭,3岁多时因在父亲的马鞍店里切割皮革,被锥子刺伤眼球而导致一只眼睛盲了,之后不久另一只眼睛也因感染而失明。1816年,7岁的布莱尔就读于本村的普通小学,和明眼儿童一起上课、学习。在没有适合他的教科书的情况下,他凭着自己超人的记忆力,依靠着老师的口授教学,成绩一直名列前茅。1819年,布莱尔进入霍维在巴黎创办的国立盲校就读,开始系统地学习科学和音乐。当时巴黎盲校的教学方法也只是教学生学习健全人使用的法文字母,摸读的书籍是用厚纸或布条粘糊成的凸起的普通文字。1827年,19岁的布莱尔毕业后被聘为巴黎盲校教师。他将毕生奉献于巴黎盲校,发明了点字盲文,促进了盲人教育的发展。

### 2. 点字盲文的发明

布莱尔对于盲人教育的贡献体现在其对于盲文的完善方面,他借鉴巴比埃（Charles Barbier de la Sierra,1767—1841）的军用代码,发明并完善了点字盲文。巴比埃生活在19世纪初期,是法军上尉。他根据拿破仑的命令,发明了一种战士在夜间用来传递信息的夜文（Night writing）。这种夜文由12个凸点组成,竖着2排,每排6个点。1819年夏天,巴比埃找到法国科学院,要求把自己发明的夜文推荐给盲人使用,但没有被采纳。1820年,巴比埃又找到巴黎盲校校长,介绍他的发明,也没有被校方采纳。不过盲校的师生逐渐接触到了巴比埃的夜文。

1821年,在巴黎盲校读书的布莱尔开始研究这种以点的排列为基础的文字。这年暑假,布莱尔以夜文为基础,取12个凸点的一半,发展出6点字的盲文。他经过反复试验,研究出了与法文对应的6点制的盲文。暑假过后,布莱尔把自己研究的初步结果公之于众,同学、老师、校长都很吃惊。但他们对6点制盲文十分喜欢。1824年,布莱尔的盲文体系基本形成。为精益求精,他继续致力于研究盲文。1827年,布莱尔留校工作。1829年,他使用点字盲文出版《盲人用凸点书写点字歌词和歌谱的方法》,他在该书的扉页上写着"假若我们提出我们的方法,超出他的,我们必须指出,荣誉要归于他给我们最初的启发"。[②] 在这里,布莱尔将点字盲文的发明归功于巴比埃。1833年后,被正式聘为巴黎盲校教师的布莱尔进一步完善了点字盲文。布莱尔发明的点字盲文由63个编码字符组成,每一个字符由1—6个突起的点儿安排在一个有6个点位的长方形里。为了确认63个不同的点式或盲文字符,数点位时是左起自上而下1—2—3,然后右起自上而下4—5—6。这些凸起在厚纸上的行行盲文,可以用手指轻轻摸读。布莱尔在研究了5年之后,

---

[①] 万明美.视障教育[M].台中：五南图书出版有限公司,2001：47.
[②] 滕伟民等.中国盲文[M].北京：华夏出版社,1996：4.

向所工作学校的教职工展示了这套盲文系统,但当时没有得到多数人的认同。之后布莱尔不断地进行改进,终于在 1834 年时,公布了最终版本。即现在世界多数盲人使用的点字盲文。点的排列为两个点宽,三个点高,利用点的不同排列变化,可以构成 63 个不同的图形符号,用以表示字母、标点及符号。

3. 布莱尔盲文的传播

布莱尔发明的这套最终版的点字盲文命运坎坷。1829 年,布莱尔将发明的盲文交给校方,提请审查并要求正式使用,但却没有被采纳,只是默认可以继续进行试验性教学。1835 年,布莱尔身心疲惫,积劳成疾,但仍然呼吁、宣传点字盲文。布莱尔在去世之前没能看到他发明的盲文被正式使用。直到 1854 年,布莱尔发明的点字盲文才得到法国官方承认,从此布莱尔盲文开始在世界范围内流传开来。1857 年,在柏林召开的国际盲人教育代表大会决定,各国的盲校统一使用点字系统。到 1882 年,除少数国家外,其他国家大都采用了布莱尔盲文。1887 年,布莱尔盲文被国际上认定为盲人使用的正式文字。1895 年,全球盲人文字的国际通用名称定名为"布莱尔",以纪念这位盲文大师。

布莱尔创造的点字盲文问世以来,实践已给了它公正的结论。在他的点字盲文基础上,世界各国不仅分别建立了本国文字的盲文体系,而且有的国家还根据需要制出了他们的盲字符号和点字速记符号;同时,一些国家发挥并完善了布莱尔所设计的点字音乐符号体系,而且在他当年提出的基本数字符号的基础上,出现了完整的可以国际通用的盲字科学符号,从而使盲人能够更全面地掌握现代科学文化知识,有了像明眼人一样接触和学习各种知识的可能。

布莱尔点字为各国点字的发展提供了基础。美国于 1860 年开始接受点字符号系统,密苏里盲校(the Missouri School for the Blind)是最先采用的。法国点字按照逻辑系统设计,并没有考虑字母的出现率。1868 年,纽约盲校的校长卫特(William Bell Wait)推行了可能由约翰·鲁斯所发展出来的点字系统,对法国点字进行了两点改变:每个点字的高度缩成 2 点,宽度为 1—4 点;指定最少点的符号代表最常出现的字母。这一系统于 1871 年开始由美国盲人教师协会(the American Association of Instructors for the Blind)在美国的盲校中推广。美国点字则是指由史密斯(Joel W. Smith)于 1878 年在帕金斯盲校推广的一套改良的点字符号系统。这就在美国形成了纽约点字和美国点字各占半壁江山的状态。直到 1913 年,美国盲人工作者协会(the American Association of Workers for the Blind)建议采用标准点字(Standard Dot Braille)以统合美国点字和纽约点字。标准点字每方有 3×2 点。同时,一些特殊点字记号如数学、化学、音乐点字等也陆续被研订。布莱尔盲文在清朝后期传入中国,在实践中也逐步发展出一套中国的盲文体系。

布莱尔对于盲人教育的影响可以说是意义深远。盲人能通过这些点字进行阅读、书写,获取信息,发展认知,也有了适合表达自己的方式。布莱尔去世后葬于其出生地巴黎郊外一个叫古普伯雷(Coupvray)的地方,他的碑文上写着:"他为所有失明者开启了知识之门(He opened the doors of knowledge to all those who cannot see)。"①

 **知识小卡片**

**布莱尔盲文的传入和中国盲文的发展**

中国汉语盲文产生于何时?最早的研制者是谁?这些问题迄今仍无定论。但从可靠的文字记载来看,中国最早出现的点字盲文是"舶来品"。

---

① 万明美.视障教育[M].台中:五南图书出版有限公司,2001:17.

1874年,英国传教士威廉·穆瑞(William Hill Murry)在北京办起启明瞽目院(即瞽叟通文馆),从英国运来了用英文盲字印制的《圣经》。后来他同一位中国盲人教师合作,按照《康熙字典》的音序编排出以北京话为基础的汉语盲字,全部音节408个,这就是中国最早出现的汉语盲文。到19世纪末、20世纪初,出现了以福州话为基础编制的"福州盲文"、以南京官话拼写的"心目克明盲字",此外,还有广州话、客家话等方言的盲字。在1949年以前,中国没有统一使用的、规范的盲人文字。

中华人民共和国成立后,整理、研制统一的盲文被提上了议事日程。1952年,教育部盲哑教育处黄乃等人,参照布莱尔盲文体系,在以南京话为基础的"心目克明盲字"等盲字的基础上,提出以北方话为基础,以北京语音为标准,采用分词连写方法拼写普通话的"新盲字方案"。1953年,全国公布推行《新盲字方案》。它有18个声母、34个韵母,声韵双拼为一个音节,用另一个盲符作调号。至此,中国有了统一的盲文。

1975年,黄乃提出了使汉语拼音文字全面标调的新的盲文设计思想,并与计算机专家一起提出"带调双拼新方案",揭开了中国盲文改革新的一页。1989年,《中国盲文民族乐器符号》问世,结束了中国盲人没有民族乐器记谱符号的历史。1992年提出了《中国盲文数学、物理、化学符号》。1994年,经过19个年头的研究,"汉语双拼盲文"研制完成。

[资料来源:(1)滕伟民.中国盲文的发展与改革[J].中国残疾人,1997,1:6-7;(2)滕伟民等.中国盲文[M].北京:华夏出版社,1996:9-11.]

 **本章小结**

盲人从被人们同情到接受正规的教育经历了比较漫长的时期。18、19世纪,视觉障碍教育取得了长足的发展。在法国,霍维创办的巴黎国立盲校开世界视觉障碍教育之先河。在英国,以利物浦盲校为起点,视觉障碍教育逐步展开。在美国,19世纪20、30年代,盲校逐步建立;加拿大也在19世纪后半期建立了盲校。从世界范围来看,到19世纪后期、20世纪初期,以盲校为代表的视觉障碍教育体系在各国普遍建立。在视觉障碍教育思想方面,霍维、豪在丰富的实践基础上,对视觉障碍教育有了初步的理论思考。布莱尔则以点字盲文发明的形式,推动视觉障碍教育的思想和实践步入新的发展阶段。

 **思考与练习**

1. 阐述法国、英国和美国早期盲校的创办状况。
2. 阐述霍维的盲人教育思想。
3. 阐述豪的盲人教育思想及其对今天特殊教育的启示。
4. 阐述布莱尔盲文的特点与历史作用。
5. 了解特殊教育史上对于盲聋者的教育。
6. 了解盲文的发展简史。

# 第6章　智障教育及其他特殊教育的确立

**学习目标**

1. 了解欧洲早期的精神病院与智障教育机构建立的关系。
2. 理解图克、皮内尔在精神病院的实践经验。
3. 了解欧洲智障教育机构建立的基本情况。
4. 了解北美早期精神病院的实践。
5. 了解美国智障学校建立的情况。
6. 了解康复学校、工读学校、儿童指导诊所、特殊教育班等其他特殊教育机构的确立情况。
7. 理解伊塔德、塞甘和塞缪尔·格雷德利·豪等人的智障教育实践和思想。

特殊教育确立的重要标志之一是听觉障碍、视觉障碍之外的其他残障者教育体系的逐步确立。本章主要研究西欧、北美智力障碍者教育及其他特殊教育确立的历史。首先梳理西欧及北美智障教育机构建立的历史，侧重分析英国、法国、美国等智障教育机构的建立史；同时，整理康复学校、工读学校、儿童指导诊所、特殊教育班等特殊教育机构建立的情况。然后分析伊塔德、塞甘、塞缪尔·格雷德利·豪等教育家的智障教育思想及其历史影响。

## 第1节　智障教育机构的建立

在人类教育史上，智障者从受人嘲弄、歧视、侮辱到开始接受治疗、训练和教育，经历了一个曲折发展的过程。早期的智障者毫无教育可言，他们既没有受教育的权利，也没有受教育的机会。若能受人怜悯，勉强生存，他们已算幸运；大多数时候他们只能受到轻视、取笑和欺负，处境相当悲惨。在西方，智障者往往被视为"白痴（idiot）"，是不能受教育的，并与精神病人、癫痫病人及异教徒混为一谈。直到人们在尝试对盲、聋等残障群体的教育后，智障者的教育才开始逐步进入人们的视野。随着近代医学的进步、科学的发展以及对智障者进行训练的尝试，人们逐步改变了"白痴不能受教育"这一根深蒂固的传统认识。19世纪后期，对智障者的称呼被"弱智（feeble-minded）"取而代之。随着现代心理学及智力测验的发展，1920年以后人们正式采用"智力落后（mentally retarded）"来取代以往各种具有侮辱色彩的称谓。正是在关于智障人之态度变化的过程中，智力障碍教育逐步得到确立。

### 一、欧洲智障教育机构的产生

#### （一）欧洲精神病院的开办

受医学水平及认识水平的限制，19世纪以前，人们既难以解释造成智障的原因，也没能区分弱智者与精神疾病者。在解释上，各种模糊的、错误的认识，如"上帝惩罚"及"鬼魂附身"的假说相当流行。这些看法反映出人们的恐惧、偏见与无知以及医学水平的落后。在做法上，人们常常将智障与精神病混为一谈，将他们同等对待。因此，从这个意义上说，欧洲的一些精神病院似可被视为早期的智障教育机构。若此说成立,则对收容精神病人的机构有必要予以介绍。从和智障教育发展的关系来看,下列收容精神病人的机构不得不提。一是英国的约克静修所,二是法国的巴士底和萨尔贝特耶精神病院。

1. 图克与英国的约克静修所

在英国,图克(Willian Tuke,1732—1822)建立的约克静修所(York Retreat)被视为英格兰第一所早期智障教育机构。图克是英国商人、慈善家,出生于约克郡的一个教友会家庭,家境富裕。图克早年经商,获得成功,后积极投身于慈善事业。在目睹了一个教友会教徒惨死在约克收容院(York Asylum)后,图克对收容院肮脏的环境和非人的待遇感到震惊。于是,他决定为精神病人建立一所全新的机构。

1792年春,图克开始筹建约克静修所。他向教友会呼吁,要求改善精神病人的待遇,并多方筹集资金。经过4年准备,1796年,约克静修所在英格兰北部约克郡郊外开办。招收对象起初有教派限制,只招收教友会的患者,后来逐步取消。开办之初,计划招收30人,实际仅招收8人。后来发展到50人左右。静修所环境幽雅,设施齐备,雇有管理人员、医生、护士。

经图克苦心经营,约克静修所特色鲜明,具体表现为提供最少限制的环境,采用工作疗法(occupational therapy,又称"职业疗法")和道德疗法(moral treatment)。① 简述如下。

(1) 尽可能舒适的环境

在约克静修所,患者无需佩戴脚链手铐,不再承受身体惩罚。他们住在温暖舒适的房里,门锁放在桌上的皮箱内,窗上的铁条换成了窗棂,透过户外的矮墙,远处的风景清晰可见。他们吃上了干净可口的饭菜,闲暇时,可在院内的草坪和花园中自由活动。人性化的待遇及最少限制的环境,使得管教条件明显改善。此番变化与先前收容所的做法相比,可谓有天壤之别。

(2) 工作疗法

图克认为,通过工作可以恢复病人的理性。他采用的工作疗法主要是指:患者在安静优雅的园内自由散步;在田间劳动;学会自己穿衣服;鼓励他们制作手工艺品;学习书写;学习阅读。由此可见,在图克的工作疗法中,包含了对患者进行一定的劳动教育、生活教育及知识教育,为他们未来融入社会打下基础。

(3) 道德疗法

以前医生常常采用残酷的做法来对待精神病患者,借以驱除患者身上的"恶魔"。与此相反,图克首倡用道德疗法来医治患者。所谓道德疗法,即是为患者营造温馨、友好、信任、有序的气氛,对患者实施心理疏导,包括引导他们参加宗教祷告,从而让他们获得理性。

约克静修所的上述做法使其独具特色,声名远播。它成为各地精神病院竞相效仿的样板。此所后经发展,沿办至今。

2. 皮内尔与法国的巴士底和萨尔贝特耶精神病院

巴士底(Bicêtre)和萨尔贝特耶(Salpêtrière)是18至19世纪法国有名的收容机构。巴士底是关押囚犯之地,但第七区收容了200名左右的男性精神病人,而萨尔贝特耶则收容了7000名左右贫病交加、精神异常、年老体衰的女病人。精神病人在这里遭受着非人的待遇,接受当时流行的治疗法。他们被带上脚链,成群地关在一起,接受以鞭挞、吸血、热水冲洗、冷水浸泡等方法为主的治疗。一份1787年的报告曾记载了当时的境况:在萨尔贝特耶,四五个病人被关在一间狭小的屋子里,她们衣裳褴褛,蜷缩在一起;夜晚来临的时候,老鼠成群结队,啃噬着患者的衣服、

---

① Wikipedia. The Retreat [EB/OL]. [2009-04-04]. http://en.wikipedia.org/wiki/The_Retreat.

面包甚至躯体。① 因此可以推断,他们不仅缺乏医治条件,教育更是无从谈起。这种毫无人道可言的待遇直到皮内尔等人加入对精神病人的医治行列,才有所改观。

皮内尔(Philippe Pinel,1745—1826)是法国著名医生,精神病学的创立者。他出生于法国圣安德莱的小乡村,1773年获医学博士学位,后移居巴黎。经友人介绍,1793年8月他被当局任命为巴士底的医学负责人,研究了若干病例。两年后,他转到萨尔贝特耶担任主任医生,余生在此工作。他的《精神疾病的医学哲学分析》(1801)和《精神疾病文集》(1806)等专著,对后世影响深远。

经皮内尔及其同事的努力,医院不仅定期检查病人,给他们打针吃药,还积极推行新的管教措施,使医院发生了较大变化。他的主要措施包括取消束缚、分类管教和道德疗法②。

(1)取消束缚

皮内尔认为,精神病人并非上帝惩罚所为,而是人与周围政治和社会环境不和谐之故;社会对此负有不可推卸的责任,不应视他们为可怕的威胁。经他倡导,精神病院取消了对病人的很多束缚,使病人可以自由活动。皮内尔本人亦率先垂范,打开了病人的锁链和手铐,此举在当时轰动一时。

(2)分类管教

根据多年的观察与研究,皮内尔提出,可对精神病人进行分类。具体而言,他将精神病人分为精神忧郁(melancholia)、精神错乱(manic)、狂躁不安(manic frenzy)、痴呆(dementia)和白痴(idiocism)五种类型。③ 此说首次区分了精神疾病与智障,医院也据此对病人实施分类管教。

(3)道德疗法

皮内尔指出,对待精神病人的传统做法,如鞭挞、浸泡等手段是错误的。对病人无需实施暴力和强制,而应施以同情、尊重和帮助。皮内尔提出,成功的治疗需要病人的积极参与,以及医生对病人的病史及生活背景的了解。据此,他在医院推行道德疗法(traitement moral)。此法是一种整体、全面的治疗方法,旨在通过采用各种非医学手段,以及强调改善病人的心理,来医治精神疾病。实施过程尤重建设性活动、态度温和、最少限制、良好结构、病人日常生活及治疗一致性。此法和前述图克的做法遥相呼应,可谓异曲同工。

毋庸置疑,上述措施既部分地改善了精神病人及智障者的现状,又改变了人们对精神病院的传统印象。与此同时,他还吸引了更多有识之士参与其中。后文所述伊斯奎诺(Jean Etienne Dominique Esquirol,1782—1840)、伊塔德(Jean Marc Gaspard Itard,1774—1838)等人,均在此间学习、工作、研究,成为推动智障教育发展的重要人物。

由上可见,随着人们对待精神病人态度的转变,智障者的训练与教育有了些许改善。但这种混合模式下的教育——如果说称得上教育的话——对智障者是弊大于利的。一方面,混合制为智障者贴上了精神病的标签,相对他们本已不公正的待遇而言,境遇并没有根本改善。另一方面,管理者对待他们的教育方法和手段,常常与其他特殊群体一视同仁,难以照顾智障者的身心特点。因此,建立针对智障者的专门教育机构迫在眉睫。

### (二)欧洲智障教育机构的建立

至19世纪上半期,专门智障教育机构建立的条件已经基本成熟。这些条件包括:早期智障教育机构的初步探索;区分智障的研究成果已经出现;盲、聋人教育机构已成功开办。在此背景

---

① Margret A. Winzer. The History of Special Education:From Isolation to Integration[M]. Washington, D. C.:Gallaudet University Press,1993:61.

② Philip L. Safford,etc.. A History of Childhood and Disability[M]. NewYork:Teachers College Press,1996:48.

③ Margret A. Winzer. The History of Special Education:From Isolation to Integration[M]. Washington, D. C.:Gallaudet University Press,1993:64.

下，一批有志之士投身其中，建立起专门的智障教育机构。这些专门的智障教育机构主要有：1826 年，弗如士（G. M. A. Ferrus,1784—1861）在巴士底为智力落后儿童开办了一所学校，[①]成为法国第一所私立的智障学校。1830 年，塞甘（Edouard Onesimus Séguin,1812—1880）和伊斯奎诺为智障儿童开办了一所私立学校。1837 年，塞甘在巴黎开设了另一所智障学校。1841 年，第一所为智力落后者开办的公立学校在法国巴黎创办。[②] 平心而论，这些在法国创办的智障教育机构对后来智障教育的推进功不可没，但由于资料缺乏，难以具体梳理。而这一时期瑞士阿本堡学校（the Abendberg school）的做法为我们提供了参照的样本。

阿本堡学校是一所专门为智障者建立的学校，1842 年由古根布（Johann Jacob Guggenbühl, 1816—1863）创办。古根布是一名医生，20 岁时，他因目睹一名智障儿童在路旁喃喃自语而生恻隐之心，遂决定投身教育，以此改善智障儿的凄惨境况。在筹集到资金后，他于 1842 年建立了一所训练学校——阿本堡，义即异常终止的地方。学校建立在海拔 4000 英尺高的一个山顶上，这是因为古根布发现，在其居住的高地上，没有出现一例当时流行的智障病。因此，他相信，适宜的气候、健康的饮食和必要的教学，可以达到治愈当时出现的智障者的效果。

经古根布努力经营，阿本堡学校管理得井井有条，智障者明显进步，办学效果显著。古根布于是游历欧洲，宣扬其成功经验，使学校声名远播。一时间，从四面八方赶来参观、取经的人络绎不绝。后来成为美国著名的特殊教育家的豪亦是参观者之一，他在参观学校后，盛赞此处为"一座名副其实的圣山"。[③] 但是，由于古根布经常外出宣传，以及学校忙于应付接待，导致学校管理不善，忽视、体罚学生的现象屡屡被参观者发现。学校从此声望大跌，陷入困境，加之后期资金缺乏，万般无奈之下，只得停办。

星星之火，可以燎原。虽然阿本堡关闭了，但是，古根布开创的事业却绵延不绝。在他的影响下，各国竞相仿效，为智障儿童开办了训练学校。受阿本堡的鼓舞，英国也开办了智障教育机构。1846 年，个别小型的、和医院合办的智障教育机构即已出现。1851 年，牧师里德（Andrew Reed,1787—1862）在海格特（Highgate）创办智障者收容所。该机构后迁往萨维（Surrey），更名为皇家厄尔斯伍德收容所（the Royal Earlswood Asylum），发展成当时欧洲最大的收容机构。此外，苏格兰在 1854 年、爱尔兰在 1861 年也先后建立了智障教育机构。

与此同时，德国也创立了早期的智障教育机构。1845 年，时任校长的赛格（Carl Wilhelm Saegert,1809—1879）在柏林聋哑学院私下里对少数智障者进行教育。1848 年，学院智障学生人数达到 50 余人，引起州政府的注意，并获得资助。1885 年，赛格的做法在德国 30 多所学校推广。至 1917 年时，德国类似的智障教育机构达到约 100 所。[④]

意大利也出现了智障康复学校（Orthophrenic School for the Care of the Feeble-minded）。1898—1990 年间，蒙台梭利（Maria Montessori,1870—1952）曾在此担任校长，进行对智障儿童的教育治疗，培训智障儿童教育的师资力量。蒙台梭利指出："低能儿童并非社会之外的人类，他们即使无法得到比正常儿童更多的教育，也应该和正常儿童所得的教育一样多。"[⑤]在这里，她设

---

① Margret A. Winzer. The History of Special Education：From Isolation to Integration[M]. Washington, D. C.：Gallaudet University Press,1993：69.

② Margret A. Winzer. The History of Special Education：From Isolation to Integration[M]. Washington, D. C.：Gallaudet University Press,1993：38.

③ Philip L. Safford, etc.. A History of Childhood and Disability[M]. NewYork：Teachers College Press,1996：158.

④ Philip L. Safford, etc.. A History of Childhood and Disability[M]. NewYork：Teachers College Press,1996：160.

⑤ 杨汉麟.外国教育实验史[M].北京：人民教育出版社,2006：458.

计了一整套观察和教育智力缺陷儿童的特殊方法，并制作了教具。她成功地教会了智障儿童读和写，并且使他们通过了与正常儿童一起进行的统一考试。后来蒙台梭利将其在特殊学校的经验应用于正常儿童的教育，取得了举世瞩目的成就，在世界范围内得到广泛传播。

## 二、北美智障教育机构的建立

欧洲的智障教育是伴随着人们对精神病人处理措施的改善而逐步兴起的，同样的进程也发生在北美地区。由于来自精神病院的变化以及欧洲经验的传入，北美地区开始加强对智力缺陷人士的照顾与训练，从而使北美智障教育进入了新纪元。在这一过程中，引人注目的成就是北美精神病院的建立及一批智障学校的创办。

### （一）北美精神病院的建立

与欧洲早期的做法一样，美国的精神病患者往往被送往精神病院。他们不仅要受到种种非人对待，而且还要供人观赏取乐。直至为精神病人建立了专门的机构，这种情况才得以逐步改变。在那些为改善精神病人、弱智者的生存环境而努力的先驱者中，首屈一指的是鲁西与迪克斯。

#### 1. 鲁西与精神病院改革

1752 年，美国开办宾夕法尼亚医院。起初，医院沿袭了旧传统，允许参观者在缴纳一点费用后，观赏这些病人。但此法也受到各界人士的批评，鲁西即是其中之一。

鲁西（Benjamin Rush,1745—1813）是美国独立宣言的签订者，是位医生。1783 年，他被任命为宾夕法尼亚医院的负责人。此后，该医院精神病人的情况就发生了明显改变。鲁西的做法主要有：挑选了一些精神病人，为他们提供治愈的希望；将他们转移至僻静之处，接受人性化监管；提供各种形式的治疗，包括工作与纪律。鲁西也坚持采用放血疗法，每次治疗给病人放 20～40 盎司的血。①

此外，在 1773 年，弗吉尼亚州开办了第一所公立医院，1824 年，肯塔基州开办了一个公立精神病人收容所。随后几十年间，这种热潮不减，每个州都为精神病人建立起了医疗机构。至 1860 年时，当时全美的 33 个州中，28 个州建立了公立精神病人收容所（public insane asylum）。

#### 2. 迪克斯与精神病院的发展

迪克斯（Dorothea Lynde Dix,1802—1887）出生于美国东北部的缅因州，后随家人移居马萨诸塞州。1816 年，年仅 14 岁的迪克斯在沃赛斯特（Worcester）开办了一所小学校，后在波士顿又开办了另一所学校。1841 年冬天，在应邀到马萨诸塞州的主日学校（Sunday School）为感化院（House of Correction）的女子上课时，她发现智障者、精神病人与犯人共处一室。当她向负责人提议为这些患者提供暖炉时，得到的回答却是：精神病人对冷没有感觉。

此情此景令她极为震惊，迪克斯遂决心全面调查智障者及精神病人的处境。在此后的两年多时间里，她调查了全州所有的监狱、贫民院、收容所。此后，迪克斯继续走访了新泽西和其他一些州，调查到了很多真实的情况。至 1847 年，她共调查了 128 个收容所、300 所感化院和 500 所济贫院。结果发现：美国有 9000 多名智障者、癫痫病及精神失常的患者被剥夺了起码的照顾和保护，他们被令人羞辱的铁链锁着，脚上带着沉重的脚镣及铁球，被绑在巨大的拉链上，根本直不起身。他们被人用绳子、皮鞭打得遍体鳞伤，在粗口谩骂和残酷打击的恐惧下惶惶不可终日。并且，他们还得忍受嘲笑、轻视和戏弄，难以下咽的饭菜，以及令人不齿的、骇人听闻的侵犯。②

---

① Margret A. Winzer. The History of Special Education: From Isolation to Integration[M]. Washington, D. C.: Gallaudet University Press, 1993: 110.

② Philip L. Safford, etc.. A History of Childhood and Disability[M]. New York: Teachers College Press, 1996: 226.

1848年,迪克斯向议会披露她的上述发现,在当时引起强烈反响。议会遂同意划拨土地,建立为残疾人服务的公共机构。与此同时,许多人受她影响,参与到对精神病人的广泛调查与报道中来,促进了精神病院条件的改善以及更多公共机构的建立。迪克斯本人也积极参与了多所精神病院的创办,为美国精神病院的发展作出了巨大贡献。

**(二) 智障学校的建立**

在迪克斯等人致力于改善精神病人待遇的同时,美国各界人士逐步注意到了智障者的教育需要。一批为智障者服务的教育机构相继在美洲大陆上建立起来。

1. 马萨诸塞州青少年智障学校

1846年,塞缪尔·格雷德利·豪在马萨诸塞州发起了一个为期两年的调查,掌握了该州对待智障者的情况。1848年,豪向当局陈述了建立智障学校的理由,提出了建立智障学校的计划。经豪据理力争,当局同意每年拨款2500美元,供其训练10名智障儿童,期限3年。

1848年10月,时任帕金斯盲校校长的豪开办了一所智障实验学校——马萨诸塞州青少年智障学校(The Massachusetts School for Idiotic and Feeble-Minded Youth)。该校位于盲校一侧,采用盲校的管理模式,实行寄宿制。学校招收有教育潜力的智障儿童。计划在5至7年后让学生回到家庭。第一批共招收13人,其中公费生10人,自费生3人。[①] 当时多数人都认为智障儿童是不能受教育的,很多人甚至迷信颅相学,排斥智障儿童的教育。该校的成功创办鼓舞了人们对智障教育的信心,拉开了北美智障儿童学校教育的序幕。

2. 纽约奥巴尼实验学校

在豪的学校取得成功的影响下,纽约当局也随即采取行动。1851年,他们聘请威尔布(Hervey Backus Wilbur,1820—1883)为学监,希望借助于他的经验来推动纽约的智障教育。威尔布早年曾在马萨诸塞州的巴里地区(Barre)开办了一所私立的智障学校,该校创办于1848年6月,比豪的智障学校略早。1854年9月,在纽约州当局的支持下,威尔布创办了纽约奥巴尼(Aibany)实验学校。该校是纽约第一所专门为智障儿童开办的公立学校。[②] 学校的开办也得到了塞甘的协助。1855年,该校迁往萨拉卡(Syracuse)开办至今。

3. 宾夕法尼亚州智障儿童学校

1852年,早已关注智障教育的艾文(Alfred L. Elwyn,1804—1884)在宾夕法尼亚州德国人区(Germantown)建立了一所私立智障训练机构。1853年,在宾夕法尼亚州政府拨款支持后,学校改名为宾夕法尼亚州智障儿童学校(the Pennsylvania Training School for Idiotic and Feeble-Minded Children)。学校聘请豪的实验学校的老师理查德(James B. Richards,1817—1886)管理学校,塞甘曾也曾协助办理学校,二人后来离开了。1859年,该校迁往费城南部的梅地亚(Media)。后来该学校被命名为艾文学院(The Elwyn Institution),开办至今。

4. 新泽西文兰德启智学校

至19世纪后期,为智障儿童建立学校的风尚也传到了新泽西州。该州的文兰德启智学校(the New Jersey Training School for the Feeble-minded Girls and Boys at Vineland)即是一所当时闻名遐迩的智障学校。该校建立于1888年6月,创办者为盖里森(Ohn Garrison,1853—1900)。该校起初是盖里森投资2000美元,在新泽西米维尔(Miville)的一个私人庭院里建立的一所小型学校。学校最初开办时,盖里森6个月分文未取,教师的工资每月仅有8美元。学校后来发展壮

---

① Margret A. Winzer. The History of Special Education: From Isolation to Integration[M]. Washington, D.C.: Gallaudet University Press,1993:113.

② Margret A. Winzer. The History of Special Education: From Isolation to Integration[M]. Washington, D.C.: Gallaudet University Press,1993:114.

大,至19世纪末期,学生人数已近千人。该校属私立学校性质,经费来源主要是学费和捐赠,招收对象仅限于白人学生,管理方法上模仿宾夕法尼亚州智障学校。学校还进行特殊教师培训,创办刊物《训练学校公报》(Traning School Bulletin)。

该校领导者中比较杰出的还有戈达德(Henry Herbert Goddard,1866—1957)和杜尔(Edgar Amold Doll,1889—1968)。前者是将1905年版比纳-西蒙量表译成英文的第一人[①],在任该校校长期间,戈达德曾用比纳-西蒙量表来甄别儿童;后者在该校工作期间,制定了"文兰德社会成熟量表"(The Vineland Social Maturity Scale),该量表被广泛用来鉴别人的社会成熟度及帮助诊断智力缺陷、儿童多动症等。

在文兰德学校的影响下,新泽西州创办了公立智障机构——公立智障女性之家(the State Home for Feeble-Minded Women),以及其他的特殊教育机构。此外,盖里森的努力也给科罗拉多、奥尔根和加利福尼亚地区创办智障教育机构提供了启示。

以上是美国19世纪中后期建立的比较有影响的4所智障学校。此外,1857年在俄亥俄州、1861年在康涅狄克。在1848至1857年的10年间,北美地区建立了5所智障学校,至1865年,学校数量增为8所。到1890年,美国有14个州为智障儿童建立了智障学校。

## 三、其他特殊教育机构的建立

整个19世纪,智障儿童教育取得了突破性进展,此外,其他特殊教育机构也得以初步建立,从而完成了特殊教育确立期各类特殊教育机构初步确立的任务。

### (一)康复学校的建立

残疾会对人的生活造成重大影响,在这一点上儿童和成人一样,都容易深受其苦。除了上文提到的盲、聋等疾病外,历史上也记载了儿童经历的其他一些疾病。在特殊教育的历史上,记载了对他们采取的不同教育方式。19世纪末以来,人们从医学上正确认识了这些疾病后,有关这类儿童的康复及其教育便应运而生。下面简介几种主要的康复学校。

1. 癫痫病康复学校

尽管历史上一些著名人物如苏格拉底、亚历山大大帝等,均有患癫痫病的记载,但人们一直未能准确诊断其原因。直到19世纪末期以来的医学进步才使人们认识到癫痫与歇斯底里及智力落后的区别。受此影响,在一些特殊学校里对癫痫儿童进行了分班而教,专门针对癫痫病人的教育康复机构也随之出现。

1882年,美国第一所癫痫病机构在马萨诸塞州的鲍尔温镇(Baldwinsville)开办。该机构属于私立性质,招收14岁以下的癫痫儿童。1891年,俄亥俄州开办了美国第一所公立癫痫病教育机构,至1932年,美国共有8个州建立了类似的机构。此外,克利夫兰(Cleveland)在1906年率先尝试对癫痫儿童的白班教学。[②]

2. 脑瘫病康复学校

对脑瘫儿童的教育发展得相对迟缓,多产生于二战前后。1947年,英国的一个私人组织在克洛伊登(Croydon)为脑瘫儿童建立了首批学校。1948年,苏格兰在爱丁堡为可接受教育的脑瘫儿童建立了专门学校——魏斯特利脑瘫学校(Westerlea School for Educatable Spastcs)。此后,一个维护脑瘫儿童权益的组织——脑瘫联合协会(United Cerebral Palsy Association)于1949

---

① 埃伦·康德利夫·拉格曼.一门捉摸不定的科学:困扰不断的教育研究的历史[M].花海燕,等译.北京:教育科学出版社,2006:87.

② Philip L. Safford,etc.. A History of Childhood and Disability[M]. New York: Teachers College Press,1996:191-192.

年在美国成立。

除此以外,芬兰于1948年在赫尔辛基儿童堡医院(the Children Catle Hostpital)的基础上,增办了一所儿童脑瘫学校,该校也招收智障儿童。

3. 结核病康复学校

20世纪初期前后,结核病是一种令人恐惧的疾病。据美国1908年统计表明,结核病致死率达11.16%。[1]且因其传染性强,很多医院和学校都将感染儿童拒之门外。这种现象令一些改革者开始思考,如何为这类儿童提供教学,并指导家长进行预防,从而做到治疗与教学两不误。为结核病儿童建立学校的计划在酝酿后得以实现。这种新的教育模式首先是在欧洲出现。1904年,在德国柏林郊外的卡罗滕堡(Charlottenburg)建起了第一所户外康复学校。该校兼顾治疗与教育的新模式,很快在德国全境传开,并迅速传播到意大利和英国,1910年传入加拿大。

在欧洲,这类学校大多数建在农村地区,或在森林中,或在山中。但在美国,这类人群主要集中在大城市,因而大多数户外学校都建在城市中心,或是在屋顶上。1908年,在美国的一些城市,人们为结核病、心脏病、贫血病儿童建立了类似学校。在纽约,户外学校出现了。在波士顿一个大型建筑的屋顶上,波士顿户外学校成立。该校招收4至16岁的学生,儿童要接受医护人员的看护与教育。因此,它看起来"是一个医院,或者白日营地,但事实上是一所学校"。[2] 1911年,美国共有35个城市设立了户外学校,至1916年,约1000名儿童在这些学校接受服务。

4. 小儿麻痹康复学校

小儿麻痹是一种极易给儿童带来身体残疾的疾病。今天的医学条件已使因小儿麻痹而落下身体残疾的儿童明显减少。但是在20世纪上半期,此类患病儿童相当常见,并引起了许多人对他们的教育的关注。

首先行动起来的是由医院办的学校。1919年,法国为小儿麻痹症儿童建立了第一所学校。此外,1948年,在纽约召开了第一届小儿麻痹国际会议。会议建议,应针对此类儿童建立以家庭和医院为基础的指导和教育。希腊医学疗养院在20世纪50年代后为小儿麻痹患者服务,而每所机构内都启动了学校教学计划。

客观地说,对此类儿童的康复与教育多在医院进行,或与医院联合创办。但从特殊教育史上看,在医院办的学校亦算是一种独特的特殊教育机构,这是我们不能否认的。

### 知识小卡片

#### 一所康复学校的见闻

今天,我觉得身体不舒服,就请了假,没去上学。母亲就领着我去了专门为患佝偻病的孩子们所开设的学校。

我去时,正巧赶上医生来给孩子们检查身体,医生让孩子们笔直地站在凳子上,撩起小衣裳,仔细地摸着他们肿胀的肚子和粗大的关节,而那些可怜的小家伙们似乎一点也不知道害羞!看来他们已经完全习惯于脱掉衣服、检查、前后左右地转身了!而且,不管怎么说,现在这些孩子的病已经好多了,他们似乎已经不再感到痛苦了!

---

[1] Philip L. Safford, etc.. A History of Childhood and Disability[M]. New York: Teachers College Press, 1996: 196.

[2] Philip L. Safford, etc.. A History of Childhood and Disability[M]. New York: Teachers College Press, 1996: 207.

由于治疗、营养丰富的饭菜以及体操等原因,很多孩子的病情都有了好转。女老师让他们做体操,随着几声口令,只见凳子下面,伸出了他们的腿——带着夹板的、长满瘤子的、畸形的、裹着绷带的,无论谁见了这副情形,不仅不会觉得他们可怜,反而会被他们的毅力所感动,禁不住要去亲吻那些坚强不屈的腿!有几个孩子因为只能坐着,不能站起来,就在那里一动不动,把头枕到胳膊上,用一只手抚摸着拐杖;也有的孩子一伸胳膊,就疼得喘不上气来,脸色苍白地跌坐在椅子上,不过,他们为了掩盖自己的痛苦,却故意做出微笑的样子。

……

我在那里的时候,孩子们还唱起歌来,是用一种甜美的、悲伤的、能打动人的心灵的声音唱的!一听到女老师的表扬,他们都露出了高兴的笑脸。老师从座位中间走过,孩子们都要在老师的手和胳膊上留下他们的亲吻!那是他们向为自己祝福的人表达深切感激之情的一种方式,他们都爱自己的老师。那位女老师还对我说,这些小天使头脑都很聪明,学习也很用功。那位女老师是一个很年轻、很善良的人,那张充满温柔的脸上浮现着一种悲伤的表情,似乎是在向别人说明她平时是怀着怎样的柔情去爱护去抚慰那些可怜的、不幸的孩子们的——而不知不觉间,她的脸上也笼罩上了一层淡淡的忧伤!可爱的姑娘!在所有那些凭借劳动而生活的人们当中,再也没有一个人能比得上你,你做的是一种无比神圣的职业!

(选自:亚米契斯. 爱的教育[M]. 姚静,译. 海口:南海出版公司,2000:222-224. 题目系编者所拟。)

### (二) 工读学校

1. 工读学校的由来

在当时的美国公立学校里,有一个特殊的群体,他们被贴上"不服管教"、"经常逃课"、"无可救药"等标签。出于管理之便,他们往往被教育者忽视,或被教师撵出课堂,或被学校开除、交给法庭处理。这些人在社会上到处晃荡,极易演变为街头混混(vagrancy)和不良少年(delinquency)。

据美国教育家巴纳德(Henry Barnard,1811—1900)观察指出[①]:这些孩子不能令人放心地收入公立学校。如果他们进了公立学校,他们的游荡习气和学校纪律是水火难容的。他们很快会因不守纪律、经常逃课而被惩罚,甚至开除。他们的成绩也会普遍下滑,一落千丈。

然而,当时的公立学校对此束手无策。这些少年违法者不得不和成年违法者一样,受到法律的惩罚,并且和成年人适用同样的法律、同样的法庭、同样的惩罚。他们会被送往警局或监狱,与成年犯人一起关押。这种做法在19世纪受到了不少改革者的批评。人们开始反思,认为应该采取其他对策来处理上述问题。建立工读学校(Industrial School)就是其中之一。

2. 工读学校的宗旨

改革者认为,训练及教育可帮助正在成长中的青少年。一方面,他们极力主张将少年违法者和成年违法者"分而治之",认为此举既可免除少年违法者的"犯人"标签,又能大量减少青少年违法;而另一方面,他们提出建立一个教育和惩罚兼备的机构——工读学校。

在功能上,改革者主张工读学校应是一个连接家庭、公立学校和职业场所的机构。学生在这里要接受严格的管束,努力学会适应社会,以不再因无知而滑向犯罪。工读学校的主要活动围绕教育、传道和工业技能训练进行,帮助学生今后能以劳动谋生。由此可见,工读学校开办的宗旨是为学生返回社会正常生活做准备。它的出现不是为了取代公立学校,而是为了弥补公立学校

---

① Henry Barnard. Reformatory Edcation: Papers on Preventative, correctional and reformatory institutions and agencies in different countries[M]. Hartford: F. C. Brownell, 1857: 5-6.

的不足。

3. 工读学校的办理

在招收对象上,工读学校招收那些来自公立学校的游荡少年、贫苦儿童、家庭弃儿和无家可归的孩子等等。工读学校的学生大多来自贫苦家庭和移民家庭,一项研究显示,至1900年时,约6%的工读学生是非裔美国人。[①] 学生在工读学校待的时间不等,短的6个月,长的约两年。

工读学校多按照学生性别分类办理,一类专收男生,另一类专收女生。前者如维多利亚工读学校(Victoria Industrial School),后者如波士顿女子工读学校。维多利亚工读学校建在多伦多郊外,首批招收了50名男生,其中25名来自家长和监护人的申请,另外25名来自法官的判决。一名母亲在谈到送儿子进此校的原因时说:"我们无法送他去学校,他也不愿待在家里;他在街头打架、偷盗……总而言之,是一个彻头彻尾的坏孩子。"[②] 另一些家长将孩子送进该校,则是希望他们在一个严格管教的学校里接受教育,而不愿意看到孩子沾染上的恶习进一步发展。在管理上,工读学校的学生住在各自的小房子里,一名女看管者负责管理每个房子,以及对他们进行道德和宗教教育,培养他们守时、自制、整齐、虔诚、尊重劳动等品质。

波士顿女子工读学校于1856年在波士顿兰卡斯特地区开办。该校名为州立女子工读学校(the State Industrial School for Girls),是北美地区第一所类似家庭风格的特殊教育机构。该校强调通过家庭和学校的联合,使工读学生们能够得到转变,从而扮演好家庭中的女性角色。[③] 该校学生大多来自贫苦家庭,或由法庭宣判,或由父母送来。她们来到工读学校是因为她们顽固不化、调皮捣蛋及有其他不良行为。在转来工读学校前,她们经常在街头游荡、逃学、夜不归宿,极有可能成为女少年犯。该校为每个女生提供一个小房间,房间外面有共同的活动空间,周围是一个小教堂。女生在这种半监禁的环境下,隔离外界不良习气,接受学校的教育。

4. 工读学校的效果

在工读学校开办的同时,美国也建立了教管所及其他机构来处理那些公立学校的问题儿童。相比而言,工读学校的办理是更受欢迎的。19世纪50年代,在纽约出现了工读学校,至1854年,有6所为女性服务的工读学校。至1919年,美国开办了135所工读学校。实践证明,它有效地弥补了公立学校的不足。可以说,工读学校的开办是一种进步。

**(三)儿童指导诊所**

19世纪末期,人们可将"问题儿童"、"问题少年"送到工读学校。而到了20世纪,经过一些社会工作者的积极参与,加上此时精神卫生运动的兴起和心理诊所的开办,人们在对待那些行为失调的少年儿童的处理方式上,出现了与当今学校心理辅导与教育相近的新动向——儿童指导诊所(Child-guidance clinics)。在20世纪前后出现的这种机构可被视为一种特殊教育形式。它的背景是:

首先是社会工作者的参与。在他们看来,那些无人照管的孩子最容易演变为"失足少年",为避免重蹈覆辙,重要的就是使他们有一个良好的成长环境。因此,社会工作者致力于帮助那些贫困的孩子及家庭,改善家庭的紧张关系,以免孩子流浪街头,或被关进管教所。而1912年成立的美国社会工作者协会,更是为发挥社会工作者的影响起到了推波助澜的作用。

---

① Philip L. Safford, etc.. A History of Childhood and Disability[M]. New York: Teachers College Press, 1996: 239.

② Margret A. Winzer. The History of Special Education: From Isolation to Integration[M]. Washington, D. C.: Gallaudet University Press, 1993: 169.

③ Barbara M. Brenzel. Domestication as reform: A Study of the socialization of wayward girls, 1856—1905[J]. Havard Education Review, 1980, 50(2): 196-213.

其次是心理卫生运动的兴起。1924年在社会工作者的工作干得有声有色时,美国精神病学会成立,促进了对情绪障碍儿童的的治疗和教育的努力。由此,美国兴起了精神卫生运动,提高了对儿童精神卫生的关注度。1910年,美国成立全美心理卫生委员会。该委员会在宣传、推动社会上儿童辅导诊所的发展方面做了大量工作。当时的儿童辅导诊所工作的重点集中在少年犯罪的预防问题上。20世纪20年代开始,许多儿童辅导诊所扩大了工作范围,开始为诊断有多种适应和发展障碍的儿童服务。

上述努力推动了儿童指导诊所的产生。这类机构研究儿童异常的、令人大伤脑筋的行为,拟定行为标准和控制异常因素,提供心理的和教育的指导。在1922至1927年间,儿童指导诊所有8家。

1929年,美国举行第三次儿童健康及保护会议。会议认为,心理健康是指个人在适应社会过程中,能发挥其最高的智能而获得满足、愉快的心理状态,同时,在社会中,能谨慎其行为,并有敢于面对现实人生的能力。[1] 1928年,美国学者对870名小学生的心理健康调查表明,对社会严重适应不良者占7%,适应困难者占42%;1942年,罗杰斯(Carl Rogers,1902—1987)对1524名小学生的调查结果显示,严重适应不良者占12%,适应困难者占20%。[2]

美国第一所为儿童服务的心理诊所是1896年由维特曼(Lightner Witman,1867—1956)在宾夕法尼亚大学创办的,1899年芝加哥大学教育科学与儿童研究系成立。到1914年,美国大学中共有26个儿童研究诊所,而在各地的学区中有19所。到20世纪20年代时,心理测试与心理教育诊所已成为大学的主要风景。

在英国,牛津大学的儿童指导中心增加了一个观察学校,主要服务于"问题儿童"。1930年学校招收了48名学生,这些学生都是具有个性偏差、且智商在76至90之间的儿童。该校学生数后来增加到175名。

儿童指导诊所的工作主要集中在:做好潜在的辍学学生、逃课学生的工作,为他们提供咨询服务,做行为困难儿童的工作,为他们提供咨询服务;对那些社会交往困难的学生提供咨询服务。这类诊所早期多为私人机构,有时候和大学合办,随着少年法庭的出现,它们曾一度附属于法律系统,导致学校系统不得不重起炉灶,开办为学生服务的健康机构。此类机构后期逐渐转化为学校心理教育诊所。学校心理咨询在20世纪中后期逐步兴旺起来。

**(四)特殊教育班**

在特殊教育史上,除了上述特殊教育机构外,还有一种尝试,就是公立学校的特殊教育班。所谓特殊教育班,就是指公立学校中为特殊儿童专门设立的班级。依据特殊儿童的对象不同,这类班级可以大致分为两类。一类是招收因健康原因以及行为偏差而导致学习困难的学生的班级,即"不分年级班"。另一类则是招收智商较高的学生的班级,即"特别机会班"。二者都是为特殊学生开设的。

1. "不分年级班"

早期这样的班级可谓"放牛班",通常的做法是:公立学校将学习、品德等方面的"差生"挑选出来,集中于一个班,教学和管理多采用放任自流办法。此法引人诟病已久。但在特殊教育史上,专门对行为异常的学生进行隔离教育,却在19世纪后期就已经出现。美国的学校就曾将那些课堂行为不良、不服管教的学生,集中起来进行教学。

康涅狄格州的纽黑文地区于1871年设置了第一个这样的班级。该班级主要是为那些在课堂上行为难以管束的学生而设。这些学生包括听力损伤、视力损伤和健康问题的学生。1874

---

[1] 朱进先.健康心理学[M].台北:五南图书出版公司,1992:89.
[2] 张人杰.中外教育比较史纲(现代卷)[M].济南:山东教育出版社,2001:488.

年,纽约地区也出现了几个类似的班级。纽约地区的第一个这类班级招收的是8至16岁的所谓"调皮捣蛋学生"。这在纽约形成了一种新的班级形式,即不分年级的班。而早在这种班级开办之前,欧洲一些国家即出现了将一些智力落后、盲、聋等残疾学生分班而教的尝试。①

1889年,年仅19岁的美国教师法瑞尔(Elizabeth E. Farrel,1870—1932)在纽约创办了这种新的班级模式。该班级学生年龄从8岁至16岁,都是被学校称为调皮的、迟钝的、愚蠢的学生,他们可以是来自纽约学区的任何学校及班级的学生。这类班级起初由法瑞尔在一所乡村学校里不分年级地举办。1906年,纽约市组建"不分年级部",法瑞尔被任命为首位负责人。在1908年后,此类班级成为在纽约全市有影响的一种特殊教育模式。在纽约,1918年有50个这样的班级,到1935—1936学年,这一数字增加到1039个,其中市区就有535个班。此后,另外一些州也效仿此法,建立了为后进生、智力缺陷生及落后学生而建立的特殊班级。1929年,共有16个州通过了法律支持,266个学区共建立了2552个班级,招收了46625名落后生。②

根据纽约市的规定,这些特殊班级的规模根据年龄差距各有不同。若年龄差距超过4岁,则人数不可超过18人。若小于4岁,则可达到22至25人。在特殊班级里,对这些挑选出来的学生的教学,有两类不同的意见:一种倾向认为,对他们的教学应视他们的智商而定,顺其自然;另一种认为应该以教育需要为基础。很多班级的目标是让这些特殊班级的学生回到正常班级。

2. "特别机会班"

和残疾学生的"不分年级班"相比,为天才学生设立的进行特殊教育的班级也引起了人们的注意。为这类特殊学生设立的班级在20世纪前后出现。1926年,美国教育家霍林伍斯(Leta Stetler Holllingworth,1986—1930)在其著作中指出,这类班级被命名为"超常儿童特别机会班",是一个招致人们羡慕与妒忌的好方法。③ 于是,"特别机会班"成为对天才学生班的一个常用称谓。在美国,这类班级因是采用心理学家推孟(Lewis Madison Terman,1877—1956)的智力量表选拔而成的,所以又被称为"推孟班"(Terman class)。

### 知识小卡片

**推孟与智力测试**

斯坦福大学的心理学教授推孟认为,只有当非常完善的智力测验进入到应有范围之后,才能搞清楚遗传和环境的相对影响。于是他大刀阔斧地对比奈-西蒙量表进行修改,修改后的量表即斯坦福-比奈量表。

推孟把智力分数分成如下级别:

140及以上:近乎天才或就是天才;120—140:很高智力;110—120:较高智力;90—110:正常或平均智力;80—90:较迟钝,但还不能被判断为低能;70—80:接近有缺陷,有时被分为迟钝型,经常被视为低能儿;低于70:肯定是低能儿。

推孟文质彬彬,心地善良,对这套新量表的使用表达了自己良好的愿望:在吸取智力测试所赐的教训之后,我们就不该再因工作效率不高而去责备那些心理有缺陷的工人们,也不该因

---

① Philip L. Safford, etc.. A History of Childhood and Disability[M]. New York: Teachers College Press, 1996: 179-180.

② Philip L. Safford, etc.. A History of Childhood and Disability[M]. New York: Teachers College Press, 1996: 184.

③ Leta Stetter Holllingworth. Gifted children: Their nature and nurture[M]. New York: Macmillan, 1926: 304.

学习上不去而去惩罚那些智力欠佳的孩子们,更不该囚禁或吊死那些有心理缺陷的罪犯,因为他们缺乏掌握社会行为中一般法则的智力。

出版于1916年的斯坦福-比奈量表自出版后就立即成为——并在后来20多年时间内一直是——测量智力的标准试题。后来,它也成为一系列学校、学前、大学及各种机构里针对低能者的测试办法,而且,它还在更广泛的范围内和更深刻的意义上产生了巨大的影响。斯坦福-比奈量表成为后来风起云涌的几乎所有智商测定法的标准。

(选自:墨顿·亨特.心理学的故事(修订版)[M].李斯,等译.海口:海南出版社,1999:232-234.题目系编者所拟。)

早在1868年,哈里斯(William T Harris,1835—1909)就提议在圣路易斯(St. Lousis)的各个学校里为那些能力出众的学生提供特别的教育。1886年,第一个特别机会班在新泽西州的伊丽莎白(Elizabeth)开办。1891年,马萨诸塞州的剑桥学区允许学生在4年时间内完成6年的学习。1900年,纽约也出现了为特别聪明的学生开办的跳级班。到1915年,这种特殊班级已经比较普遍。允许聪明学子在两年时间里,完成7年、8年甚至是9年的学习,已经不是什么新现象了。1915年,洛杉矶甲级班建立,允许学生将正常学习提前两年进行。

自推孟将对智商的研究成果发表后,对这类具有高智商、能力超群、才华横溢的学生的教育与研究吸引了更多的参与者。1922年,哥伦比亚大学教师学院倡议设立天才实验班,是年,由美国教育家霍林伍斯在纽约建立了两个特殊机会班。1936年,她在纽约创办斯佩尔学校。该校既开设缓慢学生班级,又开设天才学生班。

特别机会班在20世纪早期发展迅速。1934年,美国有75个天才班共1834名学生,而到1940年时,有93个班共3255名学生。20世纪50年代,美国颁布《国防教育法》后,天才儿童的教育更是引起了极大的重视。

除了上述两类特殊班级以外,各种残疾及智力落后的特殊教育班,在特殊教育史上均有出现。表6-1是美国建立各类特殊班级的时间表。

表6-1 美国各类特殊班成立时间表[①]

| 类型 | 成立时间 | 地点 |
| --- | --- | --- |
| 聋特殊班 | 1869 | 波士顿 |
| 男流浪儿童特殊班 | 1874 | 纽约 |
| 智力落后特殊班 | 1896 | 普罗维登 |
| 盲特殊班 | 1896 | 芝加哥 |
| 肢残特殊班 | 1899 | 芝加哥 |
| 言语缺陷特殊班 | 1908 | 纽约 |
| 肺结核早期和营养不良特殊班 | 1908 | 普罗维登 |
| 癫痫病儿特殊班 | 1909 | 巴尔的摩 |
| 低视力特殊班 | 1913 | 克里夫兰,等 |
| 重听特殊班 | 1920 | 罗切斯特 |

① Margret A. Winzer. The History of Special Education:From Isolation to Integration[M]. Washington,D. C.:Gallaudet University Press,1993:321.

以上是欧洲和北美智障及其他特殊教育机构的建立历史。从这一历史中我们可以看到,这一时期,特殊教育的模式主要侧重于对特殊儿童实施隔离式教育。客观地讲,这类特殊教育机构的出现是人类教育史上的进步。但是,因为为特殊儿童设立特殊班级、或者特殊学校,将他们隔离开来进行教育,从产生开始即是一个备受争议的话题,因此现代特殊教育的发展就不得不重新设计特殊教育的实践模式了。

## 第2节 智障教育思想的初步发展

智障教育实践的确立,是与智障教育先驱们的思想探索分不开的。18世纪,法国思想家皮内尔否定了传统的精神病院假说,从政治、社会制度、人与社会关系等角度研究人的心理健康问题,首次将精神病分为精神错乱、狂躁、常见的精神错乱、痴呆和白痴五类,第一次将智力落后和精神疾病区别开来。[①] 法国著名精神病学家、皮内尔的学生伊斯奎诺则继承了他老师有关精神病人的观点,主张从社会、心理、药物等多种途径来治疗精神病,彻底抛弃传统的鞭挞、浸泡等野蛮的治疗方法。伊斯奎诺还进一步将智力缺陷分为两种水平,即白痴和低能,他对低能的定义为:"身体形态通常良好,组织结构几乎正常,能使用情感和智力的功能,但程度比正常人低,并且智能只能发展到某种有限的程度。"白痴则是指一个人没有智力功能,不会注意、也无法控制他们的感觉,他们听,但不理解,他们看,但不关心,没有观念,也不会思考,没有什么爱好,也没有表达需要的信号和语言。[②] 皮内尔和伊斯奎诺对智力障碍的认识,无疑奠定了智力障碍教育思想发展的基础。本节将在此基础上,重点分析伊塔德、塞甘和塞缪尔·格雷德利·豪等人的特殊教育的实践和思想。

### 一、伊塔德的智障教育思想

#### (一)伊塔德的生平及其教育活动

伊塔德于1774年4月24日出生在法国东南部普罗旺斯省(Provence)的小镇奥瑞森(Oraison)。其父是当地商人兼木匠,期望儿子能成为商人。伊塔德8岁在莱兹(Riez)上学,后进入奥雷特学院(Collège de I'Oratoire)学习。1792年,19岁的伊塔德放弃在银行的工作,应征入伍,成为土伦战时医院的一名外科医生助理。尽管此前从未受过医学训练,但伊塔德在实践中活学活用,展露出学医的才华。1796年,他作为一名正式的实习医生,到巴黎凡尔第葛雷士(Val-de-Grace)战时医院工作,后通过考试获得二级外科医生的称号。1800年,伊塔德被任命为法国聋哑学院(the National Institution for Deaf-Mutes)的主任医生,在行医工作中,他结识了在此院从事聋人教育的西卡德,并与之建立了良好的友谊。

1800年12月,伊塔德接受了训练阿维龙(Aveyron)野孩维克多(Victor)的任务。从1800年12月到1806年初,他针对维克多的实际情况,设计并实施了一个历时5年的特殊教育实验,取得了一定的成果。他在两份研究报告中详细论述了对野孩的教育过程、收获及结果。在伊塔德生活的时代,时人对智障者能否受教育大多心存疑虑。当时,维克多已被权威人士鉴定为是一个"没有希望的、无法治疗的白痴"。但伊塔德却独具令人折服的勇气,将全副身心投入到驯化野孩的教育实验中,在特殊儿童的发展与教育上取得重大突破,对各种怀疑论者给予有力的打击,坚定了人们对智障教育的信心。

---

① 张福娟,等.特殊教育史[M].上海:华东师范大学出版社,2000:73.
② Philip L. Safford, etc.. A History of Childhood and Disability[M]. New York: Teachers College Press, 1996: 168.

伊塔德还亲自授徒，使其特殊教育思想能够薪火相传。1837年，他接受塞甘为学生，毫无保留地将其教育智障儿童的经验传授给塞甘，并亲自指导塞甘进行对白痴儿童的训练，这成为特殊教育史上的一段佳话。1838年，伊塔德在帕西(Passy)溘然长逝，享年64岁。

伊塔德一生涉猎医学和教育等领域，且成果颇丰。他发明了欧式管(eustachian catheter)，撰写了20多篇关于聋童听觉训练的论文，其著作《论耳朵和听力疾病》在医学界影响深远。在智力障碍教育方面，他留下了关于阿维龙野孩的两份报告和《阿维龙的野孩》一书，这成为研究伊塔德智障教育思想的重要资料。

**（二）伊塔德的特殊教育实验**

伊塔德特殊教育实验的直接原因来自于野男孩维克多的发现。1800年初，在法国中南部的阿维龙森林，人们发现并抓住了一个在野外长大、秉性似兽、又聋又哑的十二三岁男孩，后起名"维克多"。出于种种原因，野孩被抓住后受到了包括法国社会、政府、学者和一些学术机构的广泛关注。最早对野孩维克多进行研究的是阿维龙中央学校的自然历史学教授博纳特(Abbé Pierre Joseph Bonnaterre，1752—1804)。他对野孩进行了为期5个月的研究，但收获甚少，甚至做出了野孩是低能儿的推测。他感叹道：他与我们之间的鸿沟是多么巨大！他回归社会的路是多么漫长！

1800年7月，奉政府之命，野孩被送往巴黎国立聋校，由著名聋人教育家西卡德对其进行研究。经过3个月的工作，野孩进步甚少。法国人类观察者委员会将野孩鉴定为"无法治疗的白痴"。西卡德不得不决定放弃对野孩的驯化教育，并于1800年12月将野孩维克多转到伊塔德之手。他希望伊塔德能从医学的角度对野孩进行驯化及回归人类社会的教育。

伊塔德接收野孩后，为维克多制订了一个系统的训练教育计划，并开始了长达5年的驯化教育实验。伊塔德驯化野孩维克多的实验大致可以分为两个阶段。第一阶段从1800年12月到1801年6月，约6个月；第二阶段从1801年7月到1806年初，历时四年半。①

**1. 第一阶段的实验**

伊塔德首次见到野孩维克多时，他发现与卢梭断言的处在原始状态的人是"高贵的野蛮人"的论断完全不同，这是一个"肮脏的、令人作呕的、有不断抽搐行为的孩子；他常常痉挛，不停地前后晃动，犹如动物园中关着的动物；他撕咬那些与他面对的人，对那些关心照顾他的人也显示不出任何感情"。② 尽管对野孩的第一印象不佳，且由权威组成的人类观察者委员会已对野孩维克多做出了悲观的结论，但伊塔德坚信野孩并不是不可教育的异类。他坚持法国唯物主义哲学家孔狄亚克的感觉论思想，反对将野孩看成白痴和先天愚笨，他坚信野孩的教育是有希望的。他的观点虽遭到了人类观察者委员会所有成员的一致反对，但他没有轻言放弃。时年26岁的伊塔德以他年轻人所特有的勇气和果敢精神一往无前，开始了特殊教育史及教育实验史上一项前无古人的伟大实验。

伊塔德在第一阶段为维克多的训练设定了5个主要目标：

① 通过提供比个人孤独的生活更大的乐趣，引导维克多对社会生活发生兴趣。② 通过大量强有力的刺激和偶尔集中的情感刺激，唤醒其神经感觉的能力。③ 通过提供新的需要，增加他的社会接触，扩大他的概念的范围。④ 通过模仿，引导他使用口头语言。⑤ 使他练习最简单的心智运算。这5个目标首先是关心他身体需要的目标，然后是教学的目标。③

在实施训练时，伊塔德吸收了洛克及孔狄亚克的观点，认为感觉器官必须进行大量的刺激，

---

① 杨汉麟,李贤智.近代特殊教育的开路先锋[J].华中师范大学学报(人文社会科学版),2007(4):119-124.
② Halan Lane. The Wild Boy of Aveyron[M]. Massachusetts: Harvard University Press ,1976:4.
③ Halan Lane. The Wild Boy of Aveyron[M]. Massachusetts: Harvard University Press ,1976:99.

否则就不能与观念相联系。他首先对维克多进行感觉训练。伊塔德每天用热水给维克多洗澡；给他穿上暖和的衣服；注意他的床铺与房间的保暖；经常不停地揉搓维克多的脊柱和腰部。然后，伊塔德尝试使用教育正常儿童的方法，如用奖励、惩罚、鼓励和教育的方式来帮助维克多获得新需要，使维克多学会坐在桌边、等待上菜、吃饭时用餐具等等。为了引导维克多使用语言，伊塔德开始练习他的听力，使他在听力方面有了进步。

训练漫长而复杂，伊塔德为维克多设计的每一项训练都付出了他艰辛的努力。每一个小的成功均促使伊塔德做出进一步的努力。在第一阶段训练中，维克多大约只学会了发 5 个元音和 4 个辅音，认识了一些字母和单词，但仍不会说话。伊塔德认为维克多不会说话可能是因为错过了学习语言的关键期。通过观察实验，他确信儿童成长过程中语言发展有一个关键期。他指出，儿童的"这种模仿力是为了发展器官功能，特别是语言模仿。模仿力在人类出生头几年是最活跃最积极的……我们在以后的任何年龄（学习语言）会比在儿童早期遇到更多的障碍"①。

伊塔德在 1801 年 6 月向人类观察者委员会提交了第一阶段的总结报告。在报告中，伊塔德满怀乐观地描述了维克多的进步：经过训练，维克多现在可以自由地使用他所有的感觉；他不断地表明他已具有注意力、反应力和记忆力；他可以对比、分辨、判断，而且可以动用他所有的智力去了解与他的教育有关的物体。在伊塔德看来，这些早期的成果已经足以证明野孩的教育是可行的。他坚信如果用更多的时间，可以达到现在看似遥远、但却是可以指望的目标。

2. 第二阶段的实验

从 1801 年 7 月开始，伊塔德马不停蹄地进入了第二阶段的实验。在这一阶段的实验过程中，伊塔德结合第一次实验的结果，经过分析诊断，意识到维克多除了缺乏社会化以外，还可能存在某种智力和情感上的障碍。因此伊塔德决定有的放矢地采取一些措施，有针对性地发展维克多的感觉、智力和情感。

第二阶段的训练是对第一阶段训练的调整和提高。在这一阶段里，伊塔德实施的训练主要包括：① 发展感觉的训练。他运用"与榜样相一致"的技巧，让维克多进行行为模仿以训练听觉的明确性；通过打乱单词的顺序，让维克多进行字母分辨来训练视觉；通过触摸与辨别实物来训练触觉；通过扩大食物和饮料的范围来训练嗅觉和味觉。② 发展智力的训练。伊塔德认为，个体若附着于无智力、无情感的状态，那么危险的不安定的生活必然会提升他的纯动物功能。因此，他在实验中，注意通过让维克多进行认识事物名称、扩展词语范围、学习写字、学习说话等训练来发展智力。③ 发展情感的训练。伊塔德在维克多上课时鼓励他，受惊吓时安慰他，休息时陪伴他。通过给他喂饭，帮他洗澡，给他爱抚，给他拥抱，使维克多的道德情感得到发展：他开始知道感激、悔恨和取悦他人，甚至学会了区分正义与非正义。

伊塔德在 1806 年发表了第二份驯化野孩维克多的研究报告。他在报告中指出，经过 5 年的强化训练，维克多发生了明显的变化，较之他被抓获时的状态已有了明显的进步：他养成了正常的睡眠、进食和个人卫生习惯；视、听、触、味觉都得到了发展；知道一些常用物品的法文单词，并能依单拿回物品；学会了一些形容词与动词，可以抄写熟悉的单词；对周围的人产生了一些眷恋和依赖的情感。总之，通过有关的教育实验，伊塔德把一个除嗅觉外其他感觉迟钝、智力低下、缺乏人类情感、不会发音、只知道满足基本本能需要的人形动物——野孩维克多，训练成为一个感觉得到发展、初步具有人类基本情感、认识一些词汇、从外观上近似正常儿童的自然人。这或许应视为其特殊教育实践的重要成果。

**（三）伊塔德的特殊教育方法**

在伊塔德从事实验研究时，前人已经在特殊教育领域为他提供了一定的实验理论与实验基

---

① Halan Lane. The Wild Boy of Aveyron[M]. Massachusetts: Harvard University Press, 1976: 129.

础。聋童教育、盲童教育已初步确立。伊塔德在借鉴他人经验的基础上,经过刻苦钻研,形成了一套独特的特殊教育方法,其中不少系独创或推陈出新。伊塔德的教育方法可以概括为以下6个方面。

1. 感官训练法

受洛克的白板说和孔狄亚克的感觉论的影响,伊塔德深信,感觉是一切知识的来源,通过感觉所进行的观察是人类知识的全部基础。人们所了解的一切无不是通过感觉提供的,人的需要因此而产生并且扩展了知识。他坚信感觉是人的思维中最先起作用的,它使我们可以想象、沉思、记忆、反应、区别、对比、归纳、分析、假设、判断和归因。他还认为感觉器官必须进行大量的练习,否则就不能与观念联系;触觉在所有的感觉中地位最重要,一旦触觉得到训练,它就会成为所有感觉的先导,通过训练触觉,可以使眼睛学会估计尺寸和判断距离。在实验中,伊塔德尽量让维克多进行多种感官功能训练,让他用眼睛看,用耳朵听,用手摸,用鼻子嗅,用口品尝等,以帮助维克多提高听觉、触觉、嗅觉、味觉等各种感觉能力。

2. 医教结合法

法国精神病学家皮内尔首创医学分析法,他认为,在医疗中应该把复杂的疾病实体分解开来,指出它的主要因素,找出次要因素,然后联系主要因素弄清其各自所处的部位。一旦一种疾病被确诊,它的全部过程和变化被观察到了,治疗的原则也就找到了,它是随着病人的环境、年龄、性别、生活方式引起的变化而变化。在对维克多的教育中,伊塔德借鉴了皮内尔的医学分析法,积极对维克多进行早期干预。出于对医学的信念,伊塔德指出:"在现代哲学知识的领域,现代医学可以促进教育发展……它通过查明每个个体器官或智力的独特性而决定什么样的教育适合他。"①伊塔德正是采用这种方法尽可能早地诊断与鉴定出了野孩的缺陷,并采用医学的、心理的和教育的手段对其进行矫正和训练。他先将野孩失常的主要原因诊断为感觉失调、活动失调,以及口头语言失调,然后将它们按精确的顺序归类到不同的问题中,从而确定了对野孩进行训练的发展起点。在实际操作中,从发展感觉活动开始,接着发展语言,最后发展抽象思维。由此,伊塔德创造性地形成了一种"医学—教学"(medico—pedagogical)的治疗模式,以适应他的特殊学生的状况。

3. 直观教学法

捷克教育家夸美纽斯曾宣布直观教学是一条"金科玉律",并提出"一切知识都是从感官的感知开始"的著名论断,他指出:"在可能的范围内,一切事物都应该尽量地放到感官跟前。一切看得见的东西都应到视官跟前,一切听得见的东西都应该放到听官跟前……假如有一件东西能够同时在几个感官上面留下印象,它便应当让几种感官去接触。"②在应用直观教学方法时,伊塔德对维克多的训练总是从观察实际事物开始,他为维克多准备了大量的实物教具。在不能进行直接观察时,他就制作并使用了大量的图片或模型。在呈现直观教具时,他也尽量将它们直接放到维克多的面前,置于合理之处,让维克多先看到事物或模型的整体,然后再分辨各个部分。如在设计触觉训练时,伊塔德先是在一个不透明的瓶子里装上栗子和橡子。他在维克多的一只手上放了一颗橡子,然后让维克多用另一只手去触摸瓶子并试着拿出橡子;这个实验最后改用粗糙的物体如一块石头和一颗板栗、一个先令和一把钥匙、一些坚果和卵石等进行辨别直至训练成功。在为维克多设定的教学内容上,伊塔德也力求具体形象,以便有利于维克多感官的发展。

4. 刺激强化法

伊塔德在自己的教育实验中多次应用刺激强化的方法来对维克多进行行为矫正。刺激强化

---

① Halan Lane. The Wild Boy of Aveyron[M]. Massachusetts:Harvard University Press,1976:130.
② 夸美纽斯.大教学论[M].傅任敢,译.北京:教育科学出版社,2004:141.

的方法对控制野孩的行为、提高训练效果等起到了重要的作用。如在维克多刚开始进行单词分辨学习时,他的不耐烦和愤怒的情绪一度随着训练强度的提高而不断出现,以致伊塔德有时不得不放弃训练。这种让步导致维克多有时在没有任何明显原因时也会发作。伊塔德意识到越是放任维克多的这种行为,就会越来越强化这种行为。于是伊塔德采用惩罚的方法去终止维克多的发作,使他的学习恢复到正常的进程。另外,在维克多学习法语单词"LAIT"(牛奶)时,伊塔德也采用了强化的方法:当维克多学会字母的正确摆放的时候,伊塔德就让他得到牛奶。这不仅强化了维克多的学习行为,而且让维克多建立了单词和事物之间的联系。伊塔德采用的刺激强化方法与 20 世纪行为主义心理学家所倡导的强化原理、消退原理、惩罚原理等可谓异曲同工,至今仍在特殊教育乃至其他教育领域被广泛采用。

5. 间隔匹配法

在教维克多认识物体名称的训练中,伊塔德发现如果将单词和对应的实物顺序打乱,野孩就无法建立单词与物体的正确联系。为了避免这种情况发生,伊塔德发现了一种技巧,就是通过增加看到名字和看到物体之间的间隔时间来建立单词与物体的正确联系。伊塔德首先采用了"零间隔"(zero delay)的方法。即把某些物品放在屋子的一个角落里,把标有它们名称的标签放在另一个角落里。伊塔德让维克多每看一次标签上的单词,就立即去拿对应的物品。随后,伊塔德将间隔时间延长为两分钟。为了确保准确性,伊塔德增加了看标签的时间,发展到最后,增加了标签的数量。维克多通过匹配一系列诸如颜色、形状、字母、单词的训练,智力有了一定的发展,而且能毫不费力地把熟悉的单词同对应的物体联系起来。这种成功的训练方法的发现曾使伊塔德振奋不已。当这种方法在 20 世纪被心理学家再次运用时,人们称之为"间隔匹配"(delayed matching-to-sample)。

6. 个别教学法

个别教学是伊塔德对维克多进行训练时采用的一种主要方法。在整个教育实验中,伊塔德根据自己的设计,将维克多置于适合个别教学的环境中。伊塔德为维克多设计了"家庭—教室"的学习环境,无论是对维克多的感觉训练、语言训练、行为训练、智力训练还是情感训练,他始终都做到针对维克多的特殊情况,为其制订独特的教学计划、选择教学材料、设计教学方法和组织教学过程。无论是在教学上,还是在生活上,伊塔德采用的都是个别教学的方式。在学习上,由伊塔德本人耐心对其进行个别训练;在生活上,由管家精心对其个别照顾,培养习惯。伊塔德采用的个别教学法是基于实验对象的特殊性而提出的,事实证明,在现实的特殊教育中,个别教学及个别化教育方案仍是教育的最佳途径之一。特殊儿童之间客观存在的差异决定教育者在对他们进行教育教学时,不能采用统一的模式,而应在最大限度的个别化的基础上进行。在当代,制订个别化教育方案已成为各国特殊教育工作者的共识。

**(四) 伊塔德的影响与评价**

伊塔德受洛克和卢梭等人教育思想的影响,在经过 5 年耐心、系统的训练后,伊塔德使野孩维克多的行为表现有了巨大的改进。[1] 尽管后来实验结果不那么尽如人意,维克多到 30 多岁死时也未能成为伊塔德理想中的人,后期状况甚至有所恶化,但是伊塔德在驯化野孩的特殊教育实验中的一系列尝试与探索取得了训练智障者的宝贵经验,开创了智障教育的先河,为特殊教育的发展作出了贡献。不论是对特殊教育、普通教育还是心理学,伊塔德实验均产生了相当的影响,并给我们诸多有益的启示。

---

[1] Daniel P. Hallahan, etc.. Exceptional learners: introduction to special education[M]. Boston: Allyn and Bacon, 2003: 24.

1. 关爱智障者的特殊情怀

在特殊教育史上,伊塔德是有目的、系统地教育综合残疾与智力低下儿童的第一人。他提出了阶段性的教育目标,根据独创性的教育方法,进行了有计划的尝试。这一尝试可以说是智力障碍儿童教育的雏形。在实验中,伊塔德始终坚信,即使是智力严重低下的人,通过适当的训练也能使其身心机能的水平有所提高。这种乐观主义信念对后人是极大的鼓舞。面对野孩的桀骜不驯和野蛮状态,他以惊人的恒心、毅力、耐心及忘我的工作,努力闯出了一条新路。伊塔德的这种特殊教育精神成为特殊教育的宝贵遗产,他也当之无愧地获得了"特殊教育之父"[1]的伟大荣誉。

2. 肯定婴幼儿期在智力发展中的关键作用

他提出的语言和智力发展在婴幼儿时期尤为关键的论点,是现代特殊教育早期干预及早期教育思想的基础。当代心理学家普遍认为,婴幼儿时期是儿童智力发展最快的时期,早期缺少智力刺激的儿童,将永远达不到本来应达到的水平。现代不少心理学家还在继续完善儿童发展关键期的理论,认为儿童如果在关键期遭遇障碍,则他们心理的损失将难以弥补。美国心理学家斯科特(J. P. Scott)在1968年提出关键期是"情况的少许改变可导致巨大影响的时期"的观点,既反映了许多人的共识,也从心理学的角度印证了伊塔德的观点。

3. 揭示了智力障碍教育的可能性

伊塔德的教育实验反映了智障教育的可能性。在野孩维克多被抓住之前,人们就一直在努力探讨:人类与动物是类别上的不同还是程度上的不同?遗传、环境与教育的关系如何?当时关于这些问题的争论很多,但见仁见智,并无定论。野孩的发现为人们从事上述探索研究提供了活生生的例证和途径。当与伊塔德同时代的著名精神病学家断定维克多为重度白痴,宣告野孩在教育上的死亡的时候,伊塔德依然顽强不屈地教育野孩,使看起来不可能回到人类社会的野孩向正常人慢慢转化。伊塔德的实验表明,野孩除了口头语言因错过发展的关键期而毫无进展外,他的许多学习都是有进步的。尽管伊塔德最终没能使维克多像正常人那样生活,但是他的实验是有划时代意义的。他所进行的卓有成效的实验再次向我们证明:我们既不能无限夸大教育的力量,但也不可抹杀其重要作用。伊塔德通过驯化野孩的特殊教育实验为人们提供了科学的解释。

4. 善于吸收与创新

伊塔德善于吸收同时代哲学家、医学家以及特殊教育专家的理论与实践经验,将其发展后转用在自己的教育实践中,并且通过教育实验不断摸索、不断创新。他使用的医教结合和感官训练的方法,以及在实验中采用的间隔匹配法、刺激强化法等,促进了特殊教育方法的系统发展。他的方法不仅影响了他的学生塞甘,而且还影响了19世纪整个特殊教育界乃至萨利文和她的学生海伦·凯勒的教育训练模式。

5. 教育方法影响深远

在普通教育领域,伊塔德驯化维克多时使用的直观教学法、循序渐进法、个别教学法等,对今天教学理论的构建仍具有启示意义。而他尝试将医学、心理学与教育学结合起来教育特殊儿童的做法,对普通教育工作者也有启发。美国著名的特殊教育家柯克(S. Kirk)教授亦指出"医学的终点是教育工作者的起点"[2],即在医学鉴定后就要由教育工作者开始矫正,教育、心理、医学等各方面应共同协作对残疾儿童进行康复治疗。

他所发明并实行的一系列方法启发了意大利幼儿教育家蒙台梭利。蒙氏在《蒙台梭利法》中

---

[1] Richard M. Gargiulo. Special education in contemporary society: an introduction to exceptionality[M]. Belmont: Wadsworth publishing, 2005:16.

[2] 叶立群. 特殊教育学[M]. 福州:福建教育出版社,1997:76.

提到她在教学实践中继承、吸收了伊塔德的思想。蒙台梭利仔细研究了伊塔德的方法,发现这些方法不仅能够医治儿童身体的疾病,而且更重要的是能够促进儿童智力的发展和个性的改善。她的"儿童之家"所用的感觉训练法和医教结合法直接源于伊塔德。她的幼儿教育理论至今还在影响着各国幼教工作者的理论实践,这与伊塔德的影响有着直接的关系。

6. 创新心理干预和实验方法

在心理学领域,伊塔德首先把医生在医院观察病人特别是神经系统病人的方法应用于观察特殊儿童,堪称是一项创举。伊塔德使用的奖励、惩罚、间隔、强化、消退等行为矫正方法,比现代行为矫正技术早了将近两个世纪。他在两份报告中详述了他在教育中所做的努力和经验,可看做是实验心理学的最初尝试。①

在人类的历史长河中,伊塔德的教育实验已经过去了两个世纪,但其影响却并未消失。伊塔德的教育实验促进了特殊教育的发展,弥补了教育实验只在普通教育领域进行的不足,同时在此过程中还产生了一些心理学实验的萌芽,并引发了人们对遗传、环境和教育问题的深刻思考,为教育研究领域的开拓留下了一笔宝贵的历史财富。

## 二、塞甘的智障教育思想

塞甘是法裔美国精神病专家、现代智障教育的创始人、19世纪中后期智障教育理论的重要代表人物,他的教育活动及其特殊教育理论对世界智障教育及普通教育产生了重要的影响。

### (一)塞甘的生平及主要教育活动

1812年1月20日,塞甘出生于法国波甘地(Burgundy)一个声名显赫的医生家庭。他曾在巴黎圣路易斯中学和奥谢尔学院(College Auxerre)求学,后转向医学领域并对人类的精神疾病产生了浓厚兴趣。在获得医生资格后,他曾与伊塔德和伊斯奎诺共事于巴士底,并从此与智障教育结缘,终身致力于对智力落后及精神病患者的教育研究工作,为智障教育的理论及方法走向科学作出了难以磨灭的贡献。

塞甘关于智障教育的思想和方法,是在长期的研究和实践中逐步形成的。大致来说,塞甘的教育活动可以分为以下两个阶段:

第一阶段:在法国的教育活动(1830—1850)。从1830年开始,塞甘一直在伊斯奎诺的领导下进行对智障儿童的训练与研究。25岁时他在巴士底精神病院承担了对一个白痴男孩的研究,为智障教育研究积累了经验。1837年,塞甘尝试在法国开办了智力落后儿童学校。1842年,塞甘成为巴士底精神病院下属的弱智学校的负责人。在此期间,塞甘积极推行自己设计的训练方法,取得很大的成功,并引起社会的广泛关注。在此基础上,塞甘于1846年完成了《白痴的精神治疗、卫生与教育》(*Mental Treatment, Hygiene, and Education of Idiots*)一书。他在书中总结了自己进行智障教育的实践经验,阐述了自己对智障教育的观点及方法。该书出版后对欧美地区特殊教育产生了极大的影响,成为19世纪中期以来智障教育的经典之作。

第二阶段:在美国的教育活动(1850—1880)。1848年,法国爆发了第三次资产阶级革命,法兰西第二共和国建立。受国内政治气候的冲击,塞甘于1850年移居美国并受到热烈欢迎。在美期间,塞甘继续从事智障教育的教学及研究,创立了多所智障儿童教育机构。他最初曾担任宾夕法尼亚州智障儿童学校的视导长,由于成功地使用了生理学方法,后被邀请到波士顿、费城等地帮助设立类似学校。自1863年迁至纽约后,塞甘在美国罗德岛智力缺陷学校(Randall's Island School for Mental Defective)继续进行智障研究与教学。1866年,他的第二本智障教育著作《白

---

① 杨汉麟.外国教育实验史[M].北京:人民教育出版社,2005:101.

痴及其生理学疗法》(*Idiocy and Its Treatment by the Physiological Method*)问世,奠定了智障教育研究的科学基础。

塞甘发展感官刺激和运动机能的主张逐渐为大多数美国特殊教育家所接受,在其影响下,联邦政府为设立智障学校提供了财政支持。由于在智障教育与研究领域的卓越贡献,塞甘于1876年当选为美国白痴及弱智教育机构医生协会(the Association of Medical Officers of American Institutions for Idiotic and Feeble-minded Persons)的首任主席。

1880年,塞甘在纽约与世长辞。塞甘一生著作甚丰,其中《白痴的精神治疗、卫生与教育》和《白痴及其生理学疗法》是智障教育方面的代表作。此外,他还著有大量对智障及精神病人的观察报告,编写过特殊学校的教材等。

### (二)智障的成因与分类

受当时盲、聋人教育取得成功的影响,塞甘坚信,那些不幸的智障者是可以教育的。他认为,首先要做的是将智障者从精神病院分离出来,使之成为一个独立的类型,而不是和精神病人及癫痫病人混在一起。① 塞甘虽沿用旧制,将这类人称为"白痴",然而这种分类的尝试对智障教育来说不啻为一种进步。

对于"白痴"的成因及其能否教育的问题,当时盛行一时的是塞甘的老师伊斯奎诺的观点。伊斯奎诺提出:"白痴是人退化的极限,他们几乎没有智力及道德能力……他们既不能专注外界,也不能控制自己。他们能听但无法理解,能看但不能领会;既无观念,也无思想,他们没有喜好和冲动,也不需要手势和语言。"② 在伊斯奎诺看来,"白痴终其一生都无法改变。"③ 而与此不同的是,塞甘认为智障的发生,是出自神经系统的缺陷,而非由于来自环境感觉刺激的不足,以致无法对要学习或保留的刺激加以反应。他解释到,白痴儿童是由于某种大脑缺陷、或严重的感官剥夺、或某种精神与身体的缺陷,从而造成与社会生活的脱离。此外,他还将智障区分为表面性智障与重度智障两类。前者是由于感觉器官的损伤或羸弱导致周边神经系统的受阻而形成,后者则是由于出生即存在的中枢神经系统的缺陷。

塞甘扩展了伊斯奎诺与豪的简单分类,他用白痴来描述智力障碍,既为属性概念也为类别概念,后来他将其进一步进行划分,白痴成为最低级的智障类型。在塞甘看来,白痴是"什么也不懂,什么也不会做,什么也不期待的人,他们几乎接近无能的最低限度"。在外表上,白痴看起来毫无生气,情感迟钝,动作机械,感官发育不完善,观念的训练异常迟缓与微弱。换言之,他们是最低等级的人类。塞甘还对智力落后进行了综合性解释。他指出,智力落后的情形产生于身体虚弱,从而或多或少显示出身体、道德及智力发展的不足。

在分析智障的成因时,塞甘承认,白痴存在着某种程度的落后,但他对智障者的康复始终满怀信心,认为可以通过教育改变其白痴状态。他提出,如果对智障者的大脑进行有效而充分的触觉与运动刺激,激活其大脑运动,则智障者感知觉的唤醒是可能的。他解释说,刺激大脑有助于脑神经系统产生电兴奋反应,此种反应会使血管扩张并增加血流量,最终使大脑获得营养,从而促进智力的发展。

### (三)智障教育的目的、内容及方法

智障者被接收到学校后,把他们培养成什么样的人,是一个值得关注的问题。塞甘对此进行

---

① Philip L. Safford, etc.. A History of Childhood and Disability[M]. New York: Teachers College Press, 1996: 157.

② Philip L. Safford, etc.. A History of Childhood and Disability[M]. New York: Teachers College Press, 1996: 168.

③ Boyd. From Locke to Montessori[M]. New York: Henry Hol, 1914: 91.

过深入的思考,并有着鲜明的主张。他认为对智障儿童的教育应以训练他们未来自立和对社会负责为最高目标。与此相应,智障学校的学生必须学会独立生活,具有一定的责任感。塞甘提出,应该让智障儿童学会既能处理自己的事务,也能参加力所能及的工作,并最终成为自食其力的人。当然,他认为,只有在学生能够自理之后,才能鼓励他们自立,让他们参加一些力所能及的工作。

在塞甘看来,智障学校应以让智障儿童学会自理、自立为出发点,教会学生基本的生活自理能力,为他们回归社会做好准备。具体课程应以身体机能训练、音乐教育、语言教育为主。另外,塞甘还提出应将地理、计算等课程引入智障儿童的教学。他认为,尽管智障儿童学习计算相当困难,但只要教师有耐心,引导学生反复训练,学生掌握简单的计算仍然是可能的。事实上,塞甘的学生经过训练后,有的不仅学会了加减法,还学会了乘除法。

如何对智障者进行训练和教育,塞甘的方法与伊塔德的做法一脉相传,并在其基础上有所发展。塞甘早期的工作建立在五种感觉都随触觉变化的观念基础上。塞甘相信,如果通过特殊的感觉运动练习的教学,智障儿童就可以学习。他的方法由一系列相互联系的步骤组成:训练肌肉系统;训练神经系统;训练感觉器官;获得整体观念;发展抽象思维能力;获得深刻理解力;进行道德及社会认知的练习。塞甘对智障儿童的训练主要包括:① 运动觉及各种感觉的训练,包括肌肉系统的训练、触觉训练、听觉训练等。② 智力恢复训练,包括说话训练、写字训练、阅读训练及学科基础知识训练等。③ 道德和社会化训练。

塞甘在对智障儿童进行教育的过程中,始终强调要将心理、教育、医学与哲学等理论兼收并蓄。他不厌其烦地指出:"要将智障孩子带入美好的生活之中。"①换言之,就是要让智障学生也能参与到家庭、游戏和学习中来,享受其中的乐趣和幸福。据此,他在教学中非常重视学生自理能力和日常生活技能的学习与提高,并在对智障儿童教学的实践中,探索出一套行之有效的教学方法。这些方法主要有以下几方面。

1. 身体锻炼法

主要是指根据不同学生的身体健康和机能损失情况,设计出以其生理上的机能恢复为目的的训练。例如,按摩、擦桌子、捡石子、行走、唱歌、爬梯子、荡秋千等。在他看来,给学生布置这样的任务,既可以锻炼学生的身体,也可以防止智障儿童感到无聊,可谓一举两得。

2. 音乐训练法

塞甘别具创意地运用与音乐相关的声音来训练学生的听觉。他曾经提出下列理由来说明音乐在智障教学中的功能:第一,音乐会让智障儿童快乐,而不会对其有伤害。第二,在辛苦的活动后,音乐为孩子们提供休息的机会。第三,音乐可以让不愿活动的孩子开始动起来。第四,音乐可让神经器官保持警醒,反应迅速,有效地支持思考的运用。第五,音乐可将智障儿童的忿怒、厌倦、忧郁等情绪转化为温和的感觉。第六,音乐是极佳的精神安定剂。在塞甘音乐教育理论的指导下,当时的一些学校成立了由弱智学生组成的乐队,并能进行演出。

3. 语言强化法

塞甘认为,对智障儿童来讲,说话是最难教的,但说话又非常重要。基于此,他在教学中鼓励孩子在从事每一种活动时都要尽量发出声音。即便是在写字训练时,他强调也要运用说话的技能。当孩子写字时,他要求孩子将那个字的发音说出来。这种与正常儿童写字训练大相径庭的教学方法,体现出塞甘致力于提高智障儿童言语能力的良苦用心。在对学生进行语言训练时,塞甘通常遵循循序渐进的原则。具体做法是:先指导学生进行发音练习,训练时教师用手将弱智

---

① 张福娟,等.特殊教育史[M].上海:华东师范大学出版社,2000:140.

儿童遵循的口型予以固定,然后教师教学生发单音节的音,最后才教学生说词语、句子。

4. 教具辅助法

在对智障儿童的教学中,塞甘还设计了各种不同的教具,有区别地训练缺陷儿童。例如,利用纽扣让儿童系扣子,利用鞋带让儿童系鞋带,利用刺激感官的工具给儿童做玩具,让他们从玩耍中学习经验,等等。

塞甘曾把他的这套复杂的、系统的训练方法进行总结,并将之命名为生理学方法(physiological method)。塞甘在发展他的方法时,经常从教育、哲学和医学角度出发,欣然地改编其内容和技术,使其得到进一步完善,并考虑应用在正常儿童身上。若联想到他早期的医学训练及在巴士底和萨尔贝特耶的经历,塞甘关于生理学方法的持久努力就可以理解了。

### (四) 智障教育的教师

从相关资料来看,在19世纪投入智障教育中的教师工作非常辛苦。塞甘提到,这些在智障学校工作的教师每天要处理大量的日常事务:和学生同桌吃饭,组织学生远足,监督学生晚寝等,除此之外,还包括周末聚会、野餐和其他假日陪伴。另外,教师还要记载学生日记,每天达数小时。

塞甘发现,当时的特殊教育机构像是一个男性管理的机器,而不是依靠女性的温柔和敏锐洞察力的组织。为此,他强烈建议扩充女性的角色,反对将女教师置于男学监管辖之下的结构。并且,他还论述了女性作为特殊教育教师的许多有利因素。塞甘指出,女性教育小孩的能力通常远远超出男性。塞甘还称赞美国特殊教育机构中教师的女性化,认为女性教师具有温柔的天性,有利于培养孩子们更加彬彬有礼。他认为女性尤其适合担任训练白痴的工作,并提出:"女性比男性更适合教育小孩,通过适应于训练白痴的工作,这一观点在美国受到了无可反驳的证明。"①

在塞甘眼中,女性是理想的教师,她们受过良好的教育,文雅高尚,对孩子满怀兴趣,并在工作中发展了专业的热忱;她们富于创造性,努力引进崭新的和愉快的方法,在孩子们没有掌握前,不轻易地从一个主题转入下一个主题;她们耐心而充满活力,脾气好而坚韧不拔,而女教师本人仪表整洁的魅力和招人喜爱的风格更是增添了她们在教育学生和品格塑造中的影响力。在语言教学中,女性的性别专长被有效地利用。在塞甘看来,女性在知识交流过程中,拥有温柔和机敏,尤其善于利用口语方式进行交流。

### (五) 影响和评价

塞甘的努力对智障儿童的特殊教育贡献良多。1866年,他写成《白痴及其生理学疗法》,该书几乎成为每个智障教育机构训练计划的基础。在他的指导下,个人评价计划建立起来了,它们倾向于进行高度结构化的、系统的、直接的和多感官的训练,强调训练自我帮助技能和日常生活技能,经常使用游戏、歌曲和积极强化等手段。

法国教育家比奈和西蒙在了解了塞甘的智障教育理论后,认为除了部分内容在语言表达上略显模糊、令人费解外,总的来说很有见地,给人留下很深刻的印象,并高度赞赏塞甘在对智障儿童的观察、实验及教育中表现出的非凡的经验和卓越的才干。②

塞甘对训练及教育智障儿童的影响是无处不在的、意义深远的,无论是在他同时代还是以后。20世纪初期,意大利的蒙台梭利和比利时的德可乐利(Ovide Decroly,1781—1932)均受到塞甘思想的影响,并开辟了教育的新道路。蒙台梭利训练和教育智障儿童的方法直接来源于塞甘

---

① Edouard Seguin. Idiocy and Its Treatment by the Physiological Method[M]. New York: Aobany Brandon Printing,1907:94.

② Philip L. Safford,etc.. A History of Childhood and Disability[M]. New York: Teachers College Press,1996:171.

的著作。她综合塞甘的生理学方法及其他幼儿教育家的新方法,开辟了现代幼儿教育的新领域。在她的整个工作中,她坚持智力障碍是教育问题,而不是医学问题,并坚信智障儿童可以在受教育后生活得更完满、更有意义。蒙台梭利的工作对欧美幼儿教育影响深远,这其中也有塞甘的功劳。

在智障教育实践领域,塞甘不仅积极帮助美国智障热心人士建立了为智障儿童服务的专门教育机构,还鼓励建立了第一个专门致力于智障人士的协会,即美国白痴及弱智教育机构医生协会,该组织于1907年改为美国弱智研究协会,1933年成为美国智力缺陷协会,1988年为美国智障协会。

作为智障教育的先驱者,塞甘的历史贡献应该被人们铭记。在特殊教育史上,他当之无愧地占据一席之地。

### 三、塞缪尔·格雷德利·豪的智障教育思想

#### (一)豪的生平及主要教育活动

塞缪尔·格雷德利·豪是美国19世纪享有盛名的特殊教育家。豪的特殊教育活动兼及视觉障碍教育与智障教育两大领域。豪最初的活动是从事盲童教育。1831年,豪接受友人菲舍之邀,担任新英格兰盲人收容所的主管。1832年,豪的盲童学校正式开学。豪的特殊教育活动不仅涉及盲人教育。他积极探索智障教育领域,在智障教育领域也有独到建树。豪在智障教育领域的活动,最突出的有三个方面。

1. 开展智障人口状况调查

1846年,豪在马萨诸塞州对智障者进行了一次深入的调查。同时,他利用当年马萨诸塞州的人口普查资料,对该州的智障者做了初步的统计和分析。他发现,该州至少有近1500人为智障者,其中有574例被家人和邻居视为毫无希望的白痴。豪对智障者的调查为他进行智障教育活动提供了现实的材料。

2. 创办智障儿童学校

1848年,豪参观了古根布的阿本堡。回来后,结合自己的考察和先前对马萨诸塞州的调查,他积极陈书州立法部门,说服当局拨款创建智障学校。在多方努力下,豪的愿望得到了实现。当局同意每年拨款2500美元,支持豪进行智障教育实验。同年10月,豪创建了美国第一个训练智障教育机构——马萨诸塞州青少年智障学校。该校位于波士顿的帕金斯盲校的一侧,当时被称为实验学校。学校开办之初,为确保智障教育的成功,学校对招生对象有所限制,规定招收智力损失不太严重的智障儿童,年龄为5至8岁。学校第一批共招收学生13名,其中10名由州政府资助,3名属家长出资。学校对学生实行寄宿制管理。

豪在智障教育实验中,夙兴夜寐,经常是每天5点30分就起床工作,晚上8点15分方告结束。且学校因场地狭小、经费不足等原因多次陷入困境,但豪始终坚持不懈,最终,学校的教学取得了成功。在豪的学校中,有些弱智儿童通过学习与训练,在身体、智力、道德等方面都获得了较大提高,而且几乎所有学生都学到了一些能够减轻他们家人、朋友和社会的负担的东西。豪的实验获得了成功,这既证明了他最初的设想,即大多数智障儿童是可以受教育的,也坚定了当局对智障教育的信心,并促进了智障教育的发展。

3. 游说议会资助特殊教育

如前所述,豪在1848年时,在州立法机关发表演说,取得了当局对特殊教育的支持。1850年,马萨诸塞州政府出资建立了一所州立智障儿童学校,即是一例。1865年豪当选为马萨诸塞州慈善会主席后,仍对特殊教育念念不忘。他连续9年游说议会,为盲、聋及智障教育提供资助。特殊教育,当然也包括智障教育,被纳入州政府公共财政的资助,这是豪在特殊教育领域的重要

活动,并取得了成功。

1876年1月9日,豪在波士顿与世长辞,享年75岁。豪的著述多为书信、演讲和报告。1901年,经其女儿整理后出版了《塞缪尔·豪文集》(Letters and Journals of S.G.Howe)。

### (二)智障的分类及成因

1. 智障的分类

豪对智障者进行了分类。他认为,智障可分为低、中、高三级。具体来说,低级为白痴,中级为愚人,高级为傻瓜。① 其中,处于最低等级的白痴仅仅只是有机体(organisms),是用肉和骨堆积的人形,他们的大脑和神经系统无法指挥肌肉系统,因此,也就不具备运动能力和语言能力,无法表现任何智力和情感的功能。对这一类人,豪认为他们是不可教的,并坚决将他们排除在实验学校的招生对象之外。

豪指出,处于第二等级的愚人比白痴略好一点。他们的大脑和神经系统更发达,但只能指挥部分的肌肉系统,因此,他们有一定的运动能力和动物式行为,情感和智力功能也部分地发展,但他们的理性之光微乎其微,语言能力亦残缺不全。

傻瓜是智障者中的最高等级,他们的神经系统和肌肉系统几乎像正常人那样和谐,他们因此具备正常的运动能力和动物行为,具有一定的认知行为和情感的功能,他们的理性足够指导自己的简单生活,但尚不足以指导他们的社会关系。

2. 智障的成因

在对智障成因的分析中,豪在很大程度上将儿童的智力落后归咎于父母。他认为,正是由于父母违反了自然的法则,破坏了身体的组织,从而导致了一个智力不健全的后代。这一点,他在1848年给当局的报告中,阐述得非常明白。

在1848年的报告中,豪以自己的调查结果为基础,列举了导致智力缺陷的主要原因。第一是父母的身体状况。他认为,父母一方或双方身体差,所生的小孩会出现智障,甚至夭折。更有甚者,这种状态会持续到第三或第四代。第二是酗酒。他发现,在359例白痴者中,99例是酗酒的父母所生的孩子。因此,他认为,在导致白痴的原因中,酗酒的影响不能忽视。第三是近亲结婚。豪注意到,很多近亲结婚的家庭所生的小孩是白痴。他认为,在这些因素中,近亲结婚尤其可恶。此外,他还提出,自虐、尝试流产、某种疾病的遗传等都可能导致儿童智障。

从豪对智障原因的分析中可以看到,他强调先天的因素较多。后来他也认识到残疾既有社会的也有先天的因素,但他对社会因素并不重视。直截了当地说,豪几乎完全忽视了由贫穷的不良影响、贫民窟的生活、不和谐的家庭所造成的智障儿童的问题。

### (三)智障教育的必要性和可能性

1848年,豪在写给州立法部门的报告中,详细阐述了智障教育及开办智障学校的必要性和可能性。

首先,他从宗教的角度进行了必要性的分析。豪指出,智障儿童也是上帝按照其想象创造出来的人,只不过他们陷入了愚钝的状态。人们有责任改变他们的不幸状态,因为这是一个道德上的错误。然后,他从社会文明进步的角度进行了分析。豪坚持认为,在一个社会中,从智障者的状态可以检验该社会的文明程度。也就是说,如果让弱智者处在无人照管、丧失教育的状态下,从社会文明和国家进步上是说不过去的。

其次,他对智障教育始终满怀信心。他在报告中说明了开办智障教育机构的可能性。他对学校能够给予智障者的教育进行了充分的肯定。他指出,学校教育可以使那些长期漠视道德的

---

① Samuel Gridley Howe. On the Causes of Idiocy[EB/OL].[2008-11-12]http://www.personal.dundee.ac.uk/~mksimpso/howe2.htm.

智障人士养成勤奋的习惯,能够使他们获得道德规范,从而减少他们对社会的破坏。与此同时,他强调,在弱智者中,至少有三分之一的人能够接受教育,能够从教育中受益。

**(四) 智障教育的目的、内容和方法**

豪在尝试特殊教育的过程中,曾经批判了当时收容所的做法,认为对这些残疾人进行集中收容的做法值得怀疑。他写道:"他们即我们。他们像我们的兄弟姊妹一样属于家庭。但他们被集体地放入收容所,这剥夺了他们生命中最宝贵的关系。"①他在开办了盲校后所采取的原则是:结合学生的个人能力和可能的机会;课程应该全面,尤其是手工、音乐,应和普通学校一样多;准备让学生成为对社区有贡献的成员。豪甚至大胆地提出,他们应该得到尊重,他们能够独立,能够成为有生产能力的公民,在社会中找到自己的位置。②尽管这是针对盲人学校的学生所说的,但他在后期办理智障学校的时候,也依然坚持了这一信念。在今天看来,培养智障以及特殊儿童融入社区已经不再是惊世骇俗的观念,但在豪所处的时代,他的这一观点是非常革命的,也是非常有远见的。

在智障教学上,豪的教育措施很大程度上建立在塞甘的生理学方法上,既重视卫生也重视道德,从而发展学生的功能和性向。但豪对采取宗教灌输的做法对智障儿童进行道德训练不以为然。他认为,这种道德训练的重点对智障儿童产生的效果不明显。这其中的理由可能是因为豪来自于医学界而不是宗教界。

豪在他的实验学校里采用塞甘的方法。在他的实践中,身体练习仍然是训练智障者的关键。在1851年的年度报告中,他记载了一个严重智障的男孩。这个男孩不能行走、不会说话、无法自己进食,表现得像3个月大的婴儿。豪的训练由如下组成:每日冷水浴,摩擦小孩的四肢,由其他男孩用车推着他在户外活动,练习并让他会使用他的肌肉。一年以后,豪报告说,这个小孩可以单独行走,可以小心翼翼地坐在桌旁用餐,会使用刀叉,能自己喂食。

豪在自己的智障学校中采用寄宿制。在学生来到学校后,豪倡导使学校形成家庭般的环境。他认为,学校应该模拟家庭的环境,使智障及特殊儿童能在最好的、最小危害的环境中成长。当时关于特殊教育模式是男女合校还是单性别设置,引起了热烈的讨论。豪针对这种现象,旗帜鲜明地指出,在不正常及有缺陷的类别(如盲和哑)中,进行男女合校教育是不受欢迎、不合时宜的,有时候会导致可悲的结局。

**(五) 影响和评价**

19世纪早期,在美国从事盲人教育的人屈指可数。豪在美国开创了对盲人及智障儿童进行教育的先河。尤其是他教育劳拉的实践,为他赢得了世界性的声誉。1853年,豪当选为盲人教育团体的主席。该组织当时尚未命名,1871年发展为美国盲人教育者协会(American Association of Instructors of the Blind),后改为视力残疾教育者协会(Association of Educators of the Visually Handicapped),并沿用至今。

在美国特殊教育的领域里,豪无疑是一个具有开拓精神和人文精神的教育家。他涉及了盲、聋、智障教育等诸多领域,且都产生了广泛影响。1876年豪去世时,时人对其深深怀念。1901年,美国举行了纪念豪诞辰100周年的活动。当年12月12日波士顿晚报上的一篇文章对豪这样评价:豪献身特殊教育事业的聪明才智,不仅启发了他所处的时代,而且会长久存在,人们甚

---

① Philip L. Safford, etc.. A History of Childhood and Disability[M]. New York: Teachers College Press, 1996: 111.

② Philip L. Safford, etc.. A History of Childhood and Disability[M]. New York: Teachers College Press, 1996: 144.

至会珍视对他名字的记忆。时至今日,美国特殊教育工作者依然称其为"英雄"、"盲人的卡德摩斯"①,应该说,作为美国特殊教育史上最重要、最有远见的人,豪得到这一评价是当之无愧的。

 **本章小结**

长期以来,智障者中有的会被困在家里,得到家人的同情与照顾;大多数情况下,他们往往被送往收容所,与精神病人、罪犯、流浪汉等同处一室,接受野蛮的看管和极少的治疗。可以说,18世纪前西方社会为智障者提供的是一个糟糕的生存空间,对他们不存在任何的教育。18世纪,社会、教育的进步为智障教育机构的建立提供了各种条件。

本章第1节介绍了西欧及北美智障教育机构的产生和其他特殊教育机构建立的情况。这些早期的智障教育机构尚不足以完全满足当时对智障教育的需求,其中的许多做法今天看来可能已经过时,但正是这些早期机构的建立,促进了后来智障教育的发展和完善。第2节介绍了伊塔德、塞甘和塞缪尔·豪的特殊教育思想。在特殊教育史上,这三位教育家尽管国籍不同,但他们献身特殊教育的精神是相同的。他们在智障教育领域的许多工作是开先河的,他们的许多观点是进步的,并对后世产生了深远影响,带给后人以思考和启迪。

 **思考与练习**

1. 简述早期智障教育机构的主要形式。
2. 试述伊塔德特殊教育实验的过程。
3. 伊塔德特殊教育实验提出了哪些方法?它们有无现实意义?
4. 试评伊塔德特殊教育实验的意义与贡献。
5. 简述塞甘关于智障教育的目的、原则及方法的主张。
6. 理解豪的智障教育思想。

---

① 卡德摩斯(Cadmus)是希腊神话中的勇士,忒拜(Thebes)城的建立者。

# 第7章 中国近代特殊教育的确立

**学习目标**

1. 了解西方特殊教育观点在中国近代的传播情况。
2. 了解中国近代盲人教育的建立和初步发展情况。
3. 了解中国近代聋人教育的建立和初步发展情况。
4. 理解张謇、傅兰雅父子的特殊教育实践和思想。

近代意义上的特殊教育源于西方国家,西方的特殊教育思想是如何在中国传播、生根、发芽的?中国的特殊教育又是怎样得到发展的?本章将向您揭示这一历程。本章首先会梳理从清末到辛亥革命前后,我国特殊教育确立的历史,重点是西方特殊教育的传入和我国聋童、盲童教育机构建立的历史。然后,从思想的角度,分析我国近代特殊教育思想的初步发展,重点讨论张謇、傅兰雅父子的特殊教育思想。

## 第1节 中国近代的特殊教育实践

中国古代虽然曾经出现过盲人教育实践,也有着丰富的有助于特殊教育产生的思想资源,但并未能酝生出我国现代的特殊教育实践来。近代中国的特殊教育机构首先是由西方传教士创立的,但在此前中国的一批知识分子也关注到了西方特殊教育的发展状况,并通过他们的文章,使国人开始了解西方的特殊教育。中国最早的盲人学校是1874年传教士威廉·穆瑞在北京创办的"瞽叟通文馆"。最早的聋哑教育学校是1887年梅理士·查理夫妇创办的"登州启喑学馆"。在这两所特殊教育机构的影响下,中国其他特殊教育机构相继建立起来。

### 一、西方特殊教育的传入

#### (一)国人对西方特殊教育的引介

清朝末年,英国的坚船利炮打开了中国的大门,中国被迫对外开放了门户,西方先进的物质文明对中国古老的文化产生了巨大的冲击。那些从小饱读诗书的中国知识分子开始通过各种途径了解西方,其中有一些知识分子不仅浸染了西方的先进知识,而且能有机会到西方真正亲眼目睹、亲身感受西方的物质和精神文明。在这些知识分子中有一些人对所看到的西方特殊教育做了记录,他们的记录使得中国人第一次了解了西方的特殊教育。比较典型的是林针的《西海纪游草》、张德彝的《航海述奇·欧美环游记》、李圭的《环游地球新录》、黎庶昌的《西洋杂志》以及薛福成的《出使英法义比四国日记》等,都对欧美的特殊教育有不同程度的介绍,为我国特殊教育的确立奠定了思想基础。

首先把特殊教育作为治国纲领提出来的是受到西方传教士影响颇深的太平天国的洪仁玕。1859年,他在太平天国后期的建国纲领《资政新篇》中第一次提出:"兴跛盲聋哑院。有财者自携资斧,无财者善人乐助。请长教以鼓乐书数杂技,不致为废人也。"①他认为应该兴办四民院和四疾院以敦厚风俗。四民院是专门安置鳏寡孤独者的机构,四疾院则是专门为跛、盲、哑、聋者开设的机构。他对美国的做法极为推崇:"其邦之跛盲聋哑,鳏寡孤独,各有书院,教习各技。更有鳏寡孤独之亲友,甘心争为善事者,愿当众立约保养。国中无有乞丐之民,此是其礼仪,富足也。"②对于四疾院中的人,应"教以鼓乐书数杂技"。这是中国近代首次将特殊教育纳入施政纲领中。

### (二)西方传教士对特殊教育的传播

除了国人对西方特殊教育的引入、介绍外,近代西方传教士在华开展传教活动的同时,也将特殊教育实践直接引入了中国。在1835年成立的澳门女塾中即有对女盲童实施教育的记载,这是外国传教士在中国进行特殊教育实践的最早记录,因此可以说,"19世纪30年代澳门女塾向中国的残障人群首启施行近代西式特殊教育的大门"③。其后,1874年北京瞽叟通文馆和1887年登州启喑学馆分别开创了中国正规盲、聋哑教育的先河,由此,中国真正意义上的特殊教育体系开始得以构建。

不过,还不能过分解读从西方传入的特殊教育思想或实践对我国特殊教育的影响。在清朝末年,除了盲、聋人教育机构在我国逐步建立外,特殊教育在我国的教育制度中还没有地位。在清政府1902年颁布的《钦定初等小学堂章程》中还看不到特殊学校的影子,而1903年颁布的《奏定初等小学堂章程》明确规定④:学龄儿童,如有患疯癫痼疾,或五官不具不能就学者,本乡村绅董可禀明地方官,经其察实,准免其就学;如病弱或发育较迟,不能就学者,本乡村绅董可禀明地方官,经其察实,准暂缓就学。这说明,特殊教育在清朝末年还处于我国当时教育制度的设计之外。直到辛亥革命后颁布的《小学校令》(1912)中,才有了对特殊教育的简单规划,要求"盲哑学校"及其他类似于小学的各种学校的设立应按照普通小学的办法来办理。这距国人最初对西方特殊教育的介绍已经过去了60余年了。

 **知识小卡片**

**中国宜创设恤瞽院议**

《益闻录》1886年7月10日,第576号(第8册)

有目不能见,为人生最不幸事,饮食起居均需人相助。人在前而不识,物在前而莫知,日光皎白,摸索暗中,昼夜无分,寸步难举,受人辱,被人鄙。虽三尺童子亦敢与之嬉戏。功名利禄,皆人情所好,而瞽者不与焉。紫绶所以增彩色,所以悦目,锦绣所以章身,而瞽者不焉。楼台亭榭,花木珍奇,天下快心之事屈指不胜,而瞽者莫能扩其眼界焉。嗟乎!窘困之斯,无生人趣矣!双眸之盲,或由于内因,或由于外感,统计五大洲矇瞍之多,莫过于埃及,因其地酷热,沙土飞扬,目染而眇,比比然也。泰西博学家,计举天下瞽目之人约一百万口。此数未必无差,而出入亦不甚悬异。大约沃国一千七百八十五人中,得瞽者一人;瑞典国一千四百十八人中一人;法国一千一百九十一人中一人;俄国一千一百十一人中一人;英国一千三百十七人中一人;德国次之,瑙国又次之,土国格尔城中多至二十人中一人。中华、日本等国,气候温和,沙漠鲜少,盲者不甚纷繁,而丧明男妇,随在皆有。不特当局者受万苦,而旁观者亦为伤心。是恤瞽之举

---

① 洪仁玕.资政新篇//荣孟源.中国近代史资料选辑[M].北京:三联书店出版,1954:139-140.
② 洪仁玕.资政新篇//荣孟源.中国近代史资料选辑[M].北京:三联书店出版,1954:132.
③ 郭卫东.基督新教与中国近代的特殊教育[J].社会科学研究,2001(4):123.
④ 舒新城.中国近代教育史资料(中册)[M].北京:人民教育出版社,1981:423.

不可一日无也。法人于五百年前,已立瞽院,今西海各国凡大城名埠之中,每设瞽院一座。房屋宽广,布置周详,无论富家贫户,苟有眼昏残废之人,皆得入院就养。以目下言之,日耳曼国医院三十五区,英国二十六区,法国一十三区,沃国十区,意国九区,比利士国六区,合计墨、斐、亚三州只有六区,在院之人当以万计。若辈目虽瞢昧,心则常灵。西人训练瞽童,量才授业。女与女伍,男与男偕,习工艺,作女红,奏音乐。尤可奇者,用铅板刷印书籍,字迹凸而不平,瞽者以手模之,朗若列眉,信口成诵,通文达理,不让他人。且有聪慧子弟,颇精推算测量经史等学,就而问之,口若悬河,有知必告,较之学究、冬烘、强作解人,实则鲜识之无者,盖不啻三倍矣!吾中国善堂林立,屈指为烦,惟恤瞽院字未尝一见。西人至我国者,每为华人之瞽者惜之,窃意残疾之人,瞽为最苦,何则,茫然无所见,在世无异去世也。愿名公钜卿,首创捐资,集成巨款,筑大厦,设良规,先请泰西教士代理数年,俟举止绝墨,已有端倪,然后以华人接办。一处创之,他处仿之,由近及远,仿布通邦,岂非盲人之富与国家之富欤。惟华字笔划纷纭,难以抚摸而晓,不如借用西字拼作华音,按照俚言,缮写经籍,俾触于手而会于心,上追伏生之遗迹,是直於善举之中,别开生面者矣!

(资料来源:李楚才.帝国主义侵华教育史料·教会教育[M].北京:教育科学出版社,1987:309-310.)

## 二、盲人教育机构的建立

### (一)早期盲人教育的探索

近代最早对中国盲人进行教育的是澳门女塾。1834年,普鲁士传教士郭士立(Charies Gutzlaff,1803—1851)夫妇来到澳门,"次年9月30日,在'印度与东方女子教育促进会'的赞助下,设'澳门女塾'(附带招收男生)"[①]。1839年,广东当局下令驱逐英人离华,于是女塾停办。曾在该塾就读的容闳在《西学东渐记》中记载:"其后此塾因故停办,予等遂亦星散。古夫人携盲女三人赴美,此三女乃经予教以凸字读书之法。及予辍教时,彼等已自能诵习《圣经》及《天路历程》二书矣。"[②]这是对西方传教士在华进行盲人教育的最早记录。通过容闳的记录,我们大致可以推断该女塾对女盲童的教育,主要通过学生教学生的方式,教育内容主要局限在宗教方面,"但不管怎么说,澳门女塾以盲女为教学对象,凸字法又是近代的盲字法,其开中华近代盲人教育乃至盲生留学教育的先河当可认定"[③]。但还不能将该校看做是中国特殊教育机构的诞生,因为它只是附带招收盲女,教学内容和方法都没有明确介绍,对后世盲人教育的影响也是有限的。而容闳对盲女赴美的记录与其他资料有所出入。傅步兰在"Work among the Blind of China"一文中写道:中国盲人教育始于郭士立博士,1840年他在广东救助了6名盲女童。她们中的两名被送往美国的费城学校(写此文的两年前,傅步兰在那儿还有幸见到了她们)。其余的4人被送往伦敦,随后1人返回中国协助安得森小姐(Miss Aldersey)在宁波办学,而其他3人几年后都去世了。[④] 傅步兰作为上海盲童学校校长,对中国当时的盲童教育做了大量的调查、整理工作,对中国的盲童教育颇为熟悉,所以他的论断有一定的可信度。

---

① 郭卫东.论中国近代特殊教育的发端[J].教育学报,2007(6):91.
② 容闳.西学东渐记[M].长沙:湖南人民出版社,1981:4.
③ 郭卫东.论中国近代特殊教育的发端[J].教育学报,2007(6):91.
④ George B. Fryer. Work Among the Blind of China[A]. D. MacGillivary. China Mission Year Book[M]. Shanghai: Christian Literature Society for China,1914:317.

真正为中国盲人服务的机构,始于基督教传教士塞勒(Mr. Syle)在上海开办的盲人工作间。① 该机构于1845年成立于上海董家渡附近的文惠廉主教房子中,其创办人有麦格基(Mr. M'Clatchie)、文惠廉(William J. Boone)、斯佩汀(Mr. Spalding)以及塞勒。② 这是一个具有公众捐赠基金会性质的慈善机构。里面的盲人通过出售他们编织的凉席、门帘、袜子等获得一定的报酬从而进行自救。就如傅步兰文章中所写的:"通过劳动,而不是依靠他人施舍所获得的同等报酬,会使他们变得更加自尊"③。因为该机构没有对盲人进行文字教育的内容,而只是组织盲人进行生产以自救的团体,因而一般将它归为慈善、留养机构。

### (二) 北京瞽叟通文馆的创办

有确凿证据可以证明的、并被广泛认可的中国第一所盲校是1874年由威廉·穆瑞(William Hill Murry,1843—1911,又译称希尔·默里)在北京创办的"瞽叟通文馆"(Mission to Chinese Blind in Peking)。1870年,威廉·穆瑞受苏格兰圣经公会的派遣来华进行传教活动。他在街头售卖圣经书籍,经常能接触到中国的乞丐,在这些乞丐中最能触动穆瑞心灵的是盲人乞丐。当他看到一些盲人购买有凸起绘画的圣书时,他感到应该为这些盲人做些工作,于是他向教会发出呼吁,在没有得到任何回应后,穆瑞决定自行给盲人授教,盲人学生在经过他的教育后能够阅读,这带给穆瑞很大的信心。④ 在创办条件成熟后,1874年,穆瑞利用长老会在北京甘雨胡同的房屋创办了"瞽叟通文馆",这成为中国近代第一所特殊教育学校。1891年,苏格兰的戈登·库明小姐(C. Gordon Cumming)到学校参观,被穆瑞的精神打动,决定资助学校,由此,学校规模得以扩大。学校初创时只有两名学生,到1914年,共有38名学生,其中男童31人,女童7人。而当年的调查显示:"已经有超过250名学生从该校毕业。这些毕业生大部分从事与基督教有关的工作,一些成为手风琴师,一些成为布道者,一些成为盲人的教师,还有一些成为圣经的诵读者。这些毕业生分布在中国的各个省份:东北、山西、山东和京津等。其中汉口盲童学校的校长就是从北京瞽叟通文馆毕业的。"⑤1900年,在山东爆发的义和团运动迅速波及华北,北京的瞽叟通文馆遭到重创,穆瑞的家庭、学校受到围攻,学校只好关闭。运动结束后,穆瑞又重回北京继续办理盲人教育。1911年9月6日,穆瑞在北京去世,由他的妻子和女儿继续办理该学校。1920年学校迁往恩济庄,更名为"启明瞽目院",后几经演变于1954年8月24日由北京市人民政府接管,成为现在的北京市盲人学校。

北京瞽叟通文馆在中国最早引介了"布莱尔盲文体系",并在此基础上加以中文认读的改造,按照《康熙字典》的音韵,创立了中国盲文,即"瞽叟通文",也称"康熙盲文",成为我国最早的汉语点字盲文,创立了中国的盲文体系。穆瑞在来华之前,在苏格兰学习过为聋哑人研究的发音系统,又学习过布莱尔盲文,这就为他创立中国盲文奠定了基础。但中国汉字太丰富、太复杂了,加之盲文源于欧洲文字,这些文字是以拼音构字,与汉字构成大异其趣。于是他向周围的人学习中文,后来在美国传教士柯乐赛(J. Crossette)等人的参与下,经过不断实验,终于在1874年前后设计、1879年前后定型了中国第一套盲字——康熙盲文(The Murray Numeral System)。"该设计

---

① George B. Fryer. Work Among the Blind of China[A]. D. MacGillivary. China Mission Year Book[M]. Shanghai: Christian Literature Society for China,1914:313.

② George B. Fryer. Work Among the Blind of China[A]. D. MacGillivary. China Mission Year Book[M]. Shanghai: Christian Literature Society for China,1914:317.

③ George B. Fryer. Work Among the Blind of China[A]. D. MacGillivary. China Mission Year Book[M]. Shanghai: Christian Literature Society for China,1914:318.

④ 郭卫东.论中国近代特殊教育的发端[J].教育学报,2007(6):91.

⑤ George B. Fryer. Work Among the Blind of China[A]. D. MacGillivary. China Mission Year Book[M]. Shanghai: Christian Literature Society for China,1914:318-319.

是根据布莱尔的6点盲字符型和《康熙字典》的音韵,以北京语音——当时中国的官话为基准,整理了代表中国北方常用单字的408个字音,并以40个数字符号组成音节,每个音节由2个盲符编码以表示不同的读音。这套语系有很强的数字规律性,每个字音都从1到10编成系列符号,学生只需记住各发音的号码,读时将号码转变成发音即可。"① 康熙盲文的创立为盲人教育奠定了基础,中国真正意义上的特殊教育由此开始起步。1829年由盲人教育家路易·布莱尔发明的凸点现代点字法,到1879年才被国际盲人教育界承认并广泛使用,而穆瑞在国际社会尚未广泛承认"布莱尔法"时,就将其运用到中国盲文的创造上,可见其远见卓识。康熙盲文创立后,中国盲人教育就有了较大发展。盲童的阅读能力得到极大提高,"在阅读书写的流利程度和准确性上并不比明眼人差",在此基础上,穆瑞还为盲童发明了速记法。而每个盲字包含了字符、拼音、音调三重含义,明眼人可以将拼音与字形结合认读,因而康熙盲文还可以用于明眼人的扫盲教育。穆瑞曾用该法教授街上的小孩,经过训练,这些孩子同样可以正确阅读。穆瑞用"康熙盲文"教育农村妇女也取得了令人满意的成绩。

　　康熙盲文也有其不足之处:需要死记硬背的盲符较多,加之其以北京语言为基准,虽能适合较广的北方地区,但却不适合南方的语音、语调及方言表达,所以南方的盲人很难适应。其实,在穆瑞用"康熙盲文"教育盲人阅读的同时,中国其他地方也存在着教盲人阅读的不同方法。① 穆恩法(Moons System)曾经一度在宁波一个小规模的盲人妇女工坊中被使用过。此法用罗马字符编就,据说比布莱尔法易学,并更适合于因劳作而手变得粗糙的成年人或体力劳动者手读。② 该法也曾在广州、香港等地进行实验。② 字母法,香港巴陵会牧师哈特蒙(F. Hartmann)将布莱尔法与广东方言结合创造了字母法。该法极力仿效欧洲的方法,用布莱尔符号代表拉丁字母。字母的拼音有时全部拼出,有时则简去一部分。在广州、厦门和福州也采用此法。③ ③ 大卫·希尔牧师(Rev. David Hill, 1840—1896,中文名李修善)在汉口采用了一种简易而又适合中国语言特点的方法。他用布莱尔符号代表汉口官话的全部声母和韵母,这样每一个中国汉字就可以只用两个字符来表示。这两个字符可以通过中国字典或字汇上所用的反切法来读出字音。该方法也被称为"声母韵母法"(Hankow initials and finals System),"声母韵母法"因简单易学,很快就被其他地区采用,不久就传到香港、广州和福州。这些地方以前用的字母法于是都被废弃而改用这个较为简单的方法。而且上述各地这一改变都被认为大有价值。④ 大卫·希尔所创造的"声母韵母法"不仅为盲文简约并适应中国文字作出了贡献,而且也为中国盲字的改造和统一奠定了基础。④ 1904年,在"声母韵母法"基础上,汉口方言被改用为在中国使用最广泛的北方语系(官话区域通用),也取得了很好的效果。因该法首先在甘肃秦州使用,因此也被称为"秦州法"(Tsinchow Systems)。⑤ 因为众多的盲文体系有碍于统一教科书的编印,也不利于各地盲人之间的交流学习,1913年,大英圣书公会和美国圣经会召开了一个会议,讨论如何将汉口和秦州这两种方法结合起来,以便建立一套标准的布莱尔点字法。经过讨论,会议决定采用秦州法的发音表,并采用标准罗马字母注音法的缀音表,同时保留汉口法的声母韵母拼字原则。这套方法被称为"和合布莱尔法"(the Union Braille System)。"和合布莱尔法"也被称为"心目克明法",该法简约,仅有54个字母,每个音节由声韵两个盲符组成,只要记住54个音节,用各地方言皆可拼出字音。这个方

---

① 郭卫东.基督教新教传教士与中国盲文体系的演进[J].近代史研究,2006(2):97.
② 郭卫东.基督教新教传教士与中国盲文体系的演进[J].近代史研究,2006(2):114.
③ 中华续行委办调查特委会.中华归主——中国基督教事业统计(1901—1920)(中册)[M].北京:中国社会科学出版社,1985:766.
④ 中华续行委办调查特委会.中华归主——中国基督教事业统计(1901—1920)(中册)[M].北京:中国社会科学出版社,1985:767.

法很简单,"几乎随便什么人,只要用10分钟到15分钟的时间去细读布莱尔初学课本上的短篇的导言,就可以掌握这个方法的原则。做完这一步,教师的主要工作就是将每个布莱尔符号头上或字头上所写的汉字的发音教给学生;当学生用手指摸着凸点的时候,同时也就是在指出他所学的发音所代表的那个汉字了"①。

### (三)近代盲人教育的初步发展

中国盲人教育在北京瞽叟通文馆成立13年后,得到初步发展。1887到1888年的两年时间里,武汉三镇各建了一所盲校,其中著名的当属李修善在汉口创立的训盲书院。1865年,李修善作为英国循道院传教士到汉口传教。在长期传教售书中,李修善对那些失明、流落街头的穷孩子较为关注,决定为这些孩子开办一所学校,而此时北京瞽叟通文馆的成功办理使李修善坚定了信念。在李修善的邀请下,在北京与穆瑞共同办理学校的柯乐赛来到汉口帮助他开展工作,同时从北京瞽叟通文馆毕业的盲生于德贞也到汉口协助他开办学校。因为"康熙盲文"不适合汉口方言,于是柯乐赛和李修善在北京盲字的基础上,结合华中地区的语言及用字特点,创造出适合汉口方言的"声母韵母法",如前所述,该法在中国盲文体系中占有很重要的地位。

1882年,美国北长老会传教士医生赖马西(Mary W. Niles)受教会的委托,前往广州博济医院(Canton Hospital)工作。该医院最初是由眼科医院发展起来的,那时也还有很多眼科病人。在工作期间,赖马西为瞽目歌女的悲惨遭遇所震撼。1889年,她收养了1名1岁半的瞽女,随后又在医院内收养了3名幼瞽女,并将他们送入医院附属学塾。1890年,学塾人数增加,在仁济街租得一房,1891年雇用了香港巴陵会的一位盲人女教师教授盲孩凸字,并正式将学校命名为"明心盲人学校"(又称明心瞽目院 Ming Sam School for the Blind,以下简称明心)。刚开始,学校只招收女生,教她们认字读经并接受编织训练,1910年开始招收男生。1912年学校迁至芳村的新校舍,并建明理男校。1912—1938年是明心盲人学校平稳发展的时期。1913年政府出资在明心旁边建立一所新校,名为正心(Ching Sam),但两校实际是一体的,只是个别课程不同。1919年香港九龙的白灵敦盲校(Ebenezer school)与明心合办,学校规模得到进一步扩大。建校初期学生使用的课本主要是圣经读本,到民国初年,学校已具有初等教育程度,课程也扩充了国文、地理、历史、算术、公民、自然、国语等科目。明心注重技能的培养,毕业生从事的工作较为广泛,除了从事与传教有关的布道工作外,还有大量从事教育、医务、手工工作的。明心盲人学校是华南地区建立最早、成效显著的盲人学校,"从当时来看,赖马西主要还是从宗教的角度来考虑办校的,因此之后明心的宗教气氛一直相当浓厚……但是明心还有注重社会需要和世俗的一面,因而明心的发展比较稳定"②。

广州另一家著名的盲人学校是"慕光瞽目院"。《中国基督教史纲》中曾记录:"有威灵女士于1872年创立了'慕光瞽目院',服务失明女子,有42年之久,后因病回国,纪好弼夫人便继其任。"③《中国特殊教育学基础》引用《中国第二次教育年鉴》的记载,认为该院是"民国元年前二年六月由美籍人惠灵女士创办"④。也就是说该院成立于1900年。关于该院成立的另一说法如下:两广浸信会在1898年召开会议。会议上,廖德山对开办盲女学校做了报告,经与会者讨论一致赞同,"并选纪好弼、曹法选、廖德山、惠理敦等人为委办,积极筹划办理。1892年,收育女三人,最初安置在广州德政街教会女书馆,再迁至五仙西,后迁至芳村,1908年,瞽目院由惠理敦女士

---

① 中华续行委办会调查特委会.中华归主——中国基督教事业统计(1901—1920)(中册)[M].北京:中国社会科学出版社,1985:767.
② 鲍静静.近代中国的盲人特殊教育——以广州明心瞽目院为例[J].广西社会科学,2007(5):104.
③ 王治心.中国基督教史纲[M].上海:上海古籍出版社,2004:178.
④ 陈云英.中国特殊教育学基础[M].北京:教育科学出版所,2004:36.

个人负责经理,次年迁往东山建筑校舍,正式命名为'慕光瞽目院',有院地三亩,经费全由美国蓝山大学浸信会一小组信徒负责。惠理敦女士在慕光瞽目院工作长达27年之久"①。1911年前,在广东创办的盲人学校还有两家:1907年,德国信义会吴姑娘在韶州创办的喜迪堪盲人学校和1909年美国圣道会在肇庆创办的盲女学校。②

  在较早开埠的福建,传教士也建立了一批盲院:1895年(光绪二十一年),英国的高罗以女士在福建古田县创设了明心女盲校;1898年,英国圣公会奥女士(Amy Oxley)在福州建立了灵光盲童学校;英国圣公会1900年在福州建立了盲女学校,1903年在福州施埔建立了明道学校;1908年,英国传教士赵玛丽亚在建瓯创办了心光瞽朦工读学校,招收女盲童学习。其他地方创办的盲人教育学校还有:1887年,传教士在广西桂平创建了"耀心瞽目院";1891年英国长老会甘为霖(William Gambel)牧师在台湾建立"训瞽堂";1897年,德国教士布斯乐在香港建立了心光盲校;1901年,英国圣公会在九龙建立盲人学校;1902年,英国长老会在沈阳建立重明瞽目女校;1908年,中国内地会在长沙创办长沙瞽女校。

  1911年成立的上海盲童学校是影响较大的盲童学校之一。该校的创办者是傅步兰(George B. Fryer),他的父亲是较早来华传教的著名传教士和汉学家傅兰雅(John Fryer)。傅兰雅曾任京师同文馆的英文教习、上海江南制造局译书馆编译,他一直关注中国的盲人,希望能为他们开办学校。为了能开办盲人学校,他送自己的儿子傅步兰到美国学习盲童教育,学成后到中国参与创办盲校。1911年,他们在上海成立了盲童学校,"希望能成为中国的模范学校"③。该校在1912年11月正式开办,从开办之初就带有明显的教育性质,所以只接受那些能受教育的、智商正常的盲童。在最初的4年中,盲童在工业、文化、音乐和体育4个方面受到同等的教育:工业方面主要通过编草绳来训练盲童的手和手指;文化方面,所教的科目与正常学校的一样,进程也尽量与正常学校的一致;音乐方面,学生已经能唱大约75首赞美诗,而且根据学生的能力,还教学生演奏10到50个风琴乐曲;体育是绝大多数学生喜欢的活动,学生们每天都有一个小时的棍子或哑铃训练,当然包括户外的田径活动,比如跑步、跳高等。④ 该校在成立初期就聘请了国内外的名流担任校董,如教育家黄炎培等。而傅步兰在多个场合宣传盲教的意义,提倡为中国设立盲童学校。他的积极活动使得他在该领域具有较高的声誉。

  1914年的《中国教会年鉴》(*The China Mission Year Book*)刊登了傅兰雅关于盲人教育的文章,傅兰雅曾对当时的盲校进行过问卷调查,并对当时的盲校进行了介绍。按照他所做的数据统计,当时共有11所盲童学校。在此基础上,1920年教会对全国的盲校进行了统计,根据调查问卷的回收,统计出共有29所盲校,784名盲生。⑤

## 三、聋人教育机构的建立

### (一)烟台启喑学馆的创建

  1887年成立的烟台启喑学馆是中国近代第一所聋哑学校,也是由近代来华外国传教士创办和主持的特殊学校。因烟台过去称登州,故又称登州启喑学馆。该馆是近代中国规模最大、存在

---

① 吝建平.光明前的窄门:近代基督新教在华盲人教育研究[D].中国优秀硕士学位论文,2007:20. http://dlib3.cnki.net/kns50/detail.aspx? QueryID=35&CurRec=1.
② 吝建平.光明前的窄门:近代基督新教在华盲人教育研究[D].中国优秀硕士学位论文,2007:20. http://dlib3.cnki.net/kns50/detail.aspx? QueryID=35&CurRec=1.
③ George B. Fryer. Work Among the Blind of China[A]. China Mission Year Book[M]. Shanghai,1914:316.
④ George B. Fryer. Work Among the Blind of China[A]. China Mission Year Book[M]. Shanghai,1914:317.
⑤ 中华续行委办会调查特委会.中华归主——中国基督教事业统计(1901—1920)(中册)[M].北京:中国社会科学出版社,1985:765.

时间最长、影响深远的一所聋哑学校。它将西方的手语传入中国,为中国聋哑教育事业的兴起与发展作出了巨大贡献。

1860年基督教开始传入中国山东省。1862年,梅理士(Charles Rogers Mills,1829—1895)夫妇由上海抵达登州(今山东烟台),在山东进行其传教事业。梅理士夫妇共同育有4个子女,其中有一子是聋哑人。1874年初,梅夫人病危,唯一的心愿是聋哑儿子能够接受专门教育,也希望中国的聋孩都能有这样的机会。梅理士目睹了聋儿的不幸与痛苦,也认识到训练和教育聋哑儿童的重要性。他将聋儿送回美国,使其进入纽约州的罗切斯特聋校(Rochester School for the Deaf)就读。该校教员汤普森女士(Annetta E. Thompson,1853—1929)正好是照顾梅理士聋儿的老师。汤普森本人并不聋哑,1876年随聋哑兄弟到罗切斯特聋校上学,她在那里接受了聋哑教育方法的训练。因为她很热爱聋哑教育,于是被聘为教员,并专门到波士顿学习哑语后返回学校任教。在与梅理士多年的通信中,汤普森对梅理士的人品尤其是其虔诚的宗教献身精神十分敬佩,于是,她放弃了在罗切斯特聋哑学校的优越条件,1884年来到山东,同年与梅理士牧师在烟台结婚。婚后,她就开始筹办登州启喑学馆。汤普森(汤普森结婚后的中文名为梅耐德)抱着对启喑教育的献身精神,开始了她在中国长达45年的启喑教育。经过两年多的筹办,1887年梅理士夫妇共同创办了中国近代历史上第一所专门教育和训练聋哑儿童的学校——登州启喑学馆,校址位于时为烟台境内的蓬莱。"梅君责任维持,君夫人乃从事教育,按美国聋哑教授法以教之。中国之得有聋哑学校盖此初基。"①该学馆的办学经费由梅理士所属的美国基督教长老会供给。在此之前,启喑教育在中国闻所未闻,老百姓对此不能理解:一般正常的孩子都不能上学,哪里顾得上聋哑孩子? 因此,登州启喑学馆刚开办时,入学者"寥寥无几,开始只收到一个贫苦木匠的儿子",为了吸引学生,学校给学生提供衣食,但是直到1896年暂时关闭时,学馆也总共只有4名学生。

1895年,梅理士病逝,北美长老会认为没有必要再向这所学校提供资助。在资金无着落的情况下,1896年登州启喑学馆被迫关闭。面对丈夫去世和启喑学馆关闭的双重打击,汤普森始终没有放弃从事启喑教育的信念,决定继续把启喑事业坚持下去。于是她多方写信求助,致力于启喑学馆的恢复和重建。在她的努力下,她曾工作过的罗切斯特聋哑学校同意提供帮助,但是要求汤普森必须放弃传教工作,将全部精力投入到启喑教育中,并建议将校址由蓬莱迁往烟台市区。汤普森答应了罗切斯特聋哑学校的要求。利用罗切斯特聋哑学校的有限资助以及陆续获得的国外捐助,1898年5月汤普森在烟台租借了两间平房,因陋就简,重新恢复了烟台启喑学馆。

1900年,汤普森利用丈夫死后获得的人寿保险基金和自己的全部积蓄,并从银行贷款,在烟台东山海滨购地建新校舍。新校舍的环境很适合聋哑儿童的学习、生活和训练。为了解决学校的经费问题,汤普森设法多方筹措,还远赴欧美各国游说。通过她的努力,美国各地聋哑学校的师生以及其他国家热心聋哑教育的人们纷纷伸出援助之手,给予各种形式的捐助。利用这些捐助,汤普森逐步扩充了学校。1912年,烟台启喑学馆划归美国北长老会负责。② 由此,烟台启喑学馆有了较为稳定的经费支持。

汤普森为了更好地办理启喑学馆,邀请了自己的外甥女卡特(Anita E. Carter)来华协助她。卡特(中文名葛爱德)当时在美国卫生部工作。1906年,卡特放弃了美国卫生部的工作只身来华,在来华之前,她做了一定的准备,"专门学习了聋哑人使用的'布莱尔(Braille)和贝尔(Bell)的

---

① 王立夫. 烟台启喑学堂简介[A]. 山东烟台政协文史资料委员会. 烟台市文史资料[C]. 烟台:烟台市政协文史资料委员会,1982(1):197.

② D. MacGillivary. The China Mission Year Book[M]. Shanghai:Christian Literature Society for China,1917:230.

可见语言(Visible Speech)符号',并学习了汉语,以便使自己能够胜任和更好地完成这些工作"①。卡特的到来,为烟台启喑学馆的发展作出了贡献。1907年,卡特在汤普森的协助下开设了女生部,招收聋哑女童入馆学习,这使得启喑学馆真正成为为全体聋哑儿童服务的机构。卡特还重新制定办学章程,共分12项,对办学宗旨、教学内容、学生入学年龄、日常生活安排、学杂费等问题均作了详细规定。学馆被正式命名为"烟台启喑学校"。

学校一般招收6岁之前的儿童入学,但也不拒绝12岁以上的孩子。在教学方面主要做三件事:教给他们一种用言语或文字同伙伴交流的方法;教会他们一些有用的手工艺或训练他们成为可以管家的人;教给他们一些人生责任的观念和救世的知识,所有课程都尽可能贯彻这些宗旨。学生的教材都来自美国聋哑学校,课程设置也依据美国一些最好学校的计划:头两年主要教讲话、读唇,以及使用语言的能力和书写,而后才依照正常学校的课程进行编排。②学校还开设手工课程,聘请专门老师教学。女生部主要开设有缝纫、刺绣、编织、花边等课;男生主要学习木工、农作、手工、烹饪等。学校为男生部购买了编织机器,教学生学习模版工艺。学校还与上海商务印书馆建立了良好关系,为男学生提供学习打字的机会。

汤普森还希望通过宣传把启喑教育推广到全国各地。她一方面邀请人们参观学校,另一方面还带领学校师生到各地宣传、推广启喑教育。据记载:1908年冬,汤普森带领烟台启喑学校师生,先后访问了16座城市,召开了50多次会议,在3万多名中国人面前做了示范表演。聋哑学生所到之处,几乎都有官员参加会议,观看表演。活动收到了预期效果,既扩大了烟台启喑学校的影响,也引起了清政府乃至整个社会对聋童教育的关注。③

随着制度的完善和声望的传播,烟台启喑学校的规模不断扩大。到1923年,学校占地面积已经达到46亩,建有6座楼房和数十间平房,拥有76间教室,16间办公室,20间宿舍,而教学设备以及礼堂、食堂、游戏室、浴室等其他设施也一应俱全。④学生由最初只有1名,发展到1916年大约有60名学生正在接受或已经接受了烟台启喑学校的教育。从1898年到1926年,共有164名聋哑儿童在烟台启喑学校接受了教育和训练。在卡特主持校务期间,还开办了两届专门培养启喑师资的师范班,受培训的都是来自全国各地的听力正常学员,连一些重要城市如上海、汉口、天津、北平、成都、香港以及朝鲜等地都有人来学习。

### (二)近代聋人教育机构的初步发展

在烟台启喑学校等早期聋人教育机构的影响和宣传下,20世纪初中国出现了多所聋哑学校。例如:1911年秋天,烟台启喑学校接纳了一个聋哑学生的弟弟,他是一名听力正常的热心的基督教徒,因为想协助他的哥哥在杭州开办一所聋哑学校,所以专门来到烟台启喑学校学习。据称这位聋哑学生3年前就在杭州自己的家中开办了一所学校,之后他又重回到烟台启喑学校进一步学习,还带来了他自己的4个学生。杭州的这所聋哑学校在兄弟俩的共同努力下开办起来,资金全部来自杭州本地的教徒,完全没有依靠外国资金。⑤1914年,在烟台启喑学校、杭州聋哑学校等聋校就读的学生达到60人。⑥到20世纪20年代,各地建立的盲人教育学校近20所。至此,中国聋人教育初步确立。

---

① 曹立前.传教士与烟台启喑学校[J].烟台大学学报(哲学社会科学版),1999(2):71.
② D. MacGillivary. The China Mission Year Book[M]. Shanghai: Christian Literature Society for China,1913:405.
③ 曹立前.传教士与烟台启喑学校[J].烟台大学学报(哲学社会科学版),1999(2):73.
④ 曹立前.传教士与烟台启喑学校[J].烟台大学学报(哲学社会科学版),1999(2):72.
⑤ D. MacGillivary. The China Mission Year Book[M]. Shanghai: Christian Literature Society for China,1913:405.
⑥ D. MacGillivary. The China Mission Year Book[M]. Shanghai: Christian Literature Society for China,1915:542.

## 第 2 节　中国近代的特殊教育思想

在近代中国特殊教育筚路蓝缕、艰苦诞生的旅程中，来自国内外的一些特殊教育的先驱者们，不仅率先尝试创办了各类特殊教育机构，而且还对特殊教育进行了初步的理论思考，留下了宝贵的特殊教育遗产。本节重点分析张謇、傅兰雅等人的特殊教育思想，以展示近代中国特殊教育思想发展的面貌。

### 一、张謇的特殊教育思想

#### （一）张謇生平与教育活动

张謇（1853—1926），江苏南通人，字季直，晚号啬公，我国近代著名的实业家、教育家。张謇出生在一个农民兼小商人的家庭，自幼聪慧，后因家贫外出谋生。1885 年，他参加顺天乡试，中举人。此后 10 年，他四次赴京会试，屡试不中。1894 年，他再度赴京参加会试，考取状元，授翰林院修撰。当年发生的甲午战败对中国知识分子触动颇深。张謇在京城"目睹国事日非，京官朝吏不足与谋"，于是弃官不做，回到南通走上了一条实业、教育救国之路。在张之洞、刘坤一等官员的支持下，张謇招商集股在南通创办大生纱厂，1899 年正式投产。此后，他又相继创办了通海垦牧公司、上海大达轮船公司、南通天生港轮船公司、资生铁厂、榨油厂、面粉厂、电厂等 20 多个工厂企业，形成了我国近代著名的"大生工业集团"。

当然，张謇是传统的知识分子，经商显然非其终极追求，他的目标在于开办教育事业。在他看来，"窃维环球大通，皆以经营国民生计为强国之根本。要其根本之根本在教育"[①]。因此，张謇作为"农民出生的士人，商人当中的书生"，他办实业的目的就是"为了发展新式教育，只有在创办各级学校的活动中他才真正感到如鱼得水，志气发舒"[②]。在这种认识的支配下，张謇利用办实业的部分利润和向社会募捐所得，在南通创办了各种新式教育机构。1902 年，张謇创办通州师范学校，这是中国第一所师范学校；后来他陆续办起了女子师范学校、小学、中学、幼稚园、大学及职业学校等。据统计，张謇先后创办了 11 所师范学校、超过 17 所职业教育及训练学校、6 所女子学校、中学及国文专修科各 1 所，另外还有特殊教育及警政教育学校 6 所，极大地促进了南通地方教育的发展。[③] 此外，张謇还在南通开办了图书馆、博物馆、气象台、盲哑学校、伶工学校、剧场、公园、医院、养老院等慈善公益事业。在后期，虽然因其教育及慈善公益事业战线过长，远远超出了大生工业集团所能承担的负荷，但张謇对地方公益事业的热心仍然不减。张謇的生平与教育实践表明：他为中国近代教育、文化事业的发展作出了巨大贡献，是近代中国私人兴学史上当之无愧的第一人。不仅如此，他还在特殊教育方面做出了可贵的探索和思考。

#### （二）特殊教育实践

张謇在创办师范和中小学的过程中，就已经注意到盲哑教育了。1907 年，张謇在听说江苏按察使因其子不争气被捕而一气之下眼睛突然失明的事件后，就给这位按察使写信，希望他能学习美国的斯坦福，中国的叶澄衷、杨斯盛，捐家资十分之二三，兴办盲哑学堂。并在信中对特殊教育的意义进行了阐述："东西各国，慈善教育之一端也，教盲识字母，习算术，教哑如人。入其校者，使人油然恺恻慈祥之感，而叹教育家之能以人事补天憾者，其功实巨。"[④]但此事并没有得到

---

[①] 张謇.江苏教育总会咨呈江督、苏抚、宁苏提学司请开办实业教员讲习所文.张謇全集（第四卷）[M].南京：江苏古籍出版社，1994：90-91.
[②] 章开沅.开拓者的足迹——张謇传稿[M].北京：中华书局，1986：336.
[③] 苏云峰.中国新教育的萌芽与成长（1860—1928）[M].北京：北京大学出版社，2007：73-75.
[④] 张謇.致署江苏朱按察使劝兴盲哑学堂函.张謇全集（第四卷）[M].南京：江苏古籍出版社，1994：73.

这位朱姓按察使任何回应。

得不到官员的回应可以说原在张謇的预料之中,因为就中国教育当时的状况而言:"中国今日不盲不哑之人民,尚未能受同等之教育,何论盲哑?"①因此,张謇并没有因为没有得到按察使的回应,就放弃举办特殊教育机构的想法。相反,他加快了创办特殊教育机构的步伐。

1911年6月,张謇到山东参观了传教士创办的烟台启喑学校。回来后,他开始筹划建立盲哑学校。张謇在南通狼山北麓风景区的观音岩下,购地六亩,准备建设盲哑学校校舍。因经费不足,张謇曾登报卖字,他在启事中说:"今残废院、盲哑学校,建筑甫竣,而开办费绌,预计岁支,前三年亦需五六千元,旦旦而求人之助,不足济缓急也。而仆之力用于教育慈善者,又以途多而分,无已,惟再鬻字。有欲仆作字者,请必纸与钱俱,当按先后为次。苟不病,当日以一二小时给之,诸君虽略损费,然不论何人,皆可牛马役仆,又可助仆致爱于笃癃无告之人,而勉效地方完全之自治,使城南山水胜处,不复有沿途群丐之恼人,倘亦君之所愿闻乎。"②启事见报之后,"得到南通瞿氏捐六千元,另有病危顾女士捐遗产田一百亩"。经过3年多的建设,校舍初具规模,盲哑师资队伍亦已基本形成,狼山盲哑学校于1916年11月25日举行了开学典礼,张謇亲临学校主持了典礼仪式,为学校题了校名,并出任狼山盲哑学校第一任校长。该校是中国人自办的第一所盲哑学校,其创立的意义是深远的。

**(三) 特殊教育思想**

1. 肯定盲哑教育对于社会具有重要意义

特殊教育在当时仍然被视为是一种慈善事业,所以,张謇首先从实业、教育、慈善三者相互关系的角度来思考特殊教育的意义。张謇认为,慈善对于失教失养之民有重要的教养之功,对于整个国家的稳定有着重要的作用:"盖失教之民与失养之民,苟悉置而不为之所,为地方自治之缺憾者小,为国家政治之隐忧者大也。"③而实业、教育、慈善三者的关系是:"以为举事必先智,启民智必由教育;而教育非空言所能达,乃先实业。实业教育既相资有成,乃及慈善,乃及公益。"④之所以强调实业,是由于"自治须有资本",就此而言可称实业是地方自治的"根本",但实业的振兴与教育的发展不可分割,因而也不能忽视教育。慈善公益事业在三者当中的地位与作用虽处于最后,但同样不能忽略:"以国家之强,本于自治;自治之本,在实业、教育;而弥缝其不及者,惟赖慈善。"张謇不仅肯定慈善具有教育失教失养之民的功能,而且还认为它能够弥补实业、教育之不足,这为他创办特殊教育事业奠定了思想基础。

其次,张謇将盲哑等慈善教育视为改良社会系统工程的重要组成部分,这是他不同于以往慈善家的地方。1916年,在狼山盲哑学校典礼仪式上,张謇谈到设立盲哑学校的原因:"愚兄弟所以有此理想之感,发生于山路乞丐之多,为地方名誉之累,继考察此类乞丐中,有真穷而无告者,不穷而以为营业者。穷可悯也,不穷而以为营业,则诡薄无耻之人多,地方人士之羞也。由是计划残废院,而盲哑亦残废中之一类。"⑤可见,改造这种社会状况是他设立盲哑学校的初衷。他认为盲哑学校的建立对于地方自治能起到很好的作用,"夫人人能受教育以自养,则人人能自治,岂惟慈善教育之表见而已。此愚兄弟创设斯校之微旨也"⑥。

最后,张謇认为通过教育能使盲哑人获得自养的能力。张謇最初提出的盲哑学校的办学宗

---

① 张謇.致署江苏朱按察使劝兴盲哑学堂函.张謇全集(第四卷)[M].南京:江苏古籍出版社,1994:73.
② 张謇.为残废院盲哑学校鬻字启.张謇全集,第四卷[M].南京:江苏古籍出版社,1994:351-352.
③ 张謇.拟领荒荡地为自治基本产请分期缴价呈.张謇全集(第四卷)[M].南京:江苏古籍出版社,1994:406.
④ 张謇.谢参观南通者之启事.张謇全集(第四卷)[M].南京:江苏古籍出版社,1994:468.
⑤ 张謇.狼山盲哑学校开幕会上之演说.张謇全集(第四卷)[M].南京:江苏古籍出版社,1994:108.
⑥ 张謇.狼山盲哑学校开幕会上之演说.张謇全集(第四卷)[M].南京:江苏古籍出版社,1994:109.

旨是："为造就盲哑具有普通之学识,俾能自力谋生";后来,他在1929年盲哑学校的《章则》中又明确提出："以培养盲哑师资,造就盲哑使其具有独立自存之能力。"关于盲哑学校的目标,他提出三条：供给盲哑适应生活的知识；助盲哑人养成一种技艺,做生利的国民；增进盲哑享受社会娱乐的幸福,以减少其单调乏味生活之痛苦。① 当盲哑人都能自养、自存时,不盲不哑之人怎么还能依靠别人呢？"盲哑而能受相当之教育以自养,则凡不盲不哑,更不当为待养于人之人。"②

2. 重视盲哑教师的培养

在盲哑学校还未开办之前,张謇就考虑到了盲哑师资的培养问题。为了创办盲哑学校,他在1912年首先创办了盲哑师范传习所,为盲哑教育的开办培养合格的师资。张謇根据西方人口调查提供的数据分析,估计中国至少有80万盲哑人,可谓"盲哑累累,教育无人"！但当时中国的盲哑教育,"除英美德教士于中国所设之二三盲哑学校外,求之中国,绝无其所"③。设立自己的盲哑学校成为当时之急需,但设立学校所需之师资从何而来？若聘请懂得盲聋哑教育的外籍教师,"资重而不可以时得,权且不操于我"；而从现有学校中聘请教师,"恐亦难应我盲哑学校之分配",所以创办盲哑师范传习所成为主要的解决办法。

张謇认为盲哑教师与一般教师有所不同,除了他们应具备优异的专业成绩以外,慈爱心、忍耐心的具备尤为重要。他提出："盲哑教师苟无慈爱心与忍耐心者,皆不可任。"只有具备了慈爱心与忍耐心,才能"不至误我至可悯之盲哑,而儿童教育可期其发展"④。

3. 看到盲哑儿童教育之可能

张謇认为盲哑儿童只是眼不能看、口不能说,但其他感官、心智是正常的,这是盲哑儿童可接受教育的基本前提,"目与口以外官骸之知能,即同为天赋；则待养于人者,只目与口,其为心思手足,则皆可教也"。⑤ 他认为不应该把盲哑儿童的眼或耳的残疾泛化到其他感官,而通过正确的教育可以弥补盲哑儿童的缺憾,最终达到教育的目的："其始待人而教,其归能不待人而自养。"

4. 提供丰富的教育内容

正因为他肯定盲哑儿童具有教育的可能性,所以,他为盲哑儿童设置了内容丰富的课程。狼山盲哑学校设有盲部和哑部,学制均为4年。两个部都学习共同的课程,例如国语、常识、算术等普通文化知识。另外,盲部要学习盲文、音乐、凸字打字；哑部要学习说话、发音、手势、珠算。

张謇除了重视对学生进行文化技能教育外,还很重视对学生的德育培养,他亲自为学校写的校训是"勤俭",培养学生艰苦朴素的品德。为了加强体格锻炼,学校还置办了体育器材,供学生体育课上使用。

在张謇的特殊教育思想影响下,狼山盲哑学校卓有成效。开始学校仅招收学生4人,后招生逐年增加,学生的来源也很广。学生毕业后有从事盲哑教育的,有到报馆、书局担任打字印刷员的,基本都能自食其力。盲哑学校师生还积极参加社会活动,1918年,狼山盲哑学校的学生在公园剧场演出,颇受观众欢迎。《通通日报》曾报道："两种学生会演新剧一次,剧目为《普渡慈航》,颇为观众欣赏。"1925年上海掀起"五卅运动",盲哑学校师生素食节费,援助沪工,积极投入到声援五卅的爱国斗争中去,这是我国教育史记载盲哑学校学生参加政治活动的最早记录。⑥

在中国知识分子中,张謇是较早关注中国特殊教育并首先实践特殊教育的教育家。他对特

---

① 张兰馨.张謇教育思想研究[M].沈阳：辽宁教育出版社,1995：199.
② 张謇.狼山盲哑学校开幕会上之演说.张謇全集(第四卷)[M].南京：江苏古籍出版社,1994：108.
③ 张謇.筹设盲哑师范传习所之意旨.张謇全集(第四卷)[M].南京：江苏古籍出版社,1994：106.
④ 张謇.筹设盲哑师范传习所之意旨.张謇全集(第四卷)[M].南京：江苏古籍出版社,1994：106.
⑤ 张謇.狼山盲哑学校开幕会上之演说.张謇全集(第四卷)[M].南京：江苏古籍出版社,1994：108.
⑥ 张兰馨.张謇教育思想研究[M].沈阳：辽宁教育出版社,1995：199.

殊教育的认识不仅仅停留在使盲哑人获得自立、自养的能力上,而且还看到特殊教育对于一个地方自治、一个国家富强的意义。与此同时,他不仅是一个有理想的知识分子,更是一个脚踏实地、不畏艰险的实践者,这是他的特殊教育思想和实践留给我们后人最大的精神财富。

 **知识小卡片**

### 张謇筹设盲哑师范传习所之意旨(1912年)

知师范学校之重要而建设者,殆及于中国行省十之五六矣,则非残废之儿童,不患教师之无人。唯盲哑之儿童,贫则乞食,富则逸居;除英美德教士于中国所设之二三盲哑学校外,求之中国,绝无其所。考西国人丁册之调查,每千人中有盲哑二人;以此衡之,中国四万万人中,不将有八十万之盲哑耶?盲哑累累,教育无人,将欲延聘西师乎?资重而不可以时得,权且不操于我。欲求校中之可为师,恐亦难应我盲哑学校之分配。且各省语言不同,教授尤多阻碍。而盲哑教师与不盲哑教师,又有不同者,盖盲哑教师,苟无慈爱心与忍耐心者,皆不可任。固不纯恃学业之优,为已足尽教育之责也。计有师范传习以供合格之选,更以实地练习,以试其慈爱忍耐心之有无与厚薄,甄陶焉,推勘焉,或不至误我至可悯之盲哑,而儿童教育可期其发展乎?此盲哑学校未办之先,所以必设师范传习之要旨也。

(选自:张謇全集(第四卷)[M].南京:江苏古籍出版社,1994:106。题目系编者所加。)

## 二、傅兰雅、傅步兰父子的特殊教育思想

### (一)傅氏父子二人的生平与活动

傅兰雅(1839—1928)出生于英格兰肯特郡海斯镇的一个穷苦牧师家庭,1860年毕业于伦敦海伯雷师范学院(Highbury training college)。1861年(咸丰十一年)受聘于香港圣保罗书院担任院长。两年后受聘任京师同文馆英语教习。1865年(同治四年)转任上海英华学堂校长,并主编字林洋行的中文报纸《上海新报》。1868年,出任上海江南制造局翻译馆译员。傅兰雅在江南制造局工作了28年(1868至1896年),翻译了大量科学与工程学读本,经手翻译著作超过百种。他与其中国同事合作翻译科技书籍150部,合1000卷。① 1874年,他参与创办中国第一所科学学校——格致书院;1875年主编创办了近代中国第一份科学杂志——《格致汇编》。1877年(光绪三年),他被举荐为上海益智书会干事,从事科学普及工作。1896年,傅兰雅从上海动身回国度假,抵达美国后,被聘为加州大学东方语言文学教授,从此离开中国。他在华三十多年的事业,也画上了一个句号。傅兰雅是在华外国人中翻译西方科技书籍最多的人,在将19世纪西方科学引入中国方面,他成就巨大。但他在中国特殊教育史上也有独特的贡献,这一点还鲜为人知。

傅步兰(George B. Fryer,1877—?)生于中国,毕业于美国康奈尔大学,深受人本主义思想的影响,形成了尊重人的人格、个性、自由的教育观。1911年,他奉父亲傅兰雅之命前往加利福尼亚州盲哑学校、阿弗不罗克地方盲人学校和波士顿城帕金斯盲校学习和考察。同年,傅步兰到上海和父亲一道筹办盲童学校。1912年11月,上海盲童学校正式开学,傅步兰出任校长,他对这所学校倾注了大量心血和精力,对布莱尔盲文的引入、课程设置等都进行了精心的安排。1916年,傅步兰又创办了傅兰雅聋哑学校,担任校长。傅步兰调查和研究了当时中国的盲哑教育,并在此

---

① 张健伟.温故傅兰雅[J].中国青年报,2005-07-27(3)[2008-12-10].http://zqb.cyol.com/content/2005/07/27/content_1149489.htm.

基础上积极推进中国盲哑教育的发展。1931年4月傅步兰出席了在纽约召开的国际盲人会议,以非政府代表的身份,同与会的36个国家和地区的82位代表一起讨论,宣传了中国的盲人教育事业。1932年,傅步兰还在上海大夏大学开课讲授盲人教育,虽然只有9名学生,但对于推动盲人教育发展的意义不容忽视。傅步兰于1949年9月退休,次年4月离开中国。

**(二)上海盲童学校的特殊教育实践**

傅兰雅很早就有在中国办盲校的想法。暮年时他将自己的理想付诸实践。据黄炎培先生回忆,他在1915年游美时见过傅兰雅,并与傅兰雅进行过交谈。黄炎培在记述中谈到了傅兰雅所述办理中国盲人教育的原因:"在旧金山街道电车上我于人丛中偶然开一声口,一位美国老翁挤上来向我握手,用中国语表示欢迎,说,有事奉商,欢迎先生到我家谈谈。随老人去,自称名'傅兰雅',在中国担任翻译物理化学书几十年了。我回忆到他就是上海制造局老辈翻译'格致'书籍的——那时不称理化,称'格致',我初学还读他所译书的。老人说:'我几十年生活,全靠中国人民养我。我必须想一个办法报答中国人民。我看,中国学校一种一种都办起来了。有一种残疾的人最苦,中国还没有这种学校,就是盲童学校,因此我预命我儿子学习盲童教育,已毕业了,先生能否帮助我带他到中国去,办一盲童学校?'一席谈使我大感动。后来我帮助他在上海曹家渡办成一盲童学校,傅兰雅的儿子取名傅步兰,为校长,教盲童习字、手工,如制藤椅、织毛巾等等。后来日寇一度陷上海,傅步兰回国。现校归公立。"①

在黄炎培的回忆中,我们可以看到:傅兰雅自述想办理盲童教育主要是出于对中国的感恩之心。傅兰雅在中国生活了30多年(1861年来华,1896年离开中国),亲眼目睹了中国下层盲人的不幸遭遇。他曾经对当时少数收容盲人的机构有过评论:"为数既不多,而其设置供备尤不适当,甚至无益而有害。盲人身体上之苦痛或能略为减免,至于心理及精神上之苦痛,则从未加意及之者。"②但是黄炎培先生对上海盲校创办时间及傅步兰回国时间的回忆可能不太精确。实际上傅兰雅在1911年就开始筹备上海盲童学校的创办。而其儿子傅步兰也于同年到上海主持盲童学校的办理。1941年,傅步兰被侵沪日军关入侨民集中营,盲校被迫关闭,但傅步兰直到1949年9月才宣布退休,并于次年才离开中国回到美国。

1911年,傅兰雅捐出13亩地和6万两白银,委托文显理为首组成董事会筹建盲童学堂。傅兰雅当时年事已高,力不从心,于是他让自己的儿子傅步兰到美国专门学习盲童教育,并由他来办理盲童学校。同年,傅步兰到上海参与筹办上海盲童学堂,从此开始了他长达37年在中国从事盲童教育的生涯。1912年11月,他们租赁上海四川路176号民居作为临时校舍正式开办了上海盲童学堂。首批学生共有8人,分别来自苏州、宁波、镇江、南京、上海等地。1913年,根据执行董事会意见,选择上海西区忆定盘路(今江苏路)约12亩地作为新校址。傅兰雅再捐1万两白银。1915年,新校舍落成,随后学校迁入。在忆定盘路的15年,上海盲童学校得到了稳定发展,学生逐年增加,后来基本保持在40至50人之间。学校开设文化、音乐、工艺等科,设有幼稚园和小学部。经过发展该校已具备了一定的规模。

鉴于学校旧址地价升高,不利于学校规模的扩大,1929年,学校卖掉该地,并用所得10万两银子购新建校舍。新校舍于1931年落成,环境优美、校舍宽敞。1932年,学校开办女生部,招收女盲童入学。学校学制从幼稚园到初中,其中初小4年、高小2年、初中3年,与一般学校的学制一样。学校分为学校部和工艺部,课程分为文学科和音乐科。

盲童从该校毕业后,可到上海圣约翰中学随班就读,高中毕业后成绩优异者还可升入圣约翰大学及其他教会大学。在大学里,盲生除物理、化学等实验课不能学习外,其他课程与明眼学生

---

① 黄炎培.八十年来[M].北京:中国文史出版社,1987:80.
② 朱怡华.上海盲童学校历史调查简记[J].华东师范大学学报(教育科学版),1994(2):47.

一样。盲生与明眼学生同堂上课,他们用盲文记课堂笔记,用英文打字机答写考卷及作文。1929年,有一名盲生毕业获得了学士学位,成为中国现代教育史上获得大学学位的第一个盲人。该学生在大学期间的一切费用均由上海盲童学校负责。又如盲生王湘元在盲校毕业后入上海东吴大学攻读法律,后转入国立音乐学院专研提琴、乐理;1937年"七·七"事变后,他取道新加坡前往德国演讲关于音乐的各项原理;1942年在菲律宾荣获哲学博士学位,是现代高等教育史上获得博士学位的第一个中国盲人。再如自幼失明8岁入学的上海籍学生吴国彪,1934年盲校毕业后被保送进入圣约翰高中,因其天资聪颖,加之勤奋好学,不到两年便学完全部高中课程,以优异成绩毕业,1936年秋升入大学住读。1940年夏,他获得了文学学士学位,同年留学美国,入纽约盲校专攻盲童教育,同时在哥伦比亚大学师范学院主修教育学并获硕士学位。那时正值国内八年抗战期间,他为报效祖国,毅然绕道印度新德里等地返抵四川,投身战时的特殊教育事业。1944年暑假他应聘到成都盲聋哑学校,执教该校师资班盲文、盲童心理学和盲校教材教法等专业课,同时在流亡成都的燕京大学社会学系兼课,讲授教育学和盲童心理学。①

### 知识小卡片

#### 傅步兰对上海盲童学校的介绍

上海盲童学校由傅兰雅博士捐资成立。傅兰雅长期以来为中国教育事业的发展不懈地工作。一旦中国政府将对盲人教育做一些支助工作时,傅兰雅便希望上海盲童学校能成为一所示范学校,该校的师范部也能提供教师培训。傅兰雅博士对于在中国开办盲人教育机构的兴趣由来已久,直到1911年他认为时机成熟后才建立了盲童教育机构,该机构是在1912年11月才正式开始招生的。

现在该学校已经有注册生18人,一旦目前正在筹建的大楼完工之后,更多的学员将会招收进来。以前因为缺乏足够的教室,只招收男童,在不久的将来女生部也会成立。

该机构具有明确的教育性,只招收智力正常、能接受教育的盲童,一般这些学生毕业后都将回到生源所在地。在最初的四年教育中,他们将在四个方面得到均衡发展:工业技能、文化技能、音乐培养和身体锻炼。最后学生将在适合其发展的方面得到专门训练。

工业技能方面,目前该课程主要是训练学生的手和手指,这种类似的课程在普通的幼稚园也有。课程教学生制作绳索和带子,并开始制作芦苇卷帘,但是现在的问题是训练场地不够。

文化技能方面,目前学校所教授的科目与正常视力儿童学校的相同,这些课程都尽可能跟上普通公立学校所规定的要求。

音乐能力培养方面,学生要学唱75首左右的圣歌。并根据学生的能力,教学生用乐器学习演奏10到50首歌曲。

在身体锻炼方面,所有的学生都很喜欢体育活动。我们还从中华基督教青年会的体育主管处获得了很多帮助。盲校的男童们一天要有一个小时的单杠或哑铃训练,当然也有户外的体育活动,如跑步、跳高等。

该机构现由本文作者(傅步兰——译者注)管理,作者也得到强大的商人和传教士委员会的支持。

(George B. Fryer. Work Among the Blind of China. D. MacGillivary. // The China Mission Year Book,Shanghai: Christian Literature Society for China, 1914: 316-317. 题目为编者所加。)

---

① 辽宁黑夜日出网站.傅兰雅与上海盲校.[2009-04-05]. http://www.xiaocao.org/web/Article/ArticleShow.asp? ArticleID=2655.

### (三) 父子二人的特殊教育思想

**1. 傅兰雅提出了办理上海盲童学校的六项原则**

1911年傅兰雅出版了《教育瞽人理法论》，阐述了对盲人进行教育的方法。同年傅兰雅在给筹建盲童学堂董事会的委托合同中，提出了创办盲童学堂的原则，这集中体现了他的特殊教育思想。① 主要观点包括以下几点：

(1) 效法欧美盲童学校的教育方法和内容，教以用触觉读书写字，教以音乐，鼓励盲童参与游戏及娱乐；教以体操、演讲与出席各种集会的知识；教以各种工业与通信技术；教以谋生之法或做工以支给其费用之一部。

(2) 各门功课遵中国教育部之课程标准，均用中国文字教授，读音使用中国官话，盲文则采用由统一的布莱尔六点制中文盲字音符。

(3) 学堂实施基督教新教教育，但不强迫盲童信教，如学生的父母或监护人有明确的意见，可以免除宗教教育和每日祈祷。

(4) 委任其子傅步兰为学堂监督及总教，并责令其速赴美国，以一年时间学习管理盲童学堂及聋哑学堂的方法，返沪后立即开班接受盲童入学。

(5) 盲童学堂是慈善事业也是宗教事业，凡从事盲童教育事业者，包括傅步兰，均应有献身精神，他们的薪水应与中国执行宗教事业者略同，不得靡费。入学盲童，应每月出一定费用。对特别贫苦者，学校应免费为其置备住宿与衣物（实际上均由学校向社会劝募，为贫苦学生缴付费用若干，直至离校为止）。

(6) 为了使更多的中国盲童得到应有的教育，希望学堂能成为培养盲童教育师资的师范学堂，为更多的盲人教育机构提供教师。如学堂办成有效，准备增设聋哑科，更希望中国政府和慈善家们参与、支持学堂在各地设立分校。

傅兰雅关于上海盲童学校的六项原则，其基本精神是立足中国实际、吸收西方特殊教育经验，同时重视盲童学校的管理、师资等制度建设，这可以说是办好当时中国特殊教育的不二路径。

**2. 傅步兰的特殊教育思想**

作为上海盲童学校的直接负责人，傅步兰在其特殊教育的学习经历及长期从事盲童教育的过程中，形成了比较完整的特殊教育思想，对中国特殊教育的实践和理论的丰富和发展起到了重要作用。傅步兰的特殊教育思想主要表现在以下几个方面。

(1) 重视盲童独立性的培养

傅步兰认为盲童比一般正常人更需要教育以使他们能够自立于社会。他说："儿童由于失明或仅有一些残余视力而被排斥于一般学校的门外"，其实"他远比其他正常的人更需要教育，由于他失却了第五官能，更需要充分发挥保育的其他四种官能的作用，用以补偿失去的官能，这是需要训练的"。② 对于盲人教育，傅步兰认为培养他们的独立性最为重要，因而若把盲人看成是施舍的对象，是不能使盲人独立的。盲人不是施舍的对象，他们是同样应受到尊重的社会成员。傅步兰认为盲童教育事业就是要"恢复他们生来就有的权利和自由"，"造就一批有自尊心的残而不废的公民来"。③ 他将此作为其从事盲童教育事业的信念，并不断地向公众宣传，使世人改变对盲人的看法，支持盲人教育的实施。

上海盲童学校的办学宗旨是，"因学生能力之所及，授予完全之教育"，使之"毕业后能支持其

---

① 朱怡华.上海盲童学校历史调查简记[J].华东师范大学学报(教育科学版),1994(2):48.
② 朱怡华.上海盲童学校历史调查简记[J].华东师范大学学报(教育科学版),1994(2):49.
③ 朱怡华.上海盲童学校历史调查简记[J].华东师范大学学报(教育科学版),1994(2):49.

生活的全部或一部",成为"独立可敬之国民及社员"。① 为了达到这一目的,入学的前几年学校主要是教给学生一般的基础知识,形成他们正常的心理素质和独立生活的技能,在此基础上,后面几年主要教给他们谋生的能力。傅步兰认为应该根据盲童的思维特点和思维观念,进行独立人格的培养,使他们能在早期形成正常人的心理品质。根据盲童特点,傅步兰重视通过利用眼睛以外的其他器官的训练来弥补视觉器官功能的缺失,他认为盲童的手指和听觉比常人更加敏锐,通过科学的方法加以训练,可以使它们最大限度地发挥作用。

(2) 完善盲童学校的课程设置

为了实现培养盲童独立性的目的,针对盲童的特殊生理状况,傅步兰将学校的课程分为五个部分:

第一,起居。训练盲童掌握自己穿衣、整理床铺、管理衣物等日常生活技能。这是盲童成为独立人的基本要求。同时还要训练盲童清洁、守时、礼貌等文明习惯。学校订有作息时间表并严格要求执行。

第二,手工。这是课程中最重要的部分。通过训练盲童的手指,使他们学会专心于某项工作,也是一种修身养性的方法。开设的手工课有:木工、钉板、折纸、剪纸、编织、黏土工等。

第三,体育。一般盲童体质都较弱,提高他们的身体素质是有效学习的前提。体育锻炼的项目有:哑铃操、棍棒操、民间舞蹈、中国拳术以及跳高跑步等,户外活动与散步也很受重视。经过几年的积累,学校还形成了一套盲童的体育教材。

第四,文化。盲童学校按照教育部颁布的课程标准开设课程,并使用相同的教材。统一采用布莱尔点字盲文。该校的英语课程比一般学校要受重视,盲童从幼稚园就开始接触英语。学生在盲童学校学完小学后可以进入圣约翰大学附中及大学部。对于那些跟不上班级进度的盲童,傅步兰都要求其退学,因为他认为:"我们的目的是训练和教育,而不是提供生活场所。"②

第五,音乐。盲校对音乐教育非常重视。傅步兰认为盲童比明眼人具有更好的音乐才能,音乐是他们创造美、表达美的重要途径,也可能成为他们谋生的手段。学校开设有声乐、风琴、钢琴等课。

除此之外,学校还尽可能地通过各种渠道丰富学生的生活,开拓他们的视野。盲童们曾有机会到实验室听关于声、光、化、电的讲解。学校还邀请了一些外籍教师来学校给孩子们做讲座,盲童们每星期举行一次辩论会探讨他们感兴趣的事情。学校通过这一系列的课程与活动来帮助形成盲童健康的心理品质,并培养盲童的独立性。

(3) 重视盲童的职业教育

傅步兰认为学校的宗旨是培养将来独立、可敬的公民,所以若不使学生掌握一定的社会生存能力与技术,那就没法实现学校的办学目的。傅步兰还认为在与明眼人的职业竞争中,手工艺工作对于盲人来说,可能比任何其他工作更有利一些。盲童学校设有工艺部,主要训练学生进行藤制家具、篮筐的制作。这些手工艺样式多样,做工精细,受到各界人士的喜爱,还销往美国、英国等其他国家。

(4) 重视盲童师资素质的培养

上海盲童学校的教师大多都是明眼人,为此对教师的培训成为傅步兰关注的重点。他认为盲童教师必须要有正确对待盲童的教育观点,否则不能真正提升对盲童的教育。他说:"教育者,适合于环境之整理也。盲人之环境,既与有目者不同,则所以整理之方法,亦因之而异。"这里的"环境"指盲童独特的心理特点。他说:"吾人于教育盲童之前,须知一根本原则,原则为何,即

---

① 朱怡华.上海盲童学校历史调查简记[J].华东师范大学学报(教育科学版),1994(2):50.
② 朱怡华.上海盲童学校历史调查简记[J].华东师范大学学报(教育科学版),1994(2):51.

知盲童之心理是已,照盲童之思想以思想,依盲童之观察以观察是已。"①他认为盲童教师面对的最大困难是,大多数教师不懂得盲童心理学,不去体会盲童是怎样认识周围环境和社会的,他们往往按照经验或者用教育明眼儿童的方法去教育盲童,这样可能很难取得好的效果。为此,傅步兰开办了盲童师资培训班,向有志于盲童教育的教师们讲解盲童心理学、特殊教育方法、盲字的来源与构造等课程,以培养合格的盲童师资力量。

1917、1927、1937年傅步兰借回国休假期间,对英美盲人教育做了进一步的考察,并通过与其他国家的盲人教育工作者的交流与谈论,加深了他对盲童教育的认识。另外,傅步兰也将中国的盲童教育向国外展示,使得国外也了解到中国特殊教育的情况。

 **本章小结**

本章主要将西方近代意义上的特殊教育在中国的传播和发展向读者做了介绍。一方面,清末一批曾踏上西方国度的中国知识分子,对西方的盲聋哑教育的关注和记载,让国人了解了西方的特殊教育;另一方面,西方传教士在中国开办的特殊教育机构,则让中国人目睹了特殊教育的办理。在传教士创办的特殊教育机构的影响下,中国自己的特殊教育机构得到了创立和发展。张謇作为中国的实业家,看到了盲聋哑教育对于整个社会的积极作用,并开办了中国第一所由国人自办的盲聋哑学校。傅兰雅、傅步兰父子开办的上海盲童学校则集中反映了他们的特殊教育思想。从机构的建立到思想的展开,近代中国特殊教育的雏形基本确立。尽管特殊教育的这一雏形还相当稚弱,但意义不可小视。

 **思考与练习**

1. 中国最早由传教士开办的盲校和聋校分别是哪两所?各有何影响?
2. 中国最早的盲文是什么?有何特点?后来是怎样发展的?
3. 中国聋哑学校的发展是如何受到烟台启喑学校影响的?
4. 中国人自办的盲哑学校是哪所?试分析其创办人的特殊教育思想。
5. 分析张謇的特殊教育实践和特殊教育思想。
6. 简论傅兰雅父子的特殊教育思想。

---

① 朱怡华.上海盲童学校历史调查简记[J].华东师范大学学报(教育科学版),1994(2):53.

# 第3编 特殊教育的发展

第二次世界大战以来,在全球政治、经济、文化等领域发生巨大变革的背景下,世界特殊教育进入了新的发展时期,其主要标志是各国特殊教育的规模扩大、体系逐步完善、法律法规逐步建立健全,法制化背景下的现代特殊教育体系得到普遍建立。本编将对这一发展时期各国特殊教育制度和思想的变迁历史进行研究。

本编共分为五章:第8章"欧洲现代特殊教育的发展",主要研究英、法、德、苏联、东欧等国家和地区现代特殊教育的发展历史。第9章"北美现代特殊教育的发展",主要梳理北美两个国家特殊教育的发展历史。第10章"日本和印度现代特殊教育的发展",主要研究日本、印度这两个亚洲国家现代特殊教育的发展历史。第11章"国外现代特殊教育思想",主要分析蒙台梭利、马卡连柯两位思想家的特殊教育思想。第12章"中国现代特殊教育的发展",主要研究辛亥革命后至1949年中国现代特殊教育的发展历史。第13章"中华人民共和国的特殊教育",主要研究1949年以后我国当代特殊教育的发展历史。

## 第8章 欧洲现代特殊教育的发展

学习目标

1. 了解影响英国现代特殊教育发展的重要法规。
2. 理解《沃诺克报告》的内容及意义。
3. 理解法国战后特殊教育的发展。
4. 理解德国战后特殊教育的发展。
5. 理解苏联战后特殊教育的发展。
6. 了解东欧战后特殊教育的发展。

欧洲是特殊教育的发源地,第二次世界大战以后,欧洲政治、经济、社会以及教育等领域都发生了巨大变化,特殊教育获得了迅猛发展的契机。在英国,《1944年教育法》对特殊儿童教育的发展起到了重要的指导作用;1978年的《沃诺克报告》,有力地促进了特殊教育向一体化方向发展,成为英国特殊教育发展史上重要的里程碑。在法国,《朗之万-瓦隆计划》以及1975年颁布的《残障者照顾方针》等,促进了法国现代特殊教育的发展。在西德,自20世纪60年代以来,特殊教育得到了发展。苏联在取得反法西斯战争的胜利后,特殊教育随着国家的发展,也进入了恢复与发展阶段。二战后的匈牙利、捷克斯洛伐克、波兰等国政府,均重视对特殊教育的支持,促进了东欧诸国特殊教育的现代化。欧洲各国现代特殊教育的发展历史,可以从一个侧面反映出现代世界特殊教育的发展状况。

## 第1节　英国现代特殊教育的发展

英国是特殊教育发展起步较早的国家之一。自 17 世纪以来,英国就先后出现了对特殊人群的训练和教育的实践。英国早期的特殊教育,强调对残疾人和犯罪儿童进行宗教上的改良和社会生活技能上的提高,主要由宗教改革家们承担,具有鲜明的英国特色。正如英国教育家邓特所说:"宗教和教育是不可分割的,都无可争辩地是教会的职责。这一传统在英国一直延续到今天。"[①] 1870 年,在英国制定的《初等教育法》中,没有具体提到特殊教育。只有在进入 20 世纪后,英国特殊教育才获得了法律上的支持,取得了巨大进步。英国特殊教育的发展历程大致经历了特殊教育时期、一体化时期和全纳教育时期三大阶段。

### 一、20 世纪上半期的英国特殊教育

#### (一) 特殊教育发展概况

直到 20 世纪,英国特殊教育仍然实行与普通教育平行的二元教育体制,特殊教育与普通教育相互隔离。理由很简单,当时人们普遍认为特殊学生不能适应普通学校的学习。但是,这种相互隔离的学校教育模式在 20 世纪受到了挑战,"隔离体系让孩子们害怕、无知、产生偏见"[②]。客观地说,在特殊学校中,学生只在同质群体里组成关系网络,在一个封闭的环境下进行社会化训练,养成的只能是一种残缺、封闭、狭隘的文化。特殊学校的学生在这种文化和群体中生活,缺少对外面世界的了解,增加了融入外界社会的困难。英国社会学家鲍曼(Zygmunt Bauman,1925— )指出:"那个使我身处其中感到无拘无束的群体也限制了我的自由——使我为了自由而依附于它。只有在这个群体之中,我才能充分行使我的自由……我被调教得很好,适应我所需的群体的行为条件,这限制了我在许多不属于我的群体范围内的行动自由。"[③] 英国特殊教育领域存在的上述问题,引起了人们的思考,改革和发展特殊教育的呼声日益高涨。

1906 年,苏格兰通过缺陷儿童教育法;1913 年,英格兰、苏格兰及威尔士通过心理缺陷儿童教育法;1937 年,英格兰和威尔士通过了聋儿教育法。这一系列法案的通过,促进了英国特殊教育的发展。但 1944 年之前,英国地方教育当局对特殊教育所承担的职责仅限于:查明由于心智缺陷或身体缺陷,而不能在普通公立初等学校接受适当教育的儿童;为有严重癫痫病而不适宜去公立初等学校学习的儿童提供特殊学校;并且,这种查验的范围仅限于 5 岁及 5 岁以上的残疾儿童;地方教育当局所提供的特殊教育设施也只为 5 种类型的残疾儿童——盲、聋、身体缺陷、心理障碍和患癫痫病的儿童服务。直到 1944 年,英国通过了新的教育法,英国特殊教育才开始向一体化阶段迈进。

#### (二) 《1944 年教育法》与英国特殊教育

1944 年 8 月,英国议会通过了由巴特勒(Richard Butler,1902—1982)提交的一份议案,即《1944 年教育法》(又称《巴特勒法案》)。该法案详细论述了中央教育行政管理、法定的公共教育制度等各项内容,成为"一个对现代英国教育发展具有很大影响的教育法令"[④]。在这份法案中,有关特殊儿童的条款比以前颁布的各种法规都有了很大进步。《1944 年教育法》中有关特殊教育的主要内容有以下几方面。

---

① 邓特.英国教育[M].杭州大学教育系外国教育研究室译.杭州:浙江教育出版社,1987:1.
② 黄志成.全纳教育——关注所有学生的学习和参与[M].上海:上海教育出版社,2004:46.
③ 齐尔格特·鲍曼.通过社会学去思考[M].高华,等译.北京:社会科学文献出版社,2002:4.
④ 滕大春.外国教育通史(第五卷)[M].济南:山东教育出版社,2003:154.

1. 由地方教育当局设立特殊学校

《1944年教育法》第8条第2款第3项规定：各地方教育当局在完全负起提供足够数量的学校的责任时，要特别注意：必须确保为身体缺陷或心智障碍的学生设立特殊学校，或者提供特殊教育设施，即为每个残疾儿童提供适合他们特点的特殊教育方法。

2. 规定了接受特殊教育的对象

《1944年教育法》第33条第1款责成教育部部长：确定应受"特殊教育"的学生种类，并为各个种类的学生提供相应的特殊教育方法。具体来说，缺陷儿童包括如下10类[①]：(1)盲童：指完全失明、视觉缺陷或缺陷可能导致需要接受不必使用视力的特殊方式教育的儿童。(2)视觉障碍儿童：指由于视觉缺陷，不能接受普通学校的常规教育（否则将损害他们的视力或不利于他们受教育）、但能通过使用视力的特殊方式接受教育的儿童。(3)聋童：指因完全失去听力或者听觉严重障碍，而需要接受为丧失习得说话或言语能力的所使用的教育方法的儿童。(4)部分听觉障碍儿童：指具有一定的习得说话和言语的能力，虽不完全需要聋童的教育方法，但由于听觉障碍需要为其教育做特别安排或提供特殊教育设施的儿童。(5)弱智儿童：指由于能力有限或其他情况导致学习上的迟钝，需要全部或部分接受某种特殊方式的教育、以代替普通学校常规教育的儿童。(6)患癫痫病的儿童：指由于患有癫痫病而不能接受普通学校的常规教育，否则将不利于他们或其他学生学习的儿童。(7)心理失调儿童：指表现出明显的情绪不稳或心理紊乱现象而需要接受特殊教育以调理个人对社会或教育的适应能力的儿童。(8)身体缺陷儿童：指不仅患有视力、听力缺陷，而且还由于其他疾病或身体伤残，不能令人满意地在普通学校中接受常规教育，否则就会损害他们的健康，或不利于他们教育上的发展的儿童。(9)身体羸弱儿童：指不能划入上述几种类型，但由于身体羸弱而需要改变环境，或是接受普通学校常规教育就会损害他们的健康或不利于他们在教育上的发展的儿童。

3. 保障特殊儿童的教育权利

《1944年教育法》第34条第1款规定各地方教育当局的法律职责是："查明在它的管辖地区内有哪些儿童需要接受特殊教育。"并且还规定：为了履行这一法律职责，地方教育当局被授权担负这一职责的官员可用书面形式通知任何已满两周岁的儿童的父母，要求他们让孩子接受行政当局指派的医务人员的检查，以便了解孩子在身体或心智方面是否患有某种残疾，并确诊这些残疾的性质和程度……没有正当理由但又不执行这一要求的家长，应"即时定罚，判处不超过5英镑的罚款"。[②] 此外，该法第34条第2款还规定：如果年满两岁的儿童的父母请求他们所在地方教育当局给孩子做前面所提到的那种医疗检查，除非当局认为这种请求是不合理的，否则就应该同意这种请求。

《1944年教育法》颁布后，英国特殊教育发生了很大的变化。特殊学校一般由各地方教育当局、自愿团体和医院创办，其中绝大多数是由地方教育当局创办的。在1944—1971年之间，特殊学校的数量增加了一倍。随着特殊学校规模的扩大和设备的改善，在对缺陷儿童的诊断、教育、训练以及治疗等方面也取得了较大的进步。

1944年后，英国的政策规定：缺陷儿童都应该在普通学校学习，除非他们的缺陷使之行不通，或既不利于他们自己、又不利于其他学生。"缺陷儿童，只要可以在普通学校顺利地接受教育，就不应送他们进特殊学校。"[③]但在这一进程中，英国人对残疾儿童进入普通学校学习存在很大的争论。直到进入20世纪70年代后，这种争论才逐渐被一体化的进程取代。

---

① 顾明远.世界教育大系·英国教育[M].长春：吉林教育出版社，2000：605-606.
② 邓特.英国教育[M].杭州大学教育系外国教育研究室译.杭州：浙江教育出版社，1987：109.
③ 邓特.英国教育[M].杭州大学教育系外国教育研究室译.杭州：浙江教育出版社，1987：112.

## 二、《沃诺克报告》与英国特殊教育的发展

### (一)《沃诺克报告》的出台

1974年,英国工党重掌政权,为特殊教育一体化的发展提供了新的契机。在工党的教育改革中,出台了《1976年教育法》。该法第6款第10条明确规定,支持把残疾儿童放在普通学校接受教育的做法。这是英国教育立法中第一次明确对残疾儿童进入普通学校接受教育的权利予以立法保障。

1974年,英国政府根据当时任教育和科学大臣、后来任首相的撒切尔夫人等人的建议,任命了一个以沃诺克夫人(Helen Mary Warnock,1924— )为主席的调查委员会(简称沃诺克委员会)。该委员会是英国历史上政府所任命的第一个可以调查所有残疾儿童教育情况的委员会,有正式成员27人,他们都是有关方面的专家。该委员会的主要任务是:检查英格兰、苏格兰和威尔士为身体或心智残疾的儿童及青少年所建的教育设施,考虑他们在医疗方面的各种需要以及他们就业的准备问题;此外,还要考虑到为达到上述这些目的,如何最有效地使用财力、物力的问题,并提出各种建议。①

该委员会经过数年的工作,于1978年3月向政府提交了题为《特殊教育的需要》(*Special Educational Needs*)的报告,即《沃诺克报告》(*Warnock Report*)。该报告分为19章,加上有关附录,总共近400页,所谈问题涉及英国特殊教育的历史背景和范围、残疾儿童的鉴定和评价、普通学校中的特殊教育、特殊学校中的特殊教育、家长在特殊教育中的作用、对残疾儿童的职业指导、特殊教育的课程设置、不同残疾儿童的需要、特殊教育的师资培训、为特殊教育提供的各种服务设施、对特殊教育的研究、特殊教育的工作重点等。该报告对英国的特殊教育做了全面的评价,并提出了一系列的建议。

### (二)《沃诺克报告》对特殊教育的建议

1. 提出"特殊教育需要"的新概念

报告对《1944年教育法》所规定的10种特殊儿童的分类提出异议,主张用"特殊教育需要"来取代传统的分类,传统的"残疾"分类应该废止。报告指出:儿童的特殊教育需要既包括那些因身体的、感觉的、心理的缺陷或情感上、行为上的失调所导致的对教育的地点、内容、时间或方法的特殊需要,也包括其他所有有某种困难的学生对教育的某种特殊需要,以上这些需要既可以是贯穿整个受教育时期的,也可以是短时期的。因此,"特殊教育需要"概念的提出,扩大了特殊教育的范围。沃诺克委员会还认为,先前的10类特殊教育太狭窄了,因为从某种意义上来说,每个儿童对教育的需要都是"特殊的",几乎每个儿童都经常会面临各种各样的困难,这些都需要某种形式的特殊教育。报告指出:英国平均大约1/6的儿童在整个受教育阶段、大约1/5的儿童在某一特定阶段需要某种形式的特殊教育。在城市中,由于环境中的某些不利因素,有特殊教育需要的儿童的比例要高于农村。报告要求普通学校提供有效的特殊教育,把特殊教育措施与每个儿童的特殊教育需要联系起来。

该报告对"特殊教育需要"的概念、含义和意义反复做了阐述。① 在新的概念背景下,不仅关心有严重缺陷的儿童,也关心需要任何形式的特殊教育的所有儿童;他们需要帮助的范围可能很大,从专家服务机构的持续辅助——包括为具有多种严重缺陷的儿童开办的在特殊学校里的强化教育计划,到由受过特殊训练的教师为一个有轻微学习困难的儿童提供部分时间的帮助。② 有关特殊教育的概念要比传统的特殊教育概念宽泛,后者是指适合于特定类别儿童的一些特

---

① 邓特.英国教育[M].杭州大学教育系外国教育研究室译.杭州:浙江教育出版社,1987:120.

殊方法；而现在的概念则超越了在特殊学校、特殊班级或特殊小组为特定类别的残疾儿童提供教育的界限，它包括对残疾儿童从出生至成熟、用任何形式帮助他们战胜教育上的困难，无论这些帮助是在何时与何处提供的。③ 特殊教育需要的性质和范围、对在学校学习中可能有这类需要的儿童数量的估计等，是一个范围很大的特殊教育的概念，它超出了目前所使用的任何特殊教育的概念。④ 这一概念并不只限于特殊的教育方法或特殊的儿童，也不是指特殊教育的学校环境；在这个广义概念下，绝大多数需要特殊教育的儿童，都将留在普通的中小学校里。⑤ 关于特殊教育的上述新的看法，包含了整个范围和各种形式的额外帮助，无论是在哪里提供，也无论是全日制还是部分时间制，只要儿童在其帮助下能够战胜教育上的困难，不管这些困难是怎么造成的。那些以前曾被认为是捣蛋鬼的情绪失常或行为失常的儿童，以及那些被认为需要矫正而不是特殊教育的儿童，实际上都需要特殊教育。①

2. 主张实行一体化教育

沃诺克委员会接受了"一体化"（Intergrated）的教育主张。报告认为，绝大多数残疾儿童可以而且应该在普通学校就读。报告提出了一体化教育的三种形式：从场所的一体化，到社交的一体化，再到功能的一体化。分述如下②：① 场所的一体化。是指提供特殊教育的物质场所一体化。即在普通学校里设立特殊班级或特殊单位，或一所特殊学校和一所普通学校共用一个校舍。报告认为，这可能是最弱的联合形式。即便如此，这种一体化形式的益处仍然显而易见。如在儿童去特殊班级或特殊单位上学的情况下，他们的家长可能仅仅因为孩子能在普通学校上学这个事实而受到鼓舞；当有某种能力丧失或有严重困难的儿童发现自己能够与同龄伙伴上同一所学校时，他们会感到高兴；而且普通班级的儿童有机会认识有特殊需要的儿童，有机会观察和他们年龄相仿的特殊需要儿童的行为。报告还提醒人们，只有细心规划对特殊班级和普通班级教室的安排，才可以促进产生这些结果。② 社交的一体化。即参加特殊班级或单位的儿童和其他儿童一起用餐、游戏和交往，可能还和其他儿童一起参加有组织的课外活动。③ 功能的一体化。即只有在有特殊需要的儿童与他们的同伴由场所一体化和社交一体化发展成一起参加教育活动时才能取得。报告认为，这是最充分的一体化教育形式。

报告认为，一体化教育的上述三种形式并非是孤立的，而是相互联系和重叠的，是一种持续的过程。不仅每种形式本身都是有效的，而且它们也代表了三个渐进的阶段。对于这三种形式，该报告还运用了普通学校中对有缺陷儿童的特殊教育的各种类型来进一步加以说明，这些类型有：全日参加普通班级的教育，接受必要的帮助和辅助；在一个普通班级上学，有几节课在特殊班级或特殊单位或其他辅助特殊儿童的基地中进行；在一个特殊班级或特殊单位学习，有几节课在普通班级学习并且完全参加这所普通学校里的一般学校生活和课外活动；全日参加特殊班级或特殊单位的学习，与所在学校保持社交接触。报告同时建议，在普通学校里，负责有特殊教育需要的儿童的教师与学校的其他教师必须密切联系。

3. 要求继续办好特殊学校

沃诺克报告指出，在推行一体化教育的同时，必须继续办好特殊学校。这些特殊学校的对象主要是以下三类儿童：一是具有严重或复杂的身体、感觉器官或智力障碍的儿童，对他们的教育需要有特殊的设施、教学方法或专门的知识与技能，而所有这些在普通学校都难以具备。二是具有严重的情感或行为障碍的儿童，他们很难处理好与别的儿童的关系，或者是他们的行为在普通学校可能会引起混乱或妨碍别的儿童的学习与进步。三是虽然身体的残疾并不严重，但在普通学校表现不佳的儿童，他们在特殊学校的环境中可能会学习得更好。报告认为，特

---

① 瞿葆奎.教育学文集·英国教育改革[M].北京：人民教育出版社,1993：422-426.
② 瞿葆奎.教育学文集·英国教育改革[M].北京：人民教育出版社,1993：427-428.

殊学校一般应分为初等特殊学校(小学)和中等特殊学校(中学)。在个别情况下,也可办成中小学一贯制。

4. 加强特殊教育的师资培训

实行一体化教育要求广大的中小学教师(不仅仅是特殊学校的教师,也包括普通学校的教师)都要有特殊教育的有关知识。为此,沃诺克委员会提出要进一步加强师资培训的工作。

(1) 在所有师范教育中,都要包含"特殊教育要素"。其目的是:第一,使未来的新教师认识到,所有的学校教师都可能要参与帮助有特殊教育需要的儿童。第二,使教师能及早发现儿童的特殊教育需要所在。第三,使教师了解他们在特殊教育中所能够发挥的作用。第四,使教师懂得什么是特殊教育、了解特殊教育的各种形式等。第五,使教师了解特殊学校和普通学校中的特殊班级与特殊单位。第六,使教师懂得如何有效地与有特殊需要的学生家长打交道,使教师明确鼓励家长参与对学生的教育的重要性。第七,使教师知道在何时、何处去寻求工作中的特殊帮助。为了达到上述目的,还要使师范生掌握特殊教育的有关技能。

(2) 加强从事特殊教育工作的教师培养工作。根据有关规定,英国特殊学校的教师,除了受过普通的师资培训和具有普通的教师证书之外,还必须经过特殊教育的师资培训并持有特殊教育的教师合格证书。沃诺克报告提出:要进一步加强这方面的工作,要大力进行特殊学校师资的在职培训工作。还要在大学和其他高等教育机构设置特殊教育专业的硕士或博士学位课程,从而为想在这一方面继续深造的教师提供机会。该报告还建议,已获得特殊教育教师合格证书的教师的工资应高于一般教师,以鼓励和吸引更多的人从事特殊教育工作。

(3) 随着障碍学生接受继续教育的人数的增加,也有必要在从事继续教育工作的教师中普及特殊教育的知识和技能。此外,沃诺克委员会特别建议:要为有身体缺陷的人学习师范课程并在特殊学校和普通学校任教提供更多的机会。实践证明,盲人等残疾人从事特殊学校的教师工作非常出色,很受学生的尊敬和爱戴。

除上述内容外,沃诺克报告还就特殊教育需要的评估、缺陷学生接受高等教育、家长参与特殊教育等问题提出了建议。沃诺克报告发表之后,英国绝大多数的地方教育当局都在不同程度上按照报告的原则重新组建了特殊学校。有的特殊学校寻求和主流学校发展成一种更为密切的关系;有的特殊学校转变为"资源教室"并入主流学校;有的特殊学校成为一个灵活的"辅导基地";有的特殊学校解散,将学生全部融进普通班级。①

英国政府接受了该报告中提出的许多重要建议,并以此为依据,于1980年向议会提交了《教育中的特殊需要》白皮书,该白皮书广泛听取了社会各界的意见,对随后相应的教育立法产生了重大影响,推动了英国特殊教育的发展。

## 三、20世纪80年代以来的英国特殊教育

### (一)《1981年教育法》与英国特殊教育的发展

1981年,英国颁布了新的教育法,即《1981年教育法》(Education Act 1981),该法在对英国从隔离式教育到一体化教育再向全纳教育迈进的发展过程中具有里程碑式的意义。该法的内容主要有以下几方面。

1. 正式认可"特殊教育需要"的概念

《1981年教育法》正式用特殊教育需要取代了对残疾的传统分类办法,并规定,有特殊教育

---

① 王俊.英国全纳教育研究[D]:[学位论文].上海:华东师范大学硕士论文,2002:13. http://10.1.136.24/kns50/detail.aspx? QueryID=17&CurRec=3.

需要是指：与大多数同龄人相比,学习有较大困难的儿童；身有残疾不能使用普通教育资源和设施设备的儿童；存在以上两种情况或者没有得到特殊教育服务的儿童。《1981年教育法》颁布之后,学习困难儿童和残疾儿童之间的严格界限以及这种类型的儿童与所有儿童之间的严格界限即使没有完全消除,也是越来越不明显了。

2. 引入特殊教育需要的评估和鉴定

《1981年教育法》取消了一度受法律保护的给予特殊学校特殊照顾的旧制,引入了对特殊教育需要的评估与鉴定。满足儿童特殊教育需要的一项重要措施就是"特殊教育需要诊断报告"制度,拥有"诊断报告"的学生拥有享受"诊断报告"中所建议的特殊教育服务的权利。这样,无论残疾儿童进入什么学校,他们都可以得到适合他们特点的教育。

3. 规定了家长参与特殊教育的权利和程序

《1981年教育法》赋予家长可以就他们的孩子享受特殊教育服务进行咨询的权利和对地方教育当局对孩子的安置决定不服提出上诉的权利；同时规定,在不影响其他儿童的教育以及能有效利用资源的情况下,有特殊教育需要的儿童应尽可能地在普通学校接受教育。从而在法律上保障了一体化教育的推行。

到20世纪90年代初,英格兰和威尔士有168000名中小学生有特殊教育需要,占学生总数的2.1%,其中在特殊学校接受教育的仅占1.3%。在《1981年教育法》的贯彻过程中,一些弊端也逐渐地暴露出来了,主要弊端是：对特殊教育需要缺乏清晰的认识；学校和地方教育当局的责任划分不明确；对地方教育当局和学校贯彻《1981年教育法》无任何激励措施和保证制度；学生的进步情况和学校资源的可说明性也非常缺乏等等。[①] 这些都给一体化教育的开展带来了负面影响。

### (二) 20世纪90年代以来英国特殊教育的发展

1. 制定《特殊教育需要鉴定与评估实施章程》

1994年,英国教育部颁布了《特殊教育需要鉴定与评估实施章程》(以下简称《实施章程》),这个文件是根据1993年教育法案制定的,它阐明了对学校和地方教育当局成功实施全纳教育的期望,提出了在评定与满足儿童的特殊教育需要过程中,学校和地方教育当局应遵循的程序和准则。

《实施章程》提供了详细的教育服务模式以促进全纳教育实践的发展,这个模式有益于决定如何将最好的特殊教育服务提供给每个儿童,尤其是那些在普通学校中有特殊教育需要的儿童。《实施章程》建议学校和地方教育当局应该分阶段、有步骤地为有特殊教育需要的儿童提供特殊教育服务,它建议分五个阶段进行。但是,《实施章程》又提出只要学校的特殊教育服务计划能承认儿童需要水平的多样性、评估和满足需要的不同责任,从而提供多样化的教育服务形式就可以了,并不是坚持所有学校都要遵循这一特定的模式。儿童家长有权利并且《实施章程》也希望家长完全参与到特殊教育服务的所有阶段中。评估与满足特殊教育需要的前三个阶段是以学校为基础的,后两个阶段明确了学校与地方教育当局所承担的法定责任。详见表8-1"英国特殊教育服务的五个阶段"。

---

① 王俊.英国全纳教育研究[D]；[学位论文].上海：华东师范大学硕士论文,2002：14. http://10.1.136.24/kns50/detail.aspx? QueryID=17&CurRec=3.

表 8-1　英国特殊教育服务的五个阶段[①]

| 阶段 | 特殊教育服务的阶段步骤 | 组织者 |
| --- | --- | --- |
| 1 | 教师或辅助人员确定儿童的特殊教育需要,收集信息,与特殊教育需要协调人协商,采取早期行动 | 学校 |
| 2 | 特殊教育需要协调人协调特殊教育需要,与教师一起拟订个别教育计划 | 学校 |
| 3 | 特殊教育需要协调人向特殊教育需要方面的专家征询意见与建议 | 学校 |
| 4 | 地方教育当局考虑当前评估的需求,如果合适,制定一个多学科评估制度 | 学校与地方教育当局 |
| 5 | 地方教育当局考虑"诊断报告"的需要,如果合适,做出声明和安排,调控并监督特殊教育服务 | 学校与地方教育当局 |

与以前的法案不同,《实施章程》提出,特殊教育需要的鉴定与评估不仅要考虑儿童的特性,还要参考学校特殊教育服务的质量和性质。它促进了特殊教育需要评估的社会模式的形成。《实施章程》还要求从教职工中任命一位特殊教育需要协调人,其职责包括:① 学校特殊教育需要政策的日常运转。② 联络教师,并向教师提出建议。③ 协调为有特殊教育需要的学生提供的各种服务。④ 继续完善学生的《特殊教育需要诊断报告》,并核查所有的记录。⑤ 从业人员的在职培训。⑥ 与外部机构的联络等。在英国近年来用于教师专业发展的资金呈下降趋势的情况下,《实施章程》提出的特殊教育需要协调人制度是非常重要而及时的,这保证了一所学校中至少有一人专门统筹、协调和安排有特殊教育需要的学生的教育。

2.绿皮书:《为了所有儿童的成功:满足特殊教育需要》

1997 年 10 月,英国教育与就业部发表了题为《为了所有儿童的成功:满足特殊教育需要》(*Excellence For All Children: Meeting Special Education Needs*)的绿皮书,重申政府的政策是提高所有学生的标准,包括有特殊教育需要的学生,同时呼吁对《实施章程》进行修订,将重点放在早期鉴定、干预和预防学习困难以及教师专业发展上,旨在减少有"诊断报告"的学生人数,并提高越来越多的在普通学校接受教育的有特殊教育需要的学生的能力。这主要是针对当时有特殊教育需要的学生人数越来越多给教育当局带来了很大的经济压力的状况而提出的。随后,英国工党政府颁布了《学校中的成功白皮书》(*Excellence In Schools*, 1997 White Paper)。《白皮书》是以绿皮书为基础的,在强调优先提高标准的同时,它明确表明了对全纳教育的支持,它还承诺:只要学生有特殊教育需要,普通学校就应具有为他们提供特殊教育所需的强大的教育、社会和道德的基础。

总之,对 20 世纪以来英国现代特殊教育发展历史的考察表明:英国特殊教育的发展是一个渐进的历史过程,从最初对特殊教育领域的残疾儿童教育所进行的改革,发展到一体化教育,再进一步发展到全纳教育。而法制在这一过程中起到了重要作用,从最初对残疾儿童接受一体化教育的权利给予法律上的保障,到细化全纳教育的实施程序与步骤,再到对全纳教育的方方面面,如课程的实施、师资的培养等方面不断地从立法的角度加以保证和完善,为英国特殊教育的顺利发展构筑了一个良好的环境,这既是英国现代特殊教育发展的根本保障,也是其主要经验。

---

① Adders. Help With The Educational Statementing Process. [OL/EB]. http://www.adders.org/info17.htm, 2009-04-08.

## 第2节 法国现代特殊教育的发展

法国特殊教育有着悠久的历史，不仅诞生了许多早期的特殊教育机构，也开创了特殊教育实验的先河，特殊教育史上享有盛名的一批人物，如列斯贝、霍维、皮内尔、伊塔德、塞甘等都来自法国。二战结束以来，法国现代特殊教育有了长足的发展。从"朗之万-瓦隆教育"改革，到专门制定的特殊教育法规，法国从政策上对特殊教育给予了重视；从早期诊断到分类设学，从隔离教育到积极倡导回归主流，法国现代特殊教育成效显著。

### 一、二战后至20世纪70年代法国特殊教育的发展

#### （一）《朗之万-瓦隆计划》与法国特殊教育

第二次世界大战临近结束之际，法国成立了一个教育改革计划委员会，酝酿着对战后法国的教育进行规划。该委员会由物理学家朗之万(Paul Langvin，1872—1946)主持，他逝世后，由瓦隆(Henri Wallon，1879—1962)继任，并于1947年6月向教育部提交了一份后来享有盛誉的教育改革计划，即"朗之万-瓦隆计划"(Projet Langevin-Wallon)。在这份长达60页左右的文件中，委员会不仅检讨了法国教育的弊端，而且提出了改革教育的设想和建议，给出了改革各级各类学校的组织、制度、教育内容和方法的具体意见。这个方案为法国教育描绘了美好的蓝图，并为后来的各种教育改革提出了有益的参考。

该计划提出了战后法国教育发展的若干原则，这些原则对战后法国特殊教育的发展有正面作用。① 公正原则。计划提出："所有的儿童不论其家庭、社会和种族出身，都享有平等的权利，使个性得到最大限度的发展；除了能力上的限制，他们不应受到任何限制。"[①]换言之，教育应该为每一个人提供发展的机会，人人都有接受教育的权利。这也反映了战后法国教育民主化的强烈呼声。② 定向原则。该计划主张，通过学业定向和职业定向，最终使每个公民处在最适合其可能性并最有利于其成功的岗位上。除此以外，该计划还提出了各级教育实行免费、加强师资培养及提高教师地位、人人都有接受完备教育的权利等原则。这些原则不仅成为战后初期法国普通教育改革的政策依据，而且为法国特殊教育的发展创造了良好的氛围。

#### （二）发展特殊教育的措施

1. 由国家促进设置特殊学校

近代以来，法国实行中央集权的教育管理模式，由国民教育部对全国各级各类学校进行严格的管理和控制。二战前，法国特殊学校或特殊班级主要是由省或县市负责审批、设置的，这种做法具有相当程度的随意性。1960年，为了配合朗之万-瓦隆计划，法国教育部根据总统令对特殊教育的举办作出规定：对因身体或精神性条件在普通状态下有碍接受教育的儿童，得设置特殊学校或特殊班级；适合于该儿童的一般教育与职业教育的学校与班级，可由县市政府与省府或国家合并设立。此举反映了从国家层面加强对特殊教育管理的趋向。

2. 设立特殊教育管理部门

朗之万-瓦隆计划将普通义务教育年限定为6岁至18岁，并将义务教育阶段规定为三个阶段。具体而言：第一阶段为小学，接受6至11岁的儿童入学，实施基础教育，教育内容和方法强调适应儿童的个体差异。第二阶段为方向指导阶段，接受11至15岁的学生，前2年为观察期，实施共同的基础教育，后2年为选择期，设有共同课程和选修课程。第三阶段为方向确

---

① 加斯东·米亚拉雷，等.世界教育史(1945年至今)[M].张人杰，等译.上海：上海译文出版社，1991：293.

定阶段,接受15至18岁的学生,分别进行学术性教育或者职业性教育。由于小学在全国普设,地区内所有子弟均可入学,从而导致初等教育毕业的轻度障碍儿童人数激增。这类儿童如何升学、到哪类中学就读成为一个突出的问题。为了解决这一问题,法国各级教育管理部门开设了特殊教育管理部门,由专门负责人处理此类问题,以便使更多的障碍儿童都能接受中等教育。

3. 开设特殊教育师资培训中心

1960年以前,法国特殊教育的师资主要由两所特殊教育中心负责培养,即由布门休娃兹国立特殊教育中心与休列奴国立特殊教育中心培养特殊教育师资。[1] 由于战后法国残障儿童就学人数增加、特殊学校特殊班级数目增多,上述两个中心培育的师资供不应求。法国教育部审时度势,规定由地方的各个大学设立特殊教育师资培训中心,负责解决特殊教育的师资培养问题。这些大学的特殊教育师资培训中心每年培养出2000人左右的师资力量,基本满足了战后法国现代特殊教育迅猛发展对师资的要求。

**(三)提出"不适应儿童"概念**

法国传统上对特殊儿童的称谓如对残障儿童的概念一样,在这一时期也发生了改变。一个明显的变化就是法国在1963年提出了"不适应"(inadaptation)概念。1964年以后,代表残障儿童的用语——"不适应儿童"开始广泛使用。根据障碍产生原因的不同,不适应儿童主要有:① 生理因素产生的不适应儿童,主要指身体因素产生的不适应,包括感官障碍(盲、弱视、聋、重听等)、运动障碍、言语障碍、身体虚弱。② 心理因素产生的不适应,包括性格异常、智能障碍、行为障碍。③ 社会性因素产生的不适应,包括家庭、学校教育、社会性等因素产生的不适应。

1964年1月,法国教育部颁布命令,将不适应儿童具体分为智力缺陷、学习障碍、性格异常、视觉障碍、听觉障碍、运动障碍、身体性障碍、社会性障碍八类。[2] 这些不适应儿童因个别的差异,接受他们的机构也各不相同。

(1)智力缺陷儿童。将智力缺陷从过去的白痴、痴愚、鲁钝三类区分为以下四类:一是单纯轻度智力缺陷。IQ在65至80左右,能独立生活并适应工作场所者,此类儿童可就读于特殊班级或特殊学校。二是中度智力缺陷。IQ在50至65左右,经教育后能部分独立,适应单纯作业,对于特殊领域的要求亦能相对达到;此类儿童可就读于国立特殊学校、医疗、职业机构。三是重度智力缺陷儿童。IQ在30至50左右。他们只有在保护状态下才能适应社会,可就读于医疗、职业机构。四是最重度智力缺陷儿童。IQ在30以下,几乎不可能接受教育,为保护对象。

(2)学习障碍儿童。这类儿童是指虽非智力缺陷,但读、写、算等能力的发展不符合儿童年龄发展的特点。这类儿童须经充分调查与观察研究,有心理、教育治疗的必要,可先就学于特殊班级,在接受特别的治疗教育和心理疗法之后,再回到普通班级。

(3)性格异常儿童。指在智能方面正常,但行为明显异常,不能适应正常生活的儿童。性格异常包括行为异常中的情绪不稳、多动、病弱无力、固执,以及精神障碍中的神经症、癫痫、小儿精神病等。这类儿童经诊断后,可依据其障碍程度的不同接受特殊班级、特殊学校或医疗—教育机构的治疗和教育。

(4)视觉障碍儿童。分为盲与弱视两种。视觉障碍儿童尽可能在普通班级上课,若实在不能适应,则安排其就读于特殊班级、盲校或医疗—教育机构。但至盲校就学须经卫生局检查,确认后方可获得入学许可。

---

[1] 石部元雄,等.世界各国的特殊教育[M].李聪明,等译.台北:中正书局,1988:51.
[2] 石部元雄,等.世界各国的特殊教育[M].李聪明,等译.台北:中正书局,1988:54-58.

(5) 听觉障碍儿童。分为三类：轻度重听儿童，指听力损失在 20 至 40 分贝之间，戴上助听器可以在普通班级接受正常教育活动的儿童；中度重听儿童，指听力损失在 40 至 60 分贝之间，因重听而产生言语障碍，须接受发音矫正训练或在装有扩音器的特殊班级中接受教育的儿童；重度重听儿童，指几乎全聋，语言或言语获得近乎为零，须在聋校或医疗—教育机构中接受教育的儿童。

(6) 运动障碍儿童。主要有以下四类：一是神经组织未产生直接障碍者，如患有骨疾、关节疾病、外伤、畸形等。二是神经组织的周边部位受损者，如患有神经系统的外伤、脊髓性小儿麻痹等。三是神经组织的中枢部位受到障碍者。四是进行性重度障碍者。运动障碍儿童若未同时患有智能障碍，则可尝试在普通班级上课，若适应困难，则编入特殊班级或特殊学校、医疗—教育机构接受身体运动治疗、个别知觉训练、体能训练、韵律教育等。

(7) 身体性障碍儿童。包括患有慢性呼吸疾病（如支气管炎、哮喘）、心脏病与风湿病、糖尿病、身体虚弱等的儿童。对于将体弱儿童编入普通班，则应注意其上课适应情形，适应困难时，则应编入特殊班级或安排就读特殊学校，在医生看护下继续进行普通教育的一般学业。而患有心脏病、血友病等的病弱儿童则须入医院治疗，在医院中实施教育。

(8) 社会性障碍儿童。不是指由疾病或身心缺陷而产生的障碍，而是指单纯的社会性缺陷。如由于家庭环境不健全、缺乏关爱、极度贫困等因素而造成儿童的不良行为，形成对社会格格不入的态度。对于这类儿童，须借助专家的特别辅导，将其安排在社会性辅助机构中。

从战后至 20 世纪 60 年代，法国特殊教育取得了较大的发展。1966 年，法国特殊儿童的班级数目增加到 8000 个，就学的特殊儿童增至 125000 人。自 1966 年起，法国还提出了特殊教育的五年计划，大幅度增加特殊教育机构的数量，至 1973 年特殊班级增至 16667 个。[①] 尽管如此，这一时期的特殊教育仍不能满足特殊儿童的教育需要，从而引发了 20 世纪 70 年代中期对特殊教育的改革。

## 二、20 世纪 70 年代以来法国特殊教育的发展

继朗之万-瓦隆教育计划之后，法国在 20 世纪五六十年代相继进行了对学校教育的系列改革，普通教育和特殊教育都取得了一定成果。然而，因为这一时期法国教育领域实行的改革未能实现预期的目标，加之受 70 年代席卷整个西方世界的经济危机的影响，法国教育的发展面临着危机与挑战，教育包括特殊教育的发展需要新的思路与尝试。在这一时期，法国特殊教育的发展主要采取了颁布特殊教育法令、保障特殊儿童全部就学、重视早期发现与诊治、注重民间力量的参与等措施，进一步促进了法国特殊教育的发展。

### (一) 颁布特殊教育法令

1975 年 5 月，法国颁布了特殊教育法令《残障者照顾方针》。该法令主要有以下内容：

(1) 特殊教育是国家的义务。该法令规定，国家有义务关注残障者的教育与福祉，要求政府及各部门必须保障残障者的权益。对残障儿童或残障者的预防、保健、教育、职业训练、雇佣、最低生活保障、社会性统合等均为国家的义务。该法在教育方面要求：残障儿童或残障者有接受教育的义务。此义务无论是普通教育，还是职业教育，都须根据残障儿童或残障者的个别要求来决定。[②]

(2) 设立特殊教育委员会。为保障特殊教育的落实，该法令第六条规定：各省必须设立特殊教育委员会，其组织和功能由法律规定。该委员会的成员包括残障儿童或残障者家长会推选的

---

① 石部元雄，等.世界各国的特殊教育[M].李聪明，等译.台北：中正书局，1988：52.
② 石部元雄，等.世界各国的特殊教育[M].李聪明，等译.台北：中正书局，1988：53.

代表,这可以视为特殊教育委员会接受残障者家长意见的制度保障。同时,该委员会还拥有根据残障儿童教育需要设立设施设备的权限。

(3) 规定特殊儿童的义务教育。该法律明确将特殊儿童纳入义务教育的范畴,并将所有残障领域的教育义务化。这一规定使特殊儿童的全部就学有了明确的法律保障,立法精神大为改进。

除此以外,该法还规定,残障儿童的教育不仅可以在特殊教育机构中进行,而且可以在普通教育机构中施行。这预示了法国此后发展全纳教育的趋势。

法国在1975年颁布《残障者照顾方针》后,特殊教育得到了巨大发展,一个突出的成绩就是入学的残疾儿童有了显著的增加(见表8-2)。从表8-2可见,入学的特殊儿童人数迅速升高,1975年增加到了31万多人,1975至1978年间的入学人数增加了近10万人。

表8-2 特殊儿童就学人数(1966年至1978年)①

| 年度 | 就学人数 |
| --- | --- |
| 1966 | 125000 |
| 1969 | 140090 |
| 1972 | 262175 |
| 1975 | 316467 |
| 1976 | 333673 |
| 1977 | 350962 |
| 1978 | 409000 |

### (二) 保障特殊儿童全部就学

自1975年的《残障者照顾方针》规定特殊儿童全部入学后,残障儿童应该在何种教育场所接受教育便成为法国社会广泛关注的问题。为了保障每个残障儿童都能入学读书,不论是法国教育部,还是其他部门以及宗教组织,都在各自的职责范围内,探索以多种方式努力实现残疾儿童全部入学的目标。为了保障特殊儿童全部入学,法国设立了形式多样的特殊教育设施,主要有容纳特殊儿童的普通班级、短期特殊班级、长期特殊班级、特殊学校、医疗—教育机构、医院教学、居家就学等各种形式。具体如下:

1. 就读于普通班级

残障儿童就读于普通班级,早期已有尝试。1975年特殊教育法令颁布后,就读于普遍班级的人数有不断增加的趋势。在普通班级接受教育的残障儿童多为肢体残疾、身体虚弱、弱视、重听类儿童。他们在能够跟上普通班级课程的前提下,编入普通班级。至1978年,约有10000名左右的残障儿童在普通班上学。当然,这种混合教育至今仍然毁誉参半,融合还是分离,在专家、教师和残障儿童家长眼中,意见纷纭,却未有定论。

2. 就读于特殊班级

普通学校附设特殊班级的做法,早在1909年就曾获准实行。1965年以来,继初等教育的特殊班级之后,中等学校亦开办了以职业教育为主的残障儿童教育,特殊班级数目逐渐增多。然而,在1975年至1976年间的统计中,初等教育特殊班的入学儿童不增反减,由132707人减为

---

① 石部元雄,等.世界各国的特殊教育[M].李聪明,等译.台北:中正书局,1988:53.

126815人,这正是由于轻度残障儿童回归普通班级,而重度残障儿童进入医疗—教育机构所致。1970年2月,法国教育部还设立了短期特殊班。这主要是针对过去特殊班级过于固定的做法,希望特殊班级能够更加弹性化。设立这类短期特殊班级是针对残障儿童的一种预防措施,以利于其短期入学(通常为2年)之后再回归到普通班级。此类短期特殊班级大致有15000名儿童入学。①

3. 就读于特殊学校

法国的现代特殊学校包括盲校、聋校、养护学校。其中养护学校有公立和国立两种。公立学校在1977年有201所,约有14000人就学。国立学校有73所,约有10000名左右的残障儿童就学。养护学校采用的疗法主要有日光疗法、温泉疗法、饮食疗法和长期休息等。

4. 就读于医疗—教育机构

此类机构以特殊班级及特殊学校中残障程度较重的儿童为对象,施予医疗性、心理性、教育性的治疗和教育。此类机构包括智力缺陷儿童、运动障碍儿童、性格障碍儿童、感觉障碍儿童的疗育机构等,广义来看,医院亦包含在内。

医疗—教育机构的教育特色是依照残障儿童或残障者的个别需要,统一由医师、专家、心理学者、社会工作者、特殊教育教师和辅导员等,在各自的岗位上以小组合作的方式协调推行。在此类机构就学的人数占全部残障就学人数的30%,对于残障儿童的全部就学发挥了重要作用。此外,医疗设施,如医院、保养所、疗养院、卫生所等,亦是医疗—教育设施的一部分。这些医疗设施中的残障儿童教育因障碍的程度而异,教育形态采取个别指导和集中于特别室指导两种。对于卧床的残障儿童则有闭路电视将病床与教室连接,使儿童可以在病床上参与课业。②

5. 居家接受教育

在1975年法律制定以前,只要经医师诊断为无法就学,视学官即可免除残障儿童的就学义务。但对于所有残障儿童仍规定须接受义务教育,残障儿童在家同样可以接受教育。居家残障儿童的教育,在1975年《残障者照顾方针》颁布前,由教育部管辖的国立通信教育中心通过一般通信教育(函授)及电视、收音机制作特别节目进行。1975年立法后,早期医疗—社会性活动中心创立,从此,居家残障儿童的学前教育获得了大力支持。此类中心以巡回辅导方式对居家残障儿童施予治疗,并对家属提供辅导、咨询。同时,此中心还与学前教育机构(幼儿园、托儿所等)合作,为增加残障儿童的教育机会而努力。

(三)重视早期发现与诊治

法国特殊教育的指导思想是尽可能早地发现儿童潜在的病因,探寻其"不适应性",然后给予个别治疗及专门教育。具体措施包括:

1. 建立幼儿教育档案

法国儿童从3岁起就由所在的幼儿园建立教育档案。根据教育部的规定,幼儿园从儿童4岁起就要注意发现儿童潜在的智力障碍,并给予特殊的对待。③ 因此,幼儿园从4—5岁儿童就读的中班开始,要求教师要特别注意发现在智力上有缺陷或身体器官上有残疾的儿童,并尽早予以治疗或采取一些补救措施。同时对智力发达的儿童也予以重视,加以保护和引导。

2. 组建校外心理与教育辅导小组

法国在各个地区和基层设立有心理与教育辅导小组,负责对具有不适应性特征的儿童进

---

① 石部元雄,等.世界各国的特殊教育[M].李聪明,等译.台北:中正书局,1988:61.
② 石部元雄,等.世界各国的特殊教育[M].李聪明,等译.台北:中正书局,1988:62.
③ 梁晓华.当今法国教育概览[M].郑州:河南教育出版社,1994:175.

行个别治疗和教育。这种小组通常由三名特殊教育教师或学校教育心理学、心理保健等方面的专家组成,负责接待该地区内小学和幼儿园送来的儿童,对他们进行课外的诊断和治疗。在校外,心理与教育辅导小组的教师和专家对每个登记在册的少年儿童进行个别的治疗和教育,并观察孩子的成长过程,同时保持与上级主管部门即医疗教育委员会的联系,以取得他们的支持。

3. 设立"适应班"

法国的小学十分重视对智障儿童和其他残疾儿童的特殊教育,每所小学均设有心理教育教师,专门负责特殊儿童的早期筛查。小学可根据需要设立"适应班",专门接纳由各种原因造成学业困难的学生。这类班级具有观察、过渡的性质,目的在于使那些暂时跟不上正常班学业进度的儿童通过特殊的帮助再回到正常班学习。教育部要求在不同的学校教学领域内,实施配套的短期"适应班"。1980年以前,这类班级算做特殊教育的范畴,但从1980年起,全国公立学校的1418个适应班和相关的15000名学生,不再被视为特殊教育的部分,而属于普通教育的部分。①

上述做法有效地防止了特殊教育与正常教育的分离和隔绝,法国教育工作者认为:将障碍儿童置于正常环境中和正常儿童一起学习和生活,有益于残疾儿童的成长,也有益于他们被社会了解和接受。②

(四)注重民间力量的参与

在对待残障及智障人士的医疗和教育方面,法国政府尽管采取了一些积极措施,但依然存在有漠视残疾人权利及对待特殊教育的官僚主义态度的现象,妨碍着特殊教育的发展。针对这些问题,法国一些民间人士及民间组织为特殊教育的发展奔走,参与讨论特殊教育,成为当今法国特殊教育的一大特点。

在法国特殊教育的发展历史上,一直不乏有识之士的推动。除了早期的一些特殊教育先驱以外,米歇尔·克勒东(Michel Gredon,1943— )即是20世纪80年代以来影响颇广的一位参与特殊教育的热心人士。作为一名有着广泛影响力的艺术家,克勒东不仅亲自资助特殊儿童的教育,而且还利用自己的知名度,调动社会的力量来维护残疾人的合法权利。他曾呼吁议会通过法案,保护智障青年的权利。经过他的不懈努力,法国政府于1989年通过了《克勒东修正案》,并在1990年拨出预算,支持特殊教育机构接收智障青年。

(五)实行回归主流教育

1975年以来,法国学校教育便正式推行回归主流教育,提出残障儿童教育不仅应在特殊教育机构中实行,而且在普通教育机构中也应同样实施,在可能的条件下,应促使残障儿童回归正常学校环境,以获得最好的社会性自立。很多学校开始实行残障儿童的回归主流教育,并由此引发了对回归主流教育的讨论。

为了了解回归主流教育的现状,1977年,法国进行了实际调查。此次调查随意选取公立小学、私立小学、技术职业学校、实用中等学校及公立普通中学等共46所学校,调查所得,可参见表8-3。从表中可见,接受回归主流教育的残障儿童大多属于轻度残障,其类别为视觉障碍儿童39%、听觉障碍儿童24%、肢体残障儿童19%、病弱虚弱儿童18%。至于智力缺陷儿童,则因无法适应普通教育的课程,还没有实施回归主流教育。

---

① 梁晓华.当今法国教育概览[M].郑州:河南教育出版社,1994:177.
② 邢克超.战后法国教育研究[M].南昌:江西教育出版社,1993:160.

表 8-3　1977 年法国在普通班中就学的特殊儿童[①]

| 1. 视觉障碍儿童(以弱视儿童为主) | 98 人 |
|---|---|
| 2. 听觉障碍儿童(以重听儿童为主) | 61 人 |
| 3. 肢体残障儿童<br>　　使用轮椅者<br>　　不需使用者 | <br>7 人<br>41 人 |
| 4. 慢性疾病儿童<br>　　心脏病<br>　　风湿症<br>　　呼吸困难<br>　　癫痫<br>　　糖尿病<br>　　血友病<br>　　脊柱障碍<br>　　其他 | <br>7<br>3<br>2<br>12<br>12<br>2<br>5<br>4 |

此次调查还了解到,回归主流教育的实施,使学生能在社会上适应职业生活是其主要理由,此外,双亲的请求亦为原因之一。至于实施回归主流教育的条件,则以残障儿童能否在普通班级中与普通儿童共同学习,或残障儿童的学习障碍不大,能消化普通班级的教材,或即使能力不足,但在协助下,也能与普通儿童共同学习等项为前提。

调查发现,回归主流教育实践中存在的主要问题有:残障儿童在课外时间仍然与残障儿童聚集在一起,而与普通儿童相分离;普通班级人数如果超过 35 人,对于少数残障儿童的个别照顾便有困难;普通教师对于残障儿童的态度不一,有的教师对残障儿童的教育处理感到困难与不安;残障儿童的学习成绩不如正常儿童,必须施予个别辅导;残障儿童常因动作迟缓而受到责难。[②] 为了解决上述问题,使回归主流教育获得成效,法国要求切实维持班级学生人数,设置各个专业的特殊教师,充实已有的设施设备,使残障儿童能适应生活的需要。

总之,第二次世界大战以来,经过半个多世纪的发展,法国现代特殊教育取得了长足的进步。据 20 世纪 90 年代的资料显示,法国共有 3800 多所特殊教育机构,其中由国民教育部管辖的机构约占 60%,其余由社会事务及劳工部管辖。特殊教育领域的学生总数达 34 万多人,分别在各种不同的特殊教育机构中接受教育。[③] 这些数据表明,法国现代特殊教育的发展,比较充分地保障了特殊儿童享受教育的权利。

## 第 3 节　德国现代特殊教育的发展

第二次世界大战后,德国被分割占领。后来于 1949 年相继成立了德意志联邦共和国(西德)和德意志民主共和国(东德)。1990 年 10 月 3 日,东德宣布加入西德,德国重新实现了统一。由于西德的教育体制代表了统一后德国的教育体制,本节在介绍德国现代特殊教育的历史时,主要梳理西德特殊教育的发展,以从侧面反映德国现代特殊教育的发展历程。

---

① 石部元雄,等.世界各国的特殊教育[M].李聪明,等译.台北:中正书局,1988:65.
② 石部元雄,等.世界各国的特殊教育[M].李聪明,等译.台北:中正书局,1988:69.
③ 梁晓华.当今法国教育概览[M].郑州:河南教育出版社,1994:173.

## 一、二战后至20世纪70年代德国特殊教育的发展

20世纪50年代开始,西德开始了教育改革。1955年2月,西德各州总理签订了一个为期10年的协定,统一了各类学校的名称、学期长短和考试制度等。1958年,西德成立教育委员会,致力于统一德国学校制度。从1959年2月提出《改组和统一普通公立学校的总纲计划》,到1964年10月,西德各州总理在汉堡签订《汉堡协定》,西德完成了学校教育制度的统一工作,确立了公立教育制度。从20世纪70年代开始,西德教育更是进入全面改革时期,先后在1972年2月颁布《教育结构计划》,在1973年6月颁布《教育综合计划》,西德逐步形成统一的教育制度。在普通教育恢复和发展的同时,特殊教育也受到了西德政府的重视。这一时期,德国为了恢复和发展特殊教育,采取的措施主要有以下几方面。

### (一)保障特殊儿童的教育权利

1960年,德国发表声明:"德国人民对因痛苦和残疾而遭受歧视的人负有历史性的责任。不能认为他们的价值低下,德国人民必须再次认真承担为使所有不能成功地就读普通学校的儿童和青年踏上充满生命意义道路的任务。"[1]这个声明从政策上给予特殊教育以极大的支持。不仅如此,德国各州也从法律上提出保障特殊儿童受教育的权利。巴伐利亚州1965年第一次制定了有关特殊教育的法律,该法律规定:所有的特殊儿童不管其程度如何,都有受教育的权利。[2]

### (二)设立各类特殊学校

战后德国确立特殊教育组织形式的基本原则是让残疾学生在特殊机构中学习。1960年,德国学校委员会发表《完备特殊教育制度的建议》,该建议将特殊学校定义为:特殊学校是为人格上或生理上、精神上有障碍,能力上不能配合普通学校的教育而获得预期效果,或因学习能力低弱并会妨碍团体生活及妨碍同学发展、常暴露于危险状态的学龄儿童而设的,针对此类特殊儿童教育活动的常设机构即为特殊学校。该建议拟定了13种特殊学校:盲校、弱视学校、聋校、重听学校、言语治疗学校、肢体残障学校、病床教学、在家教育辅助学校、观察学校、教育困难学校、矫正学校、特殊职业学校和治疗教育养护机构。1972年发布《为完备特殊教育制度的劝告书》声明:"特殊学校是独立的学校形态,其任务是实现障碍者有依其能力及特性接受教育的权利。"[3]该劝告书将为特殊儿童设立的学校改为10种,分别是:盲校、聋校、智力缺陷学校、肢体残障学校、病弱学校、家庭指导、学习障碍学校、重听学校、弱视学校、言语障碍学校和行为异常学校。

### (三)发展学前特殊教育

在德国,特殊教育注重从婴幼儿抓起。德国学校非常重视对因出生时缺氧或遗传因素导致早期语言障碍、智力障碍及行为障碍的婴儿进行早期观察。这种观察一般在他们0.5至2周岁期间进行。其过程一般经历:家长发现——送校咨询——观察诊断——行为矫正四个阶段。

实施学前矫正的任务时,既进行教学,也开展咨询服务。其教学方法是经过诊断,然后根据各个儿童的不同情况制订个别计划,通过看、听及接触,培养儿童的自控能力,树立其自信心和安全感,帮助他们重返社会。其教学目的是对有行为障碍的儿童,通过教育使他们达到养成一定的学习习惯和生活习惯的目标。

德国还专门设有特殊的学前教育机构。特殊儿童的学前教育机构主要有特殊幼儿园和特殊学校附设的幼儿园。这类幼儿园主要是为3岁以上、经诊断有明显障碍并被认定将来必须就学

---

[1] 克里斯托弗·福尔.1945年以来的德国教育:概览与问题[M].肖辉英,等译.北京:人民教育出版社,2002:195-196.
[2] 应伟忠.德国特殊教育的特点和趋势(三)[J].现代特殊教育,1999(7):46-47.
[3] 石部元雄,等.世界各国的特殊教育[M].李聪明,等译.台北:中正书局,1988:73.

于特殊学校的学前儿童而设。1971年,德国特殊幼儿园能容纳9357名幼儿。上述规定和做法表明德国认识到了早期特殊教育的重要性,值得肯定。

### (四) 扩充特殊学校数量

1970年2月,德国教育审议会提出《教育结构计划》。该计划注意到特殊学校制度与特殊儿童教育的重要性,责成其下层机构教育委员会成立拟订特殊儿童教育结构计划的特殊教育分会。1973年,该审议会发表了《有关障碍及有障碍倾向青少年的教育建议案》,1974年至1975年间,该会继续发表有关特殊教育的多项建议及研究报告,促进了德国特殊学校的扩张。

至1977年为止,德国特殊学校在数量上已有了很大扩充。其间,德国教育部部长会议为了提高教育质量,连续发表了与每一个特殊学校的教学都有密切关系的《改进智力缺陷学校的教学建议书》及《改进学习障碍学校的教学建议书》等报告。这些建议强调特殊学校制度有其独立性,要求政府关注其制度的完善和充实问题。

西德的特殊学校,从1956年的1046所发展到1973年的2593所,数量上翻了一番(见表8-4)。在各个特殊学校就学的学生人数,也从1965/1966年度的191941人,增加为1974/1975年度的385471人。[①]

表8-4 西德特殊学校的发展(1956—1973年)[②]

|  | 1956 | 1966 | 1973 |
|---|---|---|---|
| 盲 | 17 | 17 | 19 |
| 聋 | 46 | 42 | 41 |
| 智力缺陷 | — | 52 | 282 |
| 肢体残障 | 14 | 47 | 87 |
| 病弱 | 45 | 31 | 42 |
| 学习障碍 | 690 | 1242 | 1837 |
| 重听 | 13 | 19 | 18 |
| 弱视 | 6 | 11 | 14 |
| 言语障碍 | 16 | 28 | 59 |
| 行为异常 | 122 | 131 | 161 |
| 其他 | 86 | 28 | 33 |
| 合计 | 1048 | 1641 | 2593 |

总体而言,20世纪60年代以来,传统的聋校和盲校均能较好地满足德国障碍儿童的需要。其中,盲校达到满足的为100%,聋校约为90%。其他特殊学校中,智力缺陷学校的满足率为61%,肢体残障、行为异常学校的满足率为65%,重听学校满足率为70%,弱视学校满足率为73%,言语障碍学校满足率为80%。[③] 这些数据说明,特殊学校的满足率尽管参差不齐,但满足比例相当高。尽管如此,仍有部分特殊儿童没有在适当的学校接受特殊教育,这为德国特殊教育的进一步改革提供了动力。

## 二、20世纪80年代以来德国特殊教育的发展

20世纪80年代中期以来,德国特殊教育面临新的发展问题,主要有特殊学校的充实、班级

---

① 石部元雄,等.世界各国的特殊教育[M].李聪明,等译.台北:中正书局,1988:75.
② 石部元雄,等.世界各国的特殊教育[M].李聪明,等译.台北:中正书局,1988:74.
③ 石部元雄,等.世界各国的特殊教育[M].李聪明,等译.台北:中正书局,1988:75.

名额及教师人数的改善、合格教师教育供应等项。

**（一）发展促进学校**

20世纪80年代开始，德国特殊学校的称谓悄然发生变化。其显著的倾向是将特殊学校称做"促进学校"。如在巴伐利亚、勃兰登堡、萨克森等州，特殊学校被称为促进学校。

德国特殊学校在这一时期除了称谓变化外，在数量方面也有发展。在德国西部（原西德地区），特殊学校1960年为1106所，1980年增加到2856所，1991年一度减少为2679所，1994年则增加到2715所。在德国东部（原东德地区），1994年有特殊学校676所。[①] 这样，全德总共有特殊学校3391所，其数量增长是非常明显的。

**（二）改善班级名额及师生比**

为了提高特殊学校的教学效果，控制班级规模实为必要。20世纪60至70年代以来，德国特殊学校班级的学生数有减少的倾向。从1965至1966学年度的每班平均18.5人下降到1974至1975学年度的每班平均14.7人，这是一个不小的进步。[②] 但德国教育部门仍然认为，除盲校（每班7.9人）、弱视学校（每班10.2人）、重听学校（每班9.9人）外，其余各类特殊学校仍有偏高的现象，并强调这种状态无疑会妨碍特殊教育活动的成效，需要及早改善。从80年代开始，这一问题得到了逐步改善。至1994年，德国学习障碍学校每个班级的平均人数为11.7人，其他障碍类型的特殊学校这一数字更低，每班只有8.4人。

除了控制班级规模外，德国也重视控制特殊学校的师生比。德国尝试将班级学生名额改为以教师定额取代。德国特殊学校协会还提出了一项实现改善教师定额的年度计划，见表8-5。

表8-5　德国特殊学校的教师人数改善计划与班级名额[③]

| 学校的种类 | 每位教师照顾的学生数（个） | | | 每班人数（个） |
| --- | --- | --- | --- | --- |
| | 1975 | 1980 | 1985 | |
| 盲 | 7 | 6 | 5 | 10 |
| 聋 | 6 | 5 | 4 | 8 |
| 智力缺陷 | 6 | 5 | 4 | 8 |
| 肢体残疾<br>(a) 教师<br>(b) 治疗师 | 4<br>6<br>12 | 3.3<br>5<br>10 | 3<br>4<br>8 | 6—10 |
| 学习障碍 | 14 | 12 | 11/10 | 16 |
| 重听 | 8 | 7 | 6 | 10 |
| 弱视 | 9 | 8 | 7 | 12 |
| 言语障碍 | 8 | 7 | 6 | 12 |
| 行为异常 | 8 | 7 | 6 | 12 |

**（三）重视培养特殊教育师资**

由于特殊学校急速发展，导致教师人数不足。德国特殊学校的教师中，受过专业训练的合格教师的比例，除了盲、聋、重听学校等通过有计划的培育来提供教师外，其他特殊学校的教师全国

---

[①] 克里斯托弗·福尔. 1945年以来的德国教育：概览与问题[M]. 肖辉英，等译. 北京：人民教育出版社，2002：195.

[②] 石部元雄，等. 世界各国的特殊教育[M]. 李聪明，等译. 台北：中正书局，1988：75.

[③] 石部元雄，等. 世界各国的特殊教育[M]. 李聪明，等译. 台北：中正书局，1988：87.

平均只有40%达到合格,特别是学习障碍学校的任课教师合格比例未达到50%。[1] 因此,加大特殊教育的师资培训成为当务之急。在德国,特殊教师培育的形式有两种:一是采取与普通教师的培养方式并行的专门培育,二是对普通教师施以2年附加的特殊教育专业训练。

#### (四)重视特殊儿童及青年的职业教育

德国重视特殊儿童及青年的职业教育。早在20世纪70年代,西德就曾规定,不能继续升学的残障儿童,必须接受3年定时制的职业学校教育。这类职业教育主要附属在特殊学校中进行。在德国的特殊学校,学生可以获得中等初级教育和中等高级教育的文凭,此外,德国为个别障碍类型开设的职业学校还可以颁发中等高级职业教育文凭。特殊学校的学生也接受职业继续教育和职业转行教育。[2]

特殊职业教育要学习从事以体力劳动为主的简单手工业劳动的本领。如金属加工、房屋装修、油漆、厨师、端盘子、售货员、花匠、面包师、缝纫工等。男生学木工、金工等,女生学习理发、美容、栽花、盆景制作等工艺。通过学前、小学、中学、职校等系列化的培养和矫正以后,30%的特殊儿童可回归社会,参加相应的工作,谋取适合自己的职业。他们毕业后的出路有两条:一是通过推荐和招聘,直接进入社会。德国法律规定:企业每雇佣20名工人,必须雇佣一名残疾人。不雇的企业,平均每人每月要缴纳200马克的费用。这样就可以动员全社会来关心和支持残疾人事业。二是建立残疾人工厂。这类工厂主要招收特殊职校的毕业生,年龄在18至20岁,进厂试用两年后分配具体工种。根据残障程度不同,从事机械加工、焊接、木工、洗衣工、装螺钉和装订说明书等不同的工作。[3] 因此,残疾青少年接受职业培训后,一般能解决就业问题。对少数接受职业训练后仍不能胜任工作的残疾人,劳动部门则会安排他们去残疾人福利工场工作。德国残疾人的这些权利根据法律规定得到保障。

## 第4节 苏联现代特殊教育的发展

苏联建立后,即建了招收智障儿童的补救学校和招收盲、聋、肢体残障儿童的特殊教育学校,初步形成了特殊教育体系。第二次世界大战后,苏联进入新的发展时期。政府对教育的恢复与发展投入了大量的人力和物力,使其教育在战后获得了飞速发展。特殊教育作为其中一个组成部分,也取得了长足进步。总体来看,这一时期苏联特殊教育经历了战后恢复阶段与20世纪中后期的发展阶段。

### 一、"二战"后至五六十年代苏联的特殊教育

#### (一)战后恢复阶段的特殊教育

战争使苏联的肢体残疾人大量增加,对这些残疾人员的教育问题很快便被提了出来,使得战后的苏联国民对特殊教育有了新的认识与支持,这具体表现在对残障青少年的医疗与教育有了较大的发展。例如,苏联五年计划的法律对特殊儿童的入学年龄有明确规定。在1944至1945年度人民委员会的会议中提出:聋哑人、盲人及有其他障碍的儿童应该在7岁入学,接受特殊教育服务。[4]

---

[1] 石部元雄,等.世界各国的特殊教育[M].李聪明,等译.台北:中正书局,1988:87.
[2] 克里斯托弗·福尔.1945年以来的德国教育:概览与问题[M].肖辉英,等译.北京:人民教育出版社,2002:194.
[3] 张仲仁.德国特殊教育的现状[J].外国中小学教育,1996(1):27-29.
[4] 张福娟,等.特殊教育史[M].上海:华东师范大学出版社,2000:175.

为使各类残障儿童得到更好的医疗、教育服务与支持,苏联政府决定投入更多的经济力量和医疗、教育人员,以扩大对残障青少年的医疗和教育服务。在这一阶段,苏联政府主要采取了如下措施:一是大力发展各种残障儿童寄宿制学校,将原来分散的医疗与教育机构集中起来。二是建立残障青少年生产学习的实习工厂,为各类残障儿童学习生产技术和实习操作提供基地。三是为各类残障青少年出版适合他们学习所用的教科书。四是由社会保障部门开办重度弱智儿童收容机构,以接收重度弱智儿童并对其进行医学治疗和教育等。

这些政策的实施,初步改善了苏联战后初期特殊教育发展不足、教科书严重匮乏等状况,同时,由于大力发展残障儿童的寄宿制学校,为更好地研究、医治和教育残障儿童提供了有力的保证。因此,战后初期的特殊教育政策,得到了社会的广泛支持。

**(二)五六十年代特殊教育的发展**

进入20世纪50年代以后,苏联的政治、经济、科学技术等有了很大的发展,国民文化、教育水平也有了很大提高,这一切都为苏联特殊教育的快速发展提供了条件。同时,此时苏联学术界对残疾人教育理论与实践展开了进一步的研究,为特殊教育的发展提供了理论基础。这一时期苏联发展特殊教育的主要措施包括以下几方面。

1. 开办多样化的特殊教育机构

随着医学、科学技术以及心理学的不断发展,特别是随着对特殊教育研究的不断深入,苏联对特殊人群有了新的认识。在此基础上,这一时期苏联特殊教育的教育类别有了一些新的变化。苏联政府在原有特殊教育类别的基础上,提出了更细致的分类,除原有特殊学校外,又建立了听力障碍儿童学校、失明儿童学校、弱视儿童学校、发音严重障碍儿童学校和瘫痪半瘫痪儿童学校等。这些新的特殊教育机构的建立,使苏联的特殊教育服务类型丰富了许多。从一定意义上说,体现出了苏联特殊教育的进步。为了让残障儿童和有各类困难的儿童都能接受教育,苏联政府除了为有明显缺陷的学生开办学校外,还为其他一些"特殊儿童"接受教育做了很大的努力。有代表性的机构有以下三类:①

(1)寄宿制学校。从1956年起,苏联政府为因家庭问题造成的失学儿童开办了寄宿制学校。学校内接收的大多是孤儿、残疾人的子女、重病人的子女、因工作长期出差在外工作人员的子女、不完全家庭中的儿童和服刑犯人的子女等。学校的教学内容和课程设置与普通学校相同,只是这些孩子进入学校后,所有的学习与生活都在校内进行。另外,当时除了正规的寄宿制学校有学生宿舍外,一些普通学校也设有宿舍供这类学生住宿。

(2)林间疗养学校。这也是一种寄宿制学校,是专门为身体患有慢性疾病需要接受医学治疗的少年儿童所设的一种特殊教育机构。在这里接受教育的青少年并没有完全丧失学习能力,只是不能与正常儿童一样接受普通教育,他们需要一边接受治疗,一边学习。学校的教学内容与普通学校大致相同,但这是一种医院学校,不是纯粹的教育机构。

(3)儿童之家。儿童之家实际上是收容青少年的机构。它的主要职能是将无人照管的3—16岁的青少年集中起来,由政府出资统一照管。而学龄期青少年的教育仍由普通学校完成。也就是说,儿童之家内的青少年只是在此生活,而上学则是到儿童之家附近的学校与普通孩子一起学习。

由于苏联从20世纪50年代起开办了各类教育机构,为不同青少年的教育提供了各种不同的教育场所,所以基本保证了所有青少年都享有教育的服务。

2. 尝试对中度弱智儿童的教育

尝试对中度弱智儿童的教育是此期苏联特殊教育发展的另一重要举措。从20世纪20年代

---

① 张福娟,等.特殊教育史[M].上海:华东师范大学出版社,2000:176-178.

开始,苏联政府就曾将中度弱智儿童、多重障碍儿童和重病未愈儿童放在社会保障部和保健部所辖的儿童之家或医院疗养院等机构内予以疗育服务。从50年代开始,苏联对缺陷学的研究取得了新的进展。人们发现中度弱智儿童具有一定的知识学能,于是开始在专为轻度智障儿童而设的补救学校内尝试开办中度弱智儿童特殊班级。

苏联中度弱智儿童班级的一切教学都是依据中度弱智儿童的特点特别编制的。课程设置大致分为三类:第一类是从学生的生理感知觉康复目标出发的课程,包括"感觉、知觉训练"、"协调训练"等。第二类是从学生的社会适应目标出发的课程,主要有"生活习惯"和"社会适应"等。第三类是从学习文化知识的需要出发的课程,主要是"数学课"和"俄语课"两门。

从60年代起,弱智儿童的在校学习年限延长至8年。在8年中,学校要求学生完成普校的初级课程并接受初步的劳动技能的学习训练。而在有条件的补救学校内,学习可延长到9年,主要是多学一些职业技能的课程。

3. 实施特殊才能儿童教育

从20世纪50年代末开始,在欧美教育革新浪潮的推动下,苏联也拉开了教育改革的序幕。在1958年的教育改革中,苏联组织科学家和教师成立了新的教材编写委员会,并编写出版了新的数学、物理、化学等课程的教材。新教材将大量20世纪以来新的科学发展成果和科学思想吸收进了教材中,并在学校课程设置上做了一些调整,增加了数、理、化的课程,减少了劳动课。这表明,苏联在普通教育中加强了科学知识的教育与普及。在这一进程中,部分学生对某些科目表现出了特殊的兴趣和才能。为鼓励并发展这些学生对某些学科的兴趣,苏联从60年代初开始重视对有特殊才能的青少年的特别培养,开办了加深学习某些学科的特殊班级或学校。

开始时,对特殊才能儿童的教育只是在理科和外语两个学科上进行,为一些儿童开办了物理、数学、外语等加深学校或班级,后来又陆续开办了文学、历史、社会学等文科加深学校或班级。到后来,加深学习的学科内容已经基本涉及了所有学科,如物理、数学、化学、生物、外语、俄语、文学、历史、社会学、地理、制图、艺术造型、外语等。

加深学校或班级的教学计划与内容不是各个学校依自己的情况而定的,而是由国家统一设定的。在加深学校或班级内开设的课程、课时等与普通学校基本相同,而区别仅仅在于加深学习科目的课时比普通学校多一些。当然,学生的教学总时数也就要多一点,学习负担稍重些。因为这类学校是为培养有特殊才能的儿童所设,并非一般的普及教育类学校,所以数量较少,选拔相当严格,因此学生入学的竞争也十分激烈。

## 二、20世纪70年代以后苏联的特殊教育

苏联20世纪五六十年代的教育改革取得了一定的成效,但教育中存在的或忽视生产劳动、或忽视理论知识教育等片面现象的矛盾依然存在。为此,自20世纪70年代中后期开始,苏联教育领域里接二连三地进行改革。1977年12月,苏联通过了《关于进一步完善普通学校学生的教学、教育和劳动训练的决议》,力图对前期教育中两面摇摆的错误进行纠正。进入20世纪80年代后,苏联更是加大教育改革力度。1984年4月,苏联通过了《普通学校和职业学校改革的基本方针》,其基本精神就是要使经过改革后的各类学校共同承担向年青一代普及中等普通教育和职业教育的任务。[①] 在这样一种背景下,苏联特殊教育有了新的发展,特殊儿童教育、特殊学生的职业教育、特殊教育师资培养等方面都取得了较大成绩,形成了苏联特色。

### (一)类型多样的特殊儿童教育

苏联特殊儿童教育的主要特色是大力发展寄宿制特殊教育机构。依特殊儿童的残障类别建

---

① 吴式颖.俄国教育史[M].北京:人民教育出版社,2005:363.

立各种特殊学校,为许多有特殊儿童的家庭解决了养育与教育的难题。具体来说,苏联特殊儿童教育主要包括以下七类[①]:

(1) 视觉障碍儿童的教育。盲生寄宿制学校主要招收全盲或残存视力为0.05以下的儿童。除学习普通学校的课程外,还要进行言语训练、盲人工业技术制造的学习以及必要的身体疗育。学制一般为12年左右。而弱视儿童寄宿制学校招收的学生要求矫正视力在0.05—0.2左右;学校教学内容与普通学校大致相同,但学生除了学习一般的文化知识之外,还要接受视力的恢复训练。学生在校一般学习12年,毕业时其学识水平基本达到普通全日制9年义务制教育毕业生的水平。

(2) 听觉障碍儿童的教育。聋生寄宿制学校主要招收天生聋及语前聋的儿童就读。学校除讲授普通学校的课程外,还要对学生进行残存听力的开发训练和口语交际训练。学习年限为12年,后两年主要是学习就业技能。重听或语后聋学校的教育与聋校有所不同。这类学校依学生实际言语能力又分为两个部,即会说话儿童部和不会说话儿童部。会说话儿童部的教育除一般文化知识的教育外,重点进行语音训练、读唇训练、文法构造等,教育年限一般为12年。不会说话儿童部的教育内容与前者有所不同,除学习一般知识外,学校的主要任务是指导学生学习语言。其中包括音素学习与训练、音节训练、口语训练、会话沟通技能训练等。教育年限一般也是10至12年,毕业时要完成普通全日制学校9年级的课程,并达到9年级学生的知识水平。

(3) 弱智儿童的教育。弱智儿童寄宿制学校依学生的智力状况分为两类:第一类属于教育部门管理的补救学校,第二类是属于国家社会保障部和保健部管理的"儿童之家"。补救学校招收轻度弱智儿童,教学内容的设置与普通学校大致相同,学生主要接受学科教学。学校开设了俄语、数学、自然、地理、历史、造型艺术、音乐与唱歌、体育、手工、职业劳动准备等课程,学习年限一般为8年,毕业时要完成普通学校4年级的课程并达到4年级的知识水平。另外,有条件的学校学习年限可延长至9年,而在最后一年中主要是进行职业技能培训。补救学校除文化知识课程外,还对学生进行障碍矫正和生活指导教育。例如学校一般开设有家政、生产劳动学习与实习等课程。在课程内容制订上,强调课程内容间的有效联系和所学知识的生活化等,这使得弱智学生从补救学校毕业后具有基本的生活能力。

中度弱智儿童在学校内主要学习俄语和数学两门学科的基础知识,其余的大部分时间则接受感知觉训练与社会适应能力的训练等。学制一般为8年,学习完成后仅有最初步的文字和计算能力,有一些生活自理能力。

70年代以后的儿童之家专门招收4至18岁的中度以上弱智儿童进行疗育。这是一个由医生、教师、训练师、护士等专业人员组成的疗育机构。机构内各类养育、治疗、教育设备齐全,是学生学习与生活的场所。学校内依学生的智力损失情况做了进一步划分,并给予相应的治疗与教育。严重智力缺陷者主要接受劳动适应和生活适应的学习训练。学制一般也为8年,学习完成后有一些基本的生活能力,在社会的帮助下参与就业。儿童之家的教育到苏联解体前依然由社会保障部主管。

(4) 语言障碍儿童的教育。语言障碍寄宿制学校招收的皆是患有重度语言障碍的儿童。学生中有失语、不能发音、严重构音障碍、不会阅读、无法理解语言、掌握文法等各种语言障碍的儿童。学校除了普通学校的教学内容外,主要是按照不同学生的障碍情况,由专门的语言治疗师进行语言治疗。学校内设有专门用于语言治疗的教室和仪器设备等,为学生进行语言学习与训练提供了良好的条件,学制通常为8年。

---

[①] 张福娟,等.特殊教育史[M].上海:华东师范大学出版社,2000:180-183.

从70年代起,根据残障教育研究专家的建议,苏联教育部与卫生部联合在斯维尔德洛夫斯克州开办了专门针对严重语言障碍儿童的治疗和教育中心。该中心面向全国招生,招收1周岁以上的学前语言障碍儿童。中心采取治疗为主、教育为辅的教学原则,配备有医生和教育工作者。为有效地矫正和发展言语障碍儿童的言语能力,中心还配有先进的医疗、教育训练设备。患儿在此接受医疗与语言训练往往能达到较好的效果。如果孩子在此训练已达到学龄时,可继续留在中心上学。据统计:"在此经过5到8年的治疗和教育,3/4以上的患儿可以基本排除语言障碍,进入正常的学校学习。"①

(5) 肢体残疾儿童的教育。肢体残疾儿童寄宿制学校主要招收各类因患疾病而形成肢体残疾的儿童,如小儿麻痹症患儿、外伤致残患儿、脑瘫患儿、先天运动器官障碍患儿等。这是苏联最晚建立的特殊教育机构类型。此类学校也是由医生、教师和专业训练人员共同参与教育的学校之一。学校内的教学除了学习普通学校8年的课程外,其余时间由外科医生、体疗师、语言治疗师、按摩师等进行各种医疗、体疗和语言训练。这类学校的学制一般为9年。

(6) 有特殊才能儿童的教育。除了以上各类残障儿童的教育外,有特殊才能学生的教育依然受到社会的关注。对特殊才能儿童学校的开办,教育专家的看法有所不同。有些教育专家认为,特殊才能儿童学校的数量还可适当增加,加深学习的科目也可适当扩大,以符合社会的需求。在这个观点指导下,后来的"加深学校"确实有所增加,学习科目也有所扩大。但也有一些教育专家提出,这类学校不宜开办。从未来教育观念和教育的发展趋势看,儿童应该接受完全平等的教育,因此,取消这类教育机构势在必行。专家们指出:对学生特殊学习兴趣和才能的保护与发展,应通过在普通学校中开设选修课的形式来解决。

(7) 其他类型特殊儿童的教育。苏联除了对明显残障儿童已有固定的教育诊断和措施外,对精神障碍类儿童和自闭症患儿等也有一定的疗育与教育措施。如为精神障碍类儿童、严重脑瘫患儿和自闭症患儿开办了专门的儿童医院或疗养院等,这些机构兼有治疗、养育和教育几重任务。孩子进入这类机构后,医生、教师等专业人员会依据孩子的患病情况和程度,制订相应的治疗和教育计划,并实施治疗与教育。这类机构不属于教育部门管理,而归属于保健部。机构收容学前到15岁的孩子,当孩子离开后,仍由保健部派人照顾。

除此以外,苏联特殊儿童教育还延伸到了学前阶段。在苏联,学前特殊儿童的教育机构逾千所。其中包括托儿所、幼儿园、学前预备班以及普通幼托机构内附设的特殊幼儿班等。另外,在特殊学校内还附设有学前特殊儿童班。这些学前特殊教育已经成为苏联特殊教育系统中的一个组成部分。②

苏联20世纪70年代以来特殊教育的大发展,产生了明显的效果。据统计,截至1990年底,苏联共有各级各类特殊教育机构1500多所,在其中就读的各种残障青少年约有40万人左右。③

**(二) 特殊学生的职业教育及就业安置**

苏联教育历来重视学生的劳动教育和职业训练。在特殊教育领域,这一做法也不能例外。多年来,苏联特殊教育一直将残障儿童的劳动教育和生活教育放在一个重要的位置上,并有明确的规定。这个教育思想的确立主要有两个方面的原因:一方面,苏联的许多教育者认为,劳动使人类得以进化,劳动能使人的体能和技艺得到充分发展,而且缺陷学研究也证明了这一点。因此,特殊教育专家相信给残障儿童适当的劳动与技能训练,对发展残障儿童的感知觉、增强体能、促进残障儿童心理的健康发展、矫正行为缺陷等都大有裨益。另一方面,教育专家还认为,让残

---

① 高凤仪.当今俄罗斯教育概览[M].郑州:河南教育出版社,1994:173.
② 张福娟,等.特殊教育史[M].上海:华东师范大学出版社,2000:183.
③ 张福娟,等.特殊教育史[M].上海:华东师范大学出版社,2000:184.

障儿童学会基本的劳动技术对他们未来进入社会将非常有用。因此,为使残障儿童的身心得以健康、协调发展,为使特殊学校的学生在未来能有参与社会生活的基本劳动能力,苏联教育部规定:在特殊学校内,必须教授学生基本的知识技能并提供其必需的实习机会,并保证安置其就业。在此教育思想的指导下,苏联在特殊学校内设有一整套劳动准备教育课程:低年级开设有"手工",中年级开设有"一般技术劳动",而高年级则开设有"职业技术准备劳动"等系列课程。而且从劳动技术课程的比例看,年级越高,职业技术课的比例就越高、课程也就越重。劳动技能的培养成了苏联特殊教育的特色之一。

为了保证在所有特殊学校内贯彻好生产劳动和职业教育的思想,扎扎实实地做好学生就业前的职业学习准备工作,苏联政府于1976年通过了《改善身心障碍者的教育、职业训练与就业安置》的法案,明确规定:国家应保证残障者接受教育、具有一定劳动生产能力,并提供就业机会。因为残障者与正常人一样,接受教育、参与生产劳动,既是他们的权利,也是他们的义务,而这个权利和义务都应该由国家来保障和执行。由于有了这个法案,苏联的残障青少年职业教育与劳动的范围有了很大的变化。过去,对残障青少年的职业和劳动教育大都限制在家庭劳动和技能的学习与操作上,随着这个法案的颁布,对残障青少年的职业教育与劳动的范围已经扩大,在特殊学校里就已经开始给予学生一些现代化的职业技能学习与训练。例如:弱视学校内的工业技术教育开始向金属加工、木材加工、缝制工艺、电工、打字、植物种植、动物养殖等方面发展;而盲校随着盲工学的发展,大多已经采用电机制品对学生进行组合训练。补救学校经过一段时间的职业课程实验,也已形成了自己的职业教育特色,确定了缝制工业、涂装工业、组合工业、厚纸制书业、制鞋业等职业教育课程。而另外不少类型的残障儿童学校还开设了电脑课程。

残障者是否有就业的保障,是一个国家、一个民族文明的重要标志之一,因此,每个国家对安排残障人员的就业都十分重视。苏联在战后就提出要安排残障者就业,特别是20世纪50年代以后,更是将残障者的劳动与职业教育放在了十分重要的位置上。苏联的残障者就业除了由国家负担并给予安置外,社区也做了许多工作并提供了大量的就业机会。例如,学生在学校读书时的劳动技能实习一般均由社区和社区内的企业承担,而待残障学生毕业后,社区及企业也吸纳了部分有残疾的人员就业。残障者就业的另一个有力支持就是各类残障者协会,例如全国聋人协会、全国盲人协会等都给予聋、盲人就业以支持。但是,要使所有的残障者就业,还是有很大的困难。一般来说,儿童之家的青少年和中度以上的弱智儿童的就业就不那么容易。如果这些机构的学生年满18岁还未能就业,便会被转送到成人收养机构。

**(三)特殊教育的师资培养**

苏联在20世纪50年代以前,特殊教育还没有专门的师资培养渠道,特殊教育机构的师资都来源于普通师范专业。师范生从普通师范毕业后进入特殊教育机构,但对特殊儿童的心理与教育并不熟悉,因此在教学方法的选择上、教育手段的运用上都有一个重新学习、重新适应的过程,这在很大程度上影响了苏联特殊教育的快速发展。

从50年代以后,苏联开始重视特殊教育师资力量的培养。首先是在一些有影响的大的师范院校内开设了特殊教育专业——设立残疾人教育系和残疾人教育教研室,以培养特殊教育师资。开设残疾人教育师资培养的高等师范院校,在80年代初约有5所;到苏联解体前的90年代初,已经增至14所。在这14所高等师范院校中,不但培养了特殊教育所需的师资,而且还培养了大量特殊教育专业的高级专门人才。

特殊教育师资的培养除了要其学习特殊教育的技能外,还要其学习特殊儿童的心理与教育的基本理论,而更重要的是要对其进行热爱残疾人教育事业的教育,要求特殊教育系的学生要有一颗仁爱之心。因此,苏联在特殊教育师资的培养上既注重教育技术的培养,同时也十分注意专业思想的教育。但是,当时苏联的特殊师范教育也存在着一些问题,最突出的是,师范院校对特殊教育师资的培养不足,每年的招生量较小。因此,在某些地区特殊教育机构中仅有5%～7%的教师接受过特殊教育的师资培养,而大部分教师并没有接受过特殊教育专业培训,这在一定程度上影响了特殊教育质量的提高。苏联解体后,俄罗斯政府注意到此问题,并试图着手解决。

特殊教育作为苏联整个教育的一个组成部分,受到了政府和社会的广泛重视,形成了一个完整的体系。苏联解体后,这些特殊教育机构分布于俄罗斯和其他苏联加盟共和国中,奠定了俄罗斯等国现代特殊教育发展的基础。苏联现代特殊教育的发展形成了自己的特色:对于接受特殊教育对象的筛选不但有统一的标准,而且还有自上而下的一个专门的机构;对于各类型残障儿童的教育目标、内容、方法和评估等都有专门的教育部门和专家做统一规划和指导,教师可依据教学对象自行筛选;教师的培养由特定的高等师范院校承担。总之,苏联的特殊教育既自成一体,又与其他教育紧密相连,成为全民教育体系中不可或缺的一个重要组成部分,为世界特殊教育的发展留下了宝贵经验。

## 第5节 东欧现代特殊教育的发展

东欧特殊教育是世界特殊教育中不可分割的组成部分。在二战胜利后,东欧各国的特殊教育也进入了一个飞速发展的时期。这一时期,东欧特殊教育主要特色有三:一是颁布了特殊教育相关法规;二是发展了各类特殊教育机构;三是重视特殊教育的师资培养。

### 一、颁布了特殊教育的相关法规

1949年8月,匈牙利颁布宪法,明确规定:匈牙利人民共和国履行普及一般教育、开设普通学校的义务,实施免费义务教育,教育劳工且对各种受教育者予以经济援助以贯彻义务教育。在1961年之前,匈牙利实施的是九年义务教育,即6至14岁的任何儿童都必须接受义务教育,特殊儿童的特殊教育也不例外。1961年之后,匈牙利的义务教育年限扩展为11年,即6至16岁的儿童都必须接受义务教育,也包括特殊儿童的义务教育。不过,由于特殊儿童障碍的类别及其轻重程度的差别很大,重度残疾的儿童还不能够完全进入学校接受特殊教育。此外,匈牙利的特殊教育还有学前教育,3至6岁的学龄前特殊儿童的幼儿园并不单独设立,而是附设于特殊学校内。匈牙利基本上建立起了3至16岁的特殊儿童接受教育的特殊教育制度。①

1948年,捷克斯洛伐克②制定了统一的学校法,规定:为特殊儿童成立特殊学校,特殊教育成为捷克斯洛伐克教育制度的一个组成部分。这一措施的实施具有重要的意义,特殊儿童能够正式接受国家所办的特殊学校的教育,毕业之后还能因有一技之长过正常人的生活。1960年,捷克斯洛伐克颁布了新的教育法,将特殊教育纳入到义务教育中,使特殊儿童与正常儿童一样能够接受全面的义务教育。其时,捷克斯洛伐克实行的是8年免费义务教育,教育从6岁开始直至13岁结束。学生学习所用的教科书及教学用具均由政府免费提供。

1945年10月,南斯拉夫③颁布了义务教育法,其中规定:南斯拉夫的义务教育年限为7年。后来政府又将义务教育年限延长1年,即从7至15岁,共计8年。特殊儿童的义务教育有了保障。

1954年,保加利亚颁布新的义务教育法。该法律规定义务教育的年限为8年,一般儿童从7

---

① 张福娟,等.特殊教育史[M].上海:华东师范大学出版社,2000:190.
② 1948年,捷克斯洛伐克共和国建立。1993年,捷克共和国和斯洛伐克共和国分别成为独立的国家。
③ 1945年,南斯拉夫联邦人民共和国成立;从1992年起,南斯拉夫逐步解体,到2006年,南斯拉夫最后两个加盟共和国分裂。

岁入学至15岁毕业,而特殊儿童也一样,接受8年制的义务教育。

此外,波兰的法律规定义务教育年限是11年,受教育年龄为6至16岁。特殊儿童与普通儿童一样享受平等的义务教育。罗马尼亚的法律规定义务教育年限为7年,即7至14岁。残疾儿童依据残疾的类别及严重程度进入相应的特殊学校接受教育。

总之,战后东欧各国在普及义务教育的背景下,逐步颁布了法规,建立了现代特殊教育制度。

## 二、发展了各类特殊教育机构

第二次世界大战("二战")后东欧各国的特殊教育机构及受教育的人数迅速扩增。例如,匈牙利在1938年拥有各类特殊学校48所,在校人数4926人;到1951年至1952年度,匈牙利的特殊学校已经有65所,接受特殊教育的特殊儿童增为9531人;而到20世纪70年代末,匈牙利的特殊学校发展到近600所,在校就读的特殊儿童约有35938人。捷克斯洛伐克在1951年至1952年度中,特殊学校总数为455所,在校学生人数为21718人;到20世纪70年代时,特殊学校增加到近1000所,在校学生人数约为60000人。20年间,捷克斯洛伐克的特殊学校及其在校学生人数都增加了两倍以上。波兰在1951年到1952年度中,特殊学校仅为318所,而在校的学生人数为26820人;到20世纪60年代末时,波兰的特殊学校增加到508所,在校人数为88614人。而其他东欧国家,如南斯拉夫、保加利亚等国家的特殊教育人数也大大增加。

在特殊教育机构数量大幅度增加的同时,东欧各国的特殊教育学校的类别也更加齐全。例如,匈牙利的特殊教育机构主要有五类①,具体为:① 智力障碍儿童的教育机构。包括附设有幼儿园的轻度智力障碍学校,专为16岁以上智力障碍者设立的工业、农业、职业学校,普通学校的特殊班级,附设有幼儿园的中度智力障碍学校。② 听觉障碍儿童的教育机构。包括附设有幼儿园的聋人学校、聋生工业、农业、职业学校,附设有幼儿园的重听学校,附设有幼儿园的聋与智力障碍多重障碍学校。③ 视觉障碍儿童的教育机构。包括附设有幼儿园的盲人学校、附设有幼儿园的弱视学校。④ 肢体残疾儿童的教育机构。⑤ 语言障碍儿童的教育机构。包括语言障碍研究所、语言障碍治疗指导所等。其中,大多数特殊教育学校实行的是住宿制。

## 三、重视特殊教育师资的培养

东欧各国对特殊学校的所有员工都有很高的职业要求和教育、治疗理论及实践的要求。在东欧各国的特殊学校内,不仅从事特殊教育的教师,而且医疗人员、心理学者、社会学者以及社工人员等,均须经过大学或者相关高等教育机构专门的培训之后,方有资格进入特殊学校服务。他们负责特殊儿童的教育、康复以及职业发展训练等。除此之外,这些人员还承担着对特殊儿童的类型和严重程度的鉴定工作,以确定他们是否入学或者进入哪一类学校。因此,东欧各国非常重视对特殊教育师资及从业人员的培养。

在东欧,承担特殊教育师资培养的主要是与特殊教育相关的高等院校及其科研机构。这些机构不仅承担着为特殊学校培养专门的师资队伍以及相关工作人员的任务,还承担着特殊学校教师的职后培训任务及特殊教育的研究工作。

在匈牙利,特殊教育的师资培养主要由特殊教育师资培训大学(The Training College for the Teachers of Handicapped)完成。这所4年制的高等院校历史悠久而且影响广泛,该校的招生对象是中学毕业的学生,男生所占比例很低。学生在校期间必修的障碍儿童教育的专门科目为智力障碍儿童的教育科目,其他只要进修一种残疾儿童教育科目即可。该大学还承担着其他培训

---

① 张福娟,等.特殊教育史[M].上海:华东师范大学出版社,2000:192.

任务和重要的特殊教育科学研究工作等。职后培训,一般而言,如果是从普通学校转到特殊学校任教的教师,须经过2至4年的高等函授特殊儿童的教育并获得特殊教育教师资格证书,然后方可承担特殊教育工作。而普通学校中专职于情绪障碍儿童教育的教师也必须经过该大学的培训。该校除了完成师资培训的职能之外,还承担着研究特殊教育的发展、指导本国特殊教育实践的任务。

在波兰,特殊教育研究所开设特殊教育师资进修课程。研究所一般招收在职的幼儿园教师以及小学教师。这些自愿担任特殊教育的教师,必须在普通学校有3年以上的教学经历而且成绩优秀,然后方能报考特殊教育专业。当报考并进入特殊教育专业后,须经1年以上的特殊教育专业培训。而且并非经培训后都能进入特殊教育机构服务,还须通过考试取得特殊教育教师资格之后,方能进入特殊教育机构服务。①

战后东欧各国的特殊教育都得到了不同程度的发展,形成了自己的体系。这既为世界特殊教育奉献了独特的经验,也成为解体后东欧各国特殊教育发展的基础。

 **本章小结**

20世纪中期以来,世界特殊教育发生了巨大变化,人们对特殊教育的认识日新月异,特殊教育领域的实践逐步由隔离迈向全纳。通过本章的分析,我们看到,欧洲特殊教育的发展充分反映了这种进步倾向。其中最显著的变化就是:第一,特殊教育从以前依靠少数热心人士的慈善之心来发展,转变为依法发展。从《1944年教育法》、《沃诺克报告》直至《为了所有儿童的成功:满足特殊教育需要》,英国特殊教育逐步走向了法制化的轨道;在法国、德国及东欧各国,特殊儿童受教育的权利也都有了法律保障。第二,特殊教育的实施途径由从专门的机构——特殊学校,开始转向一体化,直至全纳模式。第三,特殊教育的发展出现了向两端延伸的趋势。特殊高等教育和学前儿童的特殊教育均在欧洲出现。第四,特殊教育从看护、训练为主到重视特殊职业教育。第五,欧洲现代特殊教育的发展还体现了现代世界教育民主化的影响,从隔离式特殊教育,向一体化、回归主流和全纳教育的转变,正是教育民主化的必然要求。

 **思考与练习**

1. 简述英国一体化教育的发展历程。
2. 简述法国特殊儿童早期教育的措施及意义。
3. 试述德国特殊教育发展的主要内容。
4. 分析欧洲特殊教育的法制化历程及其启示。
5. 苏联特殊教育师资培养有何特点?
6. 如何看待为特殊学生进行职业教育?
7. 试分析现代欧洲特殊教育的总体特征及其发展趋势。

---

① 张福娟,等.特殊教育史[M].上海:华东师范大学出版社,2000:193.

# 第9章 北美现代特殊教育的发展

学习目标

1. 梳理并理解美国在1975年前后特殊教育政策法规的演变。
2. 了解美国现代听障、视障和智障教育的发展情况。
3. 梳理加拿大特殊教育的发展历程及其经验。
4. 了解加拿大现代特殊教育在管理、政策法规、安置形式和师资培养等方面的发展。

北美洲是当今世界的发达区域之一,其特殊教育发展水平居世界前列,有许多值得借鉴的经验。本章讨论美国和加拿大这两个北美国家现代特殊教育的发展历史。首先对美国特殊教育立法、特殊教育行政管理以及各类特殊教育事业发展历史进行梳理;然后会介绍加拿大的特殊教育历史,重点展示加拿大的特殊教育发展历程、特殊教育立法和行政管理的发展、特殊儿童安置模式以及特殊教育师资培养的变化。

## 第1节 美国现代特殊教育的发展

第二次世界大战以后,美国的特殊教育有了飞速的发展。特殊教育立法不断完善,特殊教育理念不断更新,美国特殊教育在观念和实践模式上发生了重大变化,为特殊儿童享受平等的教育机会和获得最适当的教育创造了更多的机会。

### 一、美国特殊教育政策法规的演变

#### (一) 1975年前特殊教育政策法规的积淀

早在20世纪20年代,美国的一些州如新泽西、加利福尼亚州就制定了特殊教育法规。到1946年,美国有关特殊教育的诉讼法规已超过100部,33个州颁布了关于身体障碍的法律,16个州颁布了关于智力落后的法律。[①]

20世纪50年代,由美籍黑人发起的反种族歧视与隔离的民权运动遍及全美,民权运动者提出了"隔离就是不平等"的口号,要求在政治、教育及社会生活上获得平等权利。这导致了20世纪50、60年代一系列诉讼案的出现,对特殊教育的立法和实践影响深远。20世纪50年代"布朗诉托皮卡教育局"(Oliver Brown v. Board of Education of Topeka)案成为美国公民权运动重要的奠基石,影响到特殊教育的立法及其进程。在布朗案的裁决中,美国最高法院宣布,州政府仅仅因为一个人有无法改变的特点,譬如种族或残疾,而要求或批准将这个人进行隔离是违反宪法的。最高法院同时认为,种族隔离违背了保护少数族群平等的受教育权。这个决议开启了一系

---

① Margret A. Winzer. The History of Special Education: From Isolation to Integration[M]. Washington, D. C.: Gallaudet University Press, 1993: 365.

列为残疾儿童寻求补偿的法律大门。①

自此,长期被忽视的残疾人受教育的权利问题开始得到关注。20世纪三四十年代出现的由残疾学生的家长组成的地方性组织,到了50年代就逐步演变为全国性团体,在美国特殊教育专业组织的支援下,采取措施推动特殊教育立法的发展。一是到法院采取司法诉讼,以争取残疾儿童的教育权利。二是向国会议员游说,制定特殊教育法案。残疾儿童的家长们所做的这些努力,直接推动了联邦政府对特殊教育专门立法的工作。

从20世纪50年代后期到1975年《所有残疾儿童教育法》颁布前,美国制定颁布了一系列与特殊教育相关的法律法规,主要有②:《障碍儿童教育补助金法》(Grants for Teaching in the Education of Handicapped Children,1958年)、《智力落后设施与社区心理健康中心设置法》(Mental Retardation Facilities & Community Mental Health Centers Construction Act,1963年)、《初等与中等教育法》(Elementary and Secondary Education Act,1965年颁布,1970年修订)、《援助障碍儿童早期教育法》(Handicapped Children's Early Education Assistance Act,1968年)、《1974年教育法修正案》(Education Amendments of 1974)等。其中,《1974年教育法修正案》即公法PL 93-380,实际上是1965年以来多次修正的初等和中等教育法案的进一步延伸和修正,规定:保障残障儿童诊断、鉴定及教育安置的适当性;提供残障儿童和普通儿童一起接受教育的机会,并给予完整的教育计划;由州政府以辅助款协助实施残障者受适当教育的目标。③ 该法基本确定了1975年《所有残疾儿童教育法》的基本框架。

**(二)1975年后特殊教育政策法规的发展**

1.《所有残疾儿童教育法》的制定和颁布

1975年,国会制定了旨在为所有残疾儿童提供免费的、恰当的公立特殊教育的法案。同年11月,福特总统签署了《所有残疾儿童教育法》(The Education for All Handicapped Children Act of 1975),即公法PL 94-142。此法是美国残疾儿童教育的第一部最完整、最重要的立法。该法确定了5至21岁的残疾儿童的教育政策,其中最基本的原则就是所有的残障儿童必须接受免费的、恰当的公共教育(A Free Appropriate Public Education,简称为FAPE)。该法有关特殊教育的重要规定如下④:

① 各州要根据残疾儿童的特点提供相应课程。② 各州须成立由残疾学生、老师及家长等人组成的顾问委员会,主要功能是为各种需要、条例及评估程序等提供建议。③ 残疾儿童应尽可能地在普通教室里与其他正常儿童一起接受教育。④ 学校须提供诉讼程序来保护儿童,提供合适的教育环境及课程,父母及其他监护人有权查看有关文件。⑤ 校方须为每一个残疾儿童准备个别化的教育计划,该计划须由校方代表、老师、家长或监护人联合制定。儿童本人也可参与制定。⑥ 评估残疾儿童所用的测验方法必须用儿童的母语,不得含有文化和种族等歧视性的内容。也不可只凭一种测验或评估程序来完全决定儿童的教育计划。⑦ 为残疾儿童提供交通工具及有关服务,如语言治疗、听觉及心理咨询、身体及专业诊断、康复、辅导及为评估所需要的医疗服务。⑧ 如果残疾儿童不能与其他儿童一起接受教育,他们须在家、医院或其他地方接受教育。如果这些儿童需要在私立学校上学,只要私立学校的课程达到公立学校的标准,政府便要支付其费用。⑨ 联邦政府要负责残障儿童所需教育费用的40%。如果州政府不按照法律行事,联邦政府会在警告和通告后取消对它的经济援助或减少教育财政拨款。⑩ 如果校方没有能力或

---

① 肖非.美国特殊教育立法的发展——历史的视角[J].中国特殊教育,2004(3):92.
② 朴永馨.特殊教育[M].长春:吉林教育出版社,2000:109-113.
③ 石部元雄,等.世界各国的特殊教育[M].李聪明,等译.台北:正中书局,1988:10.
④ 张维平,等.美国教育法研究[M].北京:中国法制出版社,2004:208-209.

不愿意按照法律行事,州政府可以取消经济援助,直接向残疾儿童提供教育资助。

从以上规定来看,该法要求保证每个残疾儿童都能在最少受限制环境(Least restrictive environment)中受到适合其需要的教育、为每个残疾儿童设计书面的个别化教学计划(IEP),这两点对美国及各国特殊教育都有极大影响,改变了美国传统的残疾儿童安置和教育形式。

虽然公法 PL 94-142 规定对各类身心障碍儿童提供免费的、适宜的公立教育,且联邦政府也对各州政府提供特殊教育补助款,但是这部法律还是存在着不少问题。第一,该法并不包括所有的障碍学生,许多学生虽然没有明显的残疾,但他们并不完全适应标准课程,政府没有立法保证他们的需要。第二,残疾学生家长为子女争取最合适的教育,一再向法院提出民事诉讼,使特殊教育行政人员与学校教师疲于应付,影响行政及教学效率。第三,该法对学龄前儿童的影响仍然是有限的,所有 3 到 5 岁的残障儿童被排除在强制规定之外。不过,虽然该法在学龄前特殊教育中没有做出强制性的规定,却鼓励各州接受尽可能多的特殊儿童,学前阶段的特殊教育不言自明地包括在内。第四,配套资金不足。

2. 特殊教育立法的不断修订

由于公法 PL 94-142 本身不完善以及执行中出现一些新问题,联邦政府对其进行了多次修订。1975 年以来,《所有残疾儿童教育法》主要的修订如下:1977 年,颁布《所有残疾儿童教育法实施细则》,对特殊儿童教育的细节作了详细规定。1986 年,通过《残障者教育法修正案》(*Education the Handicapped Act Amendments*,即公法 PL 99-457),增加对 0—5 岁残疾幼儿教育干预的内容,促进了美国学前特殊教育的发展。① 1990 年,国会通过《残疾人教育法》(*Individuals with Disabilities Education Act*,简称 IDEA,即公法 PL 101-476);1997 年,国会通过《残疾人教育法修正案》(*Individuals with Disabilities Education Act Amendments of* 1997)。

2004 年,国会通过《残疾人教育促进法》(*Individuals with Disabilities Education Improvement Act of* 2004,简称 IDEIA,即公法 PL 108-446),再次修订了 IDEA。除了将法律名称从"残疾人教育法"改为"残疾人教育促进法"外,对学前特殊教育尤其是残疾婴儿和学步儿的早期教育作了详细的规定。

3. 涉及特殊教育的相关法律法规

除了对残疾人教育专门法律持续完善和修订外,1975 年以后美国国会在其他领域的立法中,也涉及了特殊教育。主要包括:《职业教育法修正案》(1976 年)、《康复、综合服务与发展性残疾法》(1978 年)、《天才和有特殊才能儿童教育法》(1978 年)、《残疾儿童保护法》(1986 年)、《残疾人技术支持法》(1988 年)、《美国残疾人法》(1990 年)、《2000 年目标:美国教育法》(1994 年)、《不让一个孩子掉队法》(2002 年)等。

实际上,其他联邦法律中的相关条文同样对特殊教育的发展产生了重大的影响。比如,《残疾人教育法》中不涉及天才儿童和有特殊才能的儿童,但其他联邦法律强调了对这些特殊需要儿童的教育。1978 年颁布的《天才和有特殊才能儿童教育法》(*Gifted and Talented Children's Education Act of* 1978)规定:联邦政府对那些为天才和有特殊才能的儿童开发系统课程的州和地方教育局给予财政上的支持,目的是确保那些旨在满足天才和有特殊才能儿童所需的培训、研究和其他计划能够得到政府资助。1982 年的《教育巩固法》(*Education Consolidation Act*)规定:取消联邦天才和特殊才能办公室(Office of Gifted Talented),将天才儿童教育和其他 29 个教育计划合并;联邦政府对这些覆盖面很广的教育计划(K-12)的资金支持通过固定拨款的形式下发至各州;如果固定拨款中有一部分用来支持那些针对天才和有特殊才能儿童的计划,各州将有责

---

① William L. Heward. 特殊需要儿童教育导论[M]. 肖非,等译. 北京:中国轻工业出版社,2007:19.

任决定其所占的具体份额。1988年国会通过作为《初等和中等教育法案》一部分的《雅克布·K.贾维茨天才和有特殊才能学生教育法》(Jacob K. Javits Gifted and Talented Students Education Act),规定联邦政府对示范基金、国家研究中心和美国教育部中负责天才教育的部门进行资助。

## 二、美国特殊教育行政的发展

### (一) 特殊教育行政机构

美国政府不仅通过立法来影响美国特殊教育的发展方向,并且通过设立专门的行政管理机构,确保特殊教育立法得到实施。

20世纪50年代以前,美国仅有联邦教育署,是由联邦安全总署(Federal Security Agency Department of Interior)管辖的,1953年后又由美国联邦卫生、教育、福利部(U.S. Department of Health, Education and Welfare)管辖,并称为教育总署(U.S. Office Of Education)。在美国教育署中,设有残疾儿童教育管理处,主要是调查、统计和传播信息,是美国特殊教育情况的反映者和报道者,还依法给地方拨款,补助各州兴建学校以及处理特殊地区(含少数族群地区)的教育事业问题,与各州合作实施某些教育计划及处理应急事务等。[①]

1975年《所有残疾儿童教育法》颁布后,美国特殊教育的规模扩大,各方面的协调工作也大量增加,亟须加强联邦政府对特殊教育的领导。1976年,国会通过了设立联邦教育部的议案。1979年,美国教育部正式成立,下设"特殊教育及康复服务司"(U.S. Office of Special Education and Rehabilitation Service,简称 OSERS),是联邦政府对特殊教育进行管理的专门机构。

美国州一级的教育行政机构是州教育委员会和州教育厅。前者的任务主要是制定本州的教育方针政策,后者则具体执行这些方针政策。美国联邦特殊教育法令中都规定了州的职责。除了州教育当局可直接领导、实施特殊教育外,地方学区(或中间学区)更直接地对特殊教育机构进行行政管理。[②]

### (二) 财政资助

高度的地方分权是美国教育管理的最大特征。二战前,联邦政府基本上不干预特殊教育,教育经费主要是由地方学区负担,州政府给予适当资助。二战后,美国联邦政府加大了对教育的调控力度。20世纪80年代以后,州政府承担了越来越多的财政责任,并逐步形成了联邦、州、地方三级支持的教育财政体制,为美国特殊教育的蓬勃发展提供了有力的经济保障。

联邦政府通过立法保障对特殊教育的资助。1965年,联邦政府颁布的《初等和中等教育法》规定,低收入家庭儿童的特殊需要以及由于低收入家庭的集中对学校造成影响的可以获得额外的财政资助。1966—1967学年,联邦政府为此开支了10亿美元,资助了920万名儿童。1968年,联邦政府又通过《初等和中等教育法修正案》,规定:为残疾儿童建立地区教育中心提供支持,为聋哑儿童师范教育中心和其服务提供资助,为残疾人教育的人员招募和信息分发提供资助。[③] 1975年的《所有残疾儿童教育法》规定:各州可获得的补助款为该州内3—21岁正在接受特殊教育服务的人数乘以该地区就读于美国公立中小学的学生一年平均花费的5%~40%(从1978年起每年递增,1978年度为5%,到1982年增到40%)的所得数。还规定为培训师资拨款,1975年拨4500万美元,1976年拨5200万美元,1977年拨5400万美元。[④]

随着残疾儿童教育法案的不断修正,联邦政府补助的条款和经费也不断增加。1992年,联

---

① 朴永馨.特殊教育[M].长春:吉林教育出版社,2000:240-245.
② 朴永馨.特殊教育[M].长春:吉林教育出版社,2000:240-245.
③ 马健生.公平与效率的抉择——美国教育市场化改革研究[M].北京:教育科学出版社,2008:121-122.
④ 朴永馨.特殊教育[M].长春:吉林教育出版社,2000:258.

邦政府为开展学前特殊教育提供的补助为19多亿美元,到2005年度财政预算达到120多亿美元,到2008年此部分的预算为190多亿美元,2009年的预算达到210多亿美元。①

2009年,第44届美国总统奥巴马(Barack Obama)为应对经济危机提出了7870亿美元的"经济刺激方案"。在这7870亿美元中,用于教育的共有1400亿美元,而其中有135亿美元用于特殊教育新增拨款,使联邦政府补助的经费占到全国特殊教育总经费的27%。虽然这与立法中所规定的40%的比例还是有距离的,但联邦政府对特殊教育的财政资助力度还是值得肯定的。

总体上看,联邦政府对特殊教育的补助不断增长,从1965年的13849000美元到2001年的5814825000美元,2001年的拨款总额是1965年的41倍左右(见表9-1)。

表9-1 美国联邦政府特殊教育预算(财政年度1965—2001年,单位:千美元)②

| 年份 \ 类型 | 基础教育 | 特殊教育 |
| --- | --- | --- |
| 1965 | 5331016 | 13849 |
| 1970 | 12526499 | 79090 |
| 1975 | 23288120 | 151244 |
| 1980 | 34493502 | 821777 |
| 1985 | 39027876 | 1017964 |
| 1990 | 51624342 | 1616623 |
| 1995 | 71639520 | 3177000 |
| 1999 | 82863596 | 4444100 |
| 2000 | 85502629 | 4948977 |
| 2001 | 92774545 | 5814825 |

### 三、美国现代听障教育的发展

#### (一)听障教育的发展概况

美国听障教育在19世纪逐步确立。20世纪70年代以前,听障教育主要为隔离式,寄宿制是最主要的方式,招收那些听力残疾比较严重的人。从20世纪早期开始,美国就出现了公立聋校,开始实施全日制学校安置或其他教育环境安置,如用来安置轻中度听力损失学生的"读唇班"。到1963年,公立学校中有28551名聋童和听力困难的学生。

进入70年代以后,由于政府的重视,美国的听障教育也发生了很大变化。随着《所有残疾儿童教育法》等联邦法律的颁布,听障学生便有权接受"个别教育计划"(IEP)了,在普通课堂上,则免费为他们提供以英语为基础的手势语言译员。

有了联邦政府的立法与财政保证,美国的听觉障碍教育得到了迅速发展。1984—1985学年,共有71160名聋童或者听力困难者接受了教育。其中,21%的学生全天在普通班级中学习,其他有听力损伤的儿童则全天或部分时间在隔离的环境中学习。美国听觉障碍教育的发展与联

---

① U. S. Department of Education Office of Special Education Programs. IDEA Regulations State Funding. [2009-05-18]. http://idea.ed.gov/frontend_dev.php/object/fileDownload/model/TopicalBrief/field/WordFile/primary_key/18.

② National Center for Education Statistics. Federal Support for Education: Fiscal Years 1980to 2001. [2009-05-18]. http:// nces. ed. gov/pubs2002/2002129. pdf.

邦政府的大力支持是分不开的,得到联邦政府项目资助的聋儿人数也有了不断增长。1990—1991年,大约有58000名聋儿接受联邦政府资助,到1992—1993年大约是60000名儿童,1998—1999年增长到70000人,2003—2004年度则达到了79000人。①

**(二) 听障教育方法的发展**

1. 20世纪60年代以前的口语教学法时期

19世纪60年代,在马萨诸塞州建立了第一个美国严格意义上的口语教学法学校,这所学校就是克拉克聋校。到1880年,美国的口语学校已经达到11所,到1903年,聋童接受口语教学的比例达48.4%,②而手语教学教师的比例只占17%。随着口语教学法的影响不断增大,20世纪60年代前,口语教学法在美国聋人教育中居主要地位。

参加以口语教学法为主的教育计划的儿童通常都会使用几种方法来发展残余听力,并培养清晰的说话能力。该方法时常采用听觉、视觉、触觉的方式,教育者将其注意力集中于放大声音、听觉训练、唇读和使用助听技术。总的目的就是要让聋儿说话。一些学校和班级为了维持一个纯口语环境甚至禁止儿童用手指点事物、使用手势或拼出单词来进行交流。在这种环境中,儿童只能使用言语表达自己的意图以及理解他人的谈话。③

2. 20世纪60年代至20世纪90年代的综合沟通法时期

20世纪60年代末,马里兰聋童寄宿学校设计了一种后来定名为"综合沟通法"(Total Communication)的方法。到七八十年代,有65%的听障儿童教育班正在采用综合沟通法。④

综合沟通法使用交流中的各种方法,包括手语、口语、书写、图片等来帮助聋生获得信息。但主要是所谓的同时沟通,即同时使用口语法和手语法。虽然美国许多聋校接受了这种方法,但是聋生的学业成就仍然远远落后于听力正常的同伴,这是因为综合沟通手语还没有统一于任何一种手语法——英语手语或美国手语,而是简单地将两者混合一起使用。

3. 20世纪90年代以后的美国手语和双语-双文化法

随着美国手语(American Sign Language,即ASL)被语言学家认可为有权成为一种合法语言而非口语的不完美形式,再加上聋人文化的出现,人们开始逐渐对聋生低学业成就的现象不满。20世纪90年代,聋人团体和逐渐增多的健听人或聋人特殊教育者开始倡导将美国手语作为教学用语。⑤这导致双语—双文化法(bilingual/bicultural)的出现。美国手语和双语—双文化法是一种最新的教学法,这种方法的倡导者将聋作为一种文化和语言的差异,而不是将它看做一种残疾。倡导者认为,美国手语是聋童的自然语言,为培养聋童语言的流畅性提供了一种自然发展的途径。当儿童掌握了他们的自然语言或第一语言(美国手语)以后,他们能更好地学习双语-双文化的内容。双语-双文化法的目标是帮助聋生成为双语使用者,聋童不但能使用自己的母语——美国手语,同时也能使用第二语言——英语进行阅读和书写。

**(三) 听障教育的课程**

1. 听障教育课程的发展

19世纪初,美国聋校的课程主要是传授简单的英文、算术及道德宗教等内容。职业教育是

---

① National Center for Education Statistics. Children 3 through 21years old served in federally supported programs for the disabled by type of disability: Selected years 1976—77through 2003—04. [2009-05-10]. http://nces.ed.gov/programs/digest/d05/tables/dt05_050.asp.
② 张福娟,等. 特殊教育史[M]. 上海:华东师范大学出版社,2000:97.
③ William L. Heward. 特殊需要儿童教育导论[M]. 肖非,等译. 北京:中国轻工业出版社,2007:316.
④ 丹尼尔·P. 哈拉汉,等. 异常儿童特殊教育概论[M]. 高卓,等译. 北京:华夏出版社,1992:211.
⑤ William L. Heward. 特殊需要儿童教育导论[M]. 肖非,等译. 北京:中国轻工业出版社,2007:320.

当时课程设置的重点,目的是教给学生一门手艺来谋生。19世纪下半叶,口语教学在美国逐渐取代了手语教学,聋校课程对职业训练和宗教教育有所削弱,口语训练开始占据相当大的比重,为聋生融入主流社会做准备,这段时期的聋校课程开始有意识地向普校课程靠拢。到20世纪六七十年代,美国政府极力推动聋童在普校就读,这在无形中推动了聋人教育尝试在科目设置及课程内容的广度和深度上与普通学校课程接轨。

2. 聋校课程设置

美国没有全国统一的教学大纲,不论是聋校还是普校中的聋人教育项目,都力图在课程上与所在学区相衔接,教材也采用普通教材。美国聋校的课程大纲包括:编写原则、教学目标、教学内容、对学生的分层次要求、教学活动和教材选择建议、学生学习情况评定标准等。大纲规定的教学内容主要根据知识的深度和广度将教学知识点划分为不同的等级。例如,俄亥俄州立聋校数学课大纲规定的教学内容有:数学的形式、联系、作用,问题解决策略,数学与数字联系,几何,代数,测量,推测与估算,资料分析和可能性,共8个方面,每个方面又划分成8种水平的教学和学生掌握的级别。教师则按学生的水平来选择某种级别的教学内容和教材。这种教学内容的结构安排是与美国实行的个别教学计划以及高中阶段按学生学业成绩编组教学的形式相适应的。①

但聋教与普教课程的接轨,并不是要抹杀听障教育的特殊性。聋校课程中有关聋人手语、聋人文化的学习内容占有显著地位。对借助助听器或人工耳蜗有可能利用残余听力的聋童,聋校课程中还包括口语训练的内容。而对聋学生在高中毕业过渡阶段的职业或升学辅导和培训,更是聋人教育的鲜明特色。表9-2是美国俄亥俄州立聋校和肯塔基州立聋校的课程设置情况,由此可以管窥美国聋校的课程设置概况。

表9-2 俄亥俄州立聋校和肯塔基州立聋校的课程设置②

| 学校\课程 | 一般课程 | 职业课 | 缺陷补偿课 |
|---|---|---|---|
| 小学 | 数学、体育<br>英语、美术<br>社会<br>科学<br>计算机 | 烹饪<br>木工 | 言语训练<br>职业治疗 |
| 中学 | 安全专题讲座<br>美国手语和聋人文化 | 缝纫 | |
| 高中 | 数学、科学<br>英语、体育<br>社会、美术<br>政府、健康<br>计算机<br>美国手语和聋人文化 | 缝纫、养殖<br>木工、泥石工<br>印刷、汽车维修<br>摄影、校志编辑<br>驾驶<br>工程设计与制图 | 言语训练<br>职业治疗 |

一些有条件的聋校则着手编制具有聋人教育特色的学科标准和课程内容。以肯德尔示范小学(Kendall Demonstration Elementary School,简称 KDES)和聋人模范中学(Model Secondary

---

① 顾定倩.美国聋校的课程设置[J].中国特殊教育,1995(3):40.
② 顾定倩.美国聋校的课程设置[J].中国特殊教育,1995(3):40.

School for the Deaf,简称 MSSD)为例,这两所学校坐落于美国首都华盛顿加劳德特校园内,两校有关聋人教育的改革对美国聋人教育的发展方向有引领作用。从 1997 年开始,KDES 和 MSSD 为从幼儿园到 12 年级聋学生制定了一整套具有聋人教育特色的教育体系,作为教学、课程设置和评估的准绳。这套体系分为教育目的、教育目标和阶段教育目标三个层次。教育目的包含五大方面的知识和技能:① 学科知识和技能。② 语言及交流思想的能力。③ 批判思维和决策判断能力。④ 情绪情感。⑤ 生活技能。在此基础上,制定了学生高中毕业时在各科目上必须达到的教育目标。在"每个学生都具备学习能力"这一原则指导下,新体系提高了对学生学业成绩的要求,强调知识和能力的实用性及对思考能力的培养,并把教育评估方法从以前对学生的排名比较,变为对学生成绩与所定阶段教育目标相比较。①

**(四)听障患者的高中后教育**

在 20 世纪 60 年代中期以前,美国只有加劳德特学院这样一所文科学院专门为聋生提供中学后教育。除这所学院外,聋生别无选择,只能到传统的大专院校就读。奎格利(Quigley)等人在 1968 年进行的一次研究中发现,从 1910 年到 1965 年,美国只有 224 名聋生毕业于正规大专院校。② 正是发现了上述这些情况,才导致了专为听力受损者制定的高中后教育方案的发展。1965 年国会批准,政府资助纽约州罗切斯特理工学院建立一个专门学院,定名为国家聋人技术学院(National Technological Institute for the Deaf)。到 20 世纪末,在美国已经有 150 多个高等教育机构专门为聋生开设了一些教育计划。其中有 4 个区域性的高中后教育机构招收了绝大多数聋生,它们分别是:圣保罗(明尼苏达)职业技术学院〔St. Paul(Minnesota)Technical-Vocational Institute〕、西雅图(华盛顿)中心社区学院〔Seattle(Washington)Central Community College〕、田纳西大学高中后教育社团(the Postsecondary Education Consortium at University of Tennessee)以及加利福尼亚州立大学(California State University)。③ 从 20 世纪 70 年代开始,加入高中后教育计划的聋生人数急剧增长。所有聋生中大概有 40%会接受高等教育。

## 四、美国现代视障教育的发展

**(一)视障教育的发展状况**

美国于 1832—1833 年在波士顿、纽约、费城创办了三所私立盲校。整个 19 世纪,寄宿学校几乎成为盲童唯一的教育措施。④ 在以后的 100 年里,盲校迅速发展,遍及每一个州。到 20 世纪 40 年代,由于受到杜威(John Dowey,1859—1952)教育哲学的影响,视障儿童教育的本质重新被检讨,家长和专家开始要求教育当局在决定视障儿童教育安置时应基于儿童的个别需求,并应考虑家长的意愿。1940—1956 年间,由于早产儿视网膜症(retinopathy of prematurity,简称 ROP)和德国麻疹流行病(the rubella epidemics)两种流行疾病在美国盛行,视障人数剧增。越来越多的人开始倾向于让视障儿童到普通学校接受教育。⑤ 随着时代的发展,视障儿童到专门盲校住读的越来越少,到普通学校走读的却越来越多。由此,美国的视障教育客观上形成了双轨制,即盲校住读制和普通学校的走读制。

---

① 赵江红,等.紧跟普教步伐 不让一个孩子掉队——美国聋教育课程的历史、现状和发展趋势[J].中国特殊教育,2003(08):89.
② 丹尼尔·P.哈拉汉,等.异常儿童特殊教育概论[M].高卓,等译.北京:华夏出版社,1992:210.
③ William L. Heward.特殊需要儿童教育导论[M].肖非,等译.北京:中国轻工业出版社,2007:322.
④ 徐行祥.美国的盲人教育[J].中国残疾人联合会.[2009-05-10]. http://temp.cdpj.cn/zmxh/2005-05/09/content_4133.htm.
⑤ 徐行祥.美国的盲人教育[J].中国残疾人联合会.[2009-05-10]. http://temp.cdpj.cn/zmxh/2005-05/09/content_4133.htm.

关于这种双轨制的讨论,没有一致的结论。主张视障儿童进盲校者,认为盲校住读制好,因为视障儿童在盲校不会受歧视,他们相互理解的心态能促进互助,建立友谊,有助于学习和成长。而主张"融合教育"者,则认为共同相处能增进健全儿童对残疾儿童的了解,认识到他们残而不废,有助于消除对残疾人的歧视心理;而残疾儿童在共同相处中也容易与健全儿童交朋友,造就未来的社交能力,从而克服自卑心理。

无论是在哪种环境中接受教育,随着联邦政府的重视,越来越多的视障儿童走进了学校。1990至1991年度,受到联邦政府教育项目资助的视障儿童大约为23000人,2002至2003年度则上升为29000人。①

**(二)视障教育的安置形式**

20世纪五六十年代前,多数重度视觉障碍儿童在寄宿制学校接受教育。由于融合教育的提倡,越来越多的视障儿童到普通学校中接受教育。据美国教育部2004年统计,大约88%的视觉障碍儿童在公立学校接受教育,55%的在校视觉障碍学生在普通班级学习,其中,17%的学生每天花一部分时间到资源教室学习。在普通学校特殊班中学习的学龄阶段的视觉障碍儿童占该类儿童的16%。② 美国现代盲童教育的安置主要有以下四种方式。

1. 巡回教师模式

大部分在普通教育班级学习的视觉障碍学生都接受过来自巡回教师—顾问的帮助,巡回教师—顾问一般受雇于学区、附近的寄宿制学校或地区、州、省教育机构。

2. 寄宿制学校

据2004年的统计,全美大约6.3%的学龄视觉障碍儿童进入寄宿制学校。寄宿制学校的学生还包括伴有其他障碍(如智力落后、听觉障碍、行为障碍及脑瘫)的视觉障碍儿童。支持视觉障碍儿童寄宿制学校的家长和教育者,将寄宿制学校作为长期为他们提供广阔专业知识的权威机构。这些支持者认为,寄宿制学校是视觉障碍和多重残疾儿童的最少受限制环境。

随着视觉障碍者需要的转变,许多视觉障碍儿童从寄宿制学校转到普通公立学校。一些寄宿制学校的学生在部分教学时间内进入附近的公立学校。在几个州中,公立学校和寄宿制学校紧密合作,为视觉障碍儿童提供服务。寄宿制学校在视觉障碍儿童教师培训服务前和服务中担任了重要角色。寄宿制学校作为资源中心往往设备齐全,也是视觉障碍儿童接受特殊评估服务的场所。数目不断增长的寄宿制学校为就读于普通公立学校的视觉障碍儿童提供短期训练。

3. 普通学校的特殊班

这种安置模式可以使视觉障碍儿童晚上在家住宿,白天到普通学校的盲童班接受教育。

4. 资源教室

这种模式是辅导教师每天或每周用部分时间辅导视觉障碍儿童,而其他时间孩子都在普通班度过。自公法PL 94-142颁布以来,资源教室和巡回教师模式越来越受人们喜爱,通过这两种模式,视觉障碍儿童在普通班接受教育的人数与日俱增。

**(三)视障教育的课程**

1. 视障教育的课程设置

美国盲校教育实行与普通公立教育一样的学制和课程。从小学到中学,实行12年一贯制,课程主要包括母语、数学、历史、地理、物理、化学等科目。除了这些与普通学校一样的课程外,盲

---

① National Center for Education Statistics. Children 3 through 21 years old served in federally supported programs for the disabled by type of disability: Selected years 1976—77 through 2003—04. [2009-05-10]. http://nces.ed.gov/programs/digest/d05/tables/dt05_050.asp.

② William L. Heward. 特殊需要儿童教育导论[M]. 肖非,等译. 北京:中国轻工业出版社,2007:347.

校还有体现其特殊性的课程。为满足盲童的特殊需要,盲校还开设盲文课程、功能性视觉技能课程、低视力辅助课程以及扩展性核心课程(Expanded Core Curriculum,即 ECC)。

2004 年的《残疾人教育促进法》规定残疾儿童的身体功能必须像学业能力一样,包含在个别化教育计划之中。这个法案改变了视觉障碍领域与 ECC 的关系,教师被要求评估和提供与 ECC 相关的教学。ECC 课程要满足视障儿童在数学、阅读、书写和科学等核心课程外的独特领域的学习及经验,其目的是为学生的生活做准备。

正常儿童可以通过模仿很容易地学习 ECC 的 9 个领域,视觉障碍儿童尽管几乎没有办法通过观察来学习这些技能,但是他们能够通过专业教师系统、连续的训练来学习。这 9 个领域是与核心课程相适应的补偿性技能、社会交往技能、娱乐和休闲技能、定向行走技能、独立生活技能、辅助技术技能、职业教育、视觉使用技能和自我决定技能。表 9-3 是美国盲校扩展性核心课程(ECC)的说明。

表 9-3　美国盲校扩展性核心课程(ECC)的说明

| 扩展性核心课程 | 关键内容 | 内容举例 |
| --- | --- | --- |
| 与核心课程相适应的补偿性技能 | 视障学生学习核心课程所需要的技能。补偿性技能通常是指使视障学生与其正常同伴平等学习的技能 | 概念发展、沟通模式、组织技能、倾听技巧 |
| 社会交往技能 | 视障学生无法轻松容易地学习交往技能,他们要通过持续的教学和模仿才能获得 | 社会性概念、身体技能、社会融合、小组游戏、眼神接触以及声调控制能力 |
| 娱乐和休闲技能 | 此项技能必须特意为视障学生终生技能的发展而设计 | 兴趣、体育、游戏、定位、身体适应能力 |
| 定向行走技能 | 定向行走技能是视障者能够独立正确行走的基本需要 | 身体影像、行走、安全、方向感、空间知觉能力 |
| 独立生活技能 | 与日常生活相关的技能,依据他们的能力尽可能地独立生活 | 卫生、食物准备、钱物管理、时间管理、穿衣 |
| 辅助技术技能 | 辅助性技术装置提供普通的学习环境。辅助技术增加了视障学生交往和学习以及扩展个人世界的方式 | 多媒体阅读能力、技术概念、选择适当的辅助设备、需要多媒体来获得信息的能力 |
| 职业教育 | 职业教育至关重要,因为大多数职业教育课程是基于正常的视觉功能 | 探索兴趣、工作意识、计划、准备以及职业道德 |
| 视觉使用技能 | 系统训练学生使用他们的残留的视觉功能以及触觉和听觉功能 | 环境的认识能力、身体属性、知觉属性、使用低视力设备 |
| 自我决定技能 | 此领域基于视障学生必须获得的知识及技能,以及训练他们去获得成功。 | 自我认识、做决定、解决问题、设定目标、自我控制以及自信训练 |

资料来源:Keri Lohmeier, Karen Blankenship, Phil Hatlen. Expanded Core Curriculum:12years later. Journal of Impairment & Blindness. 2009, Vol 103(2):100.

2. 视障教育的教学组织形式

在美国的视障教育中,为了满足盲生不同的学习需要,所教内容的深浅要以儿童能够接受为

准,且要遵循"有用才学"的原则。教学内容以生活为准绳,并最大限度地实施个别化教学。[①] 组织形式多样化:

(1) 个别教学

学校由专门的心理学家、职业治疗师、体疗师、眼科医师、教师等在对每个孩子全面地观察评估的基础上,邀请孩子所在地区的教育行政官员、学校的负责人、相关教师、生活老师、学生家长和学生本人等共同参加为学生制订每年的个别教育计划。

盲生的课程表是非常个性化的,这不仅体现在课程内容上,而且也体现在表现形式上。美国盲校教师认为,如果儿童不能理解印刷体文字或盲文课程表,就要根据学生的需要,制作能使其读懂的课程表。因此,在美国特殊学校的教室内,会发现四种不同类型的课程表:实物课程表、符号课程表、盲文课程表和大字印刷体的课程表。

(2) 小组教学

美国盲校每个班级学生的人数不会超过 8 个,根据学生的残疾程度和需求,还配有相当数量的教师助理。每一个教室大都划分为几个学习区域,每个区域都是一个小组或个人学习活动的地方。教师往往是根据这些学生不同的课程表,在授课时根据学生的学习水平和特点进行分组,在目标不同、内容不同的情况下实施分组教学。

(3) 协同活动教学

在综合主题课程当中,协同活动教学模式被广泛采用。协同活动教学即全班学生围绕同一任务或主题开展活动,根据其中学生的差异安排不同内容或难度的子任务,使得每位学生都能在同一项活动中学习与掌握各自所需的知识和技能,并获得分享与合作的经验。

**(四) 视障者的高等教育**

美国虽然没有专门招收盲人的特殊教育高等学校,也没有为盲人设立的特殊专业。但是由于美国大学招生没有全国统一的入学考试,而且有法律强制的入学平等权利,盲人入大学没有特殊的门槛,因此,现代美国的盲人高等教育仍然得到了发展。

1. 大学

当今的美国盲人若融合在普通大学就读普通专业,往往没有不可逾越的困难。高校只要配备有计算机读屏、电子放大器等软硬件设备,有残疾学生办公室提供咨询服务和支持就可以了,任课教师并不需要懂盲文和盲人心理,学校提供平等竞争的平台。

2. 社区学院

社区学院是以社区为办学主体、由政府资助的 2 年制高等教育机构。社区学院录取的新生,除了高中毕业外没有其他要求,残疾与否平等招收,视觉障碍者也可以就读于此。[②]

3. 美国视障高等教育的发展

在法律和技术进步的保障下,美国视障高等教育得到了发展。据 2001 年统计,盲人大学生比例较高,每百名大学生中就有 4 名是盲人。在校盲人大学生,每年暑假可以参加国会实习,并且每周有 100 美元的补助;除了国会,他们也可申请到盲协或其他残疾人组织实习锻炼。

**五、美国现代智障教育的发展**

**(一) 智障教育的发展状况**

到 20 世纪 40 年代后期,人们对智障已经有了一定的认识。但智障者仍被认为是无知而缺乏能力的,他们不可能有独立的人格,更不可能有行使公民权利的能力。基于这样的认识,人们

---

① 彭霞光. 美国盲多重残疾儿童教育的现状[J]. 中国特殊教育,2005(12):46.
② 钟经华. 美国盲人融合高等教育的技术支持及启示[J]. 中国特殊教育,2006(11):49-50.

认为有必要对智障者采取保护措施。50年代,随着特殊教育的发展,人们对智障者有了新的、乐观的看法,美国智障教育开始进入普及改革阶段。

50年代后期和60年代,受民权运动的影响,许多教育家和智障儿童的家长开始对为智障儿童设立的特殊班级提出质疑。主要理由是:① 这种教育形式使智障儿童与正常学生分开了,不能使他们适应社会生活,并会使他们产生自卑感。② 对智障儿童的分类容易产生自我实现的预言。一个被贴上"弱智"标签的儿童,很可能在行为上显示出更多的弱智特征。③ 研究人员发现,在特别班学习的轻度智障儿童,在掌握读写技能方面并不比正常班级里学习的智障学生好,这也就是后来美国智障教育回归主流的思想基础。[①]

60年代,有关智障者安置状况的研究不断增多,研究者提供的资料揭示了一些令人震惊的智障机构的状况。智障者常常穿着破旧衣服或者没穿衣服,被关在单独的房间里,房间里的墙、地板甚至天花板都很脏。伯拉特(Burton Blatt,1927—1985)把这些智障机构称为"等死的地方"。这些研究引起了社会上强烈的反批评,社会公众的监督使得这种令人叹息的状况得到了一些改变。同时,法律工作者公布了他们对几个城市智障治疗情况的观察,他们的工作为70年代智障教育正常化起到了奠基作用。[②] 1957年,全美只有40所学院和大学提供智障教育方面的培训课程。从1958年到1967年,参与智障培训课程的大学发展到400多所。

在肯尼迪总统任职期间,美国联邦对智障者教育投入了大量经费,先后派出代表团到苏联、荷兰和斯堪的那维亚半岛学习有关智障儿童教育训练的内容。1962年,该代表团向总统提交了《建议与智力落后做斗争的全国行动纲要》,提出:每个州须在适当的政府机构中为智障人员设立保护服务措施;对于智障儿童的鉴定,要进行广泛客观的诊断与评估,诊断小组的成员应由医学、心理学、教育学和社会工作等职业领域的专业人员组成;对特殊儿童的评估每两年进行一次,以确定残疾者是否存在继续特殊教育的需要。这些意见极大地促进了美国智障教育的发展。[③]

进入70年代,美国国会通过了三项直接涉及智障教育改革的法律,即1973年的《职业康复法》、《1974年教育法修正案》和1975年的《所有残疾儿童教育法》。这三项法律确立了智障教育的五项基本原则[④]:① 所有3—21岁的智障儿童和青少年都有享受适合其需要的免费公立教育的权利。② 对智障儿童的各种测验必须既是公正的,又是全面的,测验不能仅凭单一的标准。③ 智障学生的家长或保护人有权了解测验和诊断的情况,并可对学校做出的决定提出抗议。④ 学校须为每个智障学生制订个别化教育方案。⑤ 学校须为智障儿童提供"最少受限制"的教育情境。这些原则奠定了美国改革和普及智障教育的基础。

80年代后,美国越来越多的智障学生不再进入智障学校或普通学校的智障班,而是在正常班级学习。据统计,2003至2004学年度,有11.6%的智障学生在普通班级中接受教育,30.2%的学生接受资源教室的辅助计划,51.8%的学生接受隔离班级的辅助计划,另外还有大约6%的智障学生在特殊学校或寄宿学校等机构中学习和生活;一些规模较小的邻近学区会共享他们的资源,以便为那些中度、重度和极重度的智障学生提供特殊学校的教育。[⑤]

**(二) 智障教育的课程**

美国根据智障儿童的障碍程度来设置智障教育课程,分别对应于轻度、中度、重度和极重度

---

① 丁邦平.美国弱智教育的发展与改革[J].上海教育科研,1993(6):26-29.
② Margret A. Winzer. The History of Special Education: From Isolation to Integration[M]. Washington, D. C.: Gallaudet University Press,1993:378.
③ Robert L. Osgood. The History of Inclusion in the United States[M]. Washington, D. C.: Gallaudet University Press,2005:65.
④ 丁邦平.美国弱智教育的发展与改革[J].上海教育科研,1993(6):26-29.
⑤ William L. Heward. 特殊需要儿童教育导论[M].肖非,等译.北京:中国轻工业出版社,2007:146.

等类智障儿童,其课程和内容各不相同。

1. 轻度智障儿童的课程

美国当代特殊教育家柯克(Samuel Alexander Kirk,1904—1998)主张①:轻度智障儿童学习的课程和小学类似,应包括阅读、书写、语言、算术、自然、美术、体育、休闲娱乐、增进个人的社会和职业能力等科目,当然还有社会和职业的具体技能。

2. 中度智障儿童的课程

美国中度智障儿童的教育分三个不同的阶段,即学前教育(6岁以下)、学校教育(6—18岁)和成人教育(18岁以上),各阶段的课程设置各有不同。其中,学前教育和学校教育阶段课程如下:

学前教育阶段,智障儿童一般进入公立保育学校和幼儿园,或者是参加"开端计划"(Head Start)。许多学龄前中度智障儿童班都把重点放在准备性技能即学习的必要条件方面,准备性技能包括以下能力②:① 静坐和注意听讲。② 辨别听觉和视觉刺激。③ 听从指导。④ 发展语言表达能力。⑤ 提高大肌肉运动和精细运动的协调性。⑥ 发展自理技能。⑦ 与伙伴交往。

学校教育分为四个阶段:初级阶段(6—9岁)、中级阶段(9—11岁)、职前阶段(11—16岁)和职业阶段(16岁以上)。初级和中级阶段在特别班学习,但也有部分时间与正常儿童一起活动。中度智障儿童的课程要发展儿童的自我照顾和主动的能力,增进儿童在家庭及周围社会的适应能力,以及在家庭或保护性环境中的经济自立能力。培养的基本技能为:有限的阅读能力、算术、写字、语言(说话和理解)、社会知识、表演、美工、卫生保健、实用技能(含家务劳动)、动作发展和音乐等。上述观点是在柯克的《特殊儿童教育》(第四版)中论述的,而在第五版中没有再分成轻、中度智障教育论述,而仅是讲了教育中的四个主要内容和范围,即:阅读和学科技能、交往和语言发展技能、社会化技能、职前和职业技能等。③

3. 重度智障儿童的课程

重度和极重度智障儿童自一出生或出生后不久即可被确认为智障,并伴有许多其他症状。以往的美国教育系统对这类儿童实际上不闻不问。但1975年《所有残疾儿童教育法》颁布后,越来越多的重度和极重度智障儿童也开始受到适当的教育。重度和极重度智障儿童的功能水平很低,因此对他们进行训练必须从生存和自理的基本技能开始,课程的重点是对日常生活技能的训练。此外,重度和极重度智障者常常还会做出摇晃身体、抓搔皮肤、揉眼之类的令人不快的动作,消除这些行为也是训练的主要目标之一。④

(三)智障教育的教学策略

美国智障教育的教学策略主要有两种,即以社区为基础的教学和真实情境中的教学。

1. 以社区为基础的教学

以社区为基础的教学在中等学校很流行,旨在帮助学生在毕业后能够成功地生活。在以社区为基础的教学中,会让学生学习如何查阅地方报纸的招聘广告、去工作场所、提交个人简历、接受求职面试等。在日常生活技能的学习方面,会有涉及使用地方交通系统的项目。以社区为基础的教学包括让学生在学校里演练以及在社区中实践运用。因此,在城市中,学生一般要学习怎样去地铁站、怎样购票、如何找到要乘的车以及如何正确乘车等。

以社区为基础的教学同样也适用于年龄较小的学生。对小学生来说,可以将整个学校看做

---

① 丁邦平.美国弱智教育的发展与改革[J].上海教育科研,1993(6):26-29.
② 丹尼尔·P.哈拉汉,等.异常儿童特殊教育概论[M].高卓,等译.北京:华夏出版社,1992:56-57.
③ 朴永馨.特殊教育[M].长春:吉林教育出版社,2000:149.
④ 丹尼尔·P.哈拉汉,等.异常儿童特殊教育概论[M].高卓,等译.北京:华夏出版社,1992:62.

是教学环境,如在自助餐厅用餐,可以提供学习卫生与安全技能、社会技能、货币技能、交谈技能、科学知识的应用等机会。

2. 真实情境教学

真实情境教学所采用的教学方式,是与学生每天的生活经验相结合的。真实情境教学需要教师穿上学生的鞋子走路,用学生的眼睛去观察,明确学生的兴趣,发现本来发生在学生日常生活中的课程元素。教师或教学小组要应用学生的这些知识,创设有意义的知识背景,实施学校适应性课程的教学。

真实情境教学包括三个步骤:评定学生的能力和需要;确定功能性优先的能力和需要;通过有意义的、以文化为基础的教学经历教授一项真实情境活动。通过这样的教学,智障学生能学会功能性的技能,并获得他们成年后需要的、有价值的社会化技能。[①]

## 第2节 加拿大现代特殊教育的发展

从19世纪20年代开始,加拿大的聋童教育和盲童教育等特殊教育机构就逐步建立起来。二战以后,加拿大的特殊教育,无论是管理体制、办学规模还是教学质量均稳步发展。和普通教育一样,加拿大的特殊教育既吸收和借鉴了法国、英国、美国的教育传统,又结合了本国的实际情况,形成了独特的发展模式和经验。

**一、加拿大现代特殊教育的发展概况**

从20世纪四五十年代至今,加拿大的特殊教育经历了三个发展阶段:特殊儿童的单轨制教育(即隔离式特殊教育),特殊儿童的双轨制教育(即一体化),以及面向所有儿童、满足所有儿童特殊需要的全纳教育。

**(一) 20世纪60年代前的隔离式发展时期**

加拿大最早设立的特殊学校是麦克唐纳(Ronald McDonald)于1829年设立的聋童学校。从这个特殊学校算起,加拿大的特殊教育发展至今已有一百多年的历史。[②] 19世纪,应运而生的一些慈善机构(如精神病人收容所、聋哑人和盲人医院等)便担当起了特殊教育的职能。19世纪中后期,加拿大陆续出现了专门的特殊学校,如1866年蒙特利尔省在天主教会支持下建立了第一所盲童学校;[③]1871—1872年,加拿大的安大略省创建了伯拉温里聋哑学校和布德夫盲校。[④] 无论是由慈善机构管理的特殊教育,还是专门的特殊学校,这些特殊教育机构都具有一个共同的特征,就是实施隔离式教育,即将残疾儿童与正常儿童隔离开来。这一特征对加拿大的特殊教育发展影响深远。

20世纪初期,优生运动(eugenic movement)大行其道,导致社会公众以不屑与残障者为伍的心态来应对社会上不可避免存在的残障者所需要面对的生存、教育、工作、婚姻诸问题。残障者不能敲开公立普通学校大门的现象被认为是理所当然的事情,发展特殊教育的责任落在了家庭、教会与社会福利机构的肩上。[⑤]

20世纪20年代,随着加拿大公立学校运动兴起,特殊教育开始被纳入普通学校教育的职能

---

① William L. Heward. 特殊需要儿童教育导论[M]. 肖非,等译. 北京:中国轻工业出版社,2007:406-407.
② 毕农,等. 从隔离走向融合——加、美特殊教育改革动向[J]. 世界教育信息,1995(9):20.
③ 张福娟,等. 特殊教育史[M]. 上海:华东师范大学出版社,2000:120.
④ 方俊明. 特殊教育学[M]. 北京:人民教育出版社,2005:32.
⑤ 毕农,等. 从隔离走向融合——加、美特殊教育改革动向[J]. 世界教育信息,1995(9):20.

之中。但同时也暴露出了很多问题。在加拿大早期公立学校中，面对那些反应迟钝，有视障、听障或肢体残障等明显生理障碍的学生，或不好教、也教不好的智力障碍、知觉障碍的学生，以及不服从学校管理、与同学斗殴、学习成绩不良的学生等，教育者往往束手无策。尽管依据教育法的规定，不能剥夺这些儿童受教育的权利，但这些学生混杂在普通学生中间不仅自己会成为"落伍者"，而且在一定程度上还会影响其他学生。为此，教育者在普通学校中专设特殊教育班，将所有特殊儿童都集中到这样的班级里进行专门的教育。特殊班的设立表明，加拿大早期的正规特殊教育与普通教育仍然是分离的，而且还形成了与普通学校平行的特殊学校系统。[①]

直到20世纪60年代，加拿大的特殊教育还停留在慈善事业和社会福利的水平上，并且充满了隔离的色彩。加上社会各界对发展特殊教育的认识不足，普通教育系统中不易见到为残障儿童安排的教育措施。

**（二）20世纪70至80年代一体化发展时期**

加拿大的一体化教育可以追溯到20世纪50年代。当时加拿大的特殊教育或残障福利社团，如加拿大智障协会（Canadian Association for Mentally Retarded，CAMR）、加拿大学习障碍协会（Learning Disabilities Association of Canada）和特殊儿童学会（The Council for Exceptional Children，CEC）等，致力于促进残障者的教育和福利事业。在热心人士的倡导之下，特殊教育班级得以在普通学校生根滋长，并逐步将残障儿童被隔离、被摒弃的特殊教育转变为较能接近主流教育的格局。加拿大特殊教育的这一转变也受到了世界特殊教育发展潮流的影响。20世纪60年代，各国反思了传统的隔离教育。在欧洲出现了特殊教育"正常化"、"一体化"的思想，并很快传入美国和加拿大。受此影响，20世纪70年代中期，美国特殊教育界掀起了一场"回归主流"运动。在欧美新的特殊教育理论的影响下，加拿大掀起了一股特殊教育与普通教育"一体化"的热潮。加拿大一体化教育的理念表现在两个方面：首先是人人平等的价值观。追求人人平等的权利和义务是加拿大的政治主张。残疾儿童具有与正常人平等的权利和义务。公平、人道地对待残疾儿童，保证其平等的权利，尊重其发展的需要是社会文明与进步的标志。其次是特殊教育的现代化。"一体化"或"融合"能够在最大限度上弥补残疾儿童身心上的缺陷与不足，使其获得真正充分而平等的发展。[②]

20世纪六七十年代，加拿大开始逐步实施一体化教育。例如让许多低能学生融入正常班就是其中的一个改革措施。70年代，许多障碍学生就近入学，调查发现，他们适应得很好。此外，公立学校系统中还设有各种特殊教育方案，包括对智障儿童、视障儿童、孤僻儿童、天才儿童等的训练。到1984年，约有77%的适龄儿童在公立普通学校接受教育。

**（三）20世纪90年代以来的全纳教育时期**

1994年，联合国教科文组织在西班牙召开了"世界特殊需要教育大会"，提出了全纳教育的理念。受国际社会全纳教育理论的影响，全纳教育思想在加拿大逐渐盛行起来。加拿大在一体化和回归主流的特殊教育实践的基础上，结合本国多元的文化政策，吸收国际上的全纳教育理念并加以实施。为促进全纳教育的发展，加拿大采取了一系列积极的措施。

1. 以全纳教育理念为指导

相对于世界各国全纳教育的发展历程来说，加拿大也是比较早地实践全纳教育的国家之一。加拿大推行的全纳教育的核心理念是：相信儿童、相信他们的能力。这个理念在安大略省许多学校开展全纳教育的实践中得到了证明：如个人中心计划（Person Centered Planning）、制订行动计划

---

① 陈爱华.加拿大特殊教育的现状、特点及对我国的启示[J].外国中小学教育，1998(1)：25.
② 强海燕.中、美、加、英四国基础教育研究[M].北京：人民教育出版社，2005：611.

(Making Action Plans)、朋友圈(Circles of Friends)等。① 这些教育计划将学校、家长和社区联系起来，比较好地解决了可能有碍于实现全纳教育的复杂的个人、家庭以及学校等方面的问题。

全纳教育观念在加拿大早期教育领域中出现，并随着学前特殊教育事业蓬勃发展。加拿大为早期教育设立了大量的学前特殊教育学校和班级，基本上满足了残疾儿童接受早期教育的需要。在加拿大，特殊儿童不仅能够接受到早期鉴别和早期干预，而且还可以进入全纳幼儿园与普通儿童共同游戏、学习。

2. 制定相应的特殊教育政策

为支持全纳教育，加拿大各省都有专门的特殊教育政策和机构。如魁北克省的特殊教育政策要点是：每一个学区都有特殊儿童，他们是在智力、体力、感官、情绪、行为等方面低能或质优的学生；有特殊需要的儿童必须与正常儿童一起上课；必须有个别教育计划；取代或调整现有课程，对有特殊需要的儿童提出具体的目标和期望达到的结果。为了支持教师的全纳教学，魁北克省教育部提供了许多资源手册，以帮助教师面对不同类型的特殊需要学生，例如，《特殊教育服务：政策、实施和指导手册》、《为特殊儿童制订个别教育计划》、《对有学习和行为差异学生的教学：教师资源指南》等。

3. 重视设备和设施的投入

加拿大各省都注重加大设备、设施的投入，以满足各类特殊儿童接受康复训练和特殊教育的需要。凡接纳残疾儿童的学校都设置了特殊教育资源教室，配备资源教师和教辅人员，为残疾学生提供全方位服务。② 有特殊需要的学生在普通班上课，如果不能满足其需要，就被安排到资源教室，由资源教师对他们进行个别化辅导。一些来自社区的志愿者、学校的言语师和心理学家都来到资源教室，参与对有特殊需要学生的特殊帮助。同时，资源教堂还配备了各种现代化的康复治疗仪器，如语言训练系统、电脑交流系统、调频视听系统等。资源教室、资源教师、个别化教学计划是加拿大实施全纳教育的三个不可或缺的条件。

4. 提供全纳教育师资保障

为了提高教师的水平，加拿大教师每3年要制订并上交自我发展规划，5年中需完成14门专业课学习，涵盖了特殊教育、课堂技术应用、课程论、学生评价、教学策略、与家长和学生的沟通策略、课堂管理、领导艺术等。也就是说，加拿大的普通教育教师一般都具有基本的特殊教育知识，这为加拿大实施全纳教育提供了基础。③

当前加拿大的残疾人约占人口总数的15.5%，其中有39万名残疾儿童，89%的儿童有轻度残疾，8%的儿童有中度残疾，3%的儿童有严重残疾。④ 据资料显示，这些儿童中有23%～26%的学生在隔离的特殊学校接受教育，其余大部分则在普通学校接受教育。加拿大的教育管理部门、学校、儿童的家长期望实施全纳教育以满足儿童的特殊教育需要。在过去的10多年中，加拿大实施全纳教育的学区的数量已经有了相当大的提高。

从19世纪初期建立特殊教育机构开始，加拿大的特殊教育走过了从隔离到一体化和全纳的发展历程，这既体现了加拿大的特色，又切合了世界特殊教育的发展大势。表9-4是加拿大特殊教育的发展历程的总结，从中可以管窥其历史脉络。

---

① S. Stainback. An excellent source book explaining these programs and other best practices is Inclusion：A Guide for Educators[M]. Baltimore：Paul H. Brookes Publishing Co,1996.
② 陈爱华. 加拿大特殊教育的现状、特点及对我国的启示[J]. 外国中小学教育，1998(1)：26.
③ 熊琪，等. 加拿大全纳教育的实践及启示[J]. 现代特殊教育，2008(1)：39.
④ Harry Daniels,Philip Garner. World Yearbook of Education 1999：Inclusive education[M]. London：Kogan Page Limited,1999：102.

## 二、特殊教育管理与政策法规

### (一) 特殊教育行政管理

加拿大的教育行政管理的最大特点是高度分权的地方负责制。加拿大的教育主要由各省或地方政府负责,联邦政府不设全国性的教育管理机构。《1982年宪法法案》规定:教育立法权为省政府所有,由10个省教育部部长组成的加拿大教育理事会负责促进各省间的教育合作,各省的教育部门负责本省内的高等教育、中等教育、初等教育和特殊教育等。各省通过《教育法》和《学校法》对教育进行管理,包括对特殊教育机构的建立、特殊教育的实施等进行管理。[①]

在加拿大各省的教育部中负责特殊教育的部门具有以下责任:① 设立目标。② 发展、执行相关政策。③ 发展相应的指导方针和工作程序。④ 监测该领域的研究和实践的趋势。⑤ 评估该领域的各项计划和提供服务的情况。⑥ 管理为有特殊教育需要的学生提供服务的各个省级部门。⑦ 支持该领域职业的发展。⑧ 参与长期计划的设立及地区特殊教育的设置。[②]

加拿大联邦及各省均制定出相关的法案,用以约束特殊教育管理者的行为。校长作为学校日常经营活动的管理者,在对有特殊需要的学生提供教育方面,也起着一系列重要的作用。如就学生的教育计划适时地与学生、学生家长或其监护人交换意见,保证针对有特殊需要的学生实施个别的教育计划;监督学生的安置工作;保证学生的父母及监护人能够及时地获得学生在校情况的汇报等。[③]

校长还参与学生进步的评估工作;为学校的教职员工提供必要的特殊教育方面的培训以提高他们相应的知识和技能;参与学校特殊教育计划工作的评估。总之,校长在满足学生特殊需要和为其提供适当的特殊教育服务方面起到了监督和管理的作用。

### (二) 特殊教育立法

加拿大是一个多元文化的社会,其教育也呈现多元化。在保障各文化、各种族、各宗教及各特殊群体包括残障群体在教育方面的权益、解决各方教育利益的冲突方面,教育立法发挥了重要作用。[④]

1. 1982年前的相关法规

加拿大一直是英属联邦国家,直到20世纪80年代加拿大才收回制宪权和修宪权,制定了本国第一部宪法——《1982年宪法法案》。在《1982年宪法法案》颁布以前,加拿大各省开始陆续进行与特殊教育有关的各项立法。如不列颠哥伦比亚省(British Columbia):1955年,省政府为障碍儿童设立专门的教育计划资金,将其作为学区基本资金的一部分,并与教师的津贴挂钩,这一资金被称做"特批资金"(Special Approval);1973年制定的《特殊教育分配新办法》,是第一个有关学区资金分配的指导方针,有助于各学区特殊教育计划的发展,并确保了各学区制订的计划符合财政标准;1979年该省的《学校法案》(School Act)规定,每一个学区必须"为该学区达到入学年龄的所有儿童提供适合的学校教育环境,学费全免"。而其他省份如安大略省,1975年制定《听力或视力残疾者教育法案》,是专门针对盲聋哑教育做出的法律规定;该省的特殊教育立法在《1980年教育法修正案》中加以规定,涉及对特殊需要学生的定义、评估、安置和各级有关部门的责任等内容。随着社会的进步,加拿大对特殊学生提供的教育和服务越来越多,相关立法工作也逐渐开展。

---

① 苏雪云.加拿大特殊教育立法与实践[J].中国特殊教育,2004(12):79.
② 阚丽.加拿大特殊教育研究[D].辽宁师范大学硕士研究生学位论文,2004:7.
③ 阚丽.加拿大特殊教育研究[D].辽宁师范大学硕士研究生学位论文,2004:9.
④ 张湘洛.加拿大的教育立法及启示[J].教育评论,2003(1):110.

## 2. 1982年的《权利与自由宪章》

1982年的《权利与自由宪章》(以下简称宪章)是加拿大1982年宪法的主要部分。它直接涉及公民的基本人权,是对公民权利和自由的保障,被加拿大人奉为"加拿大最高法律"。宪章明确了公民的广泛权利:每个人都有保证他们作为一个人的生命、自由和安全的权利,基于最基本的公正原则,每个人都有权不被剥夺或隔离;每个人生来平等,不因种族、肤色、宗教、性别、年龄和身心残缺而受到歧视,平等地享有法律保护和合法权益。该宪章对加拿大教育影响深远。为保障宪章所规定的公民的平等受教育权,尤其是有特殊教育需要学生的平等受教育权能够实现,各省教育法纷纷规定设立教育上诉法庭(education appeal tribunal)或特殊教育法庭(special education tribunal)等机构,监督障碍人士特殊教育权利的落实。

20世纪80年代末,加拿大所有的省和地区都修订了他们的教育法案。如不列颠哥伦比亚省政府并于1987年成立以巴里·苏立文(Barry Sullivan)为首的皇家教育调查委员会(Royal Commission Education),该委员会建议:特殊需要学习者和他们家长的权利应在学校法中被界定清楚,并规定如果家长和学校之间出现争议,应通过第三方给予适当解决;建议为特殊需要学习者和其家庭提供额外服务,以帮助这些学生克服所面临的教育上的障碍。[①] 1989年,不列颠哥伦比亚省修订学校法,新的学校法要求为发展每个学生的潜力提供适当的教育计划,有特殊需要的学生不应再与其他学生隔离。而与其他社会服务部签订的协议,又规定了各部应为特殊学生提供的非教育性服务的具体内容。新不伦瑞克省(New Brunswick)于1986年颁布了《学校教育法的修订法案》,在涉及特殊学生安置时明文规定:"学务董事会在安置需要接受特殊教育计划与服务的特殊学生时,必使特殊学生与非特殊学生可以共同参加。在学务董事会认为已经适当地尊重全体学生的教育需要而且切实可行的情况下处理之。"[②]

## 3. 其他法规中的相关规定

加拿大《学校法案》(School Act)的第六部分规定:所有学生都有权在安全和受欢迎的环境中学习。有特殊需要的学生应得到及时的关注,他们的需要须经过有关方面的综合评估,并正确地判断出这些学生的长处及需要帮助的方面,及时为他们订立教育计划。有特殊需要的学生应配合这种教育程序的制定和评估的过程。[③]

20世纪90年代以来,加拿大各省的特殊教育立法又有了新的进展。1995年不列颠哥伦比亚省颁布了有关特殊教育服务的新政策,包括长达18个月的咨询系统等。安大略省在1998年颁布了有关"特殊学生鉴别和安置"的法令。特别是在一体化、全纳教育的政策方面加拿大各省取得了相当进展,各省教育法都规定了普通教育要为特殊儿童提供适当的特殊教育,不能因为特殊儿童的障碍而将儿童拒之于公共教育的门外,要确保每一个儿童的受教育权得到保障。[④]

## (三) 特殊教育经费

加拿大各省教育部有责任为特殊教育发展提供政策保障、制定指导方针、提供给各学区资金和信息资源支持。有特殊需要的学生接受教育所需的经费通常由政府支付,有的省大约65%的经费由省政府支付,剩下的35%由地方税收解决。有的省如新不伦瑞克省全部的特殊教育经费都由政府负担,支出的特殊教育经费一般占全部教育经费的10%~15%,目前该比例还在不断上升。[⑤] 1998年,联邦政府在"加拿大学生贷款项目"下每年拨款4500万加元资助生活困难的业

---

[①] 苏雪云.加拿大特殊教育立法与实践[J].中国特殊教育,2004(12):80.
[②] 毕农,等.从隔离走向融合——加、美特殊教育改革动向[J].世界教育信息,1995(9):22.
[③] 阚丽.加拿大特殊教育研究[D].辽宁师范大学硕士研究生学位论文,2004:8.
[④] 苏雪云.加拿大特殊教育立法与实践[J].中国特殊教育,2004(12):83.
[⑤] 苏雪云.加拿大特殊教育立法与实践[J].中国特殊教育,2004(12):80-81.

余学生、残疾学生和攻读博士学位的女学生，这为包括残疾学生在内的弱势群体同等接受普通教育、融入正常学校学习提供了一定的资金保证。①

 **知识小卡片**

**不列颠哥伦比亚省特殊经费的投入**

加拿大不列颠哥伦比亚省教育部以目标拨款的方式给各学区的特殊教育划拨资金，具体有三种方式：

（1）每个学区的基本教育经费为280000加元，加上额外为学区内每个学校补助的3943加元，共283943加元。（2）特殊教育平均教育经费是由区内被认定的特殊学生数量决定的，认定工作依据特殊学生占全学区内学生数量的百分比加以确定（如占适龄学生总数2‰的学生是超常儿童等）。每个学校都要向省教育部汇报本学区内的残障学生数量及残疾种类，为了获得这部分资金，学区委员会必须建立一定的评估机制，并依照相关政策和指导方针向学生提供一定的教育计划和服务机制，教育部则应随时审计个别学生的教育报告，以确保学校依照省教育制定的特殊教育指导方针行事。（3）其他服务项目的经费（辅助学习项目、医院为有特殊需要的家庭进行的服务项目、特殊的健康服务项目等）数额是由学区内接收这些服务的学生总量来决定的。

各省提供的特殊教育经费的目标补充资金是由省教育部监管的。省教育部控制这些资金的支出，以确保资金花在有利于特殊需要儿童的各项服务上。大多数省都规定每一个学校委员会提供给特殊学生的额外服务预算和经费不能少于目标补充资金数目，却可以多于这个数目，即分配给各个种类的特殊需要学生的资金数量可由地方学校委员会根据自身的情况弹性调解，但经费必须全部用于特殊教育方面，不可挪作他用，反之则可将其他经费注入特殊教育工作中。

如1999—2000年度不列颠哥伦比亚省教育部拨付的特殊教育经费为422790218加元，但从该年间学校委员会的预算中可以看出，该省至少比教育部的目标资金多投入了54000000加元于融合式的教育事业中。

（编译自Linda Siegel等.*A Review of Special Education in British Columbia*[M]. Ministry of Education British Columbia, 2000: 22-24.）

### 三、特殊儿童的教育安置

#### （一）特殊儿童的入学指导

在如今的加拿大，特殊儿童入学时，学校需要一份关于孩子的信息，以便在孩子入学后制订恰当的教育计划。孩子从出生时起，一些社会机构和组织就介入了幼儿的评估、鉴定、咨询和教育工作中。在孩子入学时这些社会机构和组织有关儿童的相关信息都与学校分享。在加拿大的小学阶段，家庭与学校的接触多，学校工作也需要家庭的配合。因此，多数地方教育委员会都设有特别服务科（Special Services Department），指导学校和家庭之间的联系。

#### （二）特殊儿童的教育安置模式

20世纪60年代后，随着融合教育思想的发展，人们对特殊儿童的态度发生了很大改变，并且提倡让特殊儿童到普通学校读书。目前，加拿大对特殊教育需要的类别，没有统一的规定。有

---

① 熊琪，等.加拿大全纳教育的实践及启示[J].现代特殊教育，2008(1)：39-40.

的省份明确规定了特殊儿童的分类,有的则没有。如阿尔伯特省规定了7种特殊需要的类别:情绪行为问题、智力落后/严重学习困难、身体/运动障碍、视力损伤、听力损伤、语言障碍和学习障碍。所有学生在普通班级接受最初的教育,如果有必要将学生从普通班级中抽出对其进行特别教学,也必须要在一个有限的时间里,制订有效的计划来帮助学生重新返回到普通班级。有的省份,盲生和聋生是进入其所在学区的特殊学校学习的。[①] 在加拿大"一体化"教育模式下,特殊儿童的安置形式大致有四种。[②] 分述如下:

1. 部分时间制特殊班级和部分时间制正常班级

在这种教学安置下,残障学生大部分时间在特殊班级学习,小部分时间和正常儿童在一起学习。一般是音乐、美术、体育等非工具性学科和正常儿童合班学习,并共同参加课外活动和校外活动,而工具性学科则单独进行教学。

2. 具有巡回服务的正常班级

残障学生就学于邻近的正常班级,由巡回老师对他或他的老师进行直接指导或咨询。这种指导和咨询一般是定期的,一周一至五次不等。在残障学生较少的学校或学区里,这种教育安置是较好的选择。

3. 带有资源教室的正常班级

在这种班级里,残障学生和正常儿童一起学习,但他们还要在资源教室里接受资源教师的帮助和辅导。资源教师除了给残障学生进行具体指导外,还经常为正常班级的教师提出建议和咨询。

4. 正常班级

残障学生就读于正常班级,其教学内容和学习进度与正常同龄儿童完全一样。

### (三)普通学校实施一体化教育的措施

随着加拿大一体化教育的深入开展,大多数有特殊需要的儿童都在普通学校就读,只有很少一部分在特殊学校学习。在普通学校实施一体化教育比较普遍的措施有:学校工作组、个别教育计划、资源教室、合作学习等。

1. 学校工作组

加拿大中小学里,一般都设有由校长、校长助理、心理学家、医生、社会工作者及任课教师组成的工作小组,其任务就是针对每个特殊学生的不同情况制定并实施个别化的教育方案。

2. 个别教育计划

1975年,美国通过《所有残疾儿童教育法》,以法律的形式规定了个别化教育计划的实施。受此影响,70年代中期加拿大各教育机构都设置了个别教育计划。特殊儿童的个别教育计划是由地方教育部门的代表、医生、心理学和教育方面的学者、教师、学校负责人、社会工作者、学生家长或监护人共同组成的小组制订的,计划必须由家长或监护人同意方能实施。内容包括:特殊儿童现实教育水平,长期教育目标和短期教学目标,给儿童提供的各种特殊教育及相关专业服务,每项服务的起始日期和期限,评估程序和合适的评估标准。为了最大限度地发展特殊儿童的潜在能力,加拿大的学校把个别教育计划作为一个重要的环节和方法。

3. 资源教室

在加拿大,资源教室与普通班级相结合是最流行的教育途径。资源教室设置的主要目的就是配合正常班级的教师帮助特殊儿童。教师需要通过专业的培训,具有特殊教育经验,一般由特殊教育教师担任。资源教室的功能有:为儿童进行特殊需要评估,对儿童进行个别教学,进行行为观察、矫正、语言治疗训练等。加拿大凡是接纳残疾儿童的学校都设置了特殊教育资源教室,

---

① 苏雪云.加拿大特殊教育立法与实践[J].中国特殊教育,2004(12):83.
② 陈爱华.加拿大特殊教育的现状、特点及对我国的启示[J].外国中小学教育,1998(1):25.

配备资源教师和教辅人员,为残疾学生提供全方位服务。

4. 合作学习

主要适用于部分融合教育机构。如实行在部分时间制特殊班和部分时间制正常班的教学安排下的合作学习。

### 四、师资培训

在加拿大,普通师范教育担负着培养特殊教育教师的职责,许多大学都设有特殊教育的课程,并且该课程是师范专业的必修课。教育专业的学士学位课程包括特殊教育,凡是希望从事特殊教育的普通师范院校的学生,必须在取得教育学学士学位后,在校接受一年的培训,主要是学习特殊教育的方法及技能,培训后取得资格证书才能上岗。① 此外,有的大学还设有咨询专业、学校心理学和培训特殊教育人员的专门项目。在只发文凭、不授学位的社区学院,类似的课程早在20世纪70年代初期便已开设。②

总的来说,加拿大非常重视特殊教师的师资培训,重视特殊教育教师的专业修养,促进普通教育教师和特殊教育教师相互配合,切实保障了特殊教育的质量。

**本章小结**

二战结束以来,美国和加拿大的现代特殊教育在社会发展和教育理念变革的背景下,得到了迅速发展。美国作为当今最发达的国家,在特殊教育方面走在前列。特殊教育整体上逐步完成了从隔离到全纳的转向;1975年颁布的《所有残疾儿童教育法》经过不断修订,变得更加完善、系统;特殊教育的管理和经费得到保障;听觉障碍、视觉障碍和智力障碍等特殊教育,无论是规模、类型,还是安置形式、课程、教学等,都有新的发展。在加拿大,特殊教育在19世纪初创的基础上,借鉴和吸收欧美的经验,也达到了较高的水平。从50年代至今,加拿大的特殊教育也完成了从隔离到全纳的转变;中央和各省特殊教育的管理体系和立法逐步健全;特殊教育的经费得到保障;特殊儿童的教育安置形式多样化,形成了自己的特色;特殊教育师资培训有了较高的要求。作为世界发达地区之一的北美,在特殊教育的政策法规、课程设置、方法探索及师资培养等各方面都进行了可贵的探索,在现代特殊教育发展历史上留下了宝贵的经验,为世界特殊教育的发展提供了镜鉴。

**思考与练习**

1. 美国在1979年前后主要的特殊教育法规有哪些?
2. 《所有残疾儿童教育法》的主要内容及其评价。
3. IDEA2004法案的主要变化有哪些?
4. 整理美国现代听障教育的发展脉络,其内容和方法有何变化?
5. 整理美国现代视障教育的发展脉络。
6. 整理美国现代智障教育的发展脉络。
7. 简述加拿大的特殊教育发展历史阶段及其特点。
8. 加拿大特殊教育的管理和政策法规有哪些发展变化?
9. 思考美国和加拿大现代特殊教育发展的经验。

---

① 谢明.融合和全纳教育是特殊教育的主题——加拿大、美国特殊教育考察报告[J].现代特殊教育,2003(6):46.
② 蓝任哲.加拿大百科全书[M].成都:四川辞书出版社,1998:540.

# 第10章 日本和印度现代特殊教育的发展

学习目标

1. 了解日本特殊教育的发展历史。
2. 理解日本当代的特殊教育改革。
3. 了解印度特殊教育的发展历史。
4. 理解印度特殊教育一体化发展。

日本和印度是亚洲有代表性的两个国家,他们有着各具特色的悠久历史和文化传统,同时又具有不同的现代化发展经验,而在特殊教育领域,也取得了各有特色的进展。本章主要梳理日本、印度现代特殊教育的发展历史。

## 第1节 日本现代特殊教育的发展

日本文化和教育曾长期深受中国的影响,并对中国的思想加以吸收和融合,形成了日本文化教育的传统。16、17世纪,尤其是明治维新时期,日本大量引进、学习欧美的发展经验,逐步建立起现代社会的文化教育体系。日本现代特殊教育就是在日本的历史和文化语境中逐步发展而来的,大致可分为三个阶段[①]:明治维新之前,日本的特殊教育主要是对部分盲人的教育;明治维新到二战前后,日本的特殊教育体系基本确立;二战后,日本的现代特殊教育得到较快发展。

### 一、明治维新之前的日本特殊教育

#### (一)早期盲人教育的出现

1868年明治维新之前,日本也有对残疾人特别是盲人进行教育的记载。日本最早记载残疾人的文献始见于公元858年,由于当时清和天皇(850—880)的儿子井筒仁康(Hitoyasu)王子失明[②],宫中便招收家庭出身良好的失明男子进入皇宫,成为他的仆人。王子将自己的一部分收入分给他们,大大地提高了盲人的地位,并影响了日本当时所有盲人的生活。886年,为了纪念去世的盲人王子,有些失明官员被安排去管理全国盲人的福利。有的盲人成为高级行政人员,被任命在京都(当时日本的首都)任职;而成为一般行政人员的盲人,则被分配到其他道、府。

当时日本的盲人能得到明眼人很好的保护,这使他们有机会投身到艺术学习活动中,许多盲人在音乐、按摩、针灸、文学、宗教方面取得了不小的成就,并且他们还能够帮助偿还债务,因此赢得了许多市民的好感。从这个意义上说,近代初期日本的残疾儿童教育是以盲人职业教育为中

---

① 杨民.当代日本的特殊教育及其对我们的启示[J].中国特殊教育,2000(4):29-32.
② Taylor, A. The blind in Eastern countries: Report of the Second Triennial International Conference on the Blind and Exhibition[R]. Manchester, 1908: 175.

心,进而拓展开来的。①

**(二) 日本中世纪的盲人艺能教育**

日本的盲人职业培训,是从中世纪的艺能教育,即"平曲"技能的传授开始的。镰仓(1192—1333)初期用琵琶伴奏演唱的"平氏物语(平家物语)",又称"平曲"、"平家琵琶曲"。开始时是由盲艺人以琵琶伴奏演唱的台本,只有3卷,后经说书艺人传唱、补充,加之一些文人的校勘、改造,在1201—1221年初步形成了流传至今的13卷本。在琵琶技师们组成的平曲剧团中,形成了各种位次。室町时代(1392—1573)有一位很有名的琵琶演奏技师,他是一位盲僧人,名叫明石觉一(1300—1371),在演奏上大有成就,他把唱平曲的盲僧人组织起来,成立了名叫"当道座"的剧团。在剧团里,按照琵琶演奏技能的高低设立了"检校"、"勾当"、"座头"等职位(后来这些职位名称被泛化为专指盲人群体中的领导称谓),进而通过师傅带徒弟的形式传授艺能,这种独具特色的盲人职业教育在日本开展了很长时间。

16世纪,日本进入战国时代,室町时代很兴盛的平曲就渐渐衰退了,取而代之的是另一种艺术形式"净瑠璃"。"净瑠璃"是从日本说唱艺术发展起来的一种木偶戏,后被作为一种剧种的名称。因此,擅长琵琶演奏的盲人们,开始转向学习"三味线(起源于中国的三弦)"的演奏技能,这是一种为"净瑠璃"、"小歌"、"民谣"等伴奏的乐器。其中有一位擅长三味线演奏的著名盲人检校八桥城谈(1614—1685),他和弟子们共同创作了"六段调"的名曲,开辟了盲人艺能的新领域,并且这被作为当时盲人的新职业,提高了有盲童的家庭对孩子的教育期待,这些盲童大多在7岁左右就被送去拜师学艺。这种针对盲人的艺能教育后来虽然分成各种流派,并且在不同的家族制度下流传,但是师傅带徒弟的这种教育形式,却被系统地保留了下来。

除了艺术领域之外,日本盲人在医疗领域也有职业训练。盲人检校杉山和一(1610—1694)从中医的针灸疗法中摸索并设计了盲人很容易掌握的"管针"疗法,并自成体系,颇有成就。1692年,他被江户幕府任命为总检校,并在当地开办了培训后备针灸医生的职业讲习班。杉山死后,他所创立的"杉山针疗术"被弟子继承下来,并且在全国各地开办了许多讲习所,在当时成为比较普及的盲人职业教育。

**(三) 寺子屋和早期的日本特殊教育**

寺子屋是日本江户时代(1600—1868)所设的以庶民子弟为对象的私塾,一般在寺庙大宅中开设教室,主要向少年儿童进行读、写、算的初等教育。1872年,日本颁布《学制令》后,小学建立,寺子屋逐渐消失。根据乙竹岩造于1929年所著的《日本庶民教育史》记载:当时日本各地的寺子屋都曾经有过残疾儿童就学,就学比例平均大约在10%左右。② 据乙竹介绍,当时有残疾儿童就学的寺子屋多集中在大都市的车站附近,因为针对残疾儿童的教育主要以识字为中心,所以就学儿童中,以有学习可能性的聋哑孩子人数最多,也有一些盲童和肢体残疾的儿童就学。文献记载:江户京桥的寺子屋"月松堂"的师傅(教员)千叶城之介,就曾经想办法利用带有颜色的凸字让盲童学习读写。③

## 二、明治维新至二战结束时日本的特殊教育

明治时代(1868—1912)全方位的维新变革使日本顺利地进入资本主义发展时期,随着社会的发展,日本国民和政府对残障儿童及其教育的意义,有了越来越清楚的认识。1872年,寺子屋被公立学校取代;盲人的行业协会也随着封建主义制度的削弱而被取消。这使得日本残疾人教

---

① 中村满纪男,荒川智.障碍儿童教育历史[M].东京:明石书店,2003:111-113.
② Otsutake,I. History of private education for the people[M]. Tokyo:Meguro Shoten,1929:86.
③ 中村满纪男,荒川智.障碍儿童教育历史[M].东京:明石书店,2003:111-113.

育旧的土壤不复存在,开始在新的教育制度体系中生长。随着日本现代学校教育体系雏形的建立,特殊教育学校逐步产生。虽然这时日本特殊教育已进入确立时期,但残障儿童仍然被拒绝于公立义务教育的大门之外。

### (一) 盲聋特殊教育学校的建立和发展

据记载,1876年,出生于长野县的盲人熊谷实弥在东京创立了一所私立盲人学校。学校开设与普通小学相同的"识字"、"算数"等课程,属于家塾式的盲人学校。学校除了校长熊谷实弥外,还有一名教员平野知雄,以及20多名学生,但是学校开学一年左右就停办了。①

1875年,在苏格兰传教医生佛罗兹(Henry Faulds,1843—1930)的倡导下,中村正值、津田仙、古川正雄、岸田吟香等人联合,共同建立了乐善会,为建立"训盲院"进行了多方面的努力②。次年,杉浦议、前岛密、小松彰等有识之士也加入乐善会,他们提出的在东京三度目建立"训盲院"的申请也得到认可。乐善会的训盲院于1880年(明治13年)正式创立,主要靠民间募集的善款来经营。开办之后,也引入了聋哑学生的教育,因此,训盲院于1884年改名为"训盲哑院"。但是,由于该院主要以普通教育为重点,入学的学生人数增加缓慢,后又因为资金募集不力,训盲哑院很快陷入经济困难。1885年由当时的文部省正式代管,并于1887年更名为"官立东京盲哑学校"。

1878年,在当时担任寺子屋白景堂教师的古川太四郎与远山慧美等人的共同倡导和努力下,京都盲哑院作为日本最早的综合性残疾儿童学校在京都正式创立,次年更名为"京都府盲哑院"。因为该校具有独立校舍,被视为日本特殊教育的开端。③ 由于古川、远山等人的努力,学校在开办初期得到了京都府内各界的大力支持和帮助,学校得到顺利发展。建院之初,学生有56人;到1886年,学生已达到147人。该校教学主要以职业教育为中心,有人力车接送学生的服务,设立了针对贫困学生的奖学金制度等就学保障制度。但后来,由于政策变化以及地方财政收入下降,政府补助经费不能及时到位,各种就学保障制度也随之被废弃。学校办学规模大幅度缩小,最终移交给京都市管理。

1887年(明治20年)以后,日本各地纷纷设立了盲聋哑学校,到1907年已经达到38所。在此期间,盲聋学校的教学内容、方法等都有了很大的进展。在盲人教育方面,引进了布莱尔盲文;在聋人教育方面,经过口语法和手语法的激烈争论后,一直到20世纪40年代,口语法才在聋人教学中占了上风。

经过长期的盲聋教育实践,越来越多的人认识到盲、聋是两种不同性质的障碍,应各自设立学校、分别教育。于是文部省于1909年在东京设立了"东京盲学校",并于1910年撤销了"东京盲哑学校",设立了"东京聋哑学校",这是日本盲、聋教育分离的开始。

这段时期,日本的特殊教育取得了巨大进步,但还没有充分的法律或规章建立。1906年10月23日,日本全国聋人教育会议在京都召开,小西先生、古河先生和鸟井先生等人联合呼吁政府颁布盲人和聋人教育法规,提出应该对盲人和聋人进行强制义务教育的建议。④ 1923年,日本公布《盲校及聋哑学校令》明确规定,道府县有设立盲人学校和聋哑学校的义务。后来的私立学校大都移交给县府管理,盲、聋学校有了更快的发展,学生人数也不断增加。到1944年,盲人学校

---

① 中村满纪男,荒川智.障碍儿童教育历史[M].东京:明石书店,2003:111-113.
② Kawamoto,Unosuke. The development of education for the deaf in Japan[M]. New Jersey: Proceedings of the International Congress on the Education of the Deaf,1933:594.
③ 张福娟,等.特殊教育史[M].上海:华东师范大学出版社,2000:235.
④ Konagaya,T. The education of the blind in Japan[J]. In Potts, P. C. Outlook for the Blind and the teachers Forum,New york:1951,45:33-38.

共有77所,学生总数达5956人;聋哑学校有64所,学生人数为8421人。[①]

**(二)智障儿童学校的建立和发展**

自盲、聋教育学校建立后,智障儿童的教育也开始建立。1894年日本大地震留下了许多孤儿,当时,石井亮一执教于日本东京立教女子学院,出于对这些失去父母的孤儿的同情,他决定为这些孤儿们做一些事情。但由于孤儿中有些人是不能自理的弱智儿,所以,石井亮一游学美国去学习教育和保护这些智障儿童的方法,回国不久他建立了泷乃川学园,这是日本第一所为智力障碍儿童开设的机构。[②]他对日本的智障儿童教育作出了巨大贡献。随着智障儿童要求入学人数的不断增加,其他智障学园相继成立。1910年,胁田良吉创办了"白川学园"。1916年,岩歧佐一创建了"桃花塾"。1919年,川田贞次郎创办了"藤仓学园"。[③]

日本第一个普通学校的特殊班建立于1890年的长野县松本市普通小学。之后,1901年在馆林市的一所普通小学中也专门为学习成绩差的学生开设了特殊班。此后,日本各地学校大多都采取了将小部分智力障碍儿童分散在普通小学特殊班级中的做法。但到二战前,日本建立的特殊班不足100个。1940年,大阪成立专门的市立思齐学校,专门招收智障青少年,这是日本第一所为智障儿童设立的以"学校"命名的特殊教育学校。[④]二战期间,智障教育受到重创,很多智障教育机构被迫撤销。

**(三)病弱和肢残儿童学校的建立和发展**

1. 病弱儿童班级

1917年,神奈川县的茅崎建立了一所白十字会林间学校,这是一所养护学校的雏形。该校接收的对象是小学一至六年级易患内分泌腺疾病及其他体质虚弱、但没有传染性疾病的儿童。从大正(1912—1926)末期到昭和(1926—1989)初期,日本各地在普通学校和医院为各类病弱儿童设立了病弱儿童班级,在这些病弱儿童中最普遍的是患肺结核的儿童。[⑤]到1932年全国共有87个这样的班级,学生达2935名。后来发展迅速,到1942年全国已有1616个班,人数多达64891名。[⑥]

2. 肢残儿童学校

1933年,东京市立光明学校作为招收肢残儿童的学校得到政府认可。入学条件有以下四项:不能因学校生活环境而使疾病恶化;无传染性疾病;有教育可能性;家人能够迎送。当时实行的是智力上的择优录取,但因开课当年报名者人数少,一些脑性麻痹的儿童也被录取了。茨城、大胶、三重、熊本等府县在小学校里设置了特别班级以及身体虚弱儿童、精神迟滞儿童等班级,战前共有14个肢残儿童班级,大约有100名儿童就学。[⑦]

二战期间,日本各类特殊教育均都受到了战争的消极影响。接收学习有困难的儿童和智障儿童的特殊班级,受到战争的严重影响;而盲人学校和聋人学校也受到战争的影响,但学生人数仍有所增加,学校仍保持不变。[⑧]特殊教育班的发展,则因战争而延缓了。普通学校中的特殊班

---

① 张福娟,等.特殊教育史[M].上海:华东师范大学出版社,2000:236.

② Tsujimura Y. The History and Present Status of Services for the Mentally Retarded in Japan. Report[R]. 2nd Asian Conference on Mental Retardation. Equal Rights for the Retarded. Tokyo: Japan League for the Mentally Retarded, 1975:4.

③ 孙圣涛.日本弱智教育的历史、现状及面临的问题[J].外国中小学教育,1999(1):36-39.

④ 袁韶莹.日本的特殊教育[J].外国教育研究,1981(3):13-18.

⑤ Izutsu, S. Special education of handicapped children in Japan[J]. Exceptional Children,1961,27:252-59.

⑥ 山口薰.特殊教育的展望——面向21世纪[M].沈阳:辽宁师范大学出版社,1996:12.

⑦ 山口薰.特殊教育的展望——面向21世纪[M].沈阳:辽宁师范大学出版社,1996:11.

⑧ 山口薰.日本特殊教育的现状和课题[J].现代特殊教育,1994(2):33-34.

级总数,1944 年是 2486 个,1945 年下降到 511 个。[①]

### 三、二战结束后日本特殊教育的发展

二战结束后,随着教育改革的展开,残障儿童的教育被纳入国家义务教育制度和体系之内,《学校教育法》将残障儿童的义务教育纳入了法律规定,义务教育的年限不断延长,教育质量不断提高。进入 21 世纪的日本残疾人教育,开始从隔离式的特殊教育走向融合式的特别支援教育。

#### (一)特殊儿童义务教育的实施

战后,在美国政府派遣的教育使节团的指导下,日本着手改革教育,先后颁布了《教育基本法》、《学校教育法》等重要教育法律,确立了日本战后的教育体制。1947 年颁布的《学校教育法》规定:对包括高度弱视者在内的盲童、包括高度弱听者在内的聋童和精神薄弱、肢体不健全、身体虚弱、病弱的儿童都要实行相当于一般中小学的教育,这在原则上肯定了盲校、聋校、养护学校的小学和中学部分与一般的中小学一样,同为实施义务教育的机构。它的目的是提供给这些学生同等的接受教育的权利,要为他们提供必要的知识和技能,以弥补残疾。在具体的安置方式上,分为五大类。

1. 特殊教育学校

特殊教育学校是一个能提供残障儿童发展所必需的教育教学服务的机构,负担特有的教育任务。特殊教育学校必须设有幼儿园、小学、国中、高中等学部,满足各年龄学生的教育要求。在此种班级学生数的组成上,服从于小班小校的原则,老师方可落实个别化教学。义务教育阶段的特殊教育学校主要包括:① 盲校。② 聋校。③ 养护学校,包括智障儿童养护学校、中枢神经性肢体残障儿童养护学校、病虚体弱儿童养护学校等。

2. 特殊班

对于身体的机能或发展方面有所迟缓或障碍的学生而言,虽然其发展或障碍不需要任何持续性的治疗、复健,但是必须对其发展或日常生活的自理能力给予特别优渥的环境和较长时间的指导。特殊班必须担负起个别化的教育,针对学生的个别能力给予全面的指导。具体来说,在普通小学、初中、高中内设置特殊教育班,其残疾类型包含智障班、中枢神经性肢体残障儿童班、病虚弱儿童班、弱视班、重听班、言语障碍班和情绪障碍班,招收轻度身心残障儿童进班接受教育。

3. 资源教室

学生必须是在籍于中小学的普通班级,而且有轻度的身心障碍。设置资源教室的目的是为改善或克服身心障碍的情况而进行指导,必要时实施各学科的补救教学。指导时间以每周三节为上限,若需补救教学则以每周五节为上限。日本从 1993 年开始对轻度身心残障儿童采用随班就读、特别指导的方式进行教育,即残障儿童的大部分课程随正常儿童学习,再根据每人的残障状况每周接受 1~3 课时的特殊指导,如果再加上各学科教师的补充指导,残障儿童每周要接受大约 8 小时的特别指导。

4. 巡回辅导

以多重障碍学生为主,是从各地的养护学校派遣适宜的教师,前往家中、儿童教养机构及疗养院进行指导的一种教育形态。这一安置类型也是日本独具特色的访问教育,主要是为那些因病长期在家卧床不起或需长期住院治疗、或反复出院住院治疗的特殊儿童建立的教师访问特殊教育制度。

---

[①] Ochiai, T. History, issues and trends of Japanese special education[J]. International Journal of Special Education, 1994, 9(2): 155-161.

**5. 普通班级**

原本应在特殊学校就读的特殊学生在普通班级接受教育,县市政府负责部分经费,这可能会增加监护人在学习费用上的负担。这一安置类型也是日本特殊教育逐渐走向融合教育的重要表现。

这些适合不同障碍程度和不同障碍类型的特殊安置方式,保证了日本残障儿童义务教育的实施。盲人学校和聋人学校从1948年开始实行义务教育制度,1956年完全实现。1956年,日本政府制定《公立养护学校设备特别措置法》,鼓励设置公立的养护机构;1957年,《学校教育法》修订部分确立了残疾儿童在养护学校就读者,视同履行义务教育的规定;从1972年起,日本实施特殊教育扩充整备计划,提出了"养护学校整备七年计划",准备在七年内为所有的残障儿童设置所需的养护学校。根据日本政府1973年颁布的《学校教育法养护学校就学义务及养护学校设置义务有关部分实施日期政令》的规定,自1979年起,养护学校也开始实行义务制。这样,日本实行的特殊义务教育,为包括身体残疾、精神薄弱儿童在内的所有儿童提供至少9年的普通教育,为全面提高国民的文化教育水平起到了重要作用。①

自1979年日本实施养护学校义务教育制度以来,日本残障儿童教育得到了进一步的落实和发展。根据日本智能残障福利联盟1999年所编《发展残障白皮书》的统计,1997年,日本有各类专门性特殊学校917所,在校生48749人,普通小学、初中内所设的特殊教育班级达23400个,在校生66681人,残障儿童实际入学率超过98%。② 由此可以看到日本现代特殊教育体系已经基本完善了,较好地满足了日本残障儿童接受教育的需要。表10-1、10-2、10-3分别统计了日本战后盲聋和其他类型残疾儿童学校数和学生数的发展变化,由此可见日本现代特殊教育发展的概况。

表10-1 日本战后盲校发展统计③

| 年份 | 学校数 | | | | 学生数 | | | | |
|---|---|---|---|---|---|---|---|---|---|
| | 总数 | 国立 | 地方 | 私立 | 总数 | 幼儿园 | 小学 | 初中 | 高中 |
| 1955 | 77 | 1 | 73 | 3 | 9090 | 9 | 3212 | 2150 | 3719 |
| 1960 | 76 | 1 | 73 | 2 | 10261 | 9 | 3077 | 2144 | 5031 |
| 1965 | 77 | 1 | 74 | 2 | 9933 | 24 | 2848 | 2500 | 4561 |
| 1970 | 75 | 1 | 72 | 2 | 9510 | 83 | 2491 | 2166 | 4770 |
| 1975 | 77 | 1 | 74 | 2 | 9015 | 248 | 2142 | 1577 | 5048 |
| 1980 | 73 | 1 | 70 | 2 | 8113 | 189 | 1949 | 1289 | 4686 |
| 1985 | 72 | 1 | 69 | 2 | 6780 | 184 | 1265 | 1212 | 4119 |
| 1990 | 70 | 1 | 67 | 2 | 5599 | 193 | 946 | 768 | 3692 |
| 1995 | 70 | 1 | 67 | 2 | 4611 | 214 | 801 | 585 | 3011 |
| 2000 | 71 | 1 | 68 | 2 | 4089 | 228 | 693 | 491 | 2677 |
| 2001 | 71 | 1 | 68 | 2 | 4001 | 239 | 698 | 471 | 2593 |
| 2002 | 71 | 1 | 68 | 2 | 3926 | 265 | 672 | 510 | 2479 |
| 2003 | 71 | 1 | 68 | 2 | 3882 | 272 | 639 | 508 | 2463 |
| 2004 | 71 | 1 | 68 | 2 | 3870 | 271 | 668 | 497 | 2434 |
| 2005 | 71 | 1 | 68 | 2 | 3809 | 260 | 701 | 463 | 2385 |

---

① 张德伟.分离式教育与统合式教育——日本特殊教育的两种形式[J].日本问题研究.2001(4):45-50.
② 杨民.当代日本的特殊教育及其对我们的启示[J].中国特殊教育,2000(4):29-32.
③ 文部省.Statistical Abstract 2006 · School for The Blind[EB/OL].[2009-05-20] http://www.mext.go.jp/english/statist/index07.htm.

表 10-2　日本战后聋校发展统计[①]

| 年份 | 学校数 | | | | 学生数 | | | | |
|---|---|---|---|---|---|---|---|---|---|
| | 总数 | 国立 | 地方 | 私立 | 总数 | 幼儿园 | 小学 | 初中 | 高中 |
| 1955 | 99 | 1 | 97 | 1 | 18694 | 503 | 12228 | 4387 | 1576 |
| 1960 | 103 | 1 | 101 | 1 | 20723 | 574 | 11081 | 5299 | 3769 |
| 1965 | 107 | 1 | 105 | 1 | 19684 | 1019 | 8359 | 5391 | 4915 |
| 1970 | 108 | 1 | 106 | 1 | 16586 | 1740 | 6217 | 3877 | 4752 |
| 1975 | 107 | 1 | 105 | 1 | 13897 | 2186 | 4949 | 2924 | 3838 |
| 1980 | 110 | 1 | 108 | 1 | 11577 | 2090 | 3590 | 2640 | 3257 |
| 1985 | 107 | 1 | 105 | 1 | 9404 | 1676 | 2992 | 1739 | 2997 |
| 1990 | 108 | 1 | 106 | 1 | 8169 | 1531 | 2456 | 1748 | 2434 |
| 1995 | 107 | 1 | 105 | 1 | 7257 | 1286 | 2406 | 1334 | 2231 |
| 2000 | 107 | 1 | 105 | 1 | 6818 | 1282 | 2112 | 1400 | 2024 |
| 2001 | 107 | 1 | 105 | 1 | 6829 | 1357 | 2078 | 1421 | 1973 |
| 2002 | 106 | 1 | 104 | 1 | 6719 | 1410 | 2055 | 1383 | 1871 |
| 2003 | 106 | 1 | 104 | 1 | 6705 | 1430 | 2092 | 1171 | 2012 |
| 2004 | 106 | 1 | 104 | 1 | 6573 | 1287 | 2175 | 1112 | 1999 |
| 2005 | 106 | 1 | 104 | 1 | 6639 | 1303 | 2178 | 1209 | 1949 |

表 10-3　日本战后其他残疾人学校发展统计[②]

| 年份 | 学校数 | | | | 学生数 | | | | |
|---|---|---|---|---|---|---|---|---|---|
| | 总数 | 国立 | 地方 | 私立 | 总数 | 幼儿园 | 小学 | 初中 | 高中 |
| 1955 | 5 | — | 1 | 4 | 358 | 23 | 222 | 108 | 5 |
| 1960 | 46 | 3 | 37 | 6 | 4794 | 11 | 2920 | 1684 | 179 |
| 1965 | 151 | 6 | 136 | 9 | 14699 | 29 | 7848 | 6073 | 749 |
| 1970 | 234 | 13 | 211 | 10 | 24700 | 38 | 13237 | 8741 | 2684 |
| 1975 | 393 | 30 | 353 | 10 | 40636 | 191 | 21233 | 11978 | 7234 |
| 1980 | 677 | 43 | 621 | 13 | 72122 | 183 | 36895 | 21806 | 13238 |
| 1985 | 733 | 43 | 677 | 13 | 79217 | 177 | 32297 | 24713 | 22030 |
| 1990 | 769 | 43 | 712 | 14 | 79729 | 164 | 27022 | 21744 | 30799 |
| 1995 | 790 | 43 | 733 | 14 | 74966 | 139 | 25708 | 18710 | 30409 |
| 2000 | 814 | 43 | 759 | 12 | 79197 | 126 | 25698 | 18798 | 34575 |
| 2001 | 818 | 43 | 763 | 12 | 81242 | 127 | 26170 | 19451 | 35494 |
| 2002 | 816 | 43 | 761 | 12 | 83526 | 144 | 26874 | 19652 | 36856 |
| 2003 | 818 | 43 | 763 | 12 | 85886 | 145 | 27582 | 19963 | 38196 |
| 2004 | 822 | 43 | 767 | 12 | 88353 | 130 | 28078 | 20275 | 39870 |
| 2005 | 825 | 43 | 771 | 11 | 91164 | 133 | 28798 | 20981 | 41252 |

---

① 文部省. Statistical Abstract 2006・School for The Blind[EB/OL].[2009-05-20] http://www.mext.go.jp/english/statist/index07.htm.

② 文部省. Statistical Abstract 2006・School for the Other Disabilities[EB/OL].[2009-05-20]. http://www.mext.go.jp/english/statist/index09.htm.

### (二) 特别支援教育

日本自1979年全面实施残障儿童义务教育以来，虽然取得了残障儿童就学率不断提高、残障儿童教育权利得到实现的可喜成绩，但是在推行义务教育的同时，却存在着特殊教育和普通教育及整个社会相互隔离的现象，引起了社会的批评。早在1969年，日本特殊教育综合研究调查合作者会议的报告就论及"回归主流"教育的问题，此后这一问题即受到行政方面的关注。[①] 在日本国内特殊教育所面临问题以及国际一体化、回归主流等教育思想的影响下，日本特殊教育开始改革。

鉴于特殊教育学校（聋校、盲校、养护学校）的高年级学生或特殊班的学生越来越少，而更严重残疾程度和更多障碍类型（如学习障碍、注意力缺陷及多动症、高功能自闭症包括亚斯伯格症、语言障碍等）的学生逐年增加，越来越需要更多具有丰富经验的教师提供足够的专业知识，以实现残疾人教育的多样性。同时，日本政府也面临着紧缩财政的挑战，这些困难和问题都要求对现有特殊教育资源进行重新分配。所以，日本文部科学省召开了关于"21世纪特殊教育的理想方法"的调查研究协议会议，并于2001年，发布了《21世纪特殊教育的理想方法——根据每个障碍儿童的需要进行特别支援的理想方法》，报告回顾了日本特殊义务教育的发展历程，并从就学指导、对有特殊教育需要的儿童给予帮助以及特殊教育条件的改善和充实等方面指出了今后的特殊教育发展方向。

报告明确提出：不应当再将障碍儿童划分为视觉障碍、听觉障碍、智力障碍等，而是应适应每个儿童的教育需要，给予他们特别的教育支持。至此，日本将"特殊教育"改称为"特别支援教育"，其定义是"在盲、聋哑特殊学校及特殊班级的教育之上，对学习障碍儿童、注意力欠缺或多动症儿童等在普通班级学习的、而又需要进行特别的、积极的、相应教育的儿童给予援助"[②]。根据2003年颁布的《关于今后的特别支援教育（最终报告）》的规划，这一教育改革于2007年正式实施。特别支援教育的实施，在行政、课程、安置等诸多方面都使中小学和原有的各类特殊教育学校发生了变化。

在教育行政方面：2006年以前按照障碍分类设置的养护学校，如盲、聋、肢体和智障养护学校，现在则不分类，统称"特别支援学校"。而设在中小学的特教班则称为"特别支援学级"，资源班称为"通级指导教室"。"通级指导教室"是针对轻度障碍学生的，如学习障碍、注意力缺陷及多动症、高功能自闭症（包括亚斯伯格症）、语言障碍、重听、弱视学生等，设置不同类别的通级指导教室，依各人不同的学习困难状况，给予指导。而特别支援学校（特殊学校）中、小学部的班级学生人数减少，每班学生上限6人。特别支援学级每班学生上限8人。通级指导教室，每班学生上限20人，但情绪障碍类学生上限10人。2007年，实行聋校、盲校、养护学校统一的制度，特别支援学校的数量共1013所，其中有45所国立学校，954所公立学校，14所私立学校，与前一年相比，聋、盲学校和养护学校的总数增加了7所。

日本特殊教育已迈入蓬勃发展阶段，当然在发展过程中不可避免会出现各种各样的问题，如在特别支援教育上，并没有法令规定为每一位学生拟订个别化特殊教育计划，每个阶段的老师对学生的了解可能要从头开始摸索，或是无法确知学生目前接受教育的情况。另外也没有设置全国性特教通报网，在学生的就业服务上可能会产生状况不明等等问题。但是，日本的特殊教育界已经做好了准备，在创新课程和教学、学生创造力提升、跨专业的合作与建立高质量的特殊教育师资等方面，开展了学者专家、基层教师及特殊学生的家长的共同合作，以提高特殊教育的质量。

---

① 石部元雄，等.世界各国的特殊教育[M].李聪明，等译.台北：正中书局，1988：170-171.
② 山口薰.日本的统合教育二——最新国际发展动向和特别支援教育[J].现代特殊教育，2006(5)：35-36.

## 第2节　印度特殊教育的发展

印度是世界文明古国之一,早在孔雀王朝君主阿育王在位时,就为残疾人和穷人建立了收养院和医院。公元7世纪,印度为残疾人提供了保护和救济金。尽管有记载印度古代赞成将残疾儿童纳入教育中的文献,但这些资源并没有直接催生印度的特殊教育。从15世纪起,西方殖民者开始来到印度,18世纪50年代,进入英属印度时代。西方的教育伴随殖民的进程传入印度。从1857年到1947年,伴随着民族独立运动的展开,印度现代特殊教育逐步建立。1947年印度独立以后,特殊教育得到进一步发展。

### 一、独立前印度特殊教育的建立

#### (一) 盲聋教育学校的产生

1. 特殊教育的早期历史

与中国的特殊教育历史相同,印度特殊教育的产生要归功于西方传教士。1605年前后,传教士在印度开设欧洲学校,大主教阿莱绍·德·梅内塞斯(Aleixo de Menezes,1595—1609)在果阿(Goa)大教堂创立了一个孤女教育机构,使用葡萄牙语进行教育。① 有记录称,18世纪后期马德拉斯军事孤儿庇护所(Madras military Orphan Asylum)接纳一些弱智男孩,该机构是由安德鲁·贝尔(Andrew Bell,1753—1832)在18世纪90年代创立的,这可视为印度现代特殊教育的起点。

19世纪三四十年代,印度一些普通学校里开始采用专门的方法来教授盲童。1839年前后,加尔各答(Calcutta)孟加拉军事孤儿院的教师,向伦敦教会申请供给盲孩子阅读的资料。② 结果他们收到了一些用卢卡斯(Thomas Lucas,1764—1838)发明的盲文字母书写的书籍。③ 之后这些书籍又被用穆恩(William Moon,1818—1894)凸字所写的书籍取代。英国女传教士、教育家莱泼特(Jane Leupolt,1812—1894)于1835年和东方妇女教育促进会一道来到印度工作。19世纪60年代,莱泼特印制了采用穆恩盲文体系改编的印度语盲文资料,并致力于将这一教育方法推广到贝拿勒斯(Benares)和阿格拉(Agra)等地。④ 整个19世纪的印度教会都有关于女传教士和传教士妻子为各类孤儿(包括聋儿、智力残疾或行为困扰儿童)努力工作的记录,但对于其他残疾儿童教育取得的成就远没有像盲童教育一样因为卢卡斯和穆恩凸字的有效教育手段而获得这么多的成功案例。不过,印度的特殊教育要到第一所聋校、第一所盲校在19世纪80年代建立,才真正开始。

2. 盲聋学校的建立与初步发展

孟买聋哑学校是1882年在当地主教的大力支持下建立的。该校是目前所见资料记载中,印度最早兴建起来的特殊教育学校。⑤ 该校的建设得到社会各界的支持,在公众援助的名单中,包

---

① Meersman A. Notes on the charitable institutions the Portuguese established in India[J]. Indian Church History Review,1971,2:95-105.

② Miles M. Including Didsabled Children in Indian Schools(1790s—1890s): Innovations of educational approach and technique[J]. Paedagogica Historica,2001,37(2):291-315.

③ Mills P. V. Thomas Lucas and his embossed stenographic characters[J]. British Journal of Ophthalmology,1965,49:485-489.

④ Society for promoting female education in the East. History of the Society for Promoting Female Education in the East[M]. London: Edward Suter,1847:51-52.

⑤ Crossett,J. Account of a visit: Under School Items. Bombay Institution[J]. American Annals of the Deaf,1887,32(2):124-25.

括几个本土王子,富有的印度教徒、伊斯兰教徒和印度拜火教徒等。同时,政府给予每年1200卢比的资助金,市政当局是1800卢比。在学校成立之初,因为这些捐款和捐物,这一特殊教育机构或多或少可以自给自足。学校开始设立在炮台区,沃尔什先生(T. A. Walsh)于1884年10月抵达孟买,从此一直负责学校的领导工作。他曾在爱尔兰和比利时从事超过20年的聋哑教学。[1]

受到1880年米兰会议纯口语教育占上风的影响,孟买聋哑学校虽然在以前使用手语教学,但后来改用口语法。创建于1893年的加尔各答聋哑学校也经历了同样的转变,至少当巴纳吉先生(Jamini Nath Banerji)1896年从伦敦的范普拉(Van Praagh)训练学校和美国加劳德特学院回来时,加尔各答的聋哑学校正在教授手语。[2] 梳理聋哑儿童的手语使用,首先得到印度官方承认的学校是佛罗伦萨·斯韦恩森(Florence Swainson)的聋哑学校,该校于19世纪90年代在印度南部的小城建立。但是在之后的几年,斯韦恩森聋哑学校也开始反对手语法,并因为自己对于手语法的坚持而道歉。[3]

印度第一所盲人学校建立于1887年。[4] 根据英国传教士的文献记载,印度盲人教育源于阿姆利则(Amritsar)的传教士安妮·夏普(Annie Sharp)小姐[5],因为夏普小姐在圣天主教堂医院的治疗工作中,发现并将分散在各地的盲人集中在一起,组织他们进行一些手工艺工作,如纺织女用薄衣,编织篮子、粗糙的垫子等,并于1887年建立了"北印度盲人工业之家"。其中第一个学生是一位伊斯兰教妇女,还有一些女孩每天都来工业之家接受教育。在稍后的一段时间,她们还为一些基督教学生提供了住宿的地方。[6] 这一史实也在19世纪末一位作家的文章中得到记载:"圣天主教堂医院邻近的盲校,据我所知是全印度唯一庇护盲人的地方,它采用技术和工业学校的性质进行基督教家庭和宗教传播的努力……夏普小姐从一开始就管理着这所学校,在她的悉心管理下,这所学校已经呈现出实际效用。"[7]在1903年夏普死后,学校迁至德拉敦夫(Dehradun)。[8]

在传教士成功地建立了对聋人和盲人的教育机构之后,印度的特殊教育才开始在小规模的范围内逐步展开。在之后的几年间,印度其他地区分别建立起了盲聋学校。如加尔各答盲校成立于1897年,得到了德边德拉·纳特·泰戈尔(Debendra nath Tagore)根据其已故父亲的愿望捐赠13万卢比的支持。

到1920年,印度的聋校已有10所,按照开始建立的顺序分别是在孟买、加尔各答、迈索尔(Mysore)、巴罗达(Baroda)、马赫萨那县(Mehsana)、巴瑞索、孟买(另一所学校)、那格浦尔(Nagpur)、阿姆劳蒂(Amraoti)和马德拉斯(Madras)等。根据政府统计,在1911年时聋学生的人数达到20万。而盲校也达到10所,分别在拉杰布尔(Rajpur)、帕拉姆(Palamcoota)、孟买(由美国传

---

[1] Ernest R. Hull. Bombay Mission—History with a special study of the Padroado Question. Volume II 1858—1890[M]. Bombay: Examiner Press, 1913: 309.

[2] Banerji S. N. Sixty years with the Deaf in India[J]. The Deaf in India, 1949, I(1): 8.

[3] Swainson F. The education of the deaf in India[J]. Volta Review, 1914, XVI: 173-177.

[4] Hifzur Rahman. History of Special Education in India[M]. Delhi: Sanjay Prakashan, 2005: 100.

[5] Chauhan, R. S. Triumph of the Spirit: The pioneers of education and rehabilitation services for the visually handicapped in India[M]. Delhi: Konark, 1994: 79.

[6] Nathan R. Progress of Education in India(1897—98 to 1901-02)[J]. Fourth Quinquennial Review. London: HMSO, 1904, 1: 396.

[7] Hewlett, S. S. They Shall See His Face: Stories of God's Grace in work among the blind and others in India[M]. Oxford: Alden, 1898: 1-2.

[8] Prem Kumar. Living in a gray zone[EB/OL]. [2005-07-24] http://www.indiatogether.org/2005/jul/hlt-grayzone.htm.

教士开设)、孟买(另一所学校,名称是纪念维多利亚盲人学校)、加尔各答、迈索尔(联合机构)、兰契(Ranchi)、拉合尔(Lahore)、巴罗达和马赫萨那县。其中,加尔各答聋人学校和帕拉姆盲人学校是最大的。加尔各答聋人学校是培训学校;在合并后的迈索尔学校,教师要接受两种残疾教育的训练。特别值得一提的是,印度当时发行了关于盲人的唯一一份杂志——《盲人的希望之光》季刊。

尽管传教士所创办的盲、聋学校没有给20世纪初的印度社会带来显著变化,但是却让越来越多的印度人看到这样一个事实,即接受过教育的聋人和盲人在生活质量和生存能力上具有显著变化。这开始改变了印度对于盲人和聋人大多是乞丐、懒汉、小偷的传统观念,他们认为经过教育培训的聋人和盲人也会成为有用的公民。由此,在一些印度特殊教育学校校长的倡导下,印度的特殊教育开始得到了官方的认可和接纳。

3. 盲聋学校教育学方法的初步实践

17世纪90年代到19世纪80年代,在印度早期盲聋教育的发展历史中,一些中重度残疾儿童是在普通学校与健全儿童同时学习的,其他有轻微残疾的儿童也出现在普通学校。起初没有什么特别的教学方法,但在对常识和传统文化死记硬背的方法基础之外,还是不断拓展出一些细微的方法改变,经常出现在孤儿院学校中。凸字阅读材料大约在19世纪40年代开始进入教室,但这些都是很简单的,有利于视力正常的教师使用,也不需要专门培训。同时还有些成年教师与聋哑儿童一起挑选了简单的手势,后来补充了许多图片来辅助手势。如1880年后,在许多国家口语法逐步取代了手语法来教育聋儿,传教士们将手语法的应用从欧洲转向了亚洲,传入印度。

盲文也在印度的盲校教学中开始使用。布莱尔盲文比穆恩盲文体系更普遍,更方便,给盲人提供了独立书写自己思想的一种手段。但是布莱尔盲文是一个代码体系,不像穆恩盲文体系那样使用简单,布莱尔盲文至少需要几个星期的训练,经过几个月的实践后才能够熟练地使用。可以认定,印度特殊教育专门学校的成立是采用了这些新的教学方法的结果。

(二) 其他类型特殊教育机构的产生

1. 智障教育学校的建立

在印度古代文献中出现的与智力缺陷相似的词汇有 sthuladhih、jadadhih、nirbuddhih、balishah 等等,[①]这说明印度较早就认识到了智障人士一直生活在身边。研究者于1929年使用卡纳达语的比奈智力测验,对3万城镇人口进行调查的结果发现:有1074名儿童有弱智倾向,其中,有4‰在普通学校中就读。[②] 也有文献显示:20世纪30年代一位在印度工作多年的英国医生,没有在学校或医院中发现一例唐氏综合征儿童。[③] 通过这些文献似乎可以看出20年代印度智力残疾人教育相对滞后。当然这也有可能只是由于在文献中缺乏有关印度唐氏综合征的记载所造成的。事实上,在现代印度特殊学校中,唐氏症儿童还是非常普遍的。一项1951年的调查发现,在印度总人口的1‰中,有10个低能或弱智者、34个处于临界状态者,其中14个是男孩、20个是女孩。只有3人能在中学学习,30人能在小学或学前班就学。智力平均落后普通学校学生约3年。[④]

回顾印度弱智学校的历史,最重要的有两所学校。[⑤] 第一所为智力障碍儿童开设的学校成

---

① Banerjee, G. R. Care of the mentally retarded[J]. Indian Journal of Social Work, 1955, 16(1): 75-82.
② Taylor, W. W. Services for the Handicapped in India[M]. New York: International Society for Rehabilitation of the Disabled, 1970: 279.
③ Chand, A. A case of Mongolism in India[J]. British Journal of Children's Diseases, 1932, 29: 201-205.
④ Kamat, V. V. Measuring Intelligence of Indian Children[M]. Oxford: Oxford University Press(Indian Branch), 1951: 84-85.
⑤ John Sargent. Progress of education in India 1932—1937[S] // Eleventh Quinquennial Review. Delhi: Bureau of Education, 1940: 262.

立于1918年,是西尔维娅·拉普拉斯小姐(Miss Silvia de Laplace)在喀西昂(Kurseong)创立的儿童之家。那些智障及肢体有缺陷的儿童虽然无法在普通学校学习,但在儿童之家通过特别的感知训练,有了显著的进步。之后这所学校被政府正式认可并接收,每月拨出补助金150卢比。到1921年3月,该校有9名学生,1936—1937年度,增至26名学生。

第二所弱智学校是1933年至1934年度在加尔各答附近的贝尔高立亚(Belghoria)建立的尼克坦弱智学校(Bodhana Niketan)。这所学校的成立,主要是慕克吉(Girija Prasanna Mukherjee)倾注了大量的时间、金钱和精力。学校总成本是9081卢比,其中只有480卢比来自省级的收入,1936年至1937年度有15名学生。①

50年代,有11个智力障碍教育机构,1960年至1966年有35个机构开设了智障学校。②

经过近半个世纪的缓慢发展,人们普遍认识到,这些有缺陷的儿童可以通过特别的设施、特别的训练来接受教育。政府也逐渐认识到智障儿童虽不适合学术教育的要求,但可以把他们作为一个单独的类别,让他们进入特殊教育学校。除了开办各种各样的培训中心,由志愿团体、市、自治区及州政府支持进行一般性教育之外,还有一些工艺品技能培训,同时也提出了适合印度国情的家庭培训计划:"在像印度这样的国家,对智障儿童开展家庭培训计划是有价值的。智障儿童的教师大约每周两次到儿童家中访问,教导他们约一个小时,对他们进行指导与学校课程相关的后续教学,并帮助儿童增强其社会适应能力。"③

2. 其他残疾教育机构的建立

印度其他类别的残疾儿童教育,史料记载较晚,也较为有限。1942年至1943年,在印度噶林邦有为5—18岁的跛脚和失明儿童进行职业康复的记载。学校已招收19名学生,其中,13名学生居住在附近的旅馆。此外,学校还帮助他们学习盲文,对跛脚及失明儿童也给予训练。④

多年来,印度许多特殊教育学者主要争辩的话题是"回归主流"必要性或者说"特殊教育"的重要性问题。对于不了解现代特殊教育原则、方法和技术的教师、家长来说,他们不能理解特殊需要群体的优点和缺点,只是为了避免成为被嘲笑和惩罚的对象,就将一些可教育的残疾儿童送到普通学校,即使他们不能取得任何进展。这意味着浪费能源、浪费儿童、教师和家长的努力和金钱。⑤而否定印度特殊教育重要性的观点认为,特殊教育会导致隔离和孤立不同能力的儿童,将儿童在很小年龄时分开进行教育,不利于这些儿童成年后接受主流教育,这是达不到特殊教育的目的的。

## 二、独立后印度特殊教育的发展

### (一)特殊教育政策法规的发展

1947年8月,印度摆脱了英国的殖民统治获得独立。独立后的印度逐步建立起了自己的民族教育体系。1949年颁布宪法,第45条规定:"国家应努力在自宪法生效之日起,10年内为所有儿童提供免费义务教育,直到他们满14岁为止。"⑥宪法上述规定为印度残疾儿童的教育提供了

---

① Chanda A. K. Ninth Quinquennial Review on the Progress of Education in Bengal for the Years 1932—1937[M]. Alipore,1939:130.
② Joachim,V. Welfare for the handicapped: an overview[A]. H. Y. Siddiqui. Social Welfare in India[M]. Delhi: Harnam Publications,1990:207-230.
③ Banerjee,G. R. Care of the mentally retarded[J]. Indian Journal of Social Work,1955,16(1):75-82.
④ Snehamoy Datta. Quinquennial Review on the Progress of Education in West Bengal for the Period 1942—43 to 1946—47[M]. Alipore:Government of West Bengal,1951:76.
⑤ Ramanujachari,R. A. Study of the Extent of the Problems of Physically and Mentally Handicapped Children in Chidambaram Area[M]. Annamalainagar:Annamalai University. 1962,73-75.
⑥ 王长纯.印度教育[M].长春:吉林教育出版社,2000:99.

最高的法律保障。

1966年,科塔里(Kothari,D.S.)领导的印度教育委员会完成了一份关于印度教育发展的20年计划,即《教育与国家发展》的报告。以该报告为基础,印度在1968年出台了《国家教育政策》,对教育体制进行改革,提出对所有14岁以下的儿童实行免费义务教育的目标,主张扩充身心残障儿童的教育,并开发确保残障儿童在普通学校学习的一体化方案;同时还重视天才儿童的教育。从这里可以看到,20世纪60年代在西方兴起的一体化、回归主流等教育思想,已经在印度的特殊教育政策导向中有所体现。

在西方的一体化、回归主流等教育思想的影响下,1974年印度社会福利部开始为残障儿童制定一项实施一体化教育的计划。当然,要真正推行还需要过渡以及教育部门的努力。20世纪80年代,在国内经济和社会发展以及世界教育改革的背景下,印度开始了新一轮教育改革。1986年,印度政府制定公布了《1986年国家教育政策》,还公布了包含24点实施计划的《1986年国家教育政策实施:行动计划》。在该《国家教育政策》中,特殊教育的发展也是关注的焦点之一:倡导一体化的特殊教育政策,主张将有身体和智力障碍的儿童与社区中正常的孩子放到一起开展教育;为具有严重障碍的儿童提供特殊学校,为残疾教师提供培训的职业教育并鼓励志愿工作。可以说到此时,印度特殊教育政策对一体化的强调更加突出了。

## 知识小卡片

### 印度《1986年国家教育政策》中的特殊教育政策建议

1. 人们应该根据残疾程度和类型,关注残疾人的问题。为此,要高效地利用媒体。

2. 应该通过激励、对话、定期培训和评估来为每个有残疾儿童的家庭提供支持。父母小组和社区教育小组应该建立起来。

3. 残疾人教育系统应该是有弹性的。这个系统应该具有一系列教育供给——为那些无法在普通学校上学的孩子提供特殊学校,在普通学校设立特殊班级,为残疾儿童提供一体化教育。可以通过不同形式来进行教育——正式的、非正式的、开放学校、家庭学校、职业教育中心等等。

4. 应该用不同方式为听觉障碍儿童提供一系列教育服务:
(1) 为严重耳聋的儿童提供纯口语训练项目。
(2) 在一些严重耳聋的儿童用纯口语项目不适当的情况下,应为他们提供口语与手语相结合的教育项目。
(3) 对那些以手口训练为基本方法的听障儿童,就要提供隔离式训练项目。
(4) 对那些具有较好情感、认知、社会和语言发展的听障儿童就需要一体化的教育项目。

5. 为了使听障儿童经济独立,应为他们特别提供职业培训。职业培训以工作为定位,适应听障儿童的能力和程度,应具有多种组织形式,要避免此前那种只局限在较少职业范围之内的培训情况,例如绘画、缝纫、针织、绣花、书籍装帧等等。这些培训课同时也要与工业操作相联系,例如钣金工、印刷、旋转、试衣、焊接、电工、木匠等等。

6. 由于视觉障碍国家研究所的努力,印度文的布莱尔盲文(Bharati Braille)已经开发出来。在此基础上的教师培训和图书印制项目也已开展。这些生产项目的操作规模应该集中地得到扩张,并且应该促使其多样化发展,使科目覆盖面宽泛,以迎合校内外的需求。

7. 有关数学和科学的布莱尔符号的研制,已经做了一些工作,但并没有取得很大的进展。鉴于对科学和数学教学的日益重视,应该为数学和科学研发一套综合性、有效性的盲文码。

8. 对于那些中度智力障碍的儿童,应该为他们开发特殊课程,此课程不仅仅要达到3RS基础教育的标准,还要达到培养自我照顾能力的标准,要让他们具备运动整合能力,感知和动作技能,语言、交流和概念技能。应该清楚地知道,相对于学业成就,智障儿童的社会适应能力和职业培训更为重要。

9. 面向成年智障者的职业学校还不多。应该为他们提供诸如在工厂、农场等适合他们就业的职业培训,因为他们无力去公开应聘。这些智障者接受培训后,就能够以签合同的方式工作了。

10. 在教师职前培训项目中,特殊教育应成为其必要组成部分,应该包含有关特殊儿童的教育教学技能的训练。

11. 也要为在职教师开发这样的项目,应该覆盖特殊教育的不同组成部分——非正式的教育、职业教育和远程教育。

12. 师范院校应该有教育残疾儿童的特殊教育课程,这样的课程也应该包含在教育学士的课程中。

13. 每个一体化教师训练部门(DIET)都应该至少有一个资源教师来为教师培训提供特殊教育方面的内容。

14. 重新定义特殊学校的角色,其具体内容如下:

(1) 开展残障儿童早期鉴别工作,为残障儿童和他们生活的社区规划训练项目。

(2) 对于不能在普通学校接受教育的残疾儿童,就不能将他们整合到普通教育中,在能整合到一起的时候,就要打破普通学校与特殊学校间的隔离状态。

(3) 为普通学校实施一体化教育提供服务的资源机构,能使特殊教育机构认识到自己是教育系统中的一个必要组成部分。

(4) 促进特殊教育和普通教育教学法的相互支持。

15. 为了残疾人的利益,许多应用技术正在发展之中,几项辅助技术已经可以应用了。我们应该重新审视那些能够满足残疾儿童特殊需求的技术和技术性辅具,应该设计出信息传播工具。

16. 为了确定身体障碍人群的需要,我们应持续进行研究工作,并提供帮助残疾人克服障碍的技术性辅具。印度技术研究院和其他高等院校的科技院所应该对这些研究承担起特殊的责任。

(译自 Hifzur Rahman. *History of Special Education in India*. Delhi: Sanjay Prakashan, 2005: 114-118.)

在20世纪的最后10年中,印度政府为残疾人的康复和福利颁布了三部重要法律。① 1995年通过了《残疾人法》。该法规定了"为残疾人服务"的基调,要求社会正义和权力部通过建立营地(camp)的办法来满足残疾人的康复需求,并在营地筹备残疾人教育行动,广泛宣传残疾人的权利。《残疾人法》要求通过专业人员评估,来为残疾人提供适当的干预措施(包括医疗和外科),以及早期干预的指导意见、辅助用具和设备装置等。另外还要求对特殊教育的方案和职业培训提供咨询服务。② 1992年,颁布《印度康复理事会法案》。该法的颁布促成了印度康复理事会的设立,该理事会负责对康复专业人员的评估和培训班的监测,对机构的课程进行认证,并维持着一个康复专业人员中央登记中心。2000年对该法案进行了修正,赋予康复理事会以促进康复和特殊教育研究的责任。③ 1999年,颁布《全国残障者福利信托法案》,为全国的自闭症、脑瘫、智力障碍和多重残疾患者提供福利机构。

这三部立法共同处理关于残疾人的康复、预防、教育、就业、长期定居、人力资源开发与研究等各方面的事务,为印度特殊教育的进一步发展创造了新的空间。

### (二) 特殊教育事业的发展

独立初期,印度特殊教育主要有两类:盲聋哑等身体障碍儿童的学校和智力障碍儿童的学校。1947至1948年间,印度的特殊学校比独立前增加了3所。当时印度各类残疾儿童的学校至少有53所,在册学生1987名。其中,盲校24所,学生594名;聋哑学校23所,学生645名;收容所5所,学生211名;还有一所智力障碍学校,位于西孟加拉省。此外,在印度港口城市孟买还有一个智力障碍儿童之家,在册儿童68名。①

印度从1951年开始实施五年计划,推动了印度特殊教育的发展。1952到1953年,印度的特殊学校和在校生都有所增加,各类特殊学校达到85所,在校生总数4051人。② 到60年代,又有了进一步发展。据印度教育部统计,1963年至1964年间,印度的盲、聋、肢残以及智力障碍学校发展到175所,在校学生10903名。③

印度从20世纪70年代开始推行一体化教育。开始是由社会福利部门负责,1992年转为由教育部门负责。在印度20世纪80年代初的人口抽样统计中,残疾儿童达1300多万名,其中绝大多数在普通学校中接受一体化的教育服务。

1994年,联合国教科文组织在西班牙萨拉曼卡召开了"世界特殊需要教育大会"并通过了《萨拉曼卡宣言》和《特殊需要教育行动纲领》,首次提出了全纳教育的思想。全纳教育从20世纪90年代兴起以后,也影响到了印度的特殊教育。2003年,印度有3000多所特殊学校,其中有约900所听力障碍学校,约400所视力障碍儿童学校,约700所运动障碍学校,约1000所智力障碍学校。在一项政府赞助的教育方案中,有超过50000名残疾儿童在全纳教育环境中接受融合教育。④ 在部分城市中有一些普通学校配有资源教室和特殊教育教师。

当然,印度的特殊教育发展还远没有满足本国特殊需要儿童的教育需求。根据2004年8月发布的印度残疾人口普查报告显示⑤:每100个印度人中有两名具有某种形式的精神或身体残疾。全国抽样调查组织的一份研究报告中指出,只有9%的残疾人得到了更高一级的中学教育,而在农村地区,只有不到1%的人入学。可见,尽管印度政府、致力于残疾人教育的个人和非政府组织做了巨大努力,但就印度残疾儿童教育和生活的困境来说,还有许多工作要做。

**本章小结**

日本和印度不仅是亚洲,也是世界上重要的国家,两国现代特殊教育的发展历程各有自己的特色,也呈现了一些共同点。日本虽然在明治维新以前就有特殊教育的萌生,但真正发展是在明治维新以后,尤其是在二战以后。二战前就建立起来的特殊教育系统,从20世纪50年代开始被纳入义务教育体系,1979年开始全面实施残疾儿童的义务教育,而且开始了以"回归主流"为目标的改革。进入21世纪,日本开始了特别支援教育的推进工作。印度作为世界文明古国之一,

---

① Hifzur Rahman. History of Special Education in India[M]. Delhi:Sanjay Prakashan,2005:102-103.
② Hifzur Rahman. History of Special Education in India[M]. Delhi:Sanjay Prakashan,2005:108-109.
③ Hifzur Rahman. History of Special Education in India[M]. Delhi:Sanjay Prakashan,2005:112.
④ Rubina,L. Disabilities:Background & Perspective,InfoChange News & Features[EB/OL],2003-09-04. http://infochangeindia. org/200309045935/Disabilities/Backgrounder/Disabilities-Background-Perspective. html.
⑤ Infochange News Scan. 22million disabled people in India:Census 2001[EB/OL].[2009-05-08]. http://infochangeindia. org/200409173822/Disabilities/News/22-million-disabled-people-in-India-Census-2001. html.

特殊教育的源头远在中世纪以前;到英属殖民地时代,各类特殊教育机构相继产生。印度独立后,特殊教育纳入政府的关注视野。从 1949 年制定的宪法,到 1986 年的《国家教育政策》,在国家政策的推动下,印度的特殊教育取得了较快发展。从 20 世纪 70 年代开始,印度也在探索一体化的教育模式。尽管日本和印度两国特殊教育的发展历程不尽相同,但追求一体化、回归主流乃至全纳教育则是共同的趋势,这也反映了现代特殊教育发展的大势所趋。

 **思考与练习**

  1. 梳理日本在明治维新以前的特殊教育状况。
  2. 现代日本特殊教育有哪些发展?有何经验?
  3. 何谓特别支援教育?在日本从特殊义务教育向特别支援教育发展的历程中,有哪些经验值得中国特殊教育借鉴?
  4. 梳理印度特殊教育在印度独立前的发展历史。
  5. 独立后印度的特殊教育有哪些发展?
  6. 思考印度特殊教育发展历史中有何经验。

# 第 11 章  国外现代特殊教育思想

 **学习目标**

1. 了解蒙台梭利的特殊教育实践。
2. 掌握蒙台梭利的特殊教育思想。
3. 了解马卡连柯的问题儿童教育实践。
4. 掌握马卡连柯的特殊教育思想。

伴随着现代特殊教育实践的发展,特殊教育思想也取得了新的进展。本章选取两位有代表性的现代教育家的特殊教育思想进行分析,以展示特殊教育思想发展的情况。首先讨论有关蒙台梭利的特殊教育实践和特殊教育思想;然后,我们将讨论马卡连柯从事流浪儿童、违法青少年教育的实践及其思想,从另一侧面展示现代特殊教育思想的面貌。

## 第 1 节  蒙台梭利的特殊教育思想

玛丽亚·蒙台梭利(Maria Montessori,1870—1952)是 20 世纪享誉全球的教育家,但她的幼儿教育实践是从其对特殊儿童的教育开始的,她曾回顾时说:"实际上'儿童之家'所采用的教育体系起源更早。如果说关于正常儿童教育工作的经验似乎太短暂,那么应该知道这一短暂的教育工作来源于以往对非正常儿童进行教育的经验。"[①]可以说,蒙台梭利是一位成功的特殊教育实践家和理论家。本节将重点分析蒙台梭利的特殊教育实践和思想。

### 一、蒙台梭利的生平与活动

**(一)生平与学术**

1870 年 8 月 31 日,蒙台梭利生于意大利安科纳省卡拉法雷市。12 岁前,她都在此接受教育。蒙台梭利生长在一个保守、健全、管教严格的家庭。12 岁时,蒙台梭利随父母迁居罗马。20 岁时,蒙台梭利从一所工业技术学校毕业,几经周折,她获准进入罗马大学医学院学习,并依靠奖学金和家教维持生计。1896 年,蒙台梭利以第一名的成绩从罗马大学医学院毕业,成为意大利第一位女医学博士。毕业后,她被聘为罗马大学附属精神病诊所助理医师,并利用业余时间从事对智力障碍儿童的神经与心理疾病的研究。这份工作成为她献身儿童教育以及从事特殊教育的起点。此后的 5 年时间,她主要从事对智力障碍儿童的教育和研究工作。

为打牢自己的理论根基,1901 年,蒙台梭利离开特殊教育机构,重返罗马大学,进修教育学、实验心理学、人类学、哲学等课程。至此,蒙台梭利中断了对智障儿童的教育和训练工作。1904 年,她开始担任罗马大学人类学教授,三年后出版了《教育人类学》一书。

1907 年 1 月,蒙台梭利在罗马圣洛伦佐贫民区创办了一所新型的儿童教育机构,并将之命

---

[①] 蒙台梭利.蒙台梭利幼儿教育科学方法[M].任代文主译校.北京:人民教育出版社,2002:83.

名为"儿童之家",接受3—7岁幼儿来此学习。在这里,蒙台梭利所提倡的方法和传统的教育方法大相径庭。她为儿童提供适合其身心自由发展的环境,反对将儿童看做一个空空的容器,等待成人的关注。蒙台梭利还注重培养幼儿良好的生活习惯,并强调对儿童的感官进行训练。通过大量的观察和实验研究,蒙台梭利创造了一套与之相适应的教育方法——为儿童准备一个适合其身心发展的"有准备的环境",使用教具对儿童进行感官训练。"儿童之家"教育实验取得了巨大成功,这使蒙台梭利闻名遐迩。1909年,蒙台梭利应各国参观者的请求,在罗马举办了一次国际教师讲习班,全面阐述"儿童之家"的教育理论和方法。据此,她出版了《蒙台梭利方法》(原名为《运用于"儿童之家"的幼儿教育的科学教育方法》)。此书风靡一时,被译成二十多种文字,成为当时最为畅销的非小说类书籍。罗马和世界各地均涌现出大量蒙台梭利式的"儿童之家"。

为了进一步传播自己的幼儿教育理论和方法,蒙台梭利于1911年离开"儿童之家",一面开设国际培训班,一面拓展研究领域。她先是在国内开办培训班,当时赴罗马接受培训的学生来自四十多个不同国家,人数多达四五千人,形成了"蒙台梭利运动"。[①] 此外,蒙台梭利还先后远赴欧洲一些国家以及美国、澳大利亚、阿根廷、印度等国开办国际培训班。1929年,由蒙台梭利本人担任主席的"国际蒙台梭利协会"(Association Montessori Internationale)在荷兰成立。此后,在十多个国家相继成立了"蒙台梭利学会"。

晚年,蒙台梭利曾先后在西班牙的巴塞罗那和荷兰的阿姆斯特丹居住。1952年5月6日,蒙台梭利在荷兰去世。蒙台梭利一生撰写了许多重要著作,其中包括:《蒙台梭利教学法》(1909)、《高级蒙台梭利教学法》(1912)、《蒙台梭利手册》(1914)、《童年的秘密》(1936)、《儿童的发现》(1948)、《童年的教育》(1949)、《有吸引力的心理》(1949)等。

### (二) 特殊教育活动

蒙台梭利的教育实践最初是从特殊教育开始的。在罗马大学取得医学博士学位之后,罗马大学医学院聘请她为精神病诊所的助理医生,担任身心缺陷儿童和精神患儿的治疗工作。在精神病诊所,她很快发现,智力障碍儿童一般与精神病人关在一起,管理人员态度也很恶劣,根本不组织任何活动。她深深地感到,这种医治方法只能进一步恶化智障儿童的智力状况。有一次,她在住院部偶然发现一些精神病患儿在禁锢他们的那间房子的地面上乱抓乱扒,似乎在"寻找什么",她立即把管理人员找来,问道:"这些孩子是否用过食?"管理人员回答:"刚用过食,而且他们都吃得很饱。"这种现象引起了她极大的关注。后来她经过多次观察、思考和研究,认为"关着这些儿童的那间屋子里,四壁空空,没有任何可供孩子们进行抓、握、摆弄等操作的什物,所以,这些孩子只能在空地上乱抓乱扒来活动他们的手指,以满足他们的生理和心理的需要"[②]。另一次,蒙台梭利在街上见到一位妇女牵着一个3岁左右的小孩,这个小孩突然挣脱妈妈的手,从地上拾起一张废糖果纸爱不释手,妈妈再三呵斥,小孩仍不肯扔掉,于是妈妈拿出又香又甜的蛋糕去换取小孩手里那张肮脏的糖纸,可是小孩却对那块蛋糕不感兴趣!这说明"儿童所喜爱玩的东西,比食物更重要"[③]。这些事例激发了蒙台梭利对儿童神经和心理方面疾病研究的特别兴趣。

为了找到一种适合智障儿童的教育方法,她开始阅读伊塔德训练"阿维龙野孩"的实验报告和塞甘的智障儿童教育著作《白痴的精神治疗、卫生与教育》,并以极大的热情投入对他们的特殊教育思想的研究中。为了找到塞甘著作《白痴的精神治疗、卫生与教育》的英文版,她花了几年时间挨家挨户地走访了所有对缺陷儿童特别感兴趣的英国医生和特殊学校的校长。为了加深理解和记忆,她还将伊塔德和塞甘两人的著作翻译成意大利文,自己动手把它们抄写了一遍。通过这

---

① 赵祥麟. 外国教育家评传(第2卷)[M]. 上海:上海教育出版社,2003:531.
② 蒙台梭利. 蒙台梭利幼儿教育科学方法[M]. 任代文主译校. 北京:人民教育出版社,2002:4.
③ 蒙台梭利. 蒙台梭利幼儿教育科学方法[M]. 任代文主译校. 北京:人民教育出版社,2002:4.

些学习和研究，她获益匪浅，"不可否认，这两年（从事特殊教育的两年——笔者注）实验工作的基础的确就是法国革命时期的实验以及伊塔德和塞甘的毕生辛劳所奠定的"①。她也逐渐深信：心理缺陷和精神疾病儿童，通过运动和感觉训练的活动，可以使他们的身体动作协调，并促进其智力发展。

1898年，教育部任命她为罗马一所国立特殊教育学校的校长。这所学校收容精神病院的白痴儿童和公立小学的弱智儿童共22名，由蒙台梭利主持教育训练和实验研究。在这期间，蒙台梭利根据伊塔德的实验和塞甘著作中的思想，设计了一整套对智力障碍儿童进行观察和教育的特殊方法，对教师进行培训，使他们在理论和实践中掌握并运用这套方法。蒙台梭利每天早上8点到晚上7点几乎都和儿童在一起，一面教学，一面仔细地观察和准确记录儿童的表现和反应；晚上整理记录，进行分类、分析、比较、归纳和总结，发现问题和确定改进措施，准备新教材，制作教具，亲自对智障儿童施教，常常工作到深夜。为了实际研究智障儿童的教育法，蒙台梭利还曾到伦敦和巴黎参观、学习。在将近两年的时间里，这所学校的儿童不仅学会了关于日常生活的一些基本技能，而且动作协调、灵活、反应较快、语言发展正常，同时还学会了读、写、算的基本知识和技能。这些儿童最终在政府的监督下，通过了当时罗马地区为正常儿童举行的公共考试。社会各界为蒙台梭利所创造的奇迹大为震惊！

1901年之后，尽管蒙台梭利为了致力于正常儿童教育问题的研究而离开了特殊学校，但她从未停止对广义的特殊需要儿童的关注。1907年蒙台梭利在罗马圣洛伦佐贫民区创办"儿童之家"时，"儿童之家"设立在贫民公寓大楼底层的一间大屋子里。那时，进入"儿童之家"的儿童尽管并没有明显的生理或心理缺陷，但由于他们的父母一般都没有文化，没有固定的工作，生活贫困，性情粗暴，缺乏卫生习惯，甚至有些不良嗜好，既无能力也无时间来照顾和教育自己的孩子，因此这些孩子一般都心态异常，智力低下，发育不良，行为乖戾，养成了许多不良习惯，也可以称为是有特殊需要的儿童。蒙台梭利面对现实，首先为这些儿童创造了一个适宜的学习环境。根据儿童身体、体力和心理发展特点，设计和制作了小型的活动桌椅和供儿童独立操作、自动练习、自我调整、自我修行和自我教育的丰富多彩的材料，以及感觉和运动训练的多层次系列教具；并采用合理的方法，通过教师高超的教学技巧和教育机智引导和激励儿童的学习积极性、主动性、创造性，培养儿童的意志品质和独立自主的精神。逐渐地，教师们成为公寓里最受尊敬的人。家长也定期来到"儿童之家"和教师共同讨论儿童的教育问题。有的家长为了自己子女的教育和成长，不得不改变自己不良的习惯和嗜好，注意日常言谈举止和个人及家庭的整洁卫生，主动搞好邻里关系，逐步形成良好的风尚，使整个公寓出现全新的面貌。②"儿童之家"教育改革实验也因此取得巨大成功。那些入校时胆小、含羞、语言发展迟缓、注意力不集中、面无表情的孩子，经过一段时间的教育后，变得举止文雅、整洁有礼貌，还学会了饲养动物、做手工，5岁以前就学会计数，并掌握了读和写的基本技能。③ 正是由于先后对于残障儿童和更广义特殊需要儿童的关注和持续研究，蒙台梭利最终创立了一整套适合于正常儿童的教育方法——蒙台梭利教学法。

## 二、特殊教育思想

蒙台梭利真正从事特殊教育的时间只有5年（1896—1901），但这5年针对智障儿童所开展的工作为她之后的教育思想的形成奠定了重要基础。蒙台梭利以一个教育改革者的面貌出现，

---

① 蒙台梭利.蒙台梭利幼儿教育科学方法[M].任代文主译校.北京：人民教育出版社，2002：83.
② 蒙台梭利.蒙台梭利幼儿教育科学方法[M].任代文主译校.北京：人民教育出版社，2002：8.
③ 赵祥麟.外国教育家评传（第2卷）[M].上海：上海教育出版社，2003：530.

尽最大努力打破传统特殊学校的教育方法,不带任何先入之见,一切从观察缺陷儿童及其家庭环境入手。蒙台梭利的研究与实验为残障儿童的教育发展做出了不可磨灭的贡献,同时为纠正人们对于特殊儿童的错误和片面认识有着重要作用。尽管蒙台梭利并没有专门的特殊教育著作,但她的主要教育思想中包含着重要的特殊教育思想和方法,对现今的特殊教育具有重要的指导作用。

**(一) 形成特殊教育思想的基础**

1. 医学基础

蒙台梭利具有深厚的医学基础。1896 年罗马大学授予她博士学位,她也由此成为意大利第一位女医学博士。除了达尔文的生物进化论与孟德尔(Gregor Johann Mendel,1822—1884)的遗传说外,法国昆虫学家法布尔(Jean Heri Fabre,1828—1915)、生物学家咔雷尔(Alexis Carrel,1873—1944)及荷兰生物学家德弗里(Hugo Devires,1848—1935)对她均有很大影响。法布尔主张在自由环境中观察所研究对象的行为;德弗里提出有机体进化的"突变理论"(mutation theory)及昆虫生长的敏感期(sensitive period)理论;咔雷尔则从生物学的角度大声疾呼要重视幼儿教育。[1] 这些主张在蒙台梭利的理论中都留下了痕迹。由于具有坚实的生物学、遗传学和生理学基础,蒙台梭利对儿童的发展有了更加独特的视角。她认为儿童的发展是个体与环境交互作用的结果,其动力是儿童生理和心理的需要而产生的活动。同时,她看到了儿童生理发展与心理发展之间的必然关联。她曾经在《有吸引力的心理》(1949 年)中系统阐述了儿童生理和心理的发展进程,并且揭示了身体活动、生理发展与心理发展之间的关系。这些观点为她在儿童教育中坚持感觉训练、运动训练提供了重要依据。"通过对儿童的观察,我们明显感到儿童的心理发展有赖于运动。例如在儿童言语的发展中,我们看到,儿童的理解力随其发音和识字所引起的肌肉扩张而发展。由此可以证明,儿童利用活动以增强其理解力。运动促进了心理的发展,并使更进一步的运动得到更新的表现。感官也相同。儿童如果缺乏感官活动的机会,那么他的心理就会仍然停留于较低的水准上。"[2]

2. 心理学基础

1901 年,蒙台梭利决定离开工作了 5 年的特殊学校,并决心致力于正常儿童教育问题的研究。为了扩大和加深理论基础,她再次注册成为罗马大学哲学系学生,专修实验心理学课程。当时,在意大利的大学里,包括都灵、罗马和那不勒斯等大学都刚刚开设这些课程。在此期间,蒙台梭利认真研习了教育学、实验心理学和人类学,并广泛阅读夸美纽斯、洛克、卢梭、裴斯泰洛齐、福禄贝尔等人的教育著作。实验心理学的思想为蒙台梭利之后的教育实践奠定了科学严谨的实证研究思路。"儿童心理学和教育学必须通过实验方法所达到的一系列成就来确定其内容","我们想利用实验心理学的方法就必须首先放弃以前的一切信念,然后凭借这种方法去寻求真理"。[3] 此外,蒙台梭利还接受了英国心理学家麦孤独(William McDougall,1871—1938)的目的心理学思想,认为控制人类行为的是本能的冲动,强调儿童来自先天的自发的能动性的重要作用。她的感官教育思想也明显受到了历史上沿袭已久的、认为人具有不同的心理官能、且可以分开加以训练的官能心理学的影响。[4]

3. 特殊教育基础

早在蒙台梭利就读医学博士学位期间,作为罗马大学附属精神病诊所的助理医生,她常常去

---

[1] 吴式颖.外国教育思想通史(第 9 卷)[M].长沙:湖南教育出版社,2002:167.
[2] 蒙台梭利.蒙台梭利幼儿教育科学方法[M].任代文主译校.北京:人民教育出版社,2002:468.
[3] 蒙台梭利.蒙台梭利幼儿教育科学方法[M].任代文主译校.北京:人民教育出版社,2002:72.
[4] 吴式颖.外国教育思想通史(第 9 卷)[M].长沙:湖南教育出版社,2002:167.

一些精神病院研究病人和选择诊治对象。随后,她对关在普通精神病院的白痴儿童产生了浓厚的兴趣。"那时,甲状腺器官疗法的蓬勃发展,引起了内科医生对缺陷儿童的关注。我自己在完成正常医疗任务后把注意力转到了对儿童疾病的研究"①。

正是由于对于白痴儿童的兴趣,再加上随后在特殊教育学校里担任校长工作的需要,蒙台梭利开始认真研读伊塔德和塞甘的研究成果,对此,蒙台梭利有大量描述:"通过实际经验我证明了对塞甘方法的信念,便从缺陷儿童的教育工作中抽出身来,开始更加彻底地研究伊塔德和塞甘的著作";"当我还是精神病诊所的助理医生时,就以极大兴趣阅读了爱德华·塞甘著作的法文版";"伊塔德的教育著作是非常有趣的……但是,完成缺陷儿童教育真正的教育体系的功劳还应归于爱德华·塞甘";"塞甘是把白痴儿童从植物生命引向智力生命,从'感觉训练到一般概念,从一般概念到抽象思维,从抽象思维到道德'";"塞甘的声音,像荒野中先驱者的呼声。它促使我充分认识到这项能够改革学校和教育的工作的艰巨性和重要性"。② 在伊塔德和塞甘思想的引领下,蒙台梭利逐渐树立了特殊儿童教育的信念,掌握了特殊儿童教育的特殊方法。她把这些理论方法应用到特殊学校的学生身上,取得了明显效果,也逐渐积累了宝贵的经验,使她具有深厚的特殊教育的知识基础。"这两年的实践(在特殊学校工作的两年——笔者注)是我在教育学上的第一个真正的学位"③。

**(二) 特殊教育思想**

1. 肯定特殊教育的意义

蒙台梭利肯定教育对于特殊儿童的发展具有重要意义。她总结说:"儿童智力缺陷主要是教育问题,而非医学问题。教育训练比医疗更为有效。"还呼吁"智能低下儿童应当与正常儿童一样,有同等的受教育的权利","低能儿童并非社会之外的人类","他们即使无法得到比正常儿童更多的教育,也应该和正常儿童所得到的教育一样多"。④ "我觉得我能理解那些同低能儿童打交道的人的沮丧情绪,也明白他们为什么往往放弃这种方法。教育者必须把自己置于被教育者的地位,这种偏见使缺陷儿童教师变得冷漠无情。他们不得不接受这样的事实:他所教育的是次等人,因此也就无所谓成就……然而这些想法都是不对的,我们必须知道怎样唤醒带着童心而沉睡着的人。我直观地感受并且相信,鼓励他们使用这些教具,在使用中教育自己。我在工作中遵循的是:非常尊重孩子们,同情他们的不幸;爱他们,让这些不幸的孩子知道怎样唤起他们周围的人心中的爱"。⑤ 在研读了伊塔德及塞甘等人的研究著作后,她更加确信自己的看法:"只要以特殊的教育方式教导他们,就一定能有效地改善智力不足的问题。"⑥在她5年的智障教育生涯中,蒙台梭利也确实为保障智障儿童的受教育权利竭尽所能,她说:"我为了让这些不幸的存在获得新的生命,能够重新投入人类的社会,在文明的世界里有立足之地,从别人的圆柱中站起来,并且拥有人类生活的尊严,这些年来,竭尽了所有的心力。"⑦

2. 提出特殊教育的四项原则

(1) 早期教育原则

蒙台梭利不仅强调要对特殊儿童实施教育,而且还强调这种教育越早越好。对于儿童的缺

---

① 蒙台梭利.蒙台梭利幼儿教育科学方法[M].任代文主译校.北京:人民教育出版社,2002:71-84.
② 蒙台梭利.蒙台梭利幼儿教育科学方法[M].任代文主译校.北京:人民教育出版社,2002:71-84.
③ 蒙台梭利.蒙台梭利幼儿教育科学方法[M].任代文主译校.北京:人民教育出版社,2002:71-84.
④ 赵祥麟.外国教育家评传(第2卷)[M].上海:上海教育出版社,2003:527.
⑤ 蒙台梭利.蒙台梭利幼儿教育科学方法[M].任代文主译校.北京:人民教育出版社,2002:71-84.
⑥ 同上.
⑦ 同上.

陷,蒙台梭利认为只要在儿童发展的敏感期之前进行教育就能得到很大的改善,而儿童的敏感期多集中在0—6岁这一阶段,因此对于缺陷儿童的干预越早越好。"儿童的许多缺陷,如语言缺陷,后来之所以不能治愈,是由于在形成一个人的主要功能的最主要时期,即3岁至6岁的幼儿时期被忽视而造成的"①。蒙台梭利曾经做过这样一个比喻,一只蛹和一只蝴蝶虽然外表和行为方式大不相同,但是,蝴蝶的美丽却是来自它幼虫形态的生命,而不是来自它模仿另一只蝴蝶的努力。她认为:"人生最初两年将会影响人的一生;人们对婴儿所具有的巨大的心理能力还没有给予足够的重视;儿童极其敏感,因此,任何粗暴的行为不仅会引起即刻的反应,而且还会造成儿童终生的缺陷。"②

(2) 系统观察原则

蒙台梭利认为,无论是从事特殊儿童教育还是从事正常儿童教育,最重要的就是观察。"(教师)最基本的素质就是'观察'能力,这种能力是如此重要,以致实证科学也叫做'观察的科学'。"③蒙台梭利认为,教师只有努力使自己成为一名观察者,才能耐心地等待,不干涉儿童,尊重儿童的各种活动,使儿童自动地为他们显示其需求。只有如此才能真正地了解儿童的精神,并揭示生命的法则——内在的秘密,而给予适时与适量的帮助。④ 此外,蒙台梭利还强调必须在自然条件下,在儿童的自由活动中去观察研究"自由儿童"及其表现,而不是去观察研究在"实验室"或在特殊控制下的儿童。她还指出,人是社会的产物,教师不仅要观察研究儿童本身及其表现,而且要了解家庭和周围环境对他的影响。她着重指出,如果要使你对儿童的观察研究获得的结果准确、可靠、结论合乎科学,最重要的是必须与儿童保持亲切友好的合作,因此,教师要关心儿童,热爱儿童,尊重儿童的个性,经常与儿童在一起生活和工作。无论是在国立特殊儿童学校中,还是在罗马圣洛伦佐"儿童之家",蒙台梭利都是整天和儿童在一起的。蒙台梭利这一论点基于实证主义,是合乎科学的。

(3) 尊重个体差异原则

尽管蒙台梭利认定正常儿童与特殊儿童有某些相同之处,并且她后来也将对特殊儿童的教育方法应用到正常儿童身上,但她仍看到特殊儿童与正常儿童之间存在着差异,需要区别对待。"正常儿童可以蒙住眼睛做游戏,例如,识别各种重物。这可以帮助他们把注意力集中在所测重物的刺激上。蒙住眼睛还可以增添乐趣,因为孩子会为自己能猜中而感到骄傲",但"这些游戏对缺陷儿童的效果就大不一样。他们一进暗室,往往就会睡觉,或者做不规则的动作;当蒙上眼睛时,他们的注意力就集中在蒙眼布上,把练习变成了游戏,达不到做练习的目的"。⑤在教师指导儿童时,蒙台梭利也认为需要区别对待。对正常儿童进行训练时要强调"自主",成人尽量不要干扰,但特殊儿童缺乏相似的自主性,就要注意及时提醒和纠正他们的操作错误。随着特殊儿童智力和思维水平的不断完善,教师对特殊儿童操作错误的纠正次数应该逐渐减少,以培养他们的自主性。可见,蒙台梭利尊重儿童的差异,十分重视根据差异采取不同的教育训练方法。

(4) 循序渐进原则

蒙台梭利特别强调由简到难、循序渐进地教授特殊儿童。她认为特殊儿童的思维发展缓慢,缺乏学习的兴趣和主动性,且情感发展迟滞。在实施智障儿童感官教育时,必须从相对简单的预

---

① 蒙台梭利.蒙台梭利幼儿教育科学方法[M].任代文主译校.北京:人民教育出版社,2002:83.
② 蒙台梭利.蒙台梭利幼儿教育科学方法[M].任代文主译校.北京:人民教育出版社,2002:464.
③ 蒙台梭利.蒙台梭利幼儿教育科学方法[M].任代文主译校.北京:人民教育出版社,2002:718.
④ 吴式颖.外国教育思想通史(第9卷)[M].长沙:湖南教育出版社,2002:195.
⑤ 蒙台梭利.蒙台梭利幼儿教育科学方法[M].任代文主译校.北京:人民教育出版社,2002:178.

备性练习入手。她指出,应该在孩子完成一个任务之前,真正找到如何教他去完成这个任务的办法。蒙台梭利曾经有过一次经验:"在我教一个缺陷儿童时,偶然观察到这样一个事实:一个11岁的呆傻女孩,其身体和手的运动能力正常,但学不会缝纫,或者说连缝纫的第一步缝补都学不会。其实这只不过把针扎过第一层及其下层织物,然后再挑起来,抽出线,反复如此缝纫而已。于是,我想先让这个女孩用福禄贝尔席子学习编织,就是把一根纸条横着一上一下地穿过两头都固定着的一排纵向纸条。我想这两种练习有相似性,很有兴趣地对她进行观察。当她能熟练编织后,我再让她学缝纫。我高兴地看到她现在会织补了。从那以后,我教缝纫都从正规的福禄贝尔编织课开始。"[1]在蒙台梭利看来,在没有让儿童缝纫之前就应该为缝纫所需的手的运动做好准备,准备性的动作可以学会并变成一种机制,这样儿童就能直接完成他们以前没有着手进行的工作。

此外,蒙台梭利还接受了早期德国实验心理学家冯特的观点——"把复杂的现象分析成各种最小元素,再以这些元素的统合来说明现实复杂的现象"。例如,在实施智障儿童的感官训练时,她首先把儿童的感觉系统地划分为五个元素(视觉、触觉、听觉、嗅觉和味觉),对不同的感觉分别进行训练,然后再引导特殊儿童通过每个元素间的联系来认识事物或现象。在蒙台梭利把任务进行分解逐步教授时,这样的做法取得了极好的训练效果。

3. 设计探索特殊教育的方法和内容

(1) 感官训练法

蒙台梭利强调感官训练对于特殊儿童教育训练的重要意义。她认为,为特殊儿童提供感官教育能够达到多重效果:一是能够补偿特殊儿童的智力缺陷。蒙台梭利曾经引用过一句古老的名言:来自智力的东西没有一件不是来自感官。她十分认同伊塔德和塞甘关于智力发育与感官发展关系的观点:"感觉把人的心理和外界联系起来,儿童基本上是依靠自己的直接感觉来认识事物,他们的记忆直接依赖于感知的具体材料,他们的思维常常为感知觉所左右。"[2]在教育智障儿童的过程中,蒙台梭利认为,如果运用某种训练刺激智障儿童的各种感觉器官,加强感觉器官和神经系统的训练,就可以极大地补偿智障儿童在智力方面的缺陷。二是能够补偿智障儿童的审美能力。蒙台梭利认为,美学和道德教育与感觉训练密切相关。她认为只有提高辨别刺激的细微差别的能力,才能有灵敏的感官和很高的鉴赏力。和谐就是美,只有具有灵敏感官的人才能领略到艺术品的和谐。感官不灵敏的人对艺术的天然和谐往往视而不见,听而不闻。通过感官训练,智障儿童在他们头脑中建立的牢固秩序的基础上将外部事物加以区分、归类和编排,这既是智力的表现,同时也是对自己精神的陶冶。三是能够补偿智障儿童的心理缺陷。蒙台梭利认为,智障儿童不仅仅存在智力落后这第一性缺陷,还可能由于这一缺陷导致诸如丧失勇气等第二性缺陷。及时的感官训练不仅能够促进他们的智力发展,还能够有助于他们克服自身心理上的自卑、胆怯、盲目、封闭等障碍。

为此,蒙台梭利从伊塔德和塞甘的著作中学习借鉴来不少他们用于感官训练的教具和方法。她把感觉教育细分为触觉、听觉、嗅觉和味觉等感官的训练,各种感官又细分成若干种(如触觉又细分为对光滑、粗糙的感知,对冷热的感知,对轻重的感知和对厚薄大小的感知等)。她还专门设计了各种教具。每一套教具都由若干件组成,所有部件除了在某一方面具有量的差异外,其余的性质都相同。

在感官训练时,蒙台梭利遵循了循序渐进的原则,一般都是采用分解的方法,把复杂的整体分解为简易的几部分进行练习,因为感官教育主要针对儿童的敏感期而拟定,而敏感期的出现是

---

[1] 蒙台梭利.蒙台梭利幼儿教育科学方法[M].任代文主译校.北京:人民教育出版社,2002:240.
[2] 刘文.蒙台梭利幼儿感官教育[M].上海:第二军医大学出版社,2004:3.

服从个体发展节律的,故应根据这种发展节律设计并循序渐进地进行感官教育。同时,她还重视在儿童感官操作的时候结合语言。以教弱智儿童识别颜色为例。她采用的是塞甘的三阶段"名称练习"法:第一阶段是把感觉和名称联系起来。给孩子出示红色时,要简单地说:"这是红色的";出示蓝色时,要简单地说:"这是蓝色的"。第二阶段是让儿童认识相应名称的物品。成人对孩子说:"给我红色的",然后说:"给我蓝色的"。第三个阶段是记忆相应物品的名称。给孩子看某一样物品,问他:"这是什么颜色?"他应该回答:"这是红色"或"这是蓝色"。蒙台梭利通过不断的实验,用事实证明了"再没有比这更好的教缺陷儿童识别颜色的方法了"。①

(2) 活动作业法

蒙台梭利认为,通过活动,儿童的生命力和个性不但能够得到表现和满足,而且还能得到进一步的发展。因此,蒙台梭利在教育特殊儿童时,安排了大量的活动作业,她认为这不仅有助于肌肉的协调和控制,而且可以训练他们动作灵活,具有适应周围环境的能力,还可以培养他们的独立性和意志力。例如,在视觉教育中,她要求智障儿童选用一套逐渐缩小的10个圆穴和与之相对应的10个圆柱体进行练习。这些操作的表面结果是反复地练习把每个圆柱体放到配套的圆穴中。但是,这一训练的真正目的,是通过这样的训练过程,锻炼智障儿童的观察力,培养他们辨别相同性(都是圆柱体)、相异性(或高度不同、或直径不同)和次序性(由左到右或由大到小),引导儿童能够用了解和思考来判断事物,在心智上产生"推断"后,能做出"决定的思考"和行为。

教智障儿童书写也是蒙台梭利所采用的重要的方法。她发明了一套独特的书写教学法——"自发书写法"。她制作了一套又漂亮又精致的木制字母来教弱智儿童学习书写。字母是行书体,用木料制成,厚度为5毫米,低矮字母的高度为8厘米,较高字母的高度按比例而定。字母的正面涂有磁漆(辅音字母为蓝色,元音字母为红色),底面用青铜覆盖。与木制字母配套,还有一套纸卡字母。首先,蒙台梭利要孩子们将可以移动的木制字母放在相应的纸卡字母上,告诉他们字母的名称,让他们反复触摸木制字母,先用食指,然后加上中指,最后像拿笔似的拿一根小木棍触摸字母。蒙台梭利认为这种触摸练习不仅可以训练孩子心理运动的轨迹,建立起每个字母相应的肌肉运动的记忆,还能训练孩子掌握运用书写工具所需的肌肉运动的机制。掌握了以上这些准备性的动作后,孩子就能很容易学会书写。蒙台梭利从1899年起开始用这种方法来教孩子学习书写,取得了令她惊讶的效果,弱智孩子第一次书写,就在黑板上"毫不犹豫地敏捷地写出字母表中的全部字母"。②

(3) 生活技能训练法

塞甘的"生理教育法"主张以人类的实际生活需要来激励缺陷儿童进行活动,使他们通过活动增长智力。蒙台梭利对此十分信服,并成功地将之应用于特殊教育实践。她认为对于特殊儿童来说,实际的生活技能不仅可以激发动机,培养儿童的独立性,而且因为这些技能的发挥要求神经系统和肌肉的高度协调,所以对特殊儿童的发展能够起到积极的作用。因此,在蒙台梭利的学校里,她要求特殊儿童尽可能地做家务,进行自我服务。后来,蒙台梭利还将这些成功经验运用到"儿童之家"的教育教学中,为儿童安排了不少走路练习,正确地呼吸、说话练习,甚至有开抽屉、开门锁练习和看书写字练习。"我们的方法最重要的实用方面之一,就是在儿童的生活中训练他们的肌肉,以致紧密地联系他们的日常活动。"③

---

① 蒙台梭利.蒙台梭利幼儿教育科学方法[M].任代文主译校.北京:人民教育出版社,2002:176.
② 蒙台梭利.蒙台梭利幼儿教育科学方法[M].任代文主译校.北京:人民教育出版社,2002:244.
③ 赵祥麟.外国教育家评传(第2卷)[M].上海:上海教育出版社,2003:549.

## 三、评价

蒙台梭利的特殊教育实践和特殊教育思想对当今的特殊教育和幼儿教育都有着深远的影响。

### (一) 影响了特殊教育的思想和实践

对特殊教育领域而言,蒙台梭利在她所处的年代成功认真观察特殊儿童,努力寻找并在实践中不断改进教育、训练特殊儿童的方法,取得了良好的教育效果,这无疑向当时人们对于特殊儿童片面、错误的认识树起了挑战的旗帜。她的特殊教育实践给了人们很大的启示和鼓励,有助于人们改变不正确的观点。她继承和发展了智障教育先驱伊塔德和塞甘的思想,是智障教育理论和方法的奠基人之一。她提出的对特殊儿童进行早期教育和尊重特殊儿童的心理特点、个体差异的思想,对后世影响很大。她为特殊儿童所设计的感官教育法、活动作业法、生活技能教育法以及各类教具,至今为人们所借鉴。她忘我的工作热情和献身精神更为特殊教育工作者树立了榜样。她关于"儿童智力缺陷主要是教育问题,而不是医学问题"的论断非常正确,而且具有预见性,与当代特殊教育学从医学模式向社会生态学模式转变的趋势不谋而合。可以说,蒙台梭利为特殊教育史留下了一笔辉煌的财富。

### (二) 影响了幼儿教育的发展

对于幼儿教育而言,蒙台梭利的特殊教育实践和思想同样留下了不可磨灭的痕迹。蒙台梭利对幼儿教育的贡献和重要性已成为不可否认的事实。人们盛赞她为"儿童世纪的代表","在幼儿教育史上,是自福禄贝尔以来影响最大的一个人"。[①] 不可忽视的是,蒙台梭利教育法从本质上脱胎并发展于其教育缺陷儿童的特殊方法。

蒙台梭利看到了缺陷儿童与年幼的儿童在心理发展上的相似性,并且认为能够促使缺陷儿童心理发展的方法一定有助于正常幼儿的发展。"如果缺陷儿童和正常儿童之间有可能相差无几的话,那就是在幼儿时期,这时,一个是没有能力发育的儿童,而另一个是还没有发育的儿童,他们是有某些相同之处的。""幼儿还没有获得比较协调的肌肉运动,所以不太会走路,不能完成生活上的普通动作,如扣衣服和解衣扣。他们的感觉器官,如眼睛的适应能力还没有完全发展,语言非常原始,表现出幼儿语言上一般具有的缺陷,注意力不易集中或一般不稳定等等,这些都是正常幼儿和有缺陷幼儿的共同特点。"[②] 在这种认识的引导下,蒙台梭利进而把特殊儿童的教育方法用于正常幼儿教育。例如,以官能心理学作为出发点,她认为认知能力的培养应从感觉训练开始,并将低能儿童的感官教育推至正常儿童;将应用于特殊儿童的作业活动教学成功地应用于正常幼儿,并创造了让4岁儿童毫不费劲就学会了写字的奇迹;将生活技能训练也应用于正常幼儿,主张在幼儿的日常生活中完成各种教育目标等。

当然,蒙台梭利并非纯粹、简单地把针对特殊儿童的教育方法直接应用于幼儿教育。但不可否认,正是这些针对特殊儿童的工作以及伊塔德和塞甘的教育思想,为蒙台梭利幼儿教育科学方法的形成奠定了不可或缺的基础。皮亚杰曾经对蒙台梭利改进特殊儿童教育方法并将其普遍化的做法给予积极评价。他说:"在她无比精炼地概括了她的发现之后,蒙台梭利夫人就立即把她从研究后进儿童那里得来的东西应用于正常儿童:儿童最早的阶段更多是通过行动去学习的,而不是通过思维去学习的。为这种行动提供作为原料之用的那种合适的学校设备,比最好的书本,乃至语言本身更容易增进儿童的知识。因此,一个精神病医生的助手对于后进儿童心理机制的观察便成了一般方法的出发点,而这种方法在全世界的影响是无法计算的。"[③]

---

[①] 吴式颖.外国教育思想通史(第9卷)[M].长沙:湖南教育出版社,2002:206.

[②] 蒙台梭利.蒙台梭利幼儿教育科学方法[M].任代文主译校.北京:人民教育出版社,2002:82.

[③] 赵祥麟.外国教育家评传(第2卷)[M].上海:上海教育出版社,2003:549.

## 第2节 马卡连柯的特殊教育思想

安东·谢妙诺维奇·马卡连柯（Антон Семёнович Макаренко，1888—1939）是苏联著名教育家。马卡连柯的教育成就与"高尔基工学团"和"捷尔任斯基公社"两所工读学校紧密相连。在这两所学校中，他针对具有情绪行为障碍和品行障碍的学生从事特殊教育工作达15年之久。他在丰富的教育实践基础上所形成的教育思想，对今天的工读学校以及对品行问题儿童的教育仍具有十分重要的启示作用。

### 一、马卡连柯的生平与活动

#### （一）生平与学术

马卡连柯1888年出生于乌克兰别洛波里镇的一个工人家庭。1905年马卡连柯从师资训练班毕业后，开始了他的从教生涯。1911年，马卡连柯因从事革命活动遭到沙皇政府的迫害，被调到偏僻的铁路学校任教。1914年，马卡连柯进入波尔塔瓦师范专科学校学习。1917年毕业时，他以优异的成绩获得了金质奖章，同年9月，他被任命为克留可夫高级小学的校长。

十月革命胜利后，由于第一次世界大战和帝国主义武装干涉，苏联国内许多儿童失去了父母，流浪街头。为了解决这一严峻的社会问题，苏联政府成立了以捷尔任斯基为领导的"儿童生活改善委员会"，并在各地创设了工学团。1920年，马卡连柯受命创办"波尔塔瓦幼年违法者工学团"，首批招收6名17—18岁的学生。出于对高尔基的敬仰，工学团于一年之后改名为"高尔基工学团"。马卡连柯在"高尔基工学团"工作了8年，积累了丰富的教育经验。1926年，马卡连柯放弃高尔基工学团，迁往库良日工学团，以教育更多的问题儿童。1927年，马卡连柯又转到"捷尔任斯基公社"担任领导工作，在此一直工作到1935年。

1939年4月马卡连柯因突发心脏病不幸去世。1950年，俄罗斯联邦教育科学院成立了《马卡连柯全集》编辑委员会，陆续出版了《马卡连柯全集》（七卷本），汉译本《马卡连柯全集》于1958—1959年由人民教育出版社出版发行。

#### （二）特殊教育活动

马卡连柯的整个教育生涯大致可以分为三个阶段：① 1905—1920年，他担任小学教师和小学校长，主要从事普通儿童的教育工作。② 1920—1935年，他组建高尔基工学团和捷尔任斯基公社，从事违法青少年和流浪儿童的教育工作，开始其特殊教育实践。在这一阶段，他的教育对象是一些存在各种各样适应不良的儿童，包括情绪困扰、心理障碍、社会适应不良，持续反复的反社会性、攻击性或对立品行等。这些儿童生活在持续的混乱之中，有的攻击他人产生了灾难性的后果，有的则由于太畏缩而生活于自己的世界中。对于他们来说，与别人正常相处、学习，都是极端困难的事。他们都是特殊教育领域所谓的情绪行为障碍儿童或品行障碍儿童。对于这些儿童，不能采用普通的教育教学策略。马卡连柯创造性地运用马克思列宁主义的思想，建立了一个崭新的教育思想体系。正是他在这一时期针对那些广义的特殊需要儿童的工作，使得他在教育领域留下了光辉的篇章。在这一阶段，他的事业达到了光辉的顶峰。③ 1935—1939年，他主要从事教育理论的研究和宣传。在这三个阶段中，第二阶段是其特殊教育实践阶段。

马卡连柯是在极为艰苦的条件下开始其高尔基工学团的教育活动的。由于国家经济在战后处于暂时困难时期，师生在生活上处于无法想象的贫困之中：挨饿受冻，吃的是小米粥，穿得破烂不堪，教师们差不多不领工资，连修鞋子的钱都没有；工学团的校舍，都是破旧的房屋，缺乏任何设备，难以抵挡早到的严寒；教师只有4名，除马卡连柯自己外，还有一名年老的总务主任和两名女教师，而他们面对的却是一些曾经持枪抢劫和盗窃的失足者，这些人身强力壮、行动敏捷，对教师傲慢无礼、粗暴野蛮,蛮横地拒绝和破坏工学团一切自我服务的规则,给教育带来了巨大挑战。

在困境中,马卡连柯从马列主义的辩证唯物法中吸取营养,获得智慧;而始终如一的乐观主义,又坚定了他的献身精神。他与学员们一起忍饥受冻,喝一样的粥,穿同样的破衣烂鞋,有一段时间甚至"没有领到分文薪资,还要靠养活社员的面包来养活"自己。① 他每天工作15~16个小时,有时甚至到了要隔一夜才睡一次的地步。他通过对现实情况的分析、研究,逐步形成了自己的教育观念:失足青少年是完全可以教育好的,应当采取既严格要求,又满怀尊重和信任的态度,通过组织他们从事生产劳动,把他们引导到正常、广阔的生活大道上去。马卡连柯说:"随着我的集体的成长和富足,随着它成长为共产主义青年团的集体,我逐渐对自己的事业、对自己提高了要求,同时事业对我和我的集体也提高了要求……我得出了一个结论,那就是没有违法的儿童,而有的只是那些与我一样有充分的权利享受幸福生活的人,有的只是那些与我一样有才干、有能力生活和工作、有能力成为幸福的人和有能力成为创造者的人。"②

在这一思想指导下,他亲自给这些问题儿童做军事体育训练的指导,实施军事制度的管理,大大改善了学员们的纪律和行为举止。他带头与学员同甘共苦,率领他们到附近森林中去砍伐树木,共同完成劳动任务。马卡连柯抓住社会困难的时机,利用逃亡地主的大庄园,组织学员自己动手种地。最初3年里,新学员一批批进来,工学团经营的范围也逐步扩大,他们先后组织了铁工厂、木工厂、制鞋厂、面包房,还办起了养猪场和放牧场。由于组织适宜,工学团的物质状况大大改善,学员们的精神面貌也逐渐起了变化,他们不再好吃懒做,唯利是图,而变得乐观上进,作风良好。

高尔基工学团取得了巨大的成功,但马卡连柯并没有因此而满足。他意识到,由于高尔基工学团已经有了充盈的物质生活,学员逐渐变得没有斗志,没有追求,没有理想……他找到了问题的核心:"关键就在停止上,集体生活不应该有停止现象。"为了使学员们能够不断看到新的远景,不让物质上的幸福成为唯一的生活目标,他提出了一个大胆的想法:"争取库良日工学团。"库良日工学团位于高尔基工学团的附近,当时收容了280名流浪儿童。由于教育和管理不善,库良日工学团的状况很差:偷盗事件时有发生,儿童们穿得破破烂烂,在工学团里除了吃饭睡觉,没有任何学习。1926年,在马卡连柯的领导下,高尔基工学团决定放弃经营良好的田地、菜圃和花圃,全部迁往库良日工学团,拯救没落的儿童,让他们接受高尔基工学团的影响和生活方式。在马卡连柯熟练的指导下、在高尔基工学团团员的配合下,库良日工学团的生活一天天地发生着变化,有了接受义务教育的六班学生,俱乐部也成立了,工作进行得很好,还放映了电影,不仅工学团团员高兴看,连附近村落的居民也前来观看。③

1927年,马卡连柯转到捷尔任斯基公社担任领导工作,工作性质与"高尔基工学团"类似。但他进一步发展了"高尔基工学团"的经验,并在许多方面有所创新。比如,他坚信教育应与生产劳动相结合。在高尔基工学团时进行农业、工场手工业的劳动,而在公社时他组织儿童进行高技术产品生产的劳动,生产了电钻、照相机等产品。他认为,教育与生产劳动相结合,不是表面的结合,而是在学生头脑中的结合。学生把学到的知识、技能在头脑中创造性地更新组合,然后应用于高技术产品的生产中,这是最好的结合方式。捷尔任斯基公社从成立之初到1934年,经过6年的发展,已经有了360万卢布的盈余。在这个过程中,公社还培养了大量的军人、工程师、医师、教师和技术熟练工等人才。在捷尔任斯基公社,马卡连柯一直工作到1935年。捷尔任斯基

---

① 吴式颖.外国教育思想通史(第9卷)[M].长沙:湖南教育出版社,2002:718.
② 吴式颖.外国教育思想通史(第9卷)[M].长沙:湖南教育出版社,2002:718.
③ 李亚学.少年教养制度比较研究[M].北京:群众出版社,2004:261-265.

公社取得了巨大的成功,成为当时"唯一有模范典型(在制度上说)和惊人成绩(在教育效果上说)的教育机构"。世界各地先后有两百多个代表团到捷尔任斯基公社参观访问,无不对公社集体的组织、劳动纪律的制度、公社社员的纪律,以及社员各种生活方面的规章等予以高度评价。①

1920年至1935年的15年时间里,马卡连柯先后教育培养出3000多名青少年。数千名有犯罪倾向和已经犯罪的青少年都被培养成有较高思想觉悟、有一技之长并具有吃苦耐劳精神的劳动者。他的学生在后来的生活和工作中表现极为出色,有的成了飞行员,有的成了工程师、医生或大学教授,许多人在卫国战争中成为英雄,而更多的人则继承了马卡连柯的事业,做了工学团的教师。他的学生也都非常敬佩他。马卡连柯富于革新色彩的教育实践、经验及其理论,成为教育挽救未成年人的宝贵精神财富。

1933年至1935年,马卡连柯创作并陆续发表了《教育诗篇》,总结了"高尔基工学团"的经验,该书成为20世纪40年代苏联最畅销的小说,为许多教育工作者和家长所喜爱。在这本小说中,他阐述了其成功的教育思想和教育方法,对"道德教育"和"劳动教育"论述得尤为详尽,总结了流浪儿童和犯罪青少年教育中一些带有规律性的东西,并在此基础上进一步提出了道德教育和劳动教育中的一些原则和理论。②此书被后人誉为是闪耀着革命人道主义和共产主义教育思想光辉的成功教育经验的结晶。1937年,马卡连柯又写了家庭教育专著《父母必读》。1938年,他发表《塔上旗》,这是一部描写捷尔任斯基公社的长篇小说。《塔上旗》继续了《教育诗篇》中对于教育方法的研究和探索,它描写了一个已经巩固了的并取得了成功的集体的生活和成就。马卡连柯认为,《塔上旗》"对于我,对于我所持的观点的演变,具有很重要的意义"。他还说:"在《教育诗篇》中我关心的问题是如何表现集体中的人,如何反映人与自己的斗争以及集体为了自己的价值、自己的风貌而进行的斗争,这是一种更紧张的斗争。而在《塔上旗》中,我追求的是完全不同的目的。我想表现我有幸在其工作的那个出色的集体,反映这个集体的内部运动、它的命运和周围环境。"③这本书进一步发展了他的问题儿童教育思想。

## 二、特殊教育思想

马卡连柯挽救、改造、教育违法违纪儿童及街头流浪青少年的教育成就,成为当时社会主义教育的一个成功范例,在苏联和全世界都得到很高的评价。在今天来看,马卡连柯的教育经验和教育思想仍对情绪行为障碍儿童和品行障碍儿童的特殊教育具有重要的价值。概括地说,马卡连柯特殊教育思想包括以下四个方面。

### (一)尊重与要求相结合的人本主义观点

马卡连柯对情绪行为障碍儿童和品行障碍儿童不采取敌视、敌对的态度,他认为不能把他们当成不可救药的对象,而应当把他们看做是可以教育改造的对象。在他的教育理念中,坚持"尽量多地要求一个人,也要尽可能地尊重一个人"。④"我深信教育影响有无穷大的力量。我深信,如果一个人没被教育好,过错全在教育者身上。如果一个儿童很好,这应该归于儿童时代的教育。""人之所以不好,只是因为他曾生活在不好的社会制度里,生活在不好的环境里。"⑤在他看来,这些有着各种劣迹的儿童和青少年,都是普通的孩子,对他们不应歧视、厌恶,而要热情关怀,善于在他们身上发现积极因素,鼓励他们忘记过去,不断地前进,成为一个真正的人,一个能够过

---

① 李亚学.少年教养制度比较研究[M].北京:群众出版社,2004:261-265.
② 张福娟,等.特殊教育史[M].上海:华东师范大学出版社,2000:173.
③ 吴式颖.外国教育思想通史(第9卷)[M].长沙:湖南教育出版社,2002:721.
④ 马卡连柯.马卡连柯教育文集(上卷)[M].吴式颖,等编译.北京:人民教育出版社,1985:104.
⑤ 马卡连柯.马卡连柯教育文集(上卷)[M].吴式颖,等编译.北京:人民教育出版社,1985:46.

合理生活的人,一个社会财富的创造者。

马卡连柯提倡要工学团团员完全忘记过去,特别是他们违法的事实。他所关注的不是团员的过去,而是团员的将来。马卡连柯曾经指出要完全做到这一点是很不容易的。他承认自己开始也不得不对自己的观念有所调整:"人们总是想知道工学团团员是为了什么被送到工学团的,做了些什么坏事。乍看上去,好像了解了这些事情,知道谁被送到工学团,便知道了根除过去的'罪过'要采取什么样的方法,但一旦自己对团员的过去稍微表示关心,其他教师也就要对这样的事情表示关心。这第一会唤起团员对过去的记忆,第二也会使新来分子保持少年流浪生活中惯有的粗野大胆的行为,对过去的冒险吹嘘留恋,而且经常过分夸大渲染这些行为。这些都对儿童的教育有着很大的危害。"①马卡连柯说过:"我们的公社成员,决不死板地为了过去而损失自己生活中的任何一分钟,我也正为此而感到自豪。"②因此,在马卡连柯领导的工学团里,把团员看做是过去的违法者,被视为是一件侮辱人的事情;而如果新来的成员企图宣扬自己的过去,必然会受到旧团员的严肃制止。

马卡连柯努力发现每个学员身上的优点,相信每一个团员的最大力量和可能的发展,并且他能够唤起(除了极少数的例外)每一个团员的人格力量和感情。在高尔基工学团,马卡连柯努力以高尔基的作品来引导自己的学生,向团员讲述高尔基的生活故事,鼓励团员们与高尔基通信,以此来塑造团员高尚的灵魂。马卡连柯还经常向学员阐明国家对他们的政治要求,讲清是非观念,使他们了解人生的意义,懂得羞耻、荣誉、美丑和善恶,培养他们热爱集体、热爱劳动,热爱科化科学知识、遵守纪律等优良品质。

**(二)既考虑社会需要又考虑个性特征的教育目的观**

马卡连柯认为,对情绪行为障碍儿童和品行障碍儿童进行教育时应同时考虑两个因素。

首先是社会的需要。马卡连柯从马克思主义基本原理出发,认为教育目的不可以脱离一定的社会历史背景。他指出,教育目的"是从我们的社会需要,从苏维埃人民的意向,从我们革命的目的和任务,以及我们斗争的目的和任务里产生的"。③因此,马卡连柯在《教育工作者耸耸肩》中谈到:"我们要教育有文化的苏维埃工人。因此,我们必须使他们受到教育,最好是中等教育;我们必须为他们提供职业教育;我们必须教他们遵守纪律;他们必须在政治上得到发展,成为一个具有献身精神的工人阶级成员,成为共青团员和布尔什维克。我们必须培养他们的责任感和荣誉观;换言之,必须使他们意识到他们对本阶级所承担的义务……"④可见,马卡连柯认为教育最根本的目的是要为苏联的集体主义发展提供动力。

然而,仅仅考虑社会的需要是不够的,马卡连柯还强调人的个性特征也是制定教育目的的一个重要依据。马卡连柯告诫人们:"最抽象的人在我们的想象中无论是多么完整,然而具体的人毕竟还是形形色色的教育材料,而被我们制成的'产品'也将是形形色色的。个人的一般品质和个别品质,在我们的设计中能够构成错综复杂的结合。"⑤因此,马卡连柯提出要"创造一种方法,它既是普遍和统一的,又能使每一个人都可能发展自己的特点,保持自己的个别性,这样的组织才无愧于我们的时代,无愧于我们的革命"。

在教育目的上,马卡连柯认为要防止以下偏差:一是把一切人都一视同仁,把人硬套进一个标准的模型里,培养出一系列同类型的人;二是消极地跟每一个人跑,毫无希望地企图用零零碎

---

① 李亚学.少年教养制度比较研究[M].北京:群众出版社,2004:261-265.
② 李亚学.少年教养制度比较研究[M].北京:群众出版社,2004:261-265.
③ 张福娟,等.特殊教育史[M].上海:华东师范大学出版社,2000:170.
④ 张福娟,等.特殊教育史[M].上海:华东师范大学出版社,2000:170.
⑤ 马卡连柯.马卡连柯教育文集(上卷)[M].吴式颖,等编译.北京:人民教育出版社,1985:80.

碎的对付每一个人的方法来对付千千万万学生。这两种偏差都不是苏维埃教育的目的,前者接近于旧时代的固定规格,后者更接近于儿童学。①

### (三) 在集体教育中进行教育的观点

马卡连柯在教育实践中把集体教育作为他针对情绪行为障碍儿童和品行障碍儿童教育的最基础和最基本的教育形式。马卡连柯赋予集体教育极为重要的地位。他提出,实践证明,通过多种科学、严格的教育措施和手段,一个好逸恶劳、偷摸扒窃、不守纪律的"小野兽",在良好的集体里总是能把他教育成一个对社会有用的人。教育者的任务在于创造一个良好的教育环境。在教育中要建立和组织教师的集体、学生的集体、教育组织形式的集体,如果教育了集体,团结了集体,加强了集体,集体自身就能成为很大的教育力量。他认为这种集体教育原则,是符合马克思主义"只有在集体之中,个人才能获得全面发展其才能的手段"的原理的,是社会主义教育的目的、基本内容和重要手段。在马卡连柯十几年的工学团的教育实践中,他始终把主要的精力放在解决集体和集体机构的建立上。他说:"我在自己从事苏维埃教育的16年工作中,把主要的力量都用在解决集体和集体机构的建立、建立全能的制度和责任的制度等问题上了。"②集体主义教育不仅是马卡连柯特殊教育思想的核心,也是他整个教育思想体系以及人生观、价值观的一个方面。

马卡连柯提出,集体不是一群个别人的偶然集合,而是社会的集合,是"以社会主义社会的结合原则为基础的人与人相互接触的总体"③。马卡连柯从集体的定义出发,分析了集体的特征,他认为集体的标志包括:第一,有共同的奋斗目标,只有为实现这个目标而斗争,才能把集体团结、组织起来,才能形成集体的伟大力量。第二,组织性和纪律性是建立和巩固集体的根本条件之一。在集体中,个人的目的必须服从集体的目的,个人的利益必须服从集体的利益。第三,具有一定的组织制度和管理机构,它有权代表集体,并行使各种职责。第四,有正确的舆论导向。

在具体的实施上,马卡连柯的集体教育实施策略是:在集体中,通过集体,为集体而教育。在这一原则指导下,马卡连柯主张通过以下具体策略而达成集体教育。

#### 1. "平行教育影响"策略

马卡连柯对"平行教育影响"策略的阐述是:在教育集体的同时通过集体去教育个人;而在教育单独的个人时也应该想到对整个集体的教育,通过对个人的教育去影响集体。马卡连柯认为,在平行影响的过程中,集体对每一个人都有着影响,同时每一个人也对集体有影响。教育只有在针对集体中的每一个人,而不是针对个别人时,才能培养出真正的集体主义者。捷尔任斯基公社曾开除过一名社员。马卡连柯在谈到这件事时说:"在这件事中受到教育的不只是被开除的一个人,而是整个集体。整个集体在为提高自己的品质的斗争中得到了锻炼。"④因此,马卡连柯的平行教育影响原则,实际上也是一种个别影响的方法,但它不是由整个集体直接转向个人,而是以集体为媒介转向个人。⑤ 马卡连柯这种"平行教育影响"策略在他的教育实践中产生了极佳的效果,后来也被许多教育实践证明是有效的方法。

#### 2. 前景教育策略

马卡连柯要求教师不断地向集体提出新的奋斗目标来激发集体的活力。马卡连柯认为,一个自由的人类集体的生活方式就是向前行进,停滞是它死亡的方式。也就是说,为了让集体不断

---

① 袁桂林. 外国教育史[M]. 长春:东北师范大学出版社,1995:380.
② 马卡连柯. 马卡连柯教育文集(上卷)[M]. 吴式颖,等译. 北京:人民教育出版社,1985:107.
③ 马卡连柯. 马卡连柯教育文集(上卷)[M]. 吴式颖,等译. 北京:人民教育出版社,1985:19.
④ 吴式颖. 外国教育思想通史(第9卷)[M]. 长沙:湖南教育出版社,2002:737.
⑤ 吴式颖. 外国教育思想通史(第9卷)[M]. 长沙:湖南教育出版社,2002:737.

地发展、巩固、永葆青春，就要在集体面前不断地提出新的任务。马卡连柯一个重要的教育信念是：教育和培养一个人就是指给他一条未来的道路，这条道路就有着他明日的欢乐。他说："培养人，就是培养他对前途的希望。""人的生活的真正刺激就是明天的欢乐。在教育技术中，这种明天的快乐就是最重要的工作对象之一。"①这里的目标、前途就是前景。马卡连柯把前景分成近景、中景和远景。近景主要是针对还没有能力安排自己未来长远的意向和兴趣的儿童。中景是包括在集体的相当一段时期计划中的各种事件。例如重要节日、学年开始、结业、举行某些大赛、开设新的车间、放寒暑假等。远景则是指和国家的未来前途相关的目标，并且意识到日常生活都与这一目标相关。随着儿童年龄的增长，近景将逐渐让位给中景和远景。无论是近景、中景还是远景的实现，都应当起到激励学生努力学习和工作的作用。马卡连柯认为教育者应从儿童获得近处的目标入手开展教育活动，然后逐步促进其实现远大目标。

3．依存服从策略

马卡连柯认为，在集体中最困难的一个问题并不是建立平等关系，而是建立服从关系。他在集体中采用了"复杂的依存和服从的原则"。值日队长制度就是一个例证。一个孩子，今天是值日队长，领导着整个集体，而明天他就是集体中的普通一员，要服从新的领导人。他要"努力使集体的各个全权代表之间的依存关系，尽可能多地交织在一起，使得服从和命令尽可能多地相遇"②。马卡连柯还认为，之所以要建立这种依存关系，是因为要使得儿童的个人志趣与整个集体的志趣一致起来，使得个人目的与集体共同的目的不发生对立。在马卡连柯看来，必须教会学生善于命令，善于服从，勇于负责，乐于接受集体的委托，习惯于有组织、有纪律的生活。

4．纪律教育策略

马卡连柯认为坚强的集体必须以有力的纪律作保证。他主张必须对儿童提出一定的要求，在学校中实行一定严格的纪律，以便把他们培养成为社会主义的新人。马卡连柯认为只是依靠说服和自觉，要建立集体的纪律根本是不可能的："只依靠自觉的纪律，往往成为理性的纪律。它会改变任何集体的准则，而最后往往就是一连串的纷争、问题和强制。"③那么，怎样才能建立起完备的纪律呢？马卡连柯认为："纪律的基础就是不需要理论的一种要求。"④他还说："如果对个人没有要求，那么，无论是建立集体还是建立集体纪律，都是不可能的事情。我是主张对个人要有要求的，我拥护对个人提出一贯的、坚定的、明确的、不予修正的和毫不放松的那种要求……我敢肯定地说，如果没有要求，那就不可能有教育。"⑤

马卡连柯对"要求"赋予了广泛的含义。他把"要求"划分为三个阶段。在集体的初创阶段，还没有建立起共同的道德舆论和集体的纪律，"要求"是由集体的组织者和领导者提出的，这是第一阶段。在这时，领导者必须对个别人提出"专断"的要求，但这种要求必须是合情合理和能够实现的："凡是任性的教师，凡是在集体看来是刚愎自用的教师，凡是提出集体所不能理解的要求的教师，是不会得到什么成就的。"⑥"要求"发展的第二个阶段是当集体领导者周围不断涌现出积极分子，形成了积极分子所组成的核心，并且会以自己的要求来支持领导者意见的时候。"要求"发展的第三个阶段的标志是：集体本身能够对其成员提出要求。在这时，集体已经具有一定的步调和作风。马卡连柯认为由集体组织者的专断要求到个人在集体要求的基础上向自己提

---

① 马卡连柯.马卡连柯教育文集（上卷）[M].吴式颖，等编译.北京：人民教育出版社，1985：305-306.
② 吴式颖.外国教育思想通史（第9卷）[M].长沙：湖南教育出版社，2002：735.
③ 马卡连柯.马卡连柯教育文集（上卷）[M].吴式颖，等编译.北京：人民教育出版社，1985：141.
④ 马卡连柯.马卡连柯教育文集（下卷）[M].吴式颖，等编译.北京：人民教育出版社，1985：401.
⑤ 马卡连柯.马卡连柯教育文集（下卷）[M].吴式颖，等编译.北京：人民教育出版社，1985：402.
⑥ 马卡连柯.马卡连柯教育文集（下卷）[M].吴式颖，等编译.北京：人民教育出版社，1985：404.

出任意要求所经历的途径,就是集体发展的基本道路。

尽管马卡连柯提出的纪律是儿童的一种自觉性的纪律,但是他认为当儿童违反纪律时,也有必要采用适当的惩罚。马卡连柯不赞成经常地依靠惩罚来管理学生,"一般说来,应尽可能少处分"。他尤其反对体罚,认为体罚"不过和类人猿教养它的后代相类似"。但是,他并未因此而简单地取消惩罚,他强调:"惩罚是一种教育,其本质是让被罚者知道自己有错。这种合理的惩罚制度有助于形成学生坚强的性格,并能培养学生抵抗引诱、战胜引诱的能力。"[1]在他看来,合理的惩罚不仅是合法的,也是必要的。马卡连柯主要的惩罚措施包括执勤、禁止在休假日外出、暂时不发给零用钱、免除生产工作、禁闭、收回学校徽章、禁止消遣和娱乐、开除等。

### 知识小卡片

**马卡连柯结合亲身经历谈教育机智**

我认为,谈话的效果是最小的。因此,当我看到没有必要谈话时,我就什么也不说了。

例如,一个男孩侮辱了一个女孩子,我知道了这件事以后应不应该谈一谈呢?在我看来,重要的是不进行谈话就让这个男孩子知道问题在哪里。我给他写纸条,装进信封送去。

应该说明,我经常有这样的"通信员"。这是 10 岁左右的男孩子,有苍蝇般灵敏复杂的眼睛,他们总是能知道应当在什么地方去寻找什么人。通常,这样的通信员都是很好的男孩子,能起很大的作用。我把信交给通信员,信里写着:"叶夫斯基格涅耶夫同志,请你今天晚上 11 点钟来。"

我的通信员清清楚楚地知道字条里写的是什么,发生了什么事情,为什么我召唤叶夫斯基格涅耶夫,等等。总之,全部底细通信员都知道,只是不表示出来。我对他说:"把纸条送去!"

我再不多说任何话,我知道会有什么样的结果。通信员走到食堂里说:"你的信。""什么事?""安东·谢妙诺维奇找你。""为什么?""我就给你说。还记得吗?你昨天欺侮了谁?"

10 点 30 分的时候,通信员又来找叶夫斯基格涅耶夫:"你准备好了?""准备好了。""他在等着你。"

有时候,叶夫斯基格涅耶夫忍不住了,等不到晚上 11 点,下午 3 点就来找我了。"安东·谢妙诺维奇,您找我吗?""不是,不是现在,是在晚上 11 点。"

他到分队去了,同学们都问他:"怎么啦?自作自受啦?""自作自受了。""为了什么?"于是,在晚上 11 点以前,分队里就严厉地申诉起叶夫斯基格涅耶夫来了。到了晚上 11 点的时候,他到我这里来了,因为白天一天的经历而激动不安,脸色苍白。我问他:"你明白了吗?""明白了。""去吧!"

再不需要多说任何的话。

在另一些情况下,我又采取不同的办法。我对通信员说:"让他立刻来。"

当被召唤的人来了的时候,我把我心里所想的完全说出来。如果这是一个很难缠的人,他不相信我,从情感上反对我,对我有怀疑,那我就不和他说什么。我把年龄较大的召集起来,也把他叫来,以严正的、殷切的语调和他谈话。对我来说,重要的不是我说些什么,而是其他的人如何集中视线来注视他。他可以抬起头来看我,却害怕看同学们。我说:"同学们随后还有话对你说。"

---

[1] 刘良华.高慎英.马卡连柯论惩罚之分析[J].教育管理,1995(4):23.

于是,同学们把我事先教给他们的话说给他听,他以为这是同学们自己想出来的。

……

但是,在有些情况下,我允许自己改变正面出击而采取较为曲折的办法。这种办法是当整个集体起来反对一个人的时候应用的。这时候,正面打击一个人是不可以的,这样做,他就会处于孤立无援的境地。全集体反对他,我也来反对他,他会被毁掉的。

[选自:马卡连柯.普通学校的苏维埃教育问题//马卡连柯教育文集(下卷)[M].吴式颖,等编译,北京:人民教育出版社,1985:87-92.]

### (四) 教育同生产劳动相结合的实践观

在针对情绪行为障碍儿童和品行障碍儿童进行教育的过程中,马卡连柯也十分重视劳动教育。劳动教育理论在他的整个教育思想体系中占有极为重要的地位。马卡连柯认为,教育同生产劳动相结合是培养共产主义新人的重要手段,也是教育改造品行障碍青少年和流浪儿童的重要途径。马卡连柯对于劳动教育持肯定的态度,并把它贯彻在自己的教育实践中。在高尔基工学团和捷尔任斯基公社中,儿童参加劳动的时间比较多,而这两个集体正是在共同的劳动过程中形成,并在共同的劳动中得到巩固和发展的。马卡连柯从关于儿童集体的基本观点出发,在公社中办起了学校、工厂,工厂中有工程师,有生产财务计划,有细致的劳动分工,有严格的质量标准和定额要求,有工资,也有义务和责任。学员们从事的是真正的工业生产劳动,履行生产工人的一切义务,享受生产工人的一切权利。他们在公社中一边劳动,一边接受十年制普通中等教育。

马卡连柯通过他的劳动教育促使流浪儿童和染上不良习惯的儿童的素质得以提高。他认为,"拥有工厂并为工厂负责的集体,可以获得极多的组织的技巧",并且社员参加生产劳动的过程中各道工序的工作,对于培养他们的性格起了很好的作用,使"他们在认识上、习惯上和观点上,都有广泛性和多方面性的个性特点"。[①]

马卡连柯还阐明了在什么情况下劳动才能成为教育的手段。马卡连柯反对从表面上、形式上将教育与劳动相结合,他认为两者的结合应该是内在的、深层次上的。马卡连柯认为劳动教育并不是单纯的劳动,单纯的劳动只能是消耗精力的操作,起不到教育的作用,应把劳动视为教育体系的一部分,正确理解劳动与教育相结合的途径和意义。他指出:第一,"一般的"劳动并不是教育的手段,"只有用一定方式组织起来的、有一定目的的劳动,也就是说作为全部教育过程的一个组成部分的劳动,才能成为教育的手段"。[②] 第二,"劳动如果没有与其并行的知识教育,没有与其并行的政治的和社会的教育,就不会带来教育上的好处,成为不起作用的一种过程……只有把劳动作为总的体系的一部分时,劳动才可能成为教育的手段"。[③] 由于正确地处理了劳动教育和知识文化教育的结合问题,工学团的学员们不仅获得了高级娴熟的技能,还具备了经营者和组织者所必须具备的优良品质。

在强调劳动应与教育紧密结合的同时,马卡连柯还主张,具有教育意义的劳动还要考虑创造经济价值。马卡连柯所领导的劳动教育大大改善了工学团和公社的物质生活和学习条件,为社会创造了物质财富。在高尔基工学团,劳动的主要项目是农业、木工、钳工、制鞋等。在捷尔任斯基公社则是在半手工式的实习工场和车间劳动,并在复杂的新技术工厂劳动,他们建成了苏联第一座生产电钻的工厂和第一座生产费捷牌照相机的工厂,所生产的电钻和照相机等产品是苏联

---

① 吴式颖.外国教育思想通史(第9卷)[M].长沙:湖南教育出版社,2002:745.
② 吴式颖.外国教育思想通史(第9卷)[M].长沙:湖南教育出版社,2002:745.
③ 吴式颖.外国教育思想通史(第9卷)[M].长沙:湖南教育出版社,2002:747.

20世纪30年代较先进的产品。这些劳动均具有一定的经济效益。

随着高尔基工学团和捷尔任斯基公社的劳动教育实践的发展,马卡连柯对劳动教育的意义的认识逐渐深刻。他愈发肯定在学校里应该有生产过程,因为只有在生产过程中才能培养出生产集体成员的真正的性格;只有在生产过程中,在执行生产计划时,人们才会感觉到自己对每一部分工作应负的责任。

### 三、评价

#### (一)给情绪行为障碍和品行障碍儿童的教育带来了活力

马卡连柯尊重与要求相结合的人本主义观点给了人们极大的鼓励,让人们看到了对这些儿童进行教育的潜在价值。在马卡连柯时代,传统教育一般将这些孩子视为是"难教的"、"落后的"和"有缺陷的"。在当时还没有一个科学工作者对这些非科学的观点和做法进行批评的时候,马卡连柯率先向旧的观点提出挑战。他深信正确的教育能够开发人类伟大的创造力,他不纠缠于儿童的过去,而是把着眼点放在儿童的前途上,他出自对人的信任和爱,相信每个人都是可以教育好的。当然,马卡连柯并不主张对儿童教育理想化、放任自流。他反对自由教育论所宣扬的"儿童是生命的花朵",对儿童一味溺爱,以尊重为幌子,放弃教育者的义务和责任。马卡连柯主张对儿童的爱应有正确的尺度,应该将尊重与严格要求相结合。①

#### (二)成功的教育实践和高超的教育艺术影响深远

马卡连柯不仅具有卓越的教育理念,更是伟大的教育实践家和改革家。他在对情绪行为障碍儿童和品行障碍儿童的心理特点进行分析之后,提出了许多大胆、独到的见解,探索了许多独特的方法,他的集体主义教育思想及其一系列的原则和方法,他的劳动教育思想及其方法都具有很强的实用性、针对性和独创性。这些教育原则和方法至今还为一些工读学校和情绪行为障碍教育所借鉴。马卡连柯在高尔基工学团和捷尔任斯基公社中针对问题儿童所开展的教育实践在古今中外的教育史上是独树一帜的,留下了宝贵的精神财富。

马卡连柯还是一个出色的教育艺术家。他具有高超的教育机智,能够根据环境的变化随心所欲地控制语调和运用语言。他又具有深厚的文学修养,以自己的教育实践为基础,写出了《教育诗篇》和《塔上旗》等影响深远的小说。马卡连柯无疑为今日的特殊教育教师和普通教育教师都树立了光辉的榜样。

 **本章小结**

本章概要地介绍了国外现代两位著名教育家——蒙台梭利和马卡连柯的特殊教育思想。

意大利的蒙台梭利继承和发展了智障教育先驱伊塔德和塞甘的思想,丰富和发展了智障教育理论和方法。她认真观察智障儿童,努力寻找并在实践中不断改进教育、训练智障儿童的方法。她提出的"儿童智力缺陷主要是教育问题,而不是医学问题"的论断不仅具有科学性,而且具有预见性,与当代特殊教育从医学模式向社会生态模式的转变趋势不谋而合。她为智障儿童教育所建立的感觉运动体系符合智障儿童的特点,至今为人们所借鉴。此外,蒙台梭利的特殊教育思想还极大地丰富了普通教育理论,并促使了蒙台梭利教育法的最终形成。

苏联的马卡连柯在长达16年的针对情绪行为障碍、品行障碍、流浪儿童和违法犯罪儿童的教育实践工作中,积累了丰富而有价值的经验。他把数以千计的问题儿童再教育为真正的新人。

---

① 吴式颖.外国教育思想通史(第9卷)[M].长沙:湖南教育出版社,2002:757.

这项创举一方面为国家输送了一大批有用的人才,另一方面也促使马卡连柯从中提取出许多有价值的教育经验,如集体教育思想、劳动教育思想等,极大地丰富了教育理论。马卡连柯的教育思想脉络分明,颇具独创性,他的教育思想不仅对于特殊教育有着重要意义,也具有普遍的指导意义,影响深远,成为人类教育史上辉煌的一页。

 思考与练习

1. 蒙台梭利所强调的特殊教育的原则有哪些?
2. 试述蒙台梭利特殊儿童的感官教育思想。
3. 梳理蒙台梭利的特殊教育实践及对其特殊教育思想形成的影响。
4. 马卡连柯有关品行障碍和违法、犯罪儿童教育的思想有哪些?
5. 结合实际,谈谈马卡连柯的特殊教育思想对当代品行障碍学生教育的启示。

# 第 12 章　中国现代特殊教育的发展

学习目标

1. 梳理并理解我国现代特殊教育的政策法规。
2. 了解我国现代有代表性的特殊教育机构。
3. 了解我国部分地方现代特殊教育的发展情况。
4. 理解陈鹤琴的特殊教育实践和思想。

辛亥革命至中华人民共和国建立前,社会动荡不安,但中国现代特殊教育仍然在艰难发展。本章将揭示中华民国时期特殊教育的发展历史。首先分析这一时期特殊教育的政策演进;其次探讨特殊教育机构的发展情况;最后将会从思想层面展示中国现代特殊教育的发展状况。通过对中华民国时期特殊教育的全面梳理,向读者展示中国现代特殊教育发展的真实面貌。

## 第 1 节　中国现代特殊教育政策法规的演变

中华民国时期是我国特殊教育初步发展的一个重要的标志就是特殊教育政策法规逐步确立,特殊教育事业的发展有了基本的法律保障。虽然这些政策法规尚不完善,但从历史的角度来看,在百孔千疮的社会背景下,当时的政府和社会各界能够对特殊教育给予有限的关注,并出台一些保护和推动特殊教育的政策,是值得肯定的。

### 一、中华民国前期的特殊教育政策法规

从辛亥革命后颁布的《壬子·癸丑学制》,到 1922 年"新学制"颁布之前出台的一些教育政策法规,都对特殊教育的发展有着不同程度的规划。这意味着我国现代特殊教育政策初步形成。

#### (一)《壬子·癸丑学制》中有关特殊教育的规定

1912 年 7 月,全国临时教育会议开幕。会议历时一个月,讨论了许多重要的教育政策与措施。最终,会议讨论并制定了新的学制,并以《学校系统令》的名义于 1912 年 9 月颁布实行,史称《壬子学制》。《壬子学制》颁行后,至 1913 年 8 月的一年间,教育部又陆续公布了《小学校令》、《中学校令》等一系列法令和规程,这些法令、规程与《壬子学制》综合为一个统一的学校系统,史称《壬子·癸丑学制》。由于当时的特殊教育机构主要是小学层次,因而诸多法令和规程中,仅《小学校令》涉及特殊教育。

《小学校令》于 1912 年 9 月公布,该法令"总纲"中的第三条和"设置"中的第九条提及特殊教育事宜,初步规划了与初等和高等小学平行的"盲哑类"特殊学校的体制和举办主体。① 第三条规定:"蒙养园、盲哑学校及其他类于小学校之各种学校,亦如前条第三项之规定。"①所谓"前条第三项"的具体内容则为:"由城镇乡担任经费者,名某城镇乡立初等小学校或高等小学校;由县

---

① 舒新城.中国近代教育史资料(中册)[M].北京:人民教育出版社,1981:445.

担任经费者名某县立高等小学校;由私人或私法人担任经费者,名私立初等小学校或高等小学校。"①这实际上是对"盲哑学校"办学体制的初步规划。② 第九条规定:"蒙养园、盲哑学校并其他类于小学校之各种学校得适用第四条之第一、第三项,第六条之第一、第三、第四项及第七条。"②这里所指第四条、第六条、第七条的相关内容,主要是明确了学校举办的主体:初等小学由城镇乡负责设置;一乡财力不足者,可以由两乡以上协议联合组织初等小学;高等小学由县设立;有财力的城镇乡经县批准可以设立高等小学;城镇乡也可以协议联合设立高等小学;私立小学的设立与变更须经县行政长官许可。这两条规定,实际上是明确了"盲哑学校"可以仿照小学的办法,既可以由县、城镇乡举办,负责经费,也可以由私人举办并负责经费。

可以看到,1912年的《小学校令》除了有两处提到"盲哑学校"的字眼外,对于特殊教育其实是语焉不详。这说明,尽管此时的民国政府已经开始意识到应该利用政策的力量来干预和保护特殊教育的发展,但对于特殊教育的关注形式多于实质,还是比较表面化。

**(二)《教育部官制》中有关特殊教育的规定**

1914年,教育部出台《教育部官制》,其中第四条涉及特殊教育。根据该项法规的规划,教育部设总务厅及普通教育、专门教育和社会教育三司。第四条规定普通教育司的职责,该条第四款规定普通教育司所掌事务包括"盲哑学校及其他残废等特种学校事项"③。此项规定透露出如下信息:其一,这一时期的特殊教育机构的类型主要是盲哑学校。其二,诸如盲哑学校以及其他专为残疾儿童而设的特殊教育机构均由普通教育司负责管理。其三,将特殊教育与普通教育划归同一部门管理。上述规定明确了教育最高行政主管机关对特殊教育应当承担管理之责,对当时特殊教育的发展有着积极意义。

**(三)《国民学校令施行细则》中关于特殊教育的规定**

教育部1915年7月公布了《国民学校令》,并于1916年10月进行修正,其中并未直接涉及特殊教育事宜,只在第24条中,对残疾儿童免于就学或缓期就学的程序做了规定:"学龄儿童如以疯癫、白痴或残废不能就学者,区董报经县知事认可后,得免除其父母或监护人之义务。""学龄儿童如以病弱或发育不完及其他不得已之情事,达就学期而未能就学者,区董报经县知事认可后,得暂缓其就学。"④

为了推行"国民学校"制度,教育部于1916年1月公布了《国民学校令施行细则》(以下简称《细则》),并于同年10月修正。在该《细则》中,有若干项涉及特殊教育的办学事宜,对盲哑学校的校长、教员等做了比较具体的规定。内容如下⑤:

① 盲哑学校及其他类于国民学校之各种学校,得置校长。② 盲哑学校及其他类于国民学校之各种学校教员,须有国民学校教员之资格,或经检定合格者充之。③ 盲哑学校及其他类于国民学校之各种学校,其校长教员之任用惩戒等项,依国民学校教员之例。④ 区立聋哑学校及其他类于国民学校之各种学校,其校长教员之俸额及其他给予诸费,县知事依照国民学校教员之规定,参酌地方情形定之。

此外,1918年12月,政府修订了教育部分科规程,详细确定了教育部内部机构设置和职责安排,明确了特殊教育事项由普通教育司的第三科负责。⑥

---

① 舒新城. 中国近代教育史资料(中册)[M]. 北京:人民教育出版社,1981:444.
② 舒新城. 中国近代教育史资料(中册)[M]. 北京:人民教育出版社,1981:446.
③ 舒新城. 中国近代教育史资料(上册)[M]. 北京:人民教育出版社,1981:287.
④ 宋恩荣. 中华民国教育法规选编(1912—1949)[M]. 南京:江苏教育出版社,1990:210.
⑤ 舒新城. 中国近代教育史资料(中册)[M]. 北京:人民教育出版社,1981:481-482.
⑥ 宋恩荣. 中华民国教育法规选编(1912—1949)[M]. 南京:江苏教育出版社,1990:77.

总的来看，1922年以前，民国政府对于特殊教育开始关注，从政策方面开始规划特殊教育的发展。但因社会动荡不安，特殊教育的实践也不充分，有关特殊教育的政策规定还相当笼统，往往是点到为止，形式多于内容，有时还有反复、退步，而且缺乏确保这些政策具体落实的配套措施，残疾儿童就学能获得的政策支持力度明显不够。因此，这一时期的特殊教育政策只是刚起步。

## 二、中华民国后期的特殊教育政策法规

### （一）《壬戌学制》中的特殊教育政策

1922年颁布的《壬戌学制》又称《新学制》，是在"五四新文化运动"的背景下讨论制定的，该学制以独特的视角对特殊教育给予一定关注。该学制在"附则"中对特殊教育有简单的规划。具体内容为：① "注重天才教育，得变通年期及教程，使优异之智能尽量发展。"② "对于精神上或身体上有缺陷者，应施以相当之特种教育。"①

《壬戌学制》对特殊教育的规定体现出两个特点：① 虽然该学制对于特殊教育仅在附则中提及，但毕竟是在整体的学制规划中出现了，相较以前只在《小学校令》或其他相关法规中零星规定特殊教育的做法，有了很大进步，说明特殊教育已在宏观的学制中名正言顺地占有一席之地了。② 特殊教育的对象明显扩大。不仅要求注重"天才教育"，而且要对所有"精神上或身体上有缺陷者"施以"特种教育"。这比此前仅限于"盲哑学校"的规定，有了巨大进步。

### （二）南京国民政府时期的特殊教育政策

#### 1. 特殊教育管理部门的调整

南京国民政府建立初期，在蔡元培等人的倡导下，改革教育管理体制，改教育部为大学院。1928年，南京国民政府公布《修正中华民国大学院组织法》，该法第四条规定②：大学院设"社会教育处"，社会教育处之职掌包含"低能及残废者之教育事项"。该法的颁布使得特殊教育的管理权限，由原来教育部的普通教育司转移至社会教育处。特殊教育管理部门的调整不见得有何实质性的新变化，但也在一定程度上说明，特殊教育与普通教育的差异性进一步为社会所认知。

大学院制推行不到两年，又改回原来的教育部，特殊教育的管理也做相应调整。1931年7月，教育部公布第三次修正后的《教育部组织法》。该法提出教育部设总务司、高等教育司、普通教育司、社会教育司以及蒙藏教育司。其中，"低能及残废者之教育事项"由社会教育司负责。③ 在1940年、1947年的《教育部组织法》的多次修订中，"低能及残废者之教育事项"仍维持由教育部社会教育司负责的规定。

#### 2. 关于残疾者接受义务教育的规定

南京国民政府成立后，特别是20世纪30年代后，中国的"义务教育从倡导转入全面实施"。④ 残疾儿童接受义务教育的问题同样受到了关注。1935年，南京国民政府行政院通过了《实施义务教育暂行办法大纲》，计划10年内逐步实施1至4年的义务教育。同年，教育部公布了《实施义务教育暂行办法大纲施行细则》，其中规定："学龄儿童之有疾病或其他一时不能入学之原因者，得由其家长或保护人具结请求缓学；其有痼疾不堪受教育者，得由其家长或保护人具结请求

---

① 宋恩荣.中华民国教育法规选编(1912—1949)[M].南京：江苏教育出版社，1990：45.
② 中国第二历史档案馆编.中华民国史档案资料汇编·第五辑·第一编·教育(一)[M].南京：江苏古籍出版社，1997：34-35.
③ 教育部参事处.教育法令汇编(第1辑)[M].上海：商务印书馆，1936：2.
④ 田正平.世纪之理想：中国近代义务教育研究[M].杭州：浙江教育出版社，2000：222.

免学。"① 为有效落实《实施义务教育暂行办法大纲施行细则》的相关计划,抗战爆发前夕,教育部于1937年7月公布了《学龄儿童强迫入学暂行办法》,进一步规范了实施的要求。其中,第九条对因"痼疾"或其他原因一时不能入学的学龄儿童的缓学或免学进行了进一步细化:①"凡学龄儿童体弱,或发育不完全,经指定医师证明并经当地强迫入学执行人员证明属实者,得准其缓学;但经过相当时期,儿童身体状况认为足以入学时,仍应督令入学。"②"凡儿童身有痼疾或肢体残废,经指定医师证明不堪入学,并经当地强迫入学执行人员证明属实者,得准其免学;如当地或邻近各地有特殊教育机关,得将上项儿童送入肄业。"该法还对缓学或免学的手续予以规定:"依法请准缓学或免学之儿童,应由各联合小学区或小学区内强迫入学执行人员填发证明书。"② 上述规定,不仅使残疾儿童接受义务教育的操作程序更加细致规范,而且增加了专业医师鉴定的环节,从保证残疾儿童接受义务教育的角度看,这种进步是应该肯定的。

在残疾适龄儿童接受义务教育受到更加重视的同时,失学残疾民众的强迫教育也被提到了政策台面上。1937年8月,教育部公布《各省市失学民众强迫入学暂行办法》,该法第十一条规定,失学民众有疾病或有其他原因一时不能入学者,得依照下列规定,分别请求缓学或复学:①"凡身心衰弱,经指定医师证明并经当地强迫入学委员会证明属实者,得准其缓学。但健康恢复时,仍应督令入学。"②"凡身有痼疾或肢体残废,经指定医师证明不堪入学,并经当地强迫入学委员会证明属实者,得准其免学。如当地或临近各地有特殊教育机关,仍应劝令其入学受特殊教育。"③

尽管不能因为上述规定,就断言中华民国时期残疾儿童的义务教育问题已经得到了解决,但这些规定为残疾儿童义务教育问题的解决奠定了良好的基础则是能够肯定的。

### 三、中华民国时期特殊教育政策法规的特点

#### (一) 特殊教育政策是零碎的

由于时局等多种原因的影响,民国时期政府对特殊教育的关注是适度和有限的。在政策法规层面,表现为有关特殊教育或残疾儿童教育的相关规定,是零碎的、零星的,缺乏对特殊教育事业整体的、宏观的规划与规定。从1912年的《小学校令》到1937年的《实施义务教育暂行办法大纲施行细则》,残疾儿童教育每每作为一个附属物,在法规的某个段落中时隐时现,如果不将这百衲衣串联起来,很难觅到特殊教育政策的踪迹。同时,这一时期尽管有一些关于特殊学校建立、残疾儿童接受教育的相关规定,但缺乏具体的支撑措施,这些零碎的、零星的特殊教育政策的操作性和实践性值得怀疑。实际上,在社会混乱、特殊教育实践有限的背景下,政府既无暇对特殊教育事业进行宏观的把握和规划,也无力为特殊教育的发展提供支持。

#### (二) 特殊教育的宏观管理的规定相对明晰

民国时期有关特殊教育的政策法规尽管是零碎的,但对特殊教育的宏观管理问题的规定却是个例外,一直得到重视,并已初步构建起特殊教育的宏观管理架构。

在1912年4月设立的教育部各司的职责范围中,并未包含特殊教育,直到同年12月,在教育部分科规程中才将"盲哑学校及调查学龄儿童就学事项"增列于普通教育司第三科,确立了特殊教育管理隶属于普通教育司的格局,标志着特殊教育在中央政府管理层面有了位置。南京国民政府成立后,随着大学院制的施行,特殊教育被划入大学院社会教育组的校外教育股,改变了民国前期由普通教育司掌管特殊教育的格局。这一格局一直维持到1949年。考虑到在人们的

---

① 宋恩荣.中华民国教育法规选编(1912—1949)[M].南京:江苏教育出版社,1990:301.
② 宋恩荣.中华民国教育法规选编(1912—1949)[M].南京:江苏教育出版社,1990:334.
③ 宋恩荣.中华民国教育法规选编(1912—1949)[M].南京:江苏教育出版社,1990:578.

一般意识中,"社会教育"的重要性远远低于"普通教育",因此,将特殊教育纳入社会教育范围,事实上有导致特殊教育地位下降的可能。

地方特殊教育管理与普通教育管理高度一致。1917年核准的《教育厅组织大纲》规定第三科执掌包括特殊教育事项在内的多项事务。至于各省和地方具体负责特殊教育的部门却因地域差别而异。[①]

### (三)特殊教育学制逐步确立

特殊教育的学制在中华民国时期的特殊教育政策法规中也逐步明确。1912年的《小学校令》规定,盲哑学校按照一般小学校办理。1915年颁布的《国民学校令》及次年的《国民学校令施行细则》,更是明文规定盲哑学校的校长、教师资格和任用均依照国民学校校长、教师的相关规定执行。由于国民学校相当于小学,因此从总体来看,民国时期的特殊学校仅为小学程度,也就是说在学制层面,特殊教育主要被定位于初等教育这一层级。

当然,在实际操作中,特殊教育机构往往超越这一制度定位。20世纪20年代以后,一些特殊儿童学校设有初中班甚至高中师范科,政府予以立案认可;特殊教育机构都非常重视职业教育,这使得特殊教育从普通教育延伸至职业教育领域;至于对个别优秀的残疾学生,政府也会根据特殊的个案,选送其入读高等院校,甚至出国留学。因此,尽管在政策层面,政府将特殊教育定位在初等教育,但在实践中,特殊教育的探索覆盖了普通教育与职业教育,从初等教育延伸至高等教育,一个比较完整的特殊教育学制体系逐步形成。

## 第2节 中国现代特殊教育机构的发展

### 一、特殊教育机构发展的概况

#### (一)抗战爆发前特殊教育机构的发展

民国以前,我国近代特殊教育机构大多带有浓厚的福利机构色彩,且主要依赖外籍教会人士、个人、团体及慈善机构的捐助与支持。进入民国时期,随着社会热心人士的提倡和参与,政府逐步加大了对特殊教育的关注力度,相关政策逐步建立,各省份也都陆续建立了一些特殊教育机构。从民国初年到1922年全国反基督教运动爆发前的这段时间,盲人教育机构稳步发展,大有繁荣之势。很多来自欧美的教会人士出于宗教和慈善的双重目的,在华开办了一些特殊教育机构。如:1911年,傅步兰父子筹办上海盲童学校,该校有强大的校董会阵营,如中华职业教育社创始人、著名教育家黄炎培,还有曾先后出任北洋政府代理国务总理、南京政府外交部部长的王正廷等,这使得该校在我国现代的盲人学校中占有重要位置。1912年,美国长老会在广州创办心光盲女学校;同年,德国喜迪堪会在嘉应开办"喜迪堪会盲人院"。次年,挪威信义会在湖南益阳创办"信义瞽目院"。1914年美国宣道会在广西浔州建立"明心盲校"。1917年,江苏通州出现了一所由美国基督会创办的盲哑学校。1919年,美籍瑞典人艾瑞英夫妇在武昌建立瞽目学校;同年,英国圣公会在福建建宁创办盲人学校,只收女生。1922年,就连西南地区也办起了两所盲人学校。[②] 到1922年,中国有17所特殊学校,共收留残疾儿童500余名;在这17所特殊学校中,仅南京市聋哑学校为公立学校,其他均为由外国人创立或私人资助的学校。到1926年,当时全

---

① 沈云龙.中华民国教育法规汇编·教育厅组织大纲[M].台北:文海出版社,1987:14.
② 各建华.光明前的"窄门":近代基督新教在华盲人教育研究[D].华中师范大学硕士学位论文,2007:24. http://10.1.136.24/kns50/detail.aspx? QueryID=80&CurRec=1.

国有盲人学校38处,收容男女盲人1000余人。①

为了推动盲聋哑教育的发展,1928年由南通盲哑学校校长朱衡涛发起成立了"中华盲哑教育社"。这是我国现代建立的正式特殊教育团体之一。其主要任务是调研、宣传和促进盲哑教育的发展。到1937年抗日战争爆发之前,全国盲哑学校已增加至40余所。尽管这一时期设立了多所特殊教育机构,但同世界特殊教育的发展相比,我国当时的特殊教育水平仍然落后,同期美国特殊学校已有227所,学生人数达22920人;英国有特殊学校124所,学生8032人;日本有特殊学校72所,学生人数5917人。②当然,抗战爆发前我国特殊教育机构毕竟有所增加,呈现繁荣的小气候,进步意义是值得肯定的。

**(二) 抗战爆发后特殊教育机构的发展**

抗战爆发后,特殊教育事业受到重创。原有的教育和训练聋哑人的特殊教育机构,或关闭,或辗转迁移,少数保留下来的也只是残存。在抗战后期,有些地方虽成立了几所聋哑人学校,但规模普遍较小,师资缺乏,经费稀缺。绝大多数学校都是由宗教和慈善机构主办,大量的出生穷苦的残障儿童常因缴纳不了学费而被排除在校门之外。抗战胜利后,特殊教育机构才逐步恢复发展。不过,由于战争的影响,发展缓慢。根据南京国民政府教育部组织编写的《第二次全国教育年鉴》的统计,到1946年底,全国公私立盲人学校10所,公私立聋哑学校23所,公私立盲哑学校9所,共计42所盲聋哑教育机构,大多数为私立。这成为中华人民共和国建立后我国特殊教育所接受的基本家当。③

这些机构的发展,呈现出以下特征④:

① 盲聋哑特殊教育机构的学制以初等教育为主,幼稚园、初中以及职业教育、师范教育略有发展。第一,在盲人教育学校方面:南京盲哑学校盲童部设有师范科、初中、小学三部,台湾省立台北、台南两所盲哑学校盲生部设有小学、初中及电疗、针按、按摩三专科,云南滇光瞽目学校设有师范班、小学、幼稚园;其余均为小学,年级、班数也不齐全。第二,在聋哑教育学校方面:南京盲哑学校哑生部设有小学、初中,台湾省立台北、台南两所盲哑学校哑生部设有木工、缝纫两类与初中程度相当的技艺专科;其余均为小学程度,年级、班数不全。

② 课程方面盲聋哑学校一般都比照普通学校的课程设立,由于缺乏统一的课程规制,所以不同学校的课程设置也并非完全一致。第一,盲人教育学校的课程方面。以南京盲哑学校为例:盲生师范科的课程包括公民、体育、卫生、国文、英文、数学、地理、历史、生物、物理、音乐、教育概论、教育心理、教育行政、教材及教法等,盲生初中的课程包括公民、体育、卫生、国文、英文、数学、博物、化学、物理、地理、历史、音乐、国乐、劳作、汉字等,盲生小学部的课程包括凸字、国语、音乐、体育、算术、社会、自然、汉字等。当然,各个学校在教学以上课程时,还授以技艺训练,如中西乐器演奏、藤工、编织、推拿、医术等。专修部的课程则更强调技艺训练,像台湾省立台北、台南两所盲哑学校盲生部专修科针按部的课程就包括了国文、公民、物理、化学、体育、解剖、按摩、灸术、生理、卫生、经穴、病理总论、病理各论、外科总论、针按、临床等。第二,聋哑教育学校的课程方面。仍以南京盲哑学校为例:哑生部初中的课程包括公民、体育、童子军、卫生、国文、英文、数学、博物、化学、物理、地理、历史、图画、劳作、手语、发音、学话等,哑生部小学的课程包括国语、体育、算术、自然、社会、手语、发音、学话等。各校在分别教授以上课程的同时,往往增设绘画、打字、雕刻、印刷等技术科目,教材与普通学校完全一样。

---

① 王治心.中国基督教史纲[M].上海:上海古籍出版社,2004:308.
② 张福娟,等.特殊教育史[M].上海:华东师范大学出版社,2000:211-212.
③ 《中国教育年鉴》编辑部.中国教育年鉴(1949—1981)[M].北京:中国大百科全书出版社,1984:385.
④ 教育部教育年鉴编纂委员会.第二次中国教育年鉴[M].上海:商务印书馆,1948:1200-1201.

③ 初步形成了特殊学校教学方法的特点。第一,盲人教育方面,影响盲人教育开展的盲文体系逐步形成。民国时期,我国所使用的盲文主要有瞽手通文、五方元音、客话心目克明和心目克明四种。1933年,南京盲哑学校教务主任叶炳华,以国语注音符号为基础,根据象形、对称两原则,创制"国音盲字"。第二,聋哑教育方面,对口语、发音符号、手语三种方法都有探索,如手语方面当时形成了"注音符号手势"、"比拟手势"和"英文字母手势"三种。

④ 特殊学校的师资培养比较缺乏。盲校师资方面:南京盲哑学校师范科、云南滇光瞽目学校师范班、成都基督教学校代办师资训练班,每年毕业十余人。而聋哑学校的师资奇缺,且没有专门的训练机构。

综上所述,民国时期我国的特殊教育已经从完全由教会、民间创办,逐渐进入政府关注的时代,政府不仅从政策法规方面建章立制,将特殊教育机构纳入国民教育体系,使之成为连贯的教育体系中的一个组成部分,而且还参与办学,一定程度上促进了我国现代特殊教育的发展。尽管我国现代特殊教育的发展还不完善、不理想,但为新中国特殊教育的发展积累了可贵的经验。

## 二、几所有代表性的特殊教育机构

### (一) 第一所公立特殊教育机构:南京市盲哑学校

1. 学校的建立

1927年10月,南京盲哑学校在南京大佛地(今长乐路)创办,分盲哑两科。1929年4月,南京市教育局接办该校,划拨经费,正式更名为南京市市立盲哑学校,陈子安任校长。这是我国历史上第一所公立盲哑学校,也是第一所公立特殊教育机构。公立特殊教育机构的出现,改变了过去政府对特殊教育机构的态度,标志着中国现代特殊教育的发展出现重大转折。

1929年,南京市公立盲哑学校迁至船板巷,分盲科、哑科,招收盲童21名,哑童12名。教职员11人,办学宗旨是使盲者能识字,哑者能发言,使受教育者成为能独立谋生的国民,减少社会无业分利者。① 1932年,该校又增设中学部、职业部及高中师范部。当时政府为使盲聋学生接受高等教育,专门规定凡在该校高中师范部毕业之学生,成绩优良者可由政府保送至国立大学教育系就读。这实际上为盲人开辟了一条进入高等学府深造的新途径。到1938年,在中央大学就读及毕业的盲生已有5名。

抗日战争爆发后,南京市公立盲哑学校迁往重庆江北县,后又迁至江津县两路口复课。该校也是当时唯一一所随政府西迁的特殊教育学校。1942年,教育部为救济战区流亡之盲聋失学青年,将南京市立盲哑学校改为国立,定名为教育部特设盲哑学校。是年,该校编制分为盲聋两科,分设小学部、中学部、职业部、师范部等,并为社会部筹设我国第一所残疾所,即社会部重庆实验救济院残疾所。

抗战胜利,该校亦迁回南京,并勘定中华门内剪子巷62号为校址,增建校舍,扩充班级,添设幼稚部,招收6岁以下之盲聋儿童。1947年,增设纺织、缝纫、藤工、木工、印刷、打字等各种职业课程,教授职业技能。1949年,南京解放,学校由人民政府接管。

2. 课程设置

该校自成立起就本着"教养兼施以教为主"的宗旨,除开设普通科目如三民主义、国语、算术、常识、体育外,盲生增设凸字、音乐课,更重视国乐课;哑生增设发音、书法、绘画、印刷、刺绣、缝纫等技术课。

南京市盲哑学校作为民国时期第一所也是唯一一所国立特殊教育机构,在战乱频仍的岁月

---

① 江苏省地方志编纂委员会.江苏省志(第77卷)·教育志(上册)[M].南京:江苏古籍出版社,2000:422-423.

里,为当时残疾人接受教育提供了可靠的平台,也为我国特殊教育的发展进行了可贵的探索。

**(二) 杭州市私立吴山聋哑学校**

1. 学校的建立

杭州市私立吴山聋哑学校,由聋哑人龚宝荣创办于1932年3月,校址设在杭州市吉祥巷的一处民房中,校长由龚宝荣本人担任。学校初设班级5级,招收学生21人。1934年1月,市政府拨城隍山元宝心29号阮公祠为校舍,改名杭州市私立吴山聋哑学校。按低、中、高三级设班,招收有学生40人。1936年,学校增设补习教育。1937年冬,日本侵略军迫近杭州,龚宝荣与家人带领无家可归的学生十余人,经余杭、临安、於潜,于1939年撤至兰溪,就地设校上课,学生增至三十余人。1942年,学校再度迁往龙游、淳安等地,学生只剩9人。抗战胜利后,学校迁回杭州,设学级6级,学生46人。①

私立吴山聋哑学校从创办到1949年5月杭州解放为止,累计入学肄业一百余人,毕业十余人。学生以绘画见长,屡屡在社会上得奖。有的毕业生后来成为专业美术工作者。②

2. 课程与教学

1932年学校初办时,分美术、普通两科,招收8岁以上品行端正的聋哑儿童入学。同年8月合为普通科,依照普通小学编制,前期4年,后期2年。教材采用普通学校的课本。校长龚宝荣首创注音字母手切,并于1935年汇编成《手切教本》,经教育部核准公开发行。不少哑校和师范学校购买该书作教本,或作教学参考用书。

1936年2月,学校附设工读班,招收年龄在15岁以上30岁以下,身体健壮的聋哑者入校,目的是救济贫寒聋哑青年,教授各种生产技能,以养成自立为宗旨。每日授国语、算术、体育3小时;并授园艺、藤工、木工、印刷、缝纫技艺3小时。不收学费,工作材料也由学校供给。同时筹办聋哑补习班,招收本校高小毕业生。补习内容为相当于中级程度的师范、艺术课程,两年毕业。

**(三) 北平市立聋哑学校**

基于政治和文化的原因,北京是我国的教育重镇。可是,民国时期,北京的特殊教育却不甚发达。有鉴于此,吴燕生等有识之士提出在北平筹备设立聋哑学校,以便使更多的聋哑人,特别是贫困的聋哑人能够接受教育。吴燕生曾在日本东京聋哑学校师范部研究科学习过两年,1920年在沈阳创办辽宁聋哑职业学校,担任校长。"九·一八事变"后,辽宁聋哑职业学校停办。吴燕生辗转来到北平,担任家馆教师。在拜访了一些志同道合之士并得到了热心人的支持之后,他得到了北平市政府的批准,于1935年开办北平市立聋哑学校。学校开办之初由市政府拨付常年经费每月900元,而开办经费由吴燕生自筹。

由于该校系公立性质,故而组织系统较为完备。行政方面设有事务、教育、训育三室,其中,事务室内又下设文书、会计、庶务、卫生、消费、交际、统计、装饰共8个股,教务室下设课务、成绩、编审、图书、体育、教具共6个股,训育室下设训导、学籍、惩奖、集会、监护、舍务共6个股,分别办理各室主管及会议议决交办事宜。创办者力求将该校办成一所高水平的学校,因而较为关注特殊教育方面的学术研究。学校设有若干研究会,如聋哑教育研究会等,还设置了指导委员会、编审委员会、特种委员会等。全校的决策机构是校务会议,决定一切重要事宜;各室又有室务会议。③

由于当时的北平市长袁良之子系聋哑人,该校遂得到市长的大力支持,社会各界对该校也颇重视,办学经费比一般特殊教育机构要充裕很多。该校购置了一些较为先进的特殊教育设备,如从国外购置的助听器、牙骨传音机、扩音机等专项教具;再加上该校是公立学校,收费较低,故吸

---

① 杭州市教育委员会.杭州教育志[M].杭州:浙江教育出版社,1994:559-560.
② 杭州市教育委员会.杭州教育志[M].杭州:浙江教育出版社,1994:557-562.
③ 郭卫东.晚清及民国年间北京特殊教育研究[J].北京档案史料,2005(1):176.

引了许多聋哑儿童入学,在开办的第二年,学生人数就增加了1倍,由初办时的30余人发展到了70余人,班级由4个增至7个。计有预科2个班,初小4个班,高小1个班。到1937年6月,由于学生数量太多,校舍拥挤,学校遂迁往府右街馞馞胡同12号。①

该校教育方法为"纯口语法",力避表情之手语法或指语法,并以"聋哑教育专用助听器"按照各生的残存听力授以声音,使聋儿听觉逐渐恢复(有牙骨传声法、脑骨传声法及触觉辨音法),另外还用聋哑专用玩具练习扩大肺活量、听力与视力。对学生的教导方法则用感化方法,力禁体罚法,以养成聋哑儿童之自治能力。②

## 知识小卡片

### 北平市立聋哑学校改进计划
#### 1946年7月

教育原为谋国家社会进步发达之工具,而特殊教育中之聋哑教育尤占重要地位。盖人类以种种不幸之原因,造成种种形态不同之残废,彼等若不熟相当教育,不但其本身无由自立,且足以累及社会影响国家,在多数残废人口始终分利消耗一生,良为可叹。查我国之有聋哑教育系美国梅牧师于公历一八八七年传入,至今已五十余年,国内各地先□设立之聋哑学校仅二十余处,而世界各文化较高之国家均□重视此种教育,其国内聋哑学校颇为发达,反视我国庞大,数□□聋哑人口,而仅有此少数之学校,与其他各国相较悬绝殊□。今当建国之初,亟宜努力提倡,俾能救助此无数之聋哑人,间□为增强建国改革社会之一份力量。惟查各国聋哑教育之方□屡有变更,何者为得,何者为失,我国注意特殊教育之人士鲜有深切之明瞭,当此科学万能时代,任何方面均须视教育之如何而始能收致圆满之效果也。我国聋哑教育方法各校互有不同,数十年来虽造就聋哑人才,然现在已毕业及未毕业者,大部分依然憞然浑然,仅具低能之语言常识与半生不熟之文字而已,其他则甚少成就,影响学生之前途颇钜,不惟未能减少分利分子,且更增加若干废材,实有违聋哑教育之本旨。

聋哑者因器官缺陷或不能听不能言,虽形体及生活机能与常人无异,但语言隔阂,感情思想无由,表现在家庭与社会之环境中失却常人之幸福,至为可怜。国人素多好奇心理,当聋哑教育初传入时,即存观望态度,追后稍有成绩始有人为奇迹,以至于今虽已充分认识,然仍以为聋哑人学说话为最大成就,殊不知除应学习一般普通之语言及文字外,尚有更重要者即职业技能是也。志刚以十余年与同病相处之经验,深知彼等智慧并不后人,且有过之,惜因教育不得其法。处兹社会生机微息□绝之际,生产教育最为重要,今后之聋哑教育当以职业为前□,一切进行可采渐进方策,以达到循序发展之设施,如木工、打字、印刷、装订、制革、制纸、藤器、织布、缝纫、化学、工艺等各科均系最□于聋哑人之职业,社会中亦不乏此种技艺之聋哑人服务□究属少数,而大多数身无一技之长,犹在彷徨歧途。故聋哑教育之改革宜以注重职业教育,始可达到合乎实际之教学目的。

查该校自七七抗战以还处于沦陷中为时八年,时间不可谓不长,然迄今并无显著成绩。且校务每况愈下,校名默默无闻,实为聋哑教育之不幸。际兹国土光复,对于此等之特殊教育,自不宜以其特殊而漠不置意,应如何革新整顿之处,办法甚多。兹先拟大体改进计划如左:

---

① 郭卫东.晚清及民国年间北京特殊教育研究[J].北京档案史料,2005(1):176.
② 王芸.民国时期北平市立聋哑学校史料[M].北京档案史料.北京:新华出版社,2004:60.

该校历年所聘教员大率为普通师范人才,对于聋哑教育毫无研究,不过以其教普通小学之教学法施于特殊聋哑人,其结果教学既无一心得,学生亦难期明了,更无进益之可言,故影响功课之钜,今宜慎选教师,凡于聋哑教育无深切认识者不聘,已聘者辞退,其有经验而为学生确认者留用。

聘用教师范围除以对聋哑教育具有心得者外,至于聋哑人于聋哑教学法有经验者,亦部分畛域而加聘任,平等任用,俾收教学之效。

教学方面,除室内功课外,宜尽量利用一般事实,乘间灌输□说,谋求实际化,以求开拓学生之心胸眼界,使于普通社会知□□所增加与了解。

教员为联络及交换教课心得每周末举行教务会议一次,□终举行校务会议一次,籍收研究改进之效。

为养成学生自治能力,促进学生自治会之组织,俾使其于社会实况及个人行动有所体验,将来服务社会时不致有隔阂生疏之弊。

拟于普通课程外增添职业训练班,入校学生就其兴趣所好使做各种工艺之练习,科目计为上述各科。各科如不能立时全设,可先就简易者设之,聘技师为教授,候有发展徐行增设。此举既可造就学生谋生之技能,且可为消防生产,实有增设之必要。

增加体育设备,聋哑人因口耳官能全废,平时发言极少,其呼吸力较常人为弱,应从体育方面补其缺陷,增进呼吸,使学生生活日臻善境。

为使学生认识社会情况增加自然常识,于假日由教员领赴各工厂、机关参观,或选地旅行。

校内外学生日常生活施以新生活运动之训练陶冶,使其□礼仪廉耻有不可移之信仰与认识,俾养成做人、服务之良好习惯。

跟诸上论,振兴聋哑职业教育乃当前急务,教育方面当求实□,而以教授直接的实习知识与技能为唯一宗旨,教师与学生□□□其"教"、"学"、"做"合一的精神,实事求是,不尚虚文,但求实用,果□按步实行,数年之后或较过去不合实际之教学法另能收效□。

钱志刚　谨启

三十五年七月

【教育局长批:交主管科专办并答复。英。七、九。】

(选自王芸.北京档案史料.民国时期北平市立聋哑学校史料[M].北京:新华出版社 2004:101-104.)

### 三、各地特殊教育的发展情况

民国时期,随着社会对特殊教育认识的加深和政府政策的引导,特殊教育机构在各地陆续建立并有了初步发展。

#### (一)北京的特殊教育

民国时期,除了早在 1874 年就已创办的瞽叟通文馆外,北京逐渐出现了一些国人自办的特殊教育机构。其中,1935 年创办的北平市立聋哑学校上文已做介绍。以下介绍北京第一所由国人创办的聋哑学校即北京私立聋哑学校的情况。

北京私立聋哑学校创办人为杜文昌(1893—1968)。杜文昌为山东人,齐鲁大学毕业。求学期间,结识了烟台启喑学校校长梅耐德夫人,大学毕业后入该校师范科学习聋哑儿童教授法,在那里学习和研究了5年。毕业后,他在梅耐德夫人的帮助下,于1919年6月,只身来到北京,本着"艰苦奋斗的精神,执行着神圣的聋哑教育,负起改造聋哑儿童的艰巨责任,使残而不废,为社会增加有用人才"的宏伟信念,创办聋哑学校,矢志将学校办成聋哑儿童的幸福乐园。北京私立聋哑学校于1919年9月开学。抗日战争期间,学校受到严重摧残。1946年学校改名为"华北聋哑学校"。

北京是中国近代特殊教育的发源地之一。早在1874年,北京就出现了由外籍教会人士穆瑞创办我国第一所近代特殊教育机构。进入民国时期,北京的特殊教育有了较大的发展。从早期的以教会为办学主体,逐渐发展为国人自办特殊学校,且教育对象也不再限于盲人,而扩展到了聋哑领域。①

#### (二)江苏的特殊教育

江苏的特殊教育,自民国元年南通盲哑学校筹划起始至1949年,先后在南通、南京、苏州、如皋、无锡、常州、扬州、镇江等地办有盲哑学校多所。这些学校,虽经创办人艰苦创业,大力支撑,但限于当时条件,经费不足,设备简陋,规模不大,大都处于难以为继的艰难境地,有些不得不停办。抗日战争前,江苏全省计有盲哑学校5所,其中公立1所,私立4所。至中华人民共和国成立前,江苏在校盲哑学生共有316人,教职工252人,专职教师36人,学校数量占全国盲哑学校总校数的六分之一。②

#### (三)湖南的特殊教育

民国时期湖南主要特殊教育机构有③:① 1908年,由德国传教士顾蒙恩在长沙创办的长沙瞽女院为湖南最早的特殊教育机构,到1949年长沙解放时,全院有职工19人。② 1913年,挪威基督教徒尼尔生以基督教湘中信义会的名义,在益阳县大渡口创设益阳信义瞽目院。学校以使盲人"维持生计,有正常职业,弃假归真,得永生的福气"为办学宗旨。该校系初等教育层次,开设的课程有国语、算术、音乐、常识、英语、圣经等。③ 1916年,盲人刘先骥在长沙紫荆街自办了长沙导盲学校,招收小学盲生25人。1921年,学校增设师范部。1927年,该校由长沙市政处接管。1930年,改名为湖南省区救济院盲哑学校(简称湖南省盲哑学校)。1948年时,学校共有教职员7人,工友5人。学生2班,共80人。盲生采用多级复式,哑生采用二部制。开设国语、凸文、习字、算术、历史、地理、常识、音乐、国乐、体育、公民、党义、工艺、实习等科目,并译有一部分四书、五经作为盲生课外读物。中华人民共和国成立后,该校与长沙瞽女院合并为长沙市盲聋哑学校。

#### (四)杭州的特殊教育

民国时期杭州开办了多所特殊教育机构,除了前述杭州私立吴山聋哑学校比较有名外,尚有其他几所特殊教育机构。

杭州特殊教育机构的创办始自1914年之江大学教授周耀先创设的哑童学校。但存在时间不长。1922年,上海中国耶稣教自立会全国总会会长俞宗周在杭州筹款开办了惠爱聋哑学校,以"教育聋哑子女,能通语言文字,具有实业之技能,俾得自立谋生为宗旨"。该校创办4年后迁往上海。1941年,周天孚创办杭州聋哑学校。抗战胜利后改名为私立聋哑临时小学。同年9月,吴一鸣等开设致用聋哑学校。1947年,马乐恩创设了杭州市私立愉恩盲童学校,杭州始有盲人教育。1949年2月,孙祖惠又创设了华东聋哑工艺学校。截至1949年上半年,杭州市有盲童学校1所,聋哑学校2所,教职工十余人,学生五十余人。从1914年至1949年4月,杭州先后由私人开设过盲童学校1所,聋哑学校8所。三十多年间,累计入学的盲、聋哑儿童达两百余人,但修完规定课程的毕业生,仅有吴山聋哑学校的十余人。④

---

① 郭卫东.晚清及民国年间北京特殊教育研究[J].北京档案史料,2005(1):170-184.
② 江苏省地方志编纂委员会.江苏省志(第77卷)·教育志(上册)[M].南京:江苏古籍出版社,2000:422.
③ 湖南省地方志编纂委员会.湖南省志(第17卷)·教育志(下册)[M].长沙:湖南教育出版社,1995:1105-1107.
④ 杭州市教育委员会.杭州教育志[M].杭州:浙江教育出版社,1994:557.

**(五)其他地方的特殊教育**

民国时期上海的特殊教育进一步发展。1911年由傅兰雅父子建立的盲童学校,于1931年迁往虹桥路,形成了比较完备的学制体系。1926年,傅兰雅父子还创办了聋哑学校,后改名为上海福哑学校。1937年,中华聋哑协会创办战时聋哑学校,次年改为中华聋哑协会附属聋哑学校。建国后收归公办,更名为上海四聋。1942年,聋哑人李定清等创办私立光正聋哑学校;1947年,陈鹤琴创办上海特殊儿童辅导院。

辽宁的特殊教育,始于1902年(光绪二十八年)创办的奉天瞽目重明女校。1923年,由吴燕生发起创立了辽宁第一所聋哑学校。1924年,由满洲基督教会在奉天市大东关阎家胡同设立奉天聋哑职业学校,开辽宁省聋哑职业技术教育之先河。此外,在东北的日本人也开办了日本人的聋哑教育。1928年,在大连沙河口"大正通"由日本人木下巳三郎设立聋哑学校1所,招收日、中两国的聋哑儿童,1930年,大连盲哑学校在西岗区成立。抗战胜利后,辽宁省内只有沈阳、大连开设了2所私立盲童学校、两所私立聋哑学校和1所官立盲哑学校。到1949年,只剩下沈阳的2所私立盲校和1所私立聋哑学校,有学生89人,教职工22人。①

天津市聋哑学校始建于1928年。张美利、齐肆三夫妇在冯庸先的资助下,创办天津市私立葆真聋哑学校,这是天津市第一所聋哑学校。② 1949年天津解放时,全市也仅有这1所私人办的葆真聋哑学校。

1922年,云南省第一所盲人学校成立,取名滇光瞽目学校,至此,云南省开始有了盲哑教育。1937年,盲人罗述义得到各界社会人士的赞助,在昆明开展盲人教育,先收容街头流浪盲乞二三人为学生,后逐渐发展到二十多人,办起义光盲哑学校,分盲、哑两部施教。滇光瞽目学校和义光盲哑学校是全国中华人民共和国成立前云南仅有的两所特殊教育机构。③

20世纪初,福州市区有两所盲童学校,有1所聋哑学校。其中,福州市区最早的盲童学校系由圣公会的澳洲英籍传教士岳爱美创办的灵光盲童学校。④ 在福建古田,畲族人雷静贞在侍奉残疾家人的实践中,认识到残疾人教育的意义,立志为聋哑人解除痛苦。她于1928年赴烟台启喑学校学习,学成回乡后,于1929年在古田毓青小学内开办聋哑班。在她的苦心经营下,到1940年,在校学生达到25人。到解放初期,该聋哑班搬迁到一所民房办学,学生增至30人。⑤

山东青岛是现代特殊教育发展较快的地区。1931年,青岛市立盲童学校正式成立,1934年学校更名为"青岛市市立盲童工艺学校"。该校在建国前学制为6年,相当于完全小学。⑥ 1945年,"青岛市私立英华聋哑学校"成立,学校设3个教学班,学生45人。1948—1949年,青岛市还创办了新生、联益两所私立聋哑学校,规模不大。

## 第3节 陈鹤琴的特殊教育思想

### 一、陈鹤琴的生平与活动

**(一)生平与学术**

陈鹤琴(1892—1982)是我国著名的教育家、儿童心理学家和儿童教育专家,生于上虞县百官

---

① 辽宁省地方志编纂委员会办公室[M].辽宁省志·教育志.沈阳:辽宁大学出版社,2001:485.
② 郭风岐.天津通志·基础教育志[M].天津:天津社会科学院出版社,1999,12:536-537.
③ 云南省地方志编纂委员会.云南省志·教育志(卷六十)[M].昆明:云南人民出版社,1995:342.
④ 福州市教育志编纂委员会.福州市教育志[M].福州市教育局,1995:287-288.
⑤ 戴目.百年沧桑话聋人[M].上海:上海教育出版社,2003:17-18.
⑥ 青岛市史志办公室.青岛市志·教育志[M].北京:新华出版社,1994:139-140.

镇。他 7 岁开始在家乡接受私塾教育,自称先后"拜了 4 位先生,换了 3 个私塾,读了 6 年死书"①。1906 年,陈鹤琴到杭州进入教会办的杭州蕙兰中学读书,开始接受现代科学知识的教育。1911 年春,他考入上海圣约翰大学,同年秋,转入清华学堂。1914 年至 1919 年,陈鹤琴公费赴美留学,先在霍普金斯大学获文学学士学位,后在哥伦比亚大学师范学院获教育硕士学位,并攻读心理学博士学位课程,受教于克伯屈、孟禄、桑代克等名师。

他于 1919 年 8 月回国,任南京高等师范学校教育科心理学和儿童教育学教授,与陶行知等共倡新教育。1922 年,南京高师并入东南大学后,担任东南大学教授、教务主任。1923 年创办我国第一所实验幼儿园,即南京鼓楼幼稚园。1929 年发起成立中华儿童教育社。之后又在江西、上海创办幼儿师范学校,致力于我国学前教育事业的发展。建国后,担任南京大学师范学院院长、南京师范学院院长等职。教育论著近 400 万字,主要有:《儿童研究纲要》、《儿童心理之研究》、《家庭教育》、《活教育理论与实践》、《我的半生》等。陈鹤琴通过长期的教育实践,提出了"活教育"的理论体系,对中国现代儿童教育的理论和实践产生了重要影响。

### (二) 特殊教育的实践

陈鹤琴的特殊教育实践始于对特殊儿童的思考。从 20 世纪 20 年代开始进行儿童心理研究,到 20 世纪 40 年代提出创办上海儿童辅导院,他的特殊教育实践有一条清晰的路径。

陈鹤琴首次提到有关特殊儿童的问题,始于 1925 年发表的《儿童心理之研究》。该书第 22 章"特殊儿童:耳聋和口吃",专门介绍国外学者对于耳聋儿童和口吃儿童心理的研究,也介绍国外聋哑教育的历史和训练聋哑、矫正口吃的方法。在这部著作中,陈鹤琴将当时的聋哑教育分为三种,即"手言"、"口言"和二者兼用。他评价道:"我们中国人没有想法去教聋哑,欧美各国对于聋儿教育甚为注意。"②这反映了他对发展我国特殊教育的重视。

1934 年 7 月到 1935 年 3 月,陈鹤琴在出席国际幼儿教育会议之后,到英国、法国、比利时、荷兰、德国、丹麦、苏联、波兰、奥地利、意大利和瑞士等欧洲 11 国考察教育。在《欧洲教育考察报告》中,他在介绍各国的教育制度的同时,对特殊教育也有介绍。他说:"各国对身心残缺的儿童有充足的设备供应。仅在伦敦,就有 1 万名这样的儿童得到学校当局的特别照顾。那里有为盲童和半盲儿童的学校,有为聋哑和半聋哑儿童的学校。还有为弱智和身残儿童的学校。另外,还有为弱质儿童的户外学校和为犯罪儿童的学校。"③对这次考察欧洲教育他总结出四点印象,其中之一便是各国的"教育是为所有儿童的,不分其性别、智力、体格和社会地位"。④毫无疑问,这次考察使陈鹤琴的视野更加开阔,为亿万儿童(包括特殊儿童)谋福利的信念也更加坚定。

1935 年 8 月,陈鹤琴在《新闻报》上发表了《儿童年实施后的几点宏愿》一文,提出了关于儿童教育的 9 大宏愿,其中第一、第二宏愿是有关特殊儿童的。他说:一愿"全国儿童从今日起,不论贫富,不论智愚,一律享受相当教育,达到身心两方面最充分的可能发展";二愿"全国盲哑及其他残废儿童,能够享受到特殊教育,尽量地发展他们天赋的才能,成为社会上有用的分子,同时使他们本身能享受到人类应有的幸福"。⑤陈鹤琴的这两点祝愿充分表达了他希望特殊儿童能够获得与正常儿童同样的受教育机会,以及通过教育达到发展自我从而服务社会的目的的民主主张。

1947 年,陈鹤琴在《活教育》第 4 卷 7、8 期发表的《中国儿童教育之路》一文中,呼吁政府重视特殊儿童教育,主张国家担负起当时 2700 多万特殊儿童教育的责任,在师范院校增设特殊教育

---

① 朱宗顺.现代学前教育史上的浙江学派[J].浙江教育学院学报,2007(2):18.
② 北京市教育科学研究所.陈鹤琴全集(第 1 卷)[M].南京:江苏教育出版社,1987:489.
③ 北京市教育科学研究所.陈鹤琴全集(第 6 卷)[M].南京:江苏教育出版社,1992:261.
④ 北京市教育科学研究所.陈鹤琴全集(第 6 卷)[M].南京:江苏教育出版社,1992:264.
⑤ 北京市教育科学研究所.陈鹤琴全集(第 4 卷)[M].南京:江苏教育出版社,1991:436.

系。此后,他在《低能儿童之研究》(1948—1949)、《特殊儿童教育在美国》(1949)、《〈活教育——特殊教育研究专号〉卷头语》(1950)、《关于类似白痴、天才的儿童答林士骧、陈淑贞》(1951)等文中,继续提倡发展特殊教育。

陈鹤琴从事特殊教育的实践始于1947年。同年3月,为了实现发展特殊儿童教育事业的理想,陈鹤琴筹创上海特殊儿童辅导院,并亲自兼任院长。① 按照陈鹤琴的计划,辅导院是一个分别对盲、聋哑、伤残、低能和问题儿童等五种特殊儿童进行教育的综合性教育机构,每种学生收100人,全部寄宿。每种儿童各有不同的教育要求,比如对问题儿童实施教育改造,对有生理残疾的儿童进行专业训练,以便使其长大后能够成为自食其力、残而不废的人,另外还要对他们的疾病进行诊治。辅导院同时应开展特殊教育的研究。为此他聘请了许多大学毕业生,有学教育的,有搞文学的,有专门研究伤残教育的,还聘请了医务人员和营养研究的专门人才。可以说,陈鹤琴的这一计划是全面的、完整的。但在筹办过程中,陈鹤琴却遇到了种种阻力。首先,国民党政府的社会部同意在上海开办特殊儿童辅导院的目的,不过是想在这个国际性城市搞点"像样"的福利设施点缀门面,专供国内国外人士参观,并不是真想搞什么特殊教育。其次,当时中国社会物价飞涨,预计的经费根本无力举办出理想的规模,计划只好收缩。在这种情况下,辅导院只开办了问题儿童班,一年后又增设了聋哑班和伤残班。直到解放以后,陈鹤琴的理想才最终得以实现,这个辅导院改名为上海市聋哑青年技术学校,成为全国唯一的聋哑人中等专业学校,使不少聋哑儿童、青年成长为对社会有用的人才。至今,这个学校的学生还用两个手指比成鹤嘴的样子,表示自己的学校是陈鹤琴创建的。

## 二、陈鹤琴的特殊教育思想

### (一)论特殊教育的内涵与意义

陈鹤琴认为,特殊儿童教育就是对特殊的儿童施以有效适当教育。而他根据国外的做法,将特殊儿童具体分为七类——视觉缺陷儿童、听觉缺陷儿童、语言缺陷儿童、肢体残缺儿童、问题儿童、低能儿童,以及天才儿童。②

他认为:残疾儿童具有接受教育的能力,凭借教育的力量,可以把他们教育成为有用之人。依据传统的观念,很多人认为这些有生理和精神缺陷的儿童都是废人。但陈鹤琴却指出这些儿童虽然有这样或那样的缺陷,但却是残而不废的:"借教育的力量,可以把他们变成有用的人。这是何等可喜的事啊。"③经过对特殊儿童施以有效适当的教育,可使其达到"做人、做中国人、世界人"这一活教育的目标。他主张:身为教育者应以各种方法使身心有缺陷的儿童在可能的范围内,实现普遍的教育目标。而对那些有着严重残疾的儿童,则应依据他们的具体情况进行救济与收养。

对特殊儿童施加教育对于社会有着重要意义。陈鹤琴根据在海外的学习经历和见闻指出,任何一个国家或地区都会由于各种先天和后天的原因产生很多特殊儿童,对他们施加教育是国家和社会的基本责任。他依据美国特殊儿童的比例对民国时期我国的特殊儿童数量进行了大致的推算,结论是大约有两千万。这么庞大的一个群体如果被教育抛弃,则必将成为社会的巨大累赘。反之,如果对他们施加良好的教育,他们就能够像正常儿童那样愉快、健康地生活,成为社会上的有用之才。这也是国家和政府必须重视特殊教育的原因。

---

① 王强虹.陈鹤琴的特殊儿童教育思想述评[J].西南师范大学学报(哲学社会科学版),1998(6):37-41.
② 徐桃坤.陈鹤琴特殊教育文选及研究[M].北京:华夏出版社,2005:37-38.
③ 北京市教育科学研究所.陈鹤琴全集(第4卷)[M].南京:江苏教育出版社,1991:418.

发展特殊教育有利于特殊儿童的发展。他指出①：把特殊儿童硬生生地和普通儿童放在一起接受教育，两方面都会难以适应，所以，特殊儿童一定要特别分开，对他们施以适合其需要的特殊教育；只有将特殊儿童送到特殊学校接受教育，因材施教、各得其宜，教育力量才能充分显现出来，才能有利于残疾儿童的发展。

### （二）论特殊教育管理

为了使特殊儿童教育得以顺利推行和推广，陈鹤琴指出，特殊教育必须全部由国家主办。他根据过往的经验以及旧中国特殊教育落后的实际情况，指出过去为数不多的特殊儿童教育机构"完全系教会或私人慈善团体办理"。这些组织和个人办理特殊教育机构大都出于社会道义，虽然值得钦佩，但这些力量对于一个国家庞大的特殊儿童数量而言仍是杯水车薪，且这些非专业的团体和个人在对特殊儿童施教的过程中方法和手段也难免有缺失之处。因此，国家不能寄希望于这些个别的组织和个人来推动整体的特殊儿童教育。

为此，他提出，国家应本着有教无类的原则，一视同仁地对待这些在智力或者身体上有缺陷的儿童，使他们可以享有受教育的机会。也就是说，国家应广泛开办特殊教育机构，使所有的特殊儿童能够拥有与正常儿童一样的受教育机会。他希望民国政府能仿效特殊教育较为发达的西方国家的做法，建立专门的国家级的特殊教育管理机构。他建议，教育部的国民教育司，可以改称儿童教育司。下设幼稚教育、国民教育、特殊教育各科。他还建议设立专职和专业的视导专员，以监督特殊教育的管理。② 除在中央建立特殊教育管理机构之外，地方也应设立相应的特殊教育管理机构，形成独特的特殊教育管理体系。③

### （三）论特殊教育的实施

建立专门的特殊教育管理机构只是为特殊教育的发展提供了保障，归根结底，特殊教育的发展还有赖于其具体的实施。为此，陈鹤琴提出了一套特殊教育机构的体系。

首先，要建立专门的特殊教育师资培养机构。他建议各师范学院要设立特殊教育系，还应专门设立儿童教育师范学院。根据他的规划④：国立儿童师范学院负责培养幼儿教育、国民教育以及特殊教育的师资。特殊教育师资的培养必须考虑特殊儿童的类型，分别培养对盲童、聋生、残废儿童、神经病儿童、天才儿童和低能儿童进行施教的老师；特殊教育师资的成长主要依赖他们在特殊儿童学校的实践来实现。为此，要在国立儿童师范学院下设特殊教育系，附设特教师范一所，下设：盲童学校，聋哑学校，残废儿童学校，神经病儿童学校，天才儿童学校，低能儿童学校，以供实践。从这一点来看，陈鹤琴开始关注在特殊教育师资培养中建立教学实践基地的问题，并将师资培养与特殊儿童教育紧密地联系起来。在特殊教育师资的培养方面，陈鹤琴先生还建议聘请国外专家来我国讲学，或派遣我国的学者到欧美考察，以培养高水平的特殊教育师资。

其次，陈鹤琴提出政府在开设特殊教育机构时应具有全局性。鉴于特殊儿童的分布不均匀，他建议"特殊儿童教育机构在国内的散布应当是网状的"⑤。因为，特殊儿童的分布有着地区和地域差异，如果按照普通学校的建立模式就势必带来经济和人力上的匮乏。就当时而言，较为可行的方案是"以都市或适中的地点"设立特殊儿童教育机构。因为都市是网状的线的交错点，在它附近范围之内的县、市、乡、镇，都可以把特殊儿童送到特殊学校去。这样做既可以集中特殊教育方面的人才，又可以提高办学效率，节省经费。同时，他认为每一种特殊儿童都应该有适应他

---

① 北京市教育科学研究所.陈鹤琴全集(第4卷)[M].南京：江苏教育出版社,1991：417.
② 北京市教育科学研究所.陈鹤琴全集(第4卷)[M].南京：江苏教育出版社,1991：421.
③ 徐桃坤.陈鹤琴特殊教育文选及研究[M].北京：华夏出版社,2005：14.
④ 北京市教育科学研究所.陈鹤琴全集(第4卷)[M].南京：江苏教育出版社,1991：421-422.
⑤ 北京市教育科学研究所.陈鹤琴全集(第4卷)[M].南京：江苏教育出版社,1991：420.

们的特殊学校。

### 三、评价

陈鹤琴不仅是一位著名的学前教育家,而且在现代中国特殊教育发展史上也有着重要的地位。他对残疾儿童充满关爱,介绍了大量的国外特殊教育的经验和理论成果,规划设计了我国的特殊儿童教育体系,并加以初步试验,对中国现代特殊教育的发展做出了特殊贡献。

**本章小结**

中华民国时期是我国现代特殊教育事业走上本土化道路的关键时期。尽管这一时期战事不断、政治纷乱、民众疾苦,但在一些有志之士、民间组织和政府的合力推动下,也实现了我国现代特殊教育事业在几个方面的突破,主要表现在:特殊教育政策法规日趋成型,特殊教育机构有了发展,以陈鹤琴为代表的本土特殊教育理论开始产生。正是这些难能可贵的进展为中华人民共和国成立后我国特殊教育的日益完善奠定了基础,为我们留下了宝贵的资源。

**思考与练习**

1. 我国现代特殊教育发展的背景怎样?
2. 民国时期有哪些特殊教育的政策法规?其内容如何?有何影响?
3. 我国现代特殊教育机构的发展如何?有何特点?
4. 陈鹤琴有哪些特殊教育的实践?提出了哪些特殊教育的思想观点?

# 第13章 中华人民共和国的特殊教育

学习目标

1. 了解中华人民共和国各个历史时期主要的特殊教育政策法规。
2. 理解建国后我国盲校、聋哑学校和智障学校课程设置的变化及其意义。
3. 了解各类特殊教育事业的发展情况。
4. 理解随班就读在我国的提出和发展的过程。

1949年以后,中国特殊教育翻开了新的一页,本章将梳理中华人民共和国建立六十余年以来特殊教育发展的历史。首先分析建国后各个历史阶段特殊教育政策法规的演变,整理各个阶段各类特殊教育的发展历史;然后以国外现代特殊教育理论的引入和传播、随班就读思想的发展和影响等为线索,展示当代中国特殊教育思想的发展历史。

## 第1节 特殊教育政策法规的变革

### 一、特殊教育政策法规的初步确立

从1949年中华人民共和国成立到1976年"文化大革命"结束,是中华人民共和国特殊教育政策法规的初步确立时期。其中,建国初到20世纪50年代,初步完成了有关特殊教育发展基本方针和课程教学方面的政策法规的布局;"文化大革命"期间,特殊教育政策法规的制定基本陷于停滞状态。

**(一)特殊教育发展方针的初步确立**

1949年中华人民共和国成立后,根据1949年12月第一次全国教育工作会议提出的对私立学校采取保护维持、加强领导、逐步改造的方针,国家对私立聋哑学校给以维持,使特殊教育得到稳定发展并继续办学。从20世纪50年代初期开始,逐步确立起发展特殊教育的基本方针,其中涉及盲聋哑学校的任务、经费、招生、学制等。

1.《关于改革学制的决定》

1951年10月,政务院颁布《关于改革学制的决定》,虽然没有专门列出特殊教育的条目,但提出"各级人民政府应设立聋哑、盲目等特种学校,对生理上有缺陷的儿童、青年和成人,施以教育"[①],明确将特殊教育纳入了学制体系。由此可见,从中华人民共和国成立之初,为残疾儿童实施特殊教育就成为我国学制中的一系,初步奠定了新中国特殊教育政策的基础。为了确保特殊教育在学制体系中的落实,1953年,教育部设立了盲聋哑教育处,加强对盲聋哑教育的宏观管理。

---

① 何东昌.中华人民共和国重要教育文献(1949—1975)[M].海口:海南出版社,1998:107.

2.《关于盲哑学校方针、课程、学制、编制等问题给西安市文教局的复函》

1953年7月27日,教育部发出《关于盲哑学校方针、课程、学制、编制等问题给西安市文教局的复函》(以下简称《复函》)。《复函》的主要内容如下①：① 提出了新中国特殊教育发展要"参照苏联盲哑学校的办法"的基本原则。② 明确了当时特殊教育的任务、方针,即当时盲哑学校教育的方针应该是:整顿巩固、改进教学、创造经验、提高质量;盲哑小学除实施普通小学智育、体育、德育、美育的基础教育外,有条件的地方还需要给予盲哑儿童职业技能的训练。③ 提出了课程、教材的要求。课程设置方面,盲哑学校应包括普通小学的全部课程,但盲校没有图画课,聋哑学校没有音乐课;条件许可时,可以增加技术课程和聋生的发音课程。教材方面,与普通小学相同的课程,暂时采用普通小学的教材;普通小学所没有的课程,则需要教师另编或选择教材。④ 学制方面,在普通小学6年学制以外,盲校可增加半年的预备班,聋校的预备班可达1~2年。⑤ 编制方面,盲校每班10~15人,聋校每班12~18人;中低年级每班一位教师,高年级可适当增加;音乐、体育、图画、职业技能训练等科目可以配备专任教师;资源的配备可以比照普通小学标准适当增加。《复函》对当时特殊教育发展过程中的主要问题给出了意见,虽然不是正式法规,但由教育部公开复函地方教育管理机构,具有一定的政策、法规性质,因此可以看成是新中国成立后中央教育主管机关发出的第一份专门面向特殊教育的管理规定。不过,由于新中国的特殊教育事业刚刚开始,这些建议或规定仍然是初步的,具有临时性质,因而,教育部在1954年5月13日《关于盲哑学校方针、课程、学制、编制等问题给山东省教育厅的复函》中,对上述意见又做了进一步解释说明。

3.《关于办好盲童学校、聋哑学校的几点指示》

1957年4月,教育部发布《关于办好盲童学校、聋哑学校的几点指示》(以下简称《指示》),规划了当时的盲童学校和聋哑学校的任务、工作方针、主要工作等,进一步重申了《复函》的基本意见,并以"指示"形式发出,更具政策法规性质。《指示》认为:"盲、聋哑教育是国家整个教育事业的一个组成部分,随着我国社会主义建设的发展,今后必须有计划地发展起来。目前必须采取必要的措施,办好现有的盲童学校和聋哑学校。"我国盲童学校、聋哑学校的基本任务是:"培养盲童和聋哑儿童具有一定的科学文化知识,掌握一定的职业劳动技能,并具有共产主义的道德品质,使他们成为积极的自觉的社会主义的建设者和保卫者。"②确立的基本工作方针是:整顿巩固,逐步发展,改革教学,提高质量。该《指示》还对这两类学校的教学工作、人员编制、师资培养、组织领导等做了比较详细的规定。《指示》是建国初期首次对视障和听障儿童教育政策的比较系统的、正式的整体规划,具有重要意义。

4.《关于盲童学校、聋哑学校经费问题的通知》

1956年11月,教育部发出了《关于盲童学校、聋哑学校经费问题的通知》(以下简称《通知》),《通知》提出③：① 盲童学校和聋哑学校的各项经费开支标准,应高于同级的普通学校。② 教学行政费用应比照当地普通小学的标准增加1至3倍,初中班的定额也应高于当地初级中学的标准。③ 一般设备费、教学设备费、技术实习费、人民助学金等费用,一般也要高于或相当于当地同级学校的水平。这项有关特殊教育学校经费的规定,也定下了新中国特殊教育经费的基调。

5.《关于聋人工作天津现场会议的报告》

1959年1月12日到19日,中国聋人福利会在天津举行现场会议。会后,内务部、教育部、卫

---

① 何东昌.中华人民共和国重要教育文献(1949—1975)[M].海口:海南出版社,1998:224.
② 何东昌.中华人民共和国重要教育文献(1949—1975)[M].海口:海南出版社,1998:755.
③ 何东昌.中华人民共和国重要教育文献(1949—1975)[M].海口:海南出版社,1998:713.

生部等转发了中国聋人福利会《关于聋人工作天津现场会议的报告》,提出[1]:① 必须开展聋人的政治文化教育工作,开设扫盲班和业余学校,扫除聋人文盲。② 农村可以在党政领导下,依靠公社和群众,兴办教育与生产劳动相结合的聋哑学校,还可以开办其他农村聋人扫盲教育。③ 有条件的地区,可以继续试办聋哑幼儿园(班),兴办聋哑儿童学校,有条件的省(市、区)可以试办一所聋哑中学。④ 积极开展聋人手语教学改革。这个报告是在"大跃进"的氛围下出台的,有关聋哑教育的一些设想带有明显的时代特色,由此可以窥见"大跃进"对我国特殊教育的影响。

6.《关于现有盲聋哑学校恢复招收附近县、市和农村盲聋哑儿童入学的通知》

20世纪60年代初,为了应对"大跃进"和自然灾害的恶果,国家采取了压缩城市人口、减少商品粮供应的措施。这就使得设在城市里的盲聋哑学校只能招收城市里的残疾儿童,其结果是,一方面盲聋哑学校招生严重不足,另一方面,未设特殊学校的地区残疾儿童上不了学。为了解决这个问题,1963年11月,教育部、内务部、公安部等联合发出《关于现有盲聋哑学校恢复招收附近县、市和农村盲聋哑儿童入学的通知》,要求现有盲聋哑学校恢复招收附近县市和农村的盲聋哑儿童入学,户口可以迁移,副食品及日用品供应按当地学生标准供给;农村学生,原则上自带口粮,不足部分可由政府补助。这是对60年代盲聋哑特殊教育学校招生制度的一次调整。

上述这些文件,基本上勾画了新中国以盲聋哑学校为主的特殊教育的基本政策,确保了同期特殊教育事业得到发展。从20世纪60年代后期到"文化大革命",特殊教育政策出现停滞,遭受到冲击和破坏。

**(二) 特殊学校课程及教学体系的初步确立**

中华人民共和国成立初期的特殊教育学校的课程设置和教学主要是以苏联的理念为指导,后逐步开展本土化试验。在此基础上,制订教育计划,确定课程内容,逐步确立我国自己的盲聋哑学校的课程和教学制度。这一过程主要通过以下政策来完成:

1953年7月,教育部转发的《复函》是中华人民共和国关于特殊教育课程的第一个文件。其基本内容是:关于课程与教材问题,强调参照苏联的做法,指出除盲校没有图画课、聋校没有音乐课外,盲哑学校的课程应包括普通小学的全部科目。在师资、设备许可时,可增加其他技术课程和聋哑生的发音课程(包括看口型、发音练习、会话等)。在教材方面,与普通小学相同的科目、暂时采用普通小学的教材,普通小学没有的科目,则由老师另编或选择教材。

1954年5月,教育部在《关于盲聋哑教育方针、课程、学制、编制等问题给山东省教育厅的复函》中指出当时全国各地盲哑学校生产技能训练的课程极不一致,并且认为不便于做行政上的硬性规定。原则上各地盲、哑学校可根据当地具体情况,设置若干种生产技能训练课程,为学生将来生产就业做准备。

1954年8月,教育部召开了改编聋哑学校低年级语文教材小型座谈会,同年10月,教育部印发了《"改编聋哑学校低年级语文教材小型座谈会综合记录"的通知》,讨论了聋哑学校教学改革的方向、入学年龄、教学计划、教材编写、教学汉字和拼音、预备班问题等,强调:我国聋哑学校教学改革的方向是口语法。这标志着我国聋哑教育要从以前的手语法逐步转向口语法,是建国后聋哑学校教学的一大变化的开始。

1955年9月,教育部颁布了《小学教学计划及说明》,规定小学开设语文、算术、历史、地理、自然、体育、唱歌、图画、手工劳动共9门课。同月,教育部发出《关于小学教学计划在盲童学校中如何变通执行的指示》,要求盲童学校要遵照小学教学计划和小学课外活动的有关规定执行,但需有一些变通[2]:① 不设"图画"。② "手工劳动"的周课时可适当增加,但最多不得超过三课时。

---

[1] 何东昌.中华人民共和国重要教育文献(1949—1975)[M].海口:海南出版社,1998:879.
[2] 何东昌.中华人民共和国重要教育文献(1949—1975)[M].海口:海南出版社,1998:523.

③"唱歌"改为"音乐",周课时也可适当增加。为了便于推广,教育部还在同一时间下文,要求在上海盲童学校试行盲童学校教学计划。

1955年,新编盲童学校初级小学语文课本第一册编写完成,教育部下文要求试用,并明令取消盲童学校的预备班制度。1958年4月,教育部发出《关于在盲童学校和聋哑学校教学拼音字母的通知》,要求盲童学校和聋哑学校从1958年秋季起,一年级应该应用汉语拼音字母教学。[①]

1957年4月,教育部发出《关于聋哑学校口语教学班级教学计划(草案)的通知》,要求在聋哑学校试行口语教学的班级中试行。[②] 随这个通知一起下发的有两个附件:一个是《聋哑学校口语教学班级教学计划(草案)》,规定开设语文、算术、自然、地理、历史、律动、体育、图画、手工劳动、职业劳动共10门课程。另一个是《关于各科教学的简要说明(草稿)》,对各科的任务、内容、方法等做了说明。

1959年2月,内务部、教育部发出《关于实行聋人汉语手指字母方案的联合通知》,将中国聋哑人福利会于1958年主持制定的以汉语拼音方案为基础的《汉语手指字母方案》下发试行。

1959年7月,教育部发出《关于各类盲人教育使用盲字的通知》,根据1958年开始的《汉语拼音盲字方案(草案)》研制和试行的情况,对各类盲校使用汉语拼音盲字做出调整,要求:除上海、天津两地盲校继续作为汉语拼音盲字试点外,其他学校是否继续试行,由各地根据情况决定。但是,我国盲字必须与汉语拼音方案汇通一致的原则是肯定的。

1959年7月,教育部、内务部发出《关于实行规范化的"聋人手语"的联合通知》,将由中国聋哑人福利会主持制定并修改完成的《聋人手语草图》下发,要求在聋哑学校等聋人场所试行。

1960至1961年,经过调查研究,教育部组织专家拟定盲童学校教学计划和聋哑学校教学计划,但只在一定范围内征求意见、进行修改,没有正式颁布。

"文化大革命"期间,特殊教育也受到冲击,教学计划由各校自行安排,特殊教育的课程、教学的正规化探索被迫停滞。

**二、特殊教育政策法规的全面拓展**

"文化大革命"结束以来,随着社会逐步转移到以经济建设为中心的轨道上,我国进入了改革开放的新时期。特殊教育也迎来了新的发展阶段,特殊教育政策得到了全方位拓展。

**(一)各类法律、法规对发展特殊教育的普遍重视**

改革开放以来,从宪法到相关法律、法规以及宏观政策,发展特殊教育得到全面确认。

1. 宪法和法律中的规定

在1954年我国制定的第一部《中华人民共和国宪法》中,虽然规定中华人民共和国公民有受教育的权利,但并没有特别规定残疾儿童的教育问题。1982年12月第5届全国人民代表大会第5次会议通过的第4部宪法的第2章第45条中指出:"国家和社会须帮助安排盲、聋、哑和其他有残疾的公民的劳动、生活与教育。"这是我国第一次在国家的根本大法中对残疾人的教育、生活和劳动问题所做出的明确规定。

1986年4月,第6届全国人民代表大会第4次会议通过了《中华人民共和国义务教育法》。其中,第9条明确规定:"地方各级人民政府为盲、聋哑、弱智儿童和少年举办特殊教育学校(班)。"[③]1986年9月11日,国务院办公厅转发国家教委等部门《关于实施〈义务教育法〉若干问题的意见》,其中对如何实施残疾儿童义务教育的问题做了更为明确的规定。

---

[①] 何东昌.中华人民共和国重要教育文献(1949—1975)[M].海口:海南出版社,1998:821.
[②] 何东昌.中华人民共和国重要教育文献(1949—1975)[M].海口:海南出版社,1998:748-754.
[③] 何东昌.中华人民共和国重要教育文献(1976—1990)[M].海口:海南出版社,1998:2415.

1990年12月,第7届全国人民代表大会常务委员会第17次会议通过了《中华人民共和国残疾人保障法》,在2008年4月第11届全国人民代表大会常务委员会第2次会议上又做了修订。该法作为残疾人保障的专门法律,在第3章中专门对残疾人教育的权利、管理体制、发展方针、学制结构、机构组成等进行了规定。主要要求包括:① 各级人民政府应当将残疾人的教育作为教育事业的组成部分,统一规划、加强领导。② 残疾人教育,实行普及与提高相结合、以普及为重点的方针,保障义务教育,着重发展职业教育,积极开展学前教育,逐步发展高级中等以上教育。③ 县级以上人民政府应当根据残疾人的数量、分布状况和残疾类别等因素,合理设置残疾人教育机构,并鼓励社会力量办学、捐资助学。该法有关特殊教育的规定,是改革开放以来我国特殊教育实践的集中体现。

1995年3月,第8届全国人民代表大会第3次会议通过了《中华人民共和国教育法》。作为教育领域的基本法,它标志着我国教育法制建设进入了一个新时期。《教育法》第10条规定:"国家扶持和发展残疾人教育事业。"第38条规定:"国家、社会、学校及其他教育机构应当根据残疾人身心特性和需要实施教育,并为其提供帮助和便利。"①《中华人民共和国教育法》对特殊教育的上述原则性规定,同样体现了特殊教育地位的基本确立。

此外,在《中华人民共和国未成年人保护法》(1991)、《中华人民共和国职业教育法》(1996)、《中华人民共和国高等教育法》(1998)等法律文件中,都有保障残疾人接受相应教育权利的条文。

2. 重要文件、规划中的确认

1985年5月公布的《中共中央关于教育体制改革的决定》(以下简称《决定》)是我国改革开放时期教育改革和发展的一份重要的指导性、纲领性文件。该《决定》重申了发展特殊教育的责任,提出:"在实现九年义务教育的同时,还要努力发展幼儿教育,发展盲、聋、哑、残人和弱智儿童的特殊教育。"②将"弱智儿童教育"纳入特殊教育的体系,具有重要的意义。

1993年2月,中共中央、国务院印发的《中国教育改革和发展纲要》(以下简称《纲要》),是我国改革开放时期另一份具有纲领性质的教育改革文件,同样对特殊教育的发展予以关注。《纲要》第12条提出:"重视和支持残疾人教育事业。各级政府要把残疾人教育作为教育事业的组成部分,采取单独举办残疾人学校或普通学校招收残疾人入学等多种形式,发展残疾人教育事业。逐步增加特殊教育经费,并鼓励社会力量办学、捐资助学。要对残疾人学校及其校办产业给予扶持和优惠。"③

2007年10月,胡锦涛在中国共产党第17次全国代表大会的报告中提出:"优化教育结构,促进义务教育均衡发展,加快普及高中阶段教育,大力发展职业教育,提高高等教育质量。重视学前教育,关心特殊教育。"④这里尽管只有简单的"关心特殊教育"6个字,但这是中国共产党的总书记首次在全国代表大会的报告中明确要求关心特殊教育,显示出执政党已经将发展特殊教育作为治国理政的重要方面,这是我国特殊教育得到全面重视的集中反映。

2008年3月,中共中央、国务院发布《关于促进残疾人事业发展的意见》(以下简称《意见》)。《意见》第10条规划了残疾人教育事业的发展蓝图,提出:鼓励从事特殊教育,加强师资队伍建设,提高特殊教育质量。完善残疾学生的助学政策,保障残疾学生和残疾人家庭子女免费接受义务教育。发展残疾儿童学前康复教育,加快发展高中阶段特殊教育,鼓励和支持普通高等学校开办特殊教育专业。逐步解决重度肢体残疾、重度智力残疾、失明、失聪、脑瘫、孤独症等残疾少年

---

① 何东昌.中华人民共和国重要教育文献(1991—1997)[M].海口:海南出版社,1998:3791-3792.
② 何东昌.中华人民共和国重要教育文献(1976—1990)[M].海口:海南出版社,1998:2287.
③ 何东昌.中华人民共和国重要教育文献(1991—1997)[M].海口:海南出版社,1998:3469.
④ 胡锦涛.高举中国特色社会主义伟大旗帜 为夺取全面建设小康社会新胜利而奋斗[J].求是,2007(21):16.

儿童的教育问题。采取多种措施扫除残疾青壮年文盲。积极开展残疾人职业教育培训,有条件的地方实行对残疾人就读中等职业学校给予学费减免等优惠政策。支持师范院校培养特殊教育师资。实施中西部地区特殊教育学校建设工程,落实特殊教育学校教师特殊岗位津贴政策。各级各类学校在招生、入学等方面不得歧视残疾学生。

此外,《中国残疾人事业五年工作纲要(1988—1992年)》(1988),《九十年代中国儿童发展规划纲要》(1992),国务院批转的中国残疾人事业"八五"、"九五"、"十五"、"十一五"计划纲要,《国务院关于基础教育改革与发展的决定》(2001)、《中国儿童发展纲要(2001—2010年)》(2001)等文件中,也对特殊教育的发展做了相应规划。

**(二)制定专门的特殊教育法规和政策**

1. 制定特殊教育专门法规

1994年8月,国务院办公厅发布了《残疾人教育条例》,这是我国历史上第一份法律层级最高的专门的特殊教育法规文件。条例共9章52条,对残疾人教育的意义、体制、管理、学制以及各级各类特殊教育的发展进行了详细的规定。

1998年12月,中华人民共和国教育部发布了《特殊教育学校暂行规程》(以下简称《规程》)。《规程》包括总则、入学及学籍管理、教育教学工作、校长、教师和其他人员、机构与日常管理卫生、保健及安全工作、校园、校舍、设备及经费、学校、社会与家庭以及附则等,共68条。是我国历史上第一份有关特殊教育学校的专门法规。

2. 出台发展特殊教育的若干意见

20世纪80年代末到2009年,教育部主管部门先后出台了三份关于发展特殊教育的意见,对推动各个时期特殊教育的发展起到了重要作用。

1989年5月,国务院办公厅转发国家教委等部门《〈关于发展特殊教育的若干意见〉的通知》。其中包括方针与政策、目标与任务、领导与管理3大块共22条,对我国特殊教育的方针、布局、目标和任务、领导和管理、办学经费和师资培训等问题做出了明确的规定。

2001年11月,国务院办公厅转发教育部等9部门《关于"十五"期间进一步推进特殊教育改革和发展的意见》。共有19条,主要观点是[①]:① 大力普及残疾少年儿童的义务教育,进一步完善特殊教育体系,努力满足残疾人的教育需求。② 积极深化教学改革,全面推进素质教育,提高特殊教育的质量。③ 进一步加强特殊教育师资队伍建设,不断提高教师素质。④ 切实加强领导,采取有力措施,推动特殊教育事业的发展。

2009年5月,国务院办公厅转发教育部等部门《关于进一步加快特殊教育事业发展意见》,共有20条,对特殊教育的体系的完善、保障机制的建立、教育质量的提高、特殊教育的实质培养以及政府的责任等,都提出了明确要求,是我国在21世纪出台的此类性质的第一份文件,规划了今后一个时期我国特殊教育的发展路径。

3. 召开全国特殊教育工作会议

1988年11月,全国特殊教育工作会议在北京召开。会议从中国国情和残疾人教育的实际出发,研究和部署了我国特殊教育的发展问题,通过由国务院批转全国执行的《关于发展特殊教育的若干意见》,制定了各项有关特殊教育发展的方针、政策及一系列经费投入、师资建设的措施,极大地推动了全国各地特殊教育的发展,使大部分地区逐步形成了重视残疾人教育的风气。因此,这次会议被称为我国特殊教育发展史上的里程碑。此后,又分别于1990年、2001年、2009年召开了全国特殊教育工作会议。多次全国特殊教育工作会议的召开,对促进特殊教育的发展,

---

① 何东昌.中华人民共和国重要教育文献(1998—2002)[M].海口:海南出版社,2003:1050-1052.

起到了重要作用。

**（三）课程及教学政策的改革**

"文化大革命"结束后,特殊教育逐步恢复,课程及教学政策也得到了逐步改革和完善。改革开放以来,盲校、聋哑学校和弱智学校的课程与教学的改革情况如下。

1. 聋哑学校课程、教学政策的改革

1984年7月,教育部初等教育司发出《关于征求对聋哑学校教学计划意见的通知》(以下简称《通知》),《通知》指出①:全日制八年制以及六年制聋哑学校的教学计划拟定完成,要求各地征集修改意见,并在正式颁布前参照执行;在新教材出版前,部分课程使用原有教材,其他课程由学校自行安排。在随《通知》下发的《全日制八年制聋哑学校教学计划》(征求意见稿)中,八年制聋哑学校课程共9门,为思想品德、语文(含语文初步、语言技巧、叙述、作文、阅读、写字)、数学、常识、律动、体育、图画、手工劳作和职业技术,另设课外活动(体育活动、课外小组活动及校班团队活动)。六年制聋哑学校课程除不设课外活动外,与八年制聋哑学校课程基本一致,只是开课时量略少。该《通知》强调在教学工作中注意以下几个问题:一是坚持口语教学,二是重视直观教学,三是要求加强个别教学,四是保护和发展聋哑学生的残存能力。1993年10月,国家教委正式颁发《全日制聋校课程计划(试行)》。

随着特殊教育实践的变革,聋校课程计划的修改工作展开。2007年2月2日,教育部印发修订的《全日制聋校课程计划(试行)》,并更名为《聋校义务教育课程设置实验方案》。该方案分为"培养目标"、"课程设置的原则"、"课程设置"以及"课程设置的有关说明",规定:均衡设置九年一贯的课程;小学阶段(一至六年级)以综合课程为主,初中阶段(七至九年级)设置分科与综合相结合的课程。小学阶段开设品德与生活、品德与社会、科学、语文、数学、沟通与交往、体育与健康、律动、美工、生活指导、劳动技术、综合实践等课程。中学阶段开设思想品德、历史、地理、生物、物理、化学、语文、数学、外语、体育与健康、美工、职业技术、综合实践等课程。

2. 盲校课程、教学政策的改革

1987年1月,国家教育委员会初等教育司发出《关于征求对全日制盲校小学教学计划意见的复函》,一方面征求各地意见,另一方面,要求在正式全日制盲校小学教学计划颁布前参照执行。在《全日制盲校小学教学计划(初稿)》中,对全日制盲校小学的培养目标、学制、时间安排、课程设置做了规定,还附有"几点说明"以及五年制和六年制全日制盲校小学的课程表。根据规定②:全日制盲校小学分为五年制和六年制两种;课程设思想品德、语文、数学、认识初步、自然、社会、体育、音乐、手工、生活指导、劳动等11门;盲童入学年龄可适当放宽,盲校班额以12～14人为宜;在统一教材没有出版前,各校根据实际情况安排。1993年10月,国家教委正式印发《全日制盲校课程计划(试行)》。

根据特殊教育实践的变化,从2001年开始修订《全日制盲校课程计划(试行)》。2007年2月,教育部印发了修订的《全日制盲校课程计划(试行)》,并更名为《盲校义务教育课程设置实验方案》。该方案分为"培养目标"、"课程设置的原则"、"课程设置"以及"课程设置的有关说明",规定:整体设置九年一贯的视力残疾儿童义务教育课程,包括国家安排课程和地方与学校安排课程两部分,以国家安排课程为主,地方、学校安排课程为辅;既开设普通学校的一般性课程,也设置必要的特殊性课程。课程内容涉及人文与社会、语言与文学、体育与健康、数学、科学、艺术、技术、康复、综合实践活动等9个学习领域。

---

① 何东昌.中华人民共和国重要教育文献(1976—1990)[M].海口:海南出版社,1998:2200-2202.
② 何东昌.中华人民共和国重要教育文献(1976—1990)[M].海口:海南出版社,1998:2569-2570.

3. 弱智学校课程、教学政策的改革

我国的弱智教育从 1979 年开始试办,在总结各地教学经验的基础上,拟定了弱智学校的教学计划。1987 年 12 月,国家教委初等教育司发出《关于印发〈全日制弱智学校(班)教学计划〉(征求意见稿)的通知》。国家教委在通知中指出[①]:轻度弱智儿童的教育实行随班就读的办法;举办弱智学校或弱智班级的参照本计划执行,并收集修改意见。在《全日制弱智学校(班)教学计划(征求意见稿)》中规定:弱智学校设九年制和六年制,课程设常识、语文(阅读、语言训练、作文、写字)、数学、音乐(低年级唱游)、美工、体育、劳动技能、活动(周班队会、文体活动、兴趣活动)和集体活动及机动时间;九年制弱智学校执行 1 至 9 年计划,六年制弱智学校执行 1 至 6 年计划。

1994 年 10 月,国家教委印发了《中度智力残疾学生教育训练纲要(试行)》,以供实施义务教育的弱智学校(班)及其他教育康复机构对中度智力残疾学生进行教育训练时研究试行。强调[②]:中度智力残疾学生应在培智学校或普通学校特教班就读,训练组织形式以个别教学为主,教育训练方式则采用综合教学,把课堂教学与每个学生在指导下的或独立的实际活动结合起来;教育训练的内容分为生活适应、活动训练和实用语算三个方面。

2007 年 2 月,教育部印发了修订的《全日制弱智学校(班)课程计划(征求意见稿)》,并更名为《培智学校义务教育课程设置实验方案》。该方案分为"培养目标"、"课程设置的原则"、"课程设置"以及"课程设置的有关说明"等部分,规定:开设生活语文、生活数学、生活适应、劳动技能、唱游与律动、绘画与手工、运动与保健等一般性课程,同时开设选择性课程,包括信息技术、康复训练、第二语言、艺术休闲、校本课程等。

## 第 2 节 各类特殊教育事业的发展

### 一、特殊儿童基础教育的发展

#### (一) 义务教育阶段特殊教育的发展

建国初,全国盲聋哑学校 42 所,在校学生 2000 余人。中华人民共和国在成立之初,先后接管了原有的公私立盲聋哑学校,建立领导管理制度,统一学制和教学要求,研究、改进了教学工作,使盲聋哑学校逐步成为社会主义的新型学校。与此同时,政府根据群众要求与国家财力,积极稳步地发展盲聋哑学校。到 1953 年,盲聋哑学校已发展到 64 所,学生 5000 余人。[③]

随着社会主义改造的完成,特殊教育的发展速度逐步加快。1956 年 1 月,教育部印发的《十二年国民教育事业规划纲要(草稿)》提出:12 年内盲聋哑学龄儿童基本上能上学。到 1957 年,盲聋哑学校发展到 66 所,学生 7538 人,专职教师达到 718 人。1960 年盲聋哑学校增至 479 所,学生共 26701 人;经过调整,至 1965 年,盲聋哑学校为 266 所,学生 22850 人,专职教师 2613 人。"文化大革命"期间,盲聋哑教育遭到干扰破坏。1975 年有盲聋哑学校 246 所,学生 26782 人,专职教师 3445 人。

"文化大革命"结束后,特殊教育的秩序逐步恢复。1981 年,全国共有聋哑学校 251 所,盲校 9 所,合计 302 所,学生 33497 人,专职教师 4861 人。20 世纪 80 年代以来,义务教育阶段特殊儿童教育的发展逐步加快。中国残疾人联合会历年公布的《中国残疾人事业发展统计公报》数据显示:根据教育部公布的《2009 年全国教育事业发展统计公报》,到 2009 年底,全国共有特殊学校

---

① 何东昌.中华人民共和国重要教育文献(1976—1990)[M].海口:海南出版社,1998:2694-2696.
② 何东昌.中华人民共和国重要教育文献(1991—1997)[M].海口:海南出版社,1998:3713-3715.
③ 金铁宽.中华人民共和国教育大事记(第 1 卷)[M].济南:山东教育出版社,1995:164.

1672 所,招收残疾儿童 6.4 万人,加上普通学校随班就读和附设特教班就读的残疾儿童招生,在校残疾儿童达 42.81 万人。

残疾儿童的义务教育是在我国启动普及九年义务教育以后逐步展开的。1986 年,第 6 届全国人民代表大会第 4 次会议通过了《中华人民共和国义务教育法》,正式提出了对全体儿童实施九年义务教育的要求。随着普及义务教育在 20 世纪 80 年代后的逐步推进,残疾儿童的义务教育逐步提到议事日程上来。

国家教委在 1992 年下发《义务教育法实施细则》,对保障残疾儿童少年义务教育做出了具体规定;同年 5 月,国家教委和中国残疾人联合会发布《残疾儿童少年义务制教育"八五"实施方案》,制定了针对残疾儿童少年九年义务制教育的评估验收和专项检查等工作制度。国家教委1994 年下发《关于在 90 年代基本普及九年义务教育和基本扫除青壮年文盲的实施意见》,进一步提出:实施九年义务教育要对残疾儿童少年的入学予以特别扶持;同时颁发的《普及义务教育评估验收暂行办法》则将适龄残疾儿童少年的入学率作为普及九年义务教育县的评估验收标准之一。在各省、自治区、直辖市人民政府制定的本地区义务教育实施规划及方案中,也都对残疾儿童少年义务教育做出了相应的规定。

为了切实推进残疾儿童的义务教育,有关部门先后多次制订了详细的实施计划。国家教委和中国残疾人联合会于 1996 年 5 月印发了《残疾儿童少年义务教育"九五"实施方案》,强调"九五"期间,各级政府要采取有力措施使残疾儿童与其他儿童同步实施义务教育,并且要求残疾幼儿教育也有较大的发展;提出到 2000 年,全国视力、听力、语言和智力残疾儿童少年的入学率平均要达到 80%左右的目标。另外,对残疾儿童少年九年义务制教育提出了明确的质量要求。2001 年国务院办公厅转发教育部等部门《关于"十五"期间进一步推进特殊教育改革和发展的意见》,进一步要求要大力普及残疾儿童少年义务教育,具体目标是:① 占全国人口 35%左右的大中城市和经济发达的地区,适龄视力、听力、智力残疾儿童少年(即"三类残疾儿童少年")义务教育阶段的入学率分别达到 95%以上,使入学率、保留率分别达到或接近当地义务教育水平;在此基础上努力发展高水平、高质量的残疾儿童少年义务教育,提高特殊教育质量。② 占全国人口50%左右、已基本普及九年义务教育和基本扫除青壮年文盲的农村地区,"三类残疾儿童少年"义务教育阶段入学率分别达到 85%以上,努力使之达到或接近当地义务教育水平。③ 占全国人口15%左右、未实现"两基"的贫困地区,积极推进"三类残疾儿童少年"义务教育,入学率达到 60%以上。鼓励有条件的地区建设具有示范作用的特殊教育实验学校。2009 年 5 月出台的《关于进一步加快特殊教育事业发展意见》则提出:城市和经济发达地区,适龄视力、听力、智力残疾儿童少年入学率要基本达到当地普通儿童少年的水平;已经"普九"的中西部农村地区,其三类残疾儿童少年入学率要逐年提高;未"普九"地区要将残疾儿童少年义务教育作为普及九年义务教育的重要内容,三类残疾儿童少年入学率达到 70%左右;要积极创造条件,以多种形式对重度肢体残疾、重度智力残疾、孤独症、脑瘫和多重残疾儿童少年等实施义务教育,保障儿童福利机构适龄残疾儿童少年接受义务教育。

在各项政策规划的保障下,残疾儿童的义务教育得到了切实的推进。根据中国残疾人联合会《中国残疾人事业"九五"计划纲要执行情况统计分析报告》的数据:"九五"期间,残疾人教育事业取得了显著的成绩,到 2000 年底,残疾儿童少年义务教育入学率达到 77%;视力残疾、听力言语残疾、智力残疾三类残疾儿童少年接受义务教育入学率分别为 54.1%、72.9%和 81.9%。中国残疾人联合会《中国残疾人事业"十五"计划纲要执行情况统计公报》显示:到 2005 年底,视力、听力、智力三类残疾儿童少年义务教育入学率达到 80%。图 13-1 是我国"八五"与"九五"期间学龄残疾少年儿童入学率比较,图 13-2 是"九五"和"十五"期间我国三类残疾儿童少年入学率比较,由此可见我国残疾儿童义务教育的实际进展。

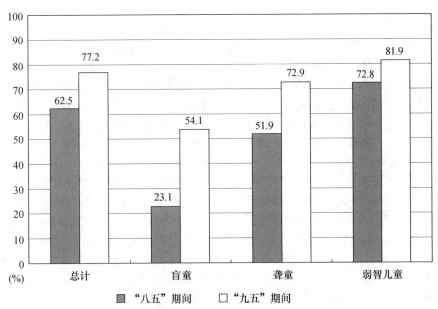

图 13-1 "八五"与"九五"期间学龄残疾少年儿童入学率比较①

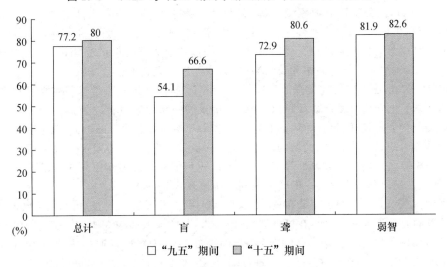

图 13-2 "九五"和"十五"期间三类残疾儿童少年入学率比较②

## (二) 特殊儿童早期康复与教育的发展

为对残疾儿童实施早期教育,普通幼儿园开展了招收各种残疾幼儿的实验,有的地方还设立了残疾幼儿园。许多特殊教育学校残疾儿童康复机构还举办了各类残疾儿童学前班,对残疾儿童进行早期智力开发和功能训练。

---

① 中国残疾人联合会.中国残疾人事业"九五"计划纲要执行情况统计公报·残疾人教育工作情况[EB/OL].2006. http://www.cdpf.org.cn/old/shiye/sj-002.htm.

② 中国残疾人联合会.中国残疾人事业"十五"计划纲要执行情况统计公报[EB/OL].http://www.cdpf.org.cn/old/shiye/sj—105.htm.

1988年颁布的《中国残疾人事业五年工作纲要》将聋儿听力语言训练列入了三项康复工作之一,在全国逐步开展起来。到1990年,在聋校、幼儿园、福利院、普通小学、社区和家庭设立听力语音训练点630个,编制下发了聋儿康复机构教学计划和大纲,编辑出版了统编试用教材《学说话》(1至4册),并制定了教学评估和康复评估标准。"八五"期间,全国各地已建立了聋儿康复机构1765个,培训聋儿康复教师和各类专业人员3540人,对5.8万个聋儿进行了听力语言训练,并基本形成以中国聋儿康复研究中心为指导,省聋儿康复中心为骨干,语训部为依托,语训班为基础的聋儿康复工作体系。据统计,到1998年,全国聋儿听力语言训练人数累计已达11.2万人,其中约有15%已顺利进入普通幼儿园和小学学习。

随着《中国残疾人"八五"计划纲要》的颁布与实施,各地相继建立或依托智力残疾儿童康复站、社区幼儿园、儿童福利院和特殊学校学前班,开展学龄前智力残疾儿童的康复教育工作。

根据1987年全国残疾人抽样调查的数据,全国0至14岁的低视力儿童约有13万人。为此,1991年12月印发的《全国低视力康复工作"八五"实施方案》规定:低视力康复工作由全国残疾人康复工作办公室组织实施,各省、区、市的相应机构负责本地方案的制订与实施。同时成立全国技术指导组,负责制定低视力康复技术规范和康复评估标准,编写科普读物,培训技术骨干,并参与检查评估工作。至1995年底,全国已建立低视力康复机构664个,低视力儿童随班就读人数累计达4.7万多人,并在24所盲校对低视力儿童实行分类教学。

**(三)残疾儿童高中教育的发展**

1989年5月,国务院转发国家教委等部门《关于发展特殊教育的若干意见》,进一步要求:大、中城市应积极创造条件,发展残疾人的初级中等以上的职业技术教育和普通教育。提出了发展残疾儿童高中教育的政策目标。受国家教委和中国残疾人联合会的委托,青岛盲校与南京聋校分别于1992年举办了盲人高中和聋人高中,为我国残疾人高中教育之始。

2001年11月,国务院转发教育部等部门《关于"十五"期间进一步推进特殊教育改革和发展的意见》,要求:充分利用现有教育资源,发展残疾人高中阶段教育;要坚持以职业教育为主,使学生具备良好的职业道德、比较熟练的职业技能和平等参与社会生活的能力;有条件的职业学校可试办特殊教育班;在总结试点经验的基础上,进一步兴办视力、听力残疾人普通高中。在2008年5月国务院办公厅转发的教育部等部门《关于进一步加快特殊教育事业发展意见》中,进一步提出了"加快发展以职业教育为主的残疾人高中阶段教育"的目标。

根据中国残疾人联合会历年公布的《中国残疾人事业发展统计公报》的统计:2001年,全国已开办特殊教育普通高中18所,在校生达到1521人,其中盲人高中6所,在校盲生404人;聋人高中12所,在校聋生1117人。到2008年,全国开办的特殊教育普通高中增至95所,在校生5464人;其中聋人高中76所,在校生4458人;盲人高中19所,在校生1006人。

**表13-1 全国特殊教育普通高中发展统计表(2000—2008)**①

| 年份 | 特殊教育普通高中 | 在校生数 | 盲人高中 | 在校盲生数 | 聋人高中 | 在校聋生数 |
| --- | --- | --- | --- | --- | --- | --- |
| 2000 | 24 | 1809 | 7 | 344 | 17 | 1465 |
| 2001 | 18 | 1521 | 6 | 404 | 12 | 1117 |
| 2002 | 27 | 1117 | 17 | 225 | 10 | 892 |
| 2003 | 31 | 1698 | 10 | 347 | 21 | 1351 |
| 2004 | 53 | 2416 | 12 | 333 | 41 | 2083 |

---

① 根据中国残疾人联合会2000—2008年的《中国残疾人事业发展统计公报》编制而成。

续表

| 年份 | 特殊教育普通高中 | 在校生数 | 盲人高中 | 在校盲生数 | 聋人高中 | 在校聋生数 |
|------|----------------|---------|---------|-----------|---------|-----------|
| 2005 | 66 | 3891 | 17 | 704 | 49 | 3187 |
| 2006 | 69 | 4192 | 15 | 807 | 54 | 3385 |
| 2007 | 83 | 4978 | 15 | 931 | 68 | 4047 |
| 2008 | 95 | 5464 | 19 | 1006 | 76 | 4459 |

## 二、残疾人职业技术教育和高等教育的发展

### (一)残疾人职业技术教育

随着残疾儿童少年义务教育的推进和残疾人就业的需要,残疾人职业教育培训已成为一项十分重要的工作。1991年,国务院批转《中国残疾事业"八五"计划纲要》,提出:建立、完善30所残疾人职业技术教育中心,其中,10所要达到国家中等职业技术学校标准;条件较好的特殊教育学校,逐步开设职业班;有条件的城市开办残疾人职业中学。1995年底,全国已建立残疾人中等职业技术学校19所,职业高中42所,技术学校28所,在校学生累计达1.08万人,普通中专、技校、职高录取残疾学生1.73万人。另有各种非学历教育残疾人职业培训机构1968所,培训人员累计达11.57万人。"九五"期间,以普通教育培训机构为主、残疾人职业教育培训机构为辅,大力开展中、短期培训,积极发展初、中等职业教育。1998年,全国省、市(地)、县三级残疾人职业培训机构已达879所。

根据中国残疾人联合会《中国残疾人事业发展统计公报》统计,到2008年:全国省(自治区、直辖市)、市(地、州)、县(区、市)三级残疾人职业教育培训机构(系、专业)达1757个,接受残疾人职业培训的普通机构有1974个,77.4万残疾人接受了职业教育与培训,并有10.7万人获得了职业资格证书;达到中等学历的职业教育机构有162个,在校生9932人,毕业生6033人,其中获得职业资格证书者4460人。

### (二)残疾人高等教育

20世纪80年代,我国的高等特殊教育实质启动。1985年2月,教育部等部门发出《关于做好高等学校招收残疾青年和毕业分配工作的通知》,要求:在残疾考生与其他考生在德智条件相同的情况下,不应仅因残疾而不予录取。在以上精神的指导下,各地普通高等学校录取残疾青年入学的工作逐步得到改进。国务院于1991年批转《中国残疾事业"八五"计划纲要》规划:创办长春大学特殊教育学院;在国家教委直属师范大学增加特殊教育专业的布点。次年5月,国务院转发《关于发展特殊教育的若干意见》,明确要求:高等院校、中等专业技术学校和技工学校要继续认真贯彻落实招收残疾学生的有关规定;有条件的省、自治区、直辖市,要选择一两所大专院校,试招盲、聋等残疾学生在适合的专业中学习。

目前,实施我国残疾人高等教育基本上采取四种形式:普通高等学校建立特殊教育学院或开设系和专业,采取单独考试单独录取的方式,主要专门招收盲、聋和肢体残疾青年;普通高等学校招收残疾青年,其中大部分是肢体残疾和轻度的盲、聋青年,与健全学生共同进行专业学习或随班就读;一些独立设置的残疾人中等职业学校采取与成人高校合作办学的方式,举办一些专业的大专班招收残疾青年;通过自学考试、电视大学尤其是现代网络技术等多种渠道对残疾人实施高等教育。

"九五"期间(1996—2000),继长春大学特殊教育学院之后,又先后创办了两所高等职业教育学院,分别是天津理工学院聋人工学院和北京联合大学特殊教育学院。此外,南京中医药大学、

上海美术学院、南京金陵职业大学、湖北荆州大学也相继开办了招收残疾人的专业或班级。累计有6812名残疾学生进入普通高等院校学习,录取率始终保持在90%以上。

"十五"期间(2001—2005),南京特殊教育职业技术学院、长沙特殊教育职业学院、重庆师范大学、西安美术学院新开设聋人大专班,北京联合大学特教学院在全国率先实现残疾人成人教育单考单招,深圳市对残疾人实施网络远程教育,残疾人接受高等教育的资源和形式进一步丰富。普通高等院校累计录取残疾学生16000余人,残疾学生高考上线录取率保持在90%左右。

### 三、特殊教育的教师教育

#### (一)特殊教育的中等教师教育

为适应特殊教育事业发展的需要,20世纪80年代以来,我国特殊教育师资培训机构从起步创立到迅速发展,取得了重大进展。受教育部委托,江苏省教育厅于1982年开始筹建我国第一所中等特殊教育师资培训机构——南京特殊教育师范学校(2002年改为南京特殊教育职业技术学院),1985年秋季正式开学。该校由教育部直接领导,委托江苏省教育厅和南京市教育局具体管理,面向全国招生,为全国特殊教育培训师资。与此同时,山东省昌乐师范改建为特殊教育师范学校,从1985年起全省招生。1986年,辽宁省将原营口市幼儿师范学校改建为特殊教育师范学校,负责全省特殊教育学校师资的培训工作。1988年在全国特殊教育工作会议以后,特殊教育师资培训机构的发展速度加快,到1993年,全国中等特殊教育机构(包括中等特殊教育师范学校、特殊教育师资培训中心和普通师范或师资培训机构附设的特殊教育师资培训部)达24所。

1989年,国家教委印发《中等特殊教育师范学校教学计划(试行)》,对中等特殊教育师范学校的培养目标和课程设置等一系列问题做出明确规定,为其规范化、科学化的办学奠定了基础。在此背景下,各地中等特殊教育师范学校认真研究,积极探索教学规律,南京特师、昌乐特师等学校通过实践,建立了"一专一通"(即学生在盲、聋、弱智教育三个专业中专学一个专业,通晓另一个专业)的新型教学模式,受到学生和各地特殊教育学校的欢迎。据1994年统计,全国已建立的中等特殊教育师范学校已达33所,历年共培养合格的特教师资三千多人,培训特教师资八千余人,初步满足了残疾儿童少年义务教育发展的需要。

#### (二)特殊教育的高等教师教育

为培养高层次的特殊教育人才,国家教育主管部门在统一部署下,从20世纪80年代中期开始,就有计划地先后在六个大区的有关师范大学设立了特殊教育专业。1986年9月,北京师范大学教育系设立特殊教育专业。1988年华东师范大学心理学系、1990年华中师范大学教育系、1993年西南师大、陕西师大教育系相继设立特教专业。接着辽宁师大、南京师大也建立了本、专科层次的特教专业。1997年,福建省泉州中等特师与泉州师范合并,培养大专层次的特教学生,同年,华东师范大学成立学前教育特殊教育学院,特殊教育独立建系。北京师范大学、辽宁师范大学从1993年起,分别建立了特殊教育硕士点,华东师范大学学前教育特殊教育学院特殊教育系于2000年设立博士点。

## 第3节　特殊教育思想的发展

### 一、当代西方特殊教育理论的传入和影响

#### (一)当代西方特殊教育思想的流变轨迹

从特殊教育发展的历史来看,特殊教育走过了一条从隔离,到一体化、回归主流,再到全纳(或译称融合)的道路。现代西方特殊教育理论的发展也基本反映了这一变迁轨迹。

在原始社会和古代社会,残疾人往往被视为"魔鬼缠身",生存权利得不到保障,更不用说受教育的权利了。文艺复兴和启蒙运动以后,残疾人的生存和教育逐步得到重视,以"隔离"为特征的特殊教育体系逐步建立起来。到 20 世纪 50 年代,随着全球民权运动的高涨,这种将特殊儿童"标签化"的、隔离式的特殊教育开始受到批判。

20 世纪 60 年代末,北欧的挪威、丹麦等国家的特殊教育界提出了对特殊儿童教育的"正常化"(normalization)主张,其基本思想是:不管儿童残疾的类别和程度如何,应尽可能使每一位残疾儿童有正常的教育和生活环境,以避免残疾儿童和社会大众的隔离。美国于 70 年代中期开展了一场"回归主流"(mainstreaming)的教育改革运动。这场运动的主旨就是尽可能地把残疾儿童与普通儿童安置在一起学习和生活,使特殊教育这一"支流"回归到普通教育的"主流"中去。

20 世纪 60 至 70 年代发展的一体化教育或回归主流运动,比起隔离教育前进了一大步。但在一体化的实施过程中,人们也发现了许多问题。比如一体化实施的对象并不包括所有的残疾儿童,主要是指轻度、中度障碍的儿童,而重度、极重度障碍的残疾儿童依然留在特殊学校就读。即在一体化教育思想下仍然存在着"特殊教育"与"普通教育"的双轨制教育体系。这种双轨制的教育体系很容易使参与普通班级学习的特殊学生产生无归属的感觉。因此,在 20 世纪 90 年代,人们提出了全纳教育的思想,认为任何儿童都有权利进入普通教育系统接受与正常儿童一样的教育。

1990 年,在泰国召开了世界全民教育大会,会议通过了《世界全民教育宣言》及《实施全民教育的行动纲领》。在宣言中提出:必须采取步骤为各类残疾人提供平等教育的机会,而且使这种教育成为整个教育体系中的一个组成部分。1993 年,联合国教科文组织在我国哈尔滨召开了"亚太地区有特殊需要儿童、青少年的教育政策、规划和组织研讨会"。会议通过了《哈尔滨宣言》,指出要通过全纳学习的观念探索满足一切儿童的基本学习所需要的多种策略、试验全纳性学校的成功策略与方案,以及在制订各种儿童教育方案中考虑"全纳性"这一观念。1994 年在西班牙的萨拉曼卡召开了世界特殊教育大会,并发表了《萨拉曼卡宣言》。在这次会议上,明确提出了全纳教育的思想,并对实施全纳教育的各个环节进行了广泛的讨论。从此,全纳教育的理念逐步成为当代教育的最新思潮。

### (二) 当代西方特殊教育思想的传入与影响

尽管要准确判断在从"一体化"、"回归主流"到"全纳教育"的过程中,这些西方的教育理念传入我国的具体时间是困难的,但大致是可以确认的。

在 20 世纪六七十年代,我国在"文化大革命"的话语氛围中,拒斥一切国外的思想和观念。受此影响,在 20 世纪 70 年代末、80 年代初,中国对国外的教育思想、教育理论的研究和介绍,呈现出一定的滞后性,如当时引进的布鲁纳、赞科夫、布卢姆、皮亚杰等人的理论,均与他们在国外的兴起存在 10 至 20 年的时间差。[①] 随着改革开放的逐步展开,我国兴起了近代以来新一轮研究、介绍国外教育的高潮。正是在这一轮高潮中,产生于 20 世纪 60 年代中期的"终身教育"等教育思想,直到 70 年代末期才开始在国内大规模传播。[②]

有鉴于此,可以肯定的是,同样产生于 20 世纪六七十年代的"一体化"、"回归主流"的教育思想,不可能即时传入我国。从文献和我国特殊教育的实践来看,至少在 80 年代初期,这些观念已经开始逐步在我国传播,因为在一体化教育思想的影响下,我国的教育工作者从 20 世纪

---

① 丁钢. 中国教育:研究与评论(第 1 辑)[M]. 北京:教育科学出版社,2001:169.
② 朱宗顺. 交流与改革:教育交流视野中的中国教育改革(1978—2000)[M]. 杭州:浙江教育出版社,2006:43、210.

80年代中期就开始对特殊教育进行"随班就读"的改革试验。至于20世纪90年代兴起的"全民教育"、"全纳教育"思想,是在我国学者的参与和见证下兴起的,因此,能够在国内得到即时的传播。

从影响来看,一体化、回归主流、全纳教育等对我国特殊教育的思想、实践都产生了重大影响。就对特殊教育思想的影响来看,20世纪80年代以来,我国学者开始借鉴和吸收一体化、回归主流、全纳教育等理论中的合理因素,思考我国的特殊教育。受一体化思想的影响,国内的特殊教育政策开始关注这些新的观念。在特殊教育的实践领域,从20世纪80年代以来兴起的随班就读试验就深受这些新的教育理念的影响。

### 二、随班就读教育思想的产生与实践

随班就读是我国在20世纪80年代兴起的一种特殊教育的教育思想和实践模式,它既是一种特殊教育的理念、思想,更是一种特殊教育的实践模式。其实质是在普通教育机构中对特殊学生实施教育,让特殊儿童和同龄的普通儿童一起学习和活动,教师则根据随班就读学生的特殊需要给予特别的教学和辅导。① 尽管我国的随班就读教育思想与西方的一体化、回归主流、全纳教育等教育思想有相通之处,但具有明显的中国特色,是我国本土特殊教育思想发展的代表。

#### (一)随班就读的产生

特殊儿童随班就读这种形式在我国农村地区的教育中很早就存在,但作为一种理论被提倡或为政府所鼓励和支持,则是20世纪80年代中后期的事。②

教育部在1983年8月颁布的《关于普及初等教育基本要求的暂行规定》中就指出,"弱智儿童目前多数在普通小学就学"。这说明实践中的"随班就读"在正式提倡和推广前,就已经存在了。到了1986年9月,在国务院转发的《关于实施〈义务教育法〉若干问题意见的通知》中,国家教委明确提出:"应该把那些虽有残疾,但不妨碍正常学习的儿童吸收到普通中小学上学。"③虽然没有明言"随班就读",但已经呼之欲出了。1987年12月,国家教委在《关于印发〈全日制弱智学校(班)教学计划〉的通知》中,首次肯定了"随班就读":"在普及初等教育过程中,大多数轻度弱智儿童已经进入当地小学随班就读……对这种形式应当继续予以扶持,并帮助教师改进教学方法,加强个别辅导,使随班就读的弱智儿童能够学有所得。"④这是目前查到的在教育部文件中第一次出现的"随班就读"一词。

随班就读试验最初是从盲童和聋童开始的。1987年,金钥匙视障教育研究中心在华东、华北和东北的部分农村地区开展了"让视障儿童在本村就近进入小学随班就读"的教改试点工作。随后,北京、河北、江苏、辽宁等省市也开展了类似的实验工作。在1988年举行的第一次全国特殊教育工作会议上,随班就读被正式确认为发展特殊教育的一项政策措施。至此,作为一种观念和实践模式,随班就读正式确立。

随班就读在20世纪80年代的中国特殊教育领域产生,有其独特的原因。⑤ 其一,我国在20世纪80年代中期开始实施九年义务教育,这是随班就读产生和发展的现实动力。其二,理论工作者根据欧美发达国家特殊教育理论和实践发展的经验,倡导打破特殊学校的单一办学模式,这是随班就读产生的观念资源。其三,政府决策提倡、支持和推广,这是随班就读产生的制度保障。

---

① 方俊明.特殊教育学[M].北京:人民教育出版社,2005:89.
② 华国栋.残疾儿童随班就读现状及发展趋势[J].教育研究,2003(2):65.
③ 何东昌.中华人民共和国重要教育文献(1976—1990)[M].海口:海南出版社,1998:2499.
④ 何东昌.中华人民共和国重要教育文献(1976—1990)[M].海口:海南出版社,1998:2694.
⑤ 陈云英.中国特殊教育学基础[M].北京:教育科学出版社,2004:431-434.

**（二）随班就读的发展与推广**

1989年，国家教委委托北京、河北、江苏、黑龙江、山西、山东、辽宁和浙江等省市分别进行视力和智力残疾儿童少年随班就读试验。1990年，国家教委在江苏省无锡市召开现场会，对该项试验作出肯定。随后，盲童随班就读工作在全国得到推广。1992年，国家教委委托北京、江苏、黑龙江和湖北等省市进行听力语言残疾儿童少年随班就读的试验，这使得随班就读的对象从原来的两类变为三类。

1994年，国家教委在江苏省盐城市召开全国残疾儿童随班就读工作会议，总结了几年来随班就读工作的经验。同年7月，国家教委印发《关于开展残疾儿童少年随班就读工作的试行办法》，明确指出："开展残疾儿童少年随班就读工作，是发展和普及我国残疾儿童少年义务教育的一个主要办学形式，是建立适合我国国情的残疾儿童少年义务教育新格局的需要。实践证明，这是对残疾儿童少年进行义务教育的行之有效的途径。"① 同年颁布的《残疾人教育条例》，也将随班就读作为残疾儿童少年接受义务教育的法定途径之一。至此，随班就读在法规制度层面得到了进一步的确认和强化。

2002年12月，教育部和中国残疾人联合会联合举行"全国随班就读工作经验交流会"。据2003年3月印发的《全国随班就读工作经验交流会议纪要》的数据显示：全国随班就读的学生，从1993年统计部门第一次正式统计的6.88万人，增加到2001年的25万人。不到10年的时间，随班就读的人数增加了近4倍。根据教育部《2007年全国教育事业发展统计公报》统计：2007年，全国在普通学校随班就读和附设特教班就读的残疾儿童在校生数，占全部特殊教育在校生总数的64.88%，这说明随班就读已成为我国残疾儿童接受教育的重要途径了。

应该说20世纪80年代中期以来兴起的随班就读教育思想，为我国残疾儿童少年受教育的落实，发挥了重要作用。这表现在②：第一，使学龄残疾儿童有了更多的入学机会，残疾儿童接受义务教育的入学率有了大幅度的提高，这个成绩是举世瞩目的。第二，随班就读工作要求教师在教育工作中面向全体、照顾差异，改变一刀切的教学模式，要求加强同学间的互助和合作等等，这些理念与措施推动了教师教育观念和我国特殊教育实践模式的变革。第三，随班就读的广泛开展，改变了特殊教育的封闭状态，也使更多人了解残疾儿童，理解特殊教育，促进了社会的文明和进步。当然，随班就读在我国的实践和推广，"在思想认识、管理、师资、经费等方面都有一些亟待解决的问题"。③ 尽管存在一些亟待解决的问题，但可以肯定的是，随班就读思想和实践模式，仍将是我国特殊教育在未来发展的重要思想基础和实践途径。

**本章小结**

中华人民共和国成立以来，党和政府对特殊教育的发展日益重视，从1951年《关于改革学制的决定》，到中国共产党第17次全国代表大会的报告中"关心特殊教育"的号召，经过六十余年的实践，特殊教育的发展方针、学制、管理、课程与教学等制度建设逐步完善，特殊教育已成为我国教育体系的重要组成部分。在日益完善的制度的保障之下，六十余年来，我国的特殊教育事业取得了重大成就，各类特殊教育得到长足发展。20世纪60年代以来，西方兴起的新的特殊教育理念和取得的实践经验，在20世纪80年代传入我国，对我国当代特殊教育思想的发展有重大影响，其中最具代表性的是中国特色的随班就读教育思想的产生和发展。我国特殊

---

① 何东昌.中华人民共和国重要教育文献(1991—1997)[M].海口：海南出版社，1998：3676.
② 肖非.中国的随班就读：历史·现状·展望[J].中国特殊教育，2005(3)：5.
③ 方俊明.我国特殊教育研究的回顾与展望[J].中国特殊教育，2000(1)：2.

教育六十余年的辉煌历程,为特殊教育在未来的进一步改革与发展打下了坚实的基础,提供了宝贵的经验。

 **思考与练习**

1. 梳理和总结我国特殊教育政策法规初步确立的主要成就。
2. "文化大革命"结束后我国特殊教育政策法规全面拓展的表现?
3. 总结我国三类特殊教育学校的课程设置的变化轨迹及特征。
4. 分析当代西方特殊教育思想的传入和影响。
5. 总结随班就读的产生和发展历史,分析其经验和存在的问题。
6. 思考中华人民共和国特殊教育发展60年的经验。

# 附录　世界特殊教育大事记

## 一、国外特殊教育大事记

公元前3500年左右埃及建国,在古代埃及的一些手抄记录本中,记录了对某些残疾的治疗方法。

古代苏美尔文化中有关于残疾人的神话传说。

公元前3000年到前338年为古希腊时期,古希腊从强种保国的角度出发,非常重视儿童的先天身体素质,存在弃婴甚至杀婴习惯。古希腊名医希波克拉底的医学理论对古希腊残疾人及其教育产生了影响。

约公元前449年,古罗马制定了《十二铜表法》,规定对畸形婴儿,应即杀之,反映了古罗马存在着弃婴、杀婴习俗,这威胁着古罗马残疾儿童的生存及其教育。

公元前3世纪,印度孔雀王朝君主阿育王提倡佛教,完成扩张统一战争后为残疾人和穷人建立了许多收养院和医院。

公元2世纪,罗马帝国境内的一些富人为了娱乐,在罗马建立了一个可以买到断脚、短臂、三只眼、巨人、侏儒或两性人等的特殊市场。罗马医生盖伦,秉持希波克拉底对聋的传统看法,推测听和说是脑的功能。盖伦和以后的医生通过对舌系带进行手术来治疗耳聋,这一方法一直持续到20世纪。

370年,恺撒占领区的主教圣·巴西尔将各类残疾人收留在他主持的修道院里,每类残疾约1/4,所有的人都从事相同的工作和做礼拜。

374年,罗马帝国皇帝瓦伦提尼安一世,在基督教的影响下,正式废除杀婴,改变了《十二铜表法》中的杀婴规定。

公元6世纪,东罗马帝国皇帝查士丁尼主持修订了《民法大全》。修改了有关智力落后者、聋人和一些无法治愈的疾病患者的法令,规定不同残疾程度的人的权利和义务。

606—647年在位的印度哈尔沙国王,为残疾人提供保护和救济金,国库专门指定一笔款项,划拨给残疾儿童的父母。这种由政府为残疾儿童的保育和保护提供经费的做法一直延续到中古的印度。

630年,耶路撒冷建立了专门照顾盲人的"盲人看顾所"。

13世纪,法国路易九世为了专门照顾盲人在巴黎建立了著名的奎因斯-温茨盲人收容所,这一做法为以后盲人教育的发展起到了示范作用。

16世纪意大利"精神病学之父"诺米·卡丹最早提出了用感觉刺激来治疗感觉缺失和感觉障碍的教育理论。

16世纪中期,西班牙修道士庞塞,用自己设计的聋人教育方法首次进行了关于聋儿患者的系统的特殊教育尝试,是人类历史上第一个真正意义上的聋人教育专家。

1620年,西班牙人波内特发表《字母表简化方案和教聋人说话的方法》,这是人类历史上第一篇有关残疾人教育实践艺术的论文。

17世纪,瑞士人阿曼在荷兰从事过聋童教育,被认为是聋人口语教学的奠基人,对德国聋童教育影响甚大。

17世纪捷克杰出的教育家夸美纽斯,肯定人的价值、儿童的价值,论述了人人俱可受教育的必要性与可能性,为特殊儿童教育的产生提供了有利的支持。

17—18世纪波及世界的启蒙思想运动在欧洲兴起,启蒙思想家的唯物主义经验论思想,尤其是有关感觉经验的论述,为破土萌发的特殊教育提供了理论基础。

1745年,西班牙犹太人嘉士伯·罗德里格·泊瑞尔在法国建立了一所聋童学校。

1760年,法国人列斯贝在巴黎建立了第一所聋人学校,公开招收聋哑学生,采用自然式手语教育聋童,为世界特殊教育的发展揭开了序幕。

1760年,托马斯·布雷渥在爱丁堡创办了英国第一所听觉障碍学校。

1778年,德国的海尼克在莱比锡建立了德国第一所聋哑学校,成为"世界上最先得政府认可之聋哑学校"。

1784年,法国人霍维在巴黎建立了第一所盲校——巴黎国立盲童学校,也是世界上第一所真正意义上的盲校,霍维赢得了"盲人教育之父"的赞誉。

1790年,安德鲁·贝尔创立马德拉斯军事孤儿庇护所,接纳一些弱智男孩,被认为是印度现代特殊教育的起点。

1791年,英国第一所视障学校利物浦盲校建立。

1796年,图克建立约克静修所,被视为英格兰第一所早期智障教育机构。

1804年,克莱因创办奥地利最早的盲童学校。

1817年,康斯威尔和托马斯·霍普金斯·加劳德特建立了美国第一所聋人教育机构,即康涅狄格聋哑人教育收容所,也是美国第一所特殊教育学校。

1821—1834年,法国盲人教师路易·布莱尔受到巴比埃的"夜文"启发,发明并完善了点字盲文,1887年,布莱尔盲文被国际上认定为盲人使用的正式文字,1895年,全球盲人文字的国际通用名称定名为"布莱尔",以纪念这位盲文大师。

1822年,美国第一所州立聋人教育机构"肯塔基聋哑指导中心"成立,标志着政府对特殊教育的正式介入。

1826年,弗如士在巴士底为智力落后儿童开办了一所学校,这成为法国第一所私立的智障学校。

1829年,麦克唐纳创办加拿大最早的聋童学校。

1832年,由约翰·菲舍倡导、塞缪尔·格雷德利·豪主持的"马萨诸塞盲人院"成立,是美国第一所盲校,1877年后,改名为帕金斯盲校。

1837年,塞甘尝试在法国开办了智力落后儿童学校。这是世界上最早的为智力落后儿童开设的专门教育机构。

1848年,塞缪尔·格雷德利·豪创建了美国第一个训练智障教育机构——马萨诸塞州智障儿童学校。

1854年,威尔布创办纽约奥巴尼实验学校,该校是纽约第一所专门为智障儿童开办的公立学校。

1856年,波士顿女子工读学校在波士顿兰卡斯特地区开办,是北美地区第一所类似家庭风格的特殊机构。

1864年,罗杰斯小姐在美国马萨诸塞州的切姆斯福德开设了一所私人性质的小型口语学校,这是美国第一所以口语教学为主体的聋童学校。

1864年,美国在哥伦比亚盲聋哑学院内设立有学位授予权的大学部,美国第一所聋人高等教育机构成立。1894年学校改名为加劳德特学院,是目前世界上唯一一所聋人高等教育机构。

1866年,英国建立了绅士子嗣视觉障碍学院,这是当时英国视觉障碍者的最高等教育机构。

1866年,意大利蒙特利尔省在天主教会支持下建立了第一所盲童学校。

19世纪60年代晚期,马萨诸塞州建立了第一个严格意义上的口语教学法学校——克拉克聋校。

1871年,美国康涅狄格州的纽黑文地区设置了第一所"不分年级班",教育对象包括听力损伤、视力损伤和有健康问题的学生。

1878年,古川太四郎与远山慧美等在京都创立日本最早的综合性残疾儿童学校——京都盲哑院,被视为日本特殊教育的开端。

1882年,宾夕法尼亚盲校创办了第一所盲童幼儿园。

1882年,孟买主教主持建立孟买聋哑学校,是目前所见资料记载中印度最早兴建起来的特殊教育学校。

1882年,美国第一所癫痫病机构在马萨诸塞州的鲍尔温镇开办。1891年,俄亥俄州开办了美国第一所公立癫痫病教育机构。

1886年,伊丽莎白在美国新泽西州为天才学生开办了第一个特别机会班。

1896年,美国第一所为儿童服务的心理诊所由维特曼在宾夕法尼亚大学创办。

19世纪末,石井亮一建立"泷乃川学园",是日本第一所为智力残疾儿童开设的机构。

1904年,在德国柏林郊外的卡罗滕堡建起了第一所结核病康复学校——户外康复学校。

1909年,文部省在东京设立"东京盲学校",1910年设立"东京聋哑学校",这是日本盲、聋人教育分离的开始。

1919年,法国为小儿麻痹症儿童建立了第一所学校。

1923年,日本公布《盲校及聋哑学校令》,明确规定,道府县有设立盲人学校和聋哑学校的义务。

1940年,大阪成立专门的市立思齐学校,专门招收智障青少年,这是日本第一所为智障儿童设立的特殊教育学校。

1944年,英国议会通过了"巴特勒法案",规定:地方教育当局设立特殊学校、接受特殊教育的对象和保障特殊儿童的教育权利,这促使英国特殊教育开始向一体化阶段迈进。

1947年6月,法国教育改革计划委员会向教育部提交了"朗之万-瓦隆计划",其中的公正原则、定向原则,为法国特殊教育的发展创造了良好的氛围。

1947年,日本颁布《学校教育法》,原则上肯定了盲校、聋校、养护学校的小学和中学部分与一般的中小学一样,同为实施义务教育的机构;1957年,学校教育法修订部分确立残疾儿童在养护学校就读者,视同履行义务教育的规定。

20世纪50年代,美国"布朗对教育局"案成为美国公民权运动重要的奠基石,开启了一系列为残疾儿童寻求补偿的法律大门。

1955年,加拿大不列颠哥伦比亚省省政府为障碍儿童设立专门的教育计划资金,将其作为学区基本资金的一部分,并与教师的津贴挂钩,这一资金被称做"特批资金"。

1956年,日本政府制定《公立养护学校设备特别措置法》,鼓励设置公立的掩护机构。

1958年,美国国会通过《障碍儿童教育补助金法》,即公法PL 85-926号,这是美国政府第一次大规模地提供训练特殊教育工作者的经费。

1960年,捷克斯洛伐克颁布了新的教育法,将特殊教育纳入义务教育中,使特殊儿童与正常儿童一样能够接受全面的义务教育。

1965年,德国巴伐利亚州第一次制定了有关特殊教育的法律,保障特殊儿童的教育权利。

1968年,美国国会通过了《援助障碍儿童早期教育法案》,即公法PL 90-538,规定为残障幼儿教育试验的计划提供帮助,明确了政府对特殊幼儿教育的支持性政策倾向。

1968年印度出台《国家教育政策》,主张扩充身心残障儿童的教育,并开发确保残疾儿童在普通学校学习的一体化的方案。

20世纪六七十年代,美国各类残疾儿童家长组成各种组织,进行了两项政治行动:一是到法院采取司法诉讼,以争取残疾儿童的教育权利;二是向国会议员游说,以制定特殊教育法案,这直接推动了联邦政府对特殊教育专门立法的工作。

1972年起,日本实施特殊教育扩充整备计划,提出了"养护学校整备七年计划",自1979年起,养护学校开始实行义务制。

20世纪70年代,美国国会通过了三项直接涉及弱智教育改革的法律,即1973年的《职业康复法》、1974年的《1974年教育法修正法案》和1975年的《所有残疾儿童教育法》。

1975年5月,法国颁布特殊教育法令《残障者照顾方针》。

1975年,美国福特总统签署《所有残疾儿童教育法》,即公法PL 94-142,是美国关于残疾儿童教育的第一部最完整、最重要的立法。

1976年,英国教育法明确规定,支持把残疾儿童放在普通学校受教育的做法。这是英国教育立法中第一次明确对残疾儿童进入普通学校受教育的权利予以立法保障。

1978年,英国沃诺克委员会发表《特殊教育的需要》的报告,即《沃诺克报告》,提出"特殊教育需要"的概念、主张实行一体化教育等建议,对英国的特殊教育做了全面的评价。

1976年,苏联政府通过《改善身心障碍者的教育、职业训练与就业安置》的法案,扩大了残障青少年的职业教育与劳动的范围。

1981年,英国颁布新的教育法,该法在英国从隔离式教育到一体化教育再向全纳教育迈进的发展过程中具有里程碑式的意义。

1986年,美国第99届国会通过《残障者教育法修正案》,即公法PL 99-457,将特殊教育服务延伸到3岁以前,促进了美国学前特殊教育的发展。

1986年,印度政府制定公布了《1986年国家教育政策》和《1986年国家教育政策实施:行动计划》,倡导一体化的特殊教育政策。

1989年,在民间力量的推动下,法国政府通过了《克勒东修正案》,并在1990年拨出预算,支持特殊教育机构接收智障青年。

1990年,老布什总统签署《残疾人教育法》,即公法PL 101-476,规定州政府必须对州内6—17岁的全体特殊儿童提供特殊教育服务;将"残疾儿童"改为"障碍者"。

1992年,印度政府颁布《印度康复理事会法案》,该法的颁布促成了印度康复理事会的设立,2000年赋予康复理事会以促进康复和特殊教育研究的责任。

1994年,联合国教科文组织在西班牙萨拉曼卡召开了"世界特殊需要教育大会"并通过了《萨拉曼卡宣言》和《特殊需要教育行动纲领》,首次提出了全纳教育的思想。

1994年,英国教育部颁发了《特殊教育需要鉴定与评估实施章程》。

1995年,印度政府通过了《残疾人法》,该法规定了"为残疾人服务"的基调。

1997年,克林顿总统签署《残疾人教育法修正案》,即公法PL 105-17,目的是为了更好地实现残疾人的免费义务教育,保障残疾儿童及其家长的权利。

1999年,印度制定颁布了《全国残障者福利信托法案》,为全国的自闭症、脑瘫、智力残疾和多重残疾患者提供福利机构。

2001年,日本文部科学省总结报告《21世纪特殊教育的理想方法——根据每个障碍儿童的需要进行特别支援的理想方法》,将"特殊教育"改称为"特别支援教育"。

2004年12月,美国国会通过《2004年残疾人教育促进法》,即公法PL 108-446,对学前特殊教育尤其是残疾婴儿和学步儿的早期教育做了详细的规定,并第一次写入了对"高素质"特教师的定义。

**二、中国特殊教育大事记**

夏商西周时期,我国已对残疾现象有了很大认识并对个别残疾的称谓加以区分,如"疾目"(盲),"疾耳"(聋),"疾言"(语言障碍、失语症)。

商代出现的"瞽宗",是盲人教育的场所;西周时期成为专门的教育机构之一,也可能是"世界上设立最早的特殊教育机构"。

西周时期,残疾人已被纳入政府管理体制中,由地官司徒负责其事务,对残疾人实行"宽疾"政策。

春秋战国时期,部分统治者推行"惠民"政策,有助于残疾人的生存。

汉朝皇帝开始实施向残疾人赐谷的政策并逐步成为定制。

我国古代非常重视神童教育,始于汉代的童子郎,盛于唐宋时期的童子科,终于清代的童试,是我国古代对神童考选的重要制度形式。

公元5世纪末6世纪初,南朝齐文惠太子、竟陵王萧子良创设专门收容鳏寡孤独及癃残等病患的"六疾馆"。

隋唐时期,储粮救荒的仓廪制度得到发展,并创建"悲田养病坊",对残疾人产生了积极影响。

宋代创建福田院、居养院,收养残疾人、鳏寡孤独老人、乞丐等。

元朝在各地建立济众院、养济院,赈济鳏寡孤独废疾者,设立惠民局,为贫病者提供医疗救济。

明朝建立养济院和惠民局,救济残疾人。

清代创办普济堂作为养济院的补充,救济鳏寡孤独贫病者。

1859年,太平天国领袖洪仁玕在《资政新篇》中,第一次提出把特殊教育作为国家的治国纲领。

1835年,普鲁士传教士郭士立夫妇来到澳门,成立澳门女塾,是近代中国最早对盲人进行教育的机构。

1874年威廉·穆瑞在北京创办中国第一所盲校,即"瞽叟通文馆",并最早引介了"布莱尔盲文体系",于1879年前后成功设计出中国第一套盲字——康熙盲文。

1887年,梅理士夫妇创办了中国近代历史上第一所专门教育和训练聋哑儿童的学校——登州启喑学馆。

1908年3月,由德国传教士顾蒙恩在长沙创办的长沙瞽女院为湖南最早的特殊教育机构。

1912年9月,民国政府公布《小学校令》,其中部分条款提及特殊教育事宜,初步规划了与初等和高等小学平行的"盲哑类"特殊学校的体制和举办主体。

1914年,民国政府教育部出台《教育部官制》,明确了教育最高行政主管机关对特殊教育应当承担管理之责。

1916年,民国政府教育部公布《国民学校令施行细则》,有若干项涉及特殊教育办学事宜,对盲哑学校的校长、教员的要求等做了比较具体的规定。

1916年,张謇建立狼山盲哑学校,是中国人自办的第一所盲哑学校。

1919年,杜文昌创办北京私立聋哑学校,是北京第一所由国人创办的聋哑学校。

1922年,民国政府通过了《学校系统改革案》(即《壬戌学制》),宏观上把特殊教育纳入了学制体系。

1925年上海五卅运动掀起,盲哑学校师生素食节费,援助沪工,积极投入声援五卅的爱国斗争中去,这是我国教育史记载盲哑学校学生参加政治活动的最早记录。

1927年10月,南京盲哑学校在南京大佛地(今长乐路)创办,分盲哑两科。1929年4月正式更名为南京市公立盲哑学校,这是我国历史上第一所公立盲哑学校,也是第一所公立特殊教育机构,标志着中国现代特殊教育的发展出现重大转折。

民国教育部于1935年、1937年分别公布了《实施义务教育暂行办法大纲施行细则》、《学龄儿童强迫入学暂行办法》,其中都涉及有关残疾儿童义务教育的问题。

1942年,盲生王湘元在菲律宾荣获哲学博士学位,是为现代高等教育史上获得博士学位的第一个中国盲人。

1951年10月,政务院颁布《关于改革学制的决定》,提出"各级人民政府应设立聋哑、盲目等特种学校,对生理上有缺陷的儿童、青年和成人,施以教育",初步奠定了中华人民共和国特殊教育政策的基础。

1953年7月27日,教育部发出《关于盲哑学校方针、课程、学制、编制等问题给西安市文教局的复函》,这是新中国成立后中央教育主管机关发出的第一份专门面向特殊教育的管理规定。

1954年10月教育部印发了《"改编聋哑学校低年级语文教材小型座谈会综合记录"的通知》,标志着我国聋哑教育要从以前的手语法逐步转向口语法。

1956年11月,教育部发出了《关于盲童学校、聋哑学校经费问题的通知》,定下了中华人民共和国特殊教育经费的基调。

1957年4月,教育部发布《关于办好盲童学校、聋哑学校的几点指示》,是建国初期首次对视障和听障儿童教育政策的比较系统的、正式的整体规划。

1982年宪法指出:"国家和社会须帮助安排盲、聋、哑和其他有残疾的公民的劳动、生活与教育。"这是我国第一次在国家的根本大法中对残疾人的教育、生活和劳动问题所做出的明确规定。

1982年,江苏省教育厅开始筹建我国第一所中等特殊教育师资培训机构——南京特殊教育师范学校,即现今南京特殊教育职业技术学院。

1985年5月公布的《中共中央关于教育体制改革的决定》,将"弱智儿童教育"纳入特殊教育的体系之中。

1987年12月,国家教委在《关于印发〈全日制弱智学校(班)教学计划〉的通知》中,首次肯定了"随班就读"。1994年,国家教委颁布《残疾人教育条例》,将随班就读作为残疾儿童少年接受义务教育法的途径之一。

1990年12月通过的《中华人民共和国残疾人保障法》,是改革开放以来我国特殊教育实践的集中体现。

1992年,青岛盲校与南京聋校分别开办盲人高中和聋人高中,为中国残疾人高中教育之始。

1994年8月,国务院办公厅发布了《残疾人教育条例》,是中国历史上第一份法律层级最高的专门特殊教育法规文件。

1998年12月,教育部发布《特殊教育学校暂行规程》,是我国历史上第一份有关特殊教育学校的专门法规。

2009年5月,国务院办公厅转发教育部等部门《关于进一步加快特殊教育事业发展意见》,是我国在21世纪出台的此类性质的第一份文件。

# 参 考 文 献

[1] Banerjee,G. R. Care of the mentally retarded[J]. Indian Journal of Social Work,1955,16(1).
[2] Banerji S. N. Sixty years with the Deaf in India[J]. The Deaf in India,1949,I(1).
[3] Barbara M·Brenzel. Domestication as reform: A Study of the socialization of wayward girls, 1856—1905[M]. Havard Education Review,1980.
[4] Boyd. From Locke to Montessori[M]. New York: Henry Hol,1914.
[5] Chand,A. A case of Mongolism in India[J]. British Journal of Children's Diseases,1932,29.
[6] Chanda A. K. Ninth Quinquennial Review on the Progress of Education in Bengal for the Years 1932—1937[M]. Alipore: Government of West Bengal,1939.
[7] Chauhan,R. S. Triumph of the Spirit: The pioneers of education and rehabilitation services for the visually handicapped in India[M]. Delhi: Konark,1994.
[8] Crossett,J. Account of a visit: under School Items. Bombay Institution[J]. American Annals of the Deaf,1887,32(2).
[9] D. MacGillivary. The China Mission Year Book[M]. Shanghai: Christian Literature Society for China,1913—1917.
[10] Daniel P·Hallahan. Exceptional learners: introduction to special education [M]. Boston: Allyn and Bacon,2003.
[11] Edouard Seguin. Idiocy and Its Treatment by the Physiological Method[M]. New York: Aobany Brandon Printing,1907.
[12] Elwood·Cubberly. The History of Education: Educational Practice and Progress Considered as Phase of Development and Spread of Western Civilization[M]. Boston: Houghton Mifflin Company,1920.
[13] Ernest R Hull. Bombay Mission-History with a special study of the Padroado Question. Volume II 1858—1890[M]. Bombay: Examiner Press,1913.
[14] Gabbay,J. General Introduction: Changing educational provision for the mentally handicapped: from the 1890s to the 1980s[J]. Oxford Review of Education,1983,9.
[15] George B. Fryer. Work Among the Blind of China[A]. China Mission Year Book[M]. Shanghai,1914.
[16] Halan Lane. The Wild Boy of Aveyron. Massachusetts[M]. Harvard University Press,1976.
[17] Harry Daniels, Philip Garner. World Yearbook of Education 1999: Inclusive education[M]. London: Kogan Page Limited,1999.
[18] Henry Barnard. Reformatory Edcation: Papers on Preventative,correctional and reformatory institutions and agencies in different countries[M]. Hartford: F. C. Brownell,1857.
[19] Hewlett,S. S. They Shall See His Face: Stories of God's Grace in work among the blind and others in India[M]. Oxford: Alden,1898.
[20] Hifzur Rahman. History of Special Education in India[M]. Delhi: Sanjay Prakashan,2005.
[21] Izutsu, S. Special education of handicapped children in Japan[J]. Exceptional Children, 1961,27.

[22] Jack R. Gannon. Deaf Heritage: A Narrative History of Deaf America[M]. Silver Spring, MD: National Association of the Deaf,1981.

[23] Joachim,V. Welfare for the handicapped: an overview[A]. H Y Siddiqui. Social Welfare in India[M]. Delhi: Harnam Publications,1990.

[24] John Locke. An essay concerning human understanding[M]. Oxfod: Clarendon Press,1894.

[25] John Sargent. Progress of education in India 1932—1937[J]. Eleventh Quinquennial Review. Delhi: Bureau of Education,1940.

[26] Kamat,V. V. Measuring Intelligence of Indian Children[M]. Oxford University Press(Indian Branch),1951.

[27] Kawamoto,Unosuke. The development of education for the deaf in Japan[M]. New Jersey: Proceedings of the International Congress on the Education of the Deaf,1933.

[28] Konagaya,T. The education of the blind in Japan[J]. Potts,P. C. Outlook for the Blind and the teachers Forum,New york: 1951,45.

[29] Leta Stetter Holllingworth. Gifted children: Their nature and nurtur[M]. New York: Macmillan,1926.

[30] Margret A. Winzer. The History of Special Education,From Isolation to Integration[M]. Washington,D. C: Gallaudet University Press,1993.

[31] Marjolein Degenarr. Molyneux's Problem: Three Centuries Discussion on The Perception of Forms. Sarah Hutton[A]. International Archives of the History of Ideas/Archives internationales d'histoire des idées. Volume147[M]. Dordrecht: Kluwer Academic Publisher,1996.

[32] Meersman A. Notes on the charitable institutions the Portuguese established in India[J]. Indian Church History Review,1971,2.

[33] Miles M. Including Didsabled Children in Indian Schools(1790s—1890s): Innovations of educational approach and technique[J]. Paedagogica Historica,2001,37(2).

[34] Mills P. V. Thomas Lucas and his embossed stenographic characters[J]. British Journal of Ophthalmology,1965,49.

[35] Nathan R. Progress of Education in India(1897—98to 1901—02)[J]. Fourth Quinquennial Review. London: HMSO,1904,1.

[36] Ochiai,T. History,issues and trends of Japanese special education[J]. International Journal of Special Education,1994,9(2).

[37] Otsutake,I. History of private education for the people[M]. Tokyo: Meguro Shoten,1929.

[38] Philip L. Safford etc. A History of Childhood and Disability[M]. NewYork: Teachers College Press,1996.

[39] Ramanujachari,R. A Study of the Extent of the Problems of Physically and Mentally Handicapped Children in Chidambaram Area[M]. Annamalainagar: Annamalai University. 1962.

[40] Raup. N. V. The deaf and the blind in India[J]. The Silent Worker,1920,33(2).

[41] Richard M·Gargiulo. Special education in contemporary society: an introduction to exceptionality[M]. Belmont: Wadsworth publishing,2005.

[42] Robert L. Osgood. The History of Inclusion in the United States[M]. Washington,D. C: Gallaudet University Press,2005.

[43] Samuel Noah Cramer. Sumerian Mythology: A Study of Spiritual and Achieventment in the Third Millennium B. C(Revised)[M]. Philadelphia: University of Pennsylvania Press,1961.

[44] Snehamoy Datta. Quinquennial Review on the Progress of Education in West Bengal for the

Period 1942—43 to 1946—47[M]. Alipore：Government of West Bengal,1951.

[45] Society for promoting female education in the East. History of the Society for Promoting Female Education in the East[M]. Lonudon：Edward Suter,1847.

[46] Swainson F. The education of the deaf in India[J]. Volta Review,1914,XVI.

[47] Taylor W. W. Services for the Handicapped in India[M]. New York：International Society for Rehabilitation of the Disabled,1970.

[48] Tsujimura Y. The History and Present Status of Services for the Mentally retarded in Japan. Report[R]. 2nd Asian Conference on Mental Retardation. Equal Rights for the Retarded. Tokyo：Japan League for the Mentally Retarded,1975.

[49] W·H·Illingworth,F. G. T. B. History of The Education of The Blind[M]. London Sampson Low：Marston & Company,LTD. 1910.

[50] Warnock H. M. Special Educational Needs：Report of the Committee of Enquiry into the Education of Handicapped Children and Young People[R],London 1978.

[51] William L·Heward. 特殊需要儿童教育导论[M]. 肖非等译. 北京：中国轻工业出版社,2007.

[52] YOSHIHISA ABE. Special education reform in Japan[J]. European Journal of Special Needs Education,1998,13(1).

[53] 埃伦·康德利夫·拉格曼. 一门捉摸不定的科学：困扰不断的教育研究的历史[M]. 花海燕等译. 北京：教育科学出版社,2006.

[54] 安德烈·比利. 狄德罗传[M]. 张本译. 北京：商务印书馆,1995.

[55] 柏拉图. 理想国[M]. 郭斌和等译. 北京：商务印书馆,1986.

[56] 班固. 前汉书. 二十五史(1卷)[M]. 上海：上海古籍出版社,上海书店,1986.

[57] 鲍静静. 近代中国的盲人特殊教育——以广州明心瞽目院为例[J]. 广西社会科学,2007,5.

[58] 北京大学哲学系外国哲学史教研室. 十八世纪法国哲学[M]. 北京：商务印书馆,1963.

[59] 北京市教育科学研究所. 陈鹤琴全集(第1卷)[M]. 南京：江苏教育出版社,1987.

[60] 北京市教育科学研究所. 陈鹤琴全集(第4卷)[M]. 南京：江苏教育出版社,1991.

[61] 北京市教育科学研究所. 陈鹤琴全集(第6卷)[M]. 南京：江苏教育出版社,1992.

[62] 毕农等. 从隔离走向融合——加、美特殊教育改革动向[J]. 世界教育信息,1995,9.

[63] 曹孚等. 外国古代教育史[M]. 北京：人民教育出版社,1981.

[64] 曹立前. 传教士与烟台启喑学校[J]. 烟台大学学报(哲学社会科学版),1999,2.

[65] 陈爱华. 加拿大特殊教育的现状、特点及对我国的启示[J]. 外国中小学教育,1998,1.

[66] 陈鼓应. 庄子今注今译(上册)[M]. 北京：中华书局,1983.

[67] 陈鼓应. 庄子今注今译(中册)[M]. 北京：中华书局,1983.

[68] 陈汉才. 中国古代幼儿教育史[M]. 广州：广东高等教育出版社,1996.

[69] 陈澔. 礼记集说. 宋元人注. 四书五经(中册)[M]. 天津：天津市古籍书店,1988.

[70] 陈云英. 中国特殊教育学基础[M]. 北京：教育科学出版社,2004.

[71] 陈云英. 中国特殊教育学基础[M]. 北京：教育科学出版所,2004.

[72] 戴目. 百年沧桑话聋人[M]. 上海：上海教育出版社,2003.

[73] 丹尼尔·P·哈拉汉等. 异常儿童特殊教育概论[M]. 高卓等译. 北京：华夏出版社,1992.

[74] 邓特. 英国教育[M]. 杭州大学教育系外国教育研究室译. 杭州：浙江教育出版社,1987.

[75] 邓云特. 中国救荒史[M]. 上海：商务印书馆,1937.

[76] 狄德罗. 狄德罗哲学选集[M]. 江天冀等译. 北京：商务印书馆,1959.

[77] 丁邦平. 美国弱智教育的发展与改革[J]. 上海教育科研 1993,6.

[78] 丁钢.中国教育:研究与评论(第1辑)[M].北京:教育科学出版社,2001.
[79] 范晔.后汉书.二十五史(2卷)[M].上海:上海古籍出版社,上海书店,1986.
[80] 方俊明.特殊教育学[M].北京:人民教育出版社,2005.
[81] 方俊明.特殊教育学[M].北京:人民教育出版社,2005.
[82] 方俊明.我国特殊教育研究的回顾与展望[J].中国特殊教育,2000,1.
[83] 方立天.中国佛教伦理思想论纲[M].中国社会科学,1996.
[84] 方立天.中国佛教与传统文化[M].长春:长春出版社,2007.
[85] 福州市教育志编纂委员会.福州市教育志[Z].福州市教育局,1995.
[86] 傅逸亭.聋人手语概论[M].上海:学林出版社,1988.
[87] 高凤仪.当今俄罗斯教育概览[M].郑州:河南教育出版社,1994.
[88] 格莱夫斯.中世教育纪史[M].上海:华东师范大学出版社,2005.
[89] 葛剑雄.中国人口史(第1卷)[M].上海:复旦大学出版社,2002.
[90] 葛力.十八世纪法国哲学[M].北京:社会科学文献出版社,1991.
[91] 顾定倩.美国聋校的课程设置[J].特殊儿童与师资研究,1995,3.
[92] 顾明远.教育大辞典(第1卷)[M].上海:上海教育出版社,1990.
[93] 顾明远.世界教育大系·英国教育[M].长春:吉林教育出版社,2000.
[94] 郭卫东.基督教新教传教士与中国盲文体系的演进[J].近代史研究,2006,2.
[95] 郭卫东.基督新教与中国近代的特殊教育[J].社会科学研究,2001,4.
[96] 郭卫东.论中国近代特殊教育的发端[J].教育学报,2007.6
[97] 郭卫东.晚清及民国年间北京特殊教育研究[J].北京档案史料,2005,1.
[98] 韩非子.韩非子[M].陈秉才译注.北京:中华书局,2008.
[99] 汉斯-维尔纳.格茨.欧洲中世纪生活:7—13世纪[M].王亚平译.北京:东方出版社,2002.
[100] 杭州市教育委员会.杭州教育志[M].杭州:浙江教育出版社,1994.
[101] 何东昌.中华人民共和国重要教育文献(1949—1975)[M].海口:海南出版社,1998.
[102] 何东昌.中华人民共和国重要教育文献(1976—1990)[M].海口:海南出版社,1998.
[103] 何东昌.中华人民共和国重要教育文献(1991—1997)[M].海口:海南出版社,1998.
[104] 何东昌.中华人民共和国重要教育文献(1998—2002)[M].海口:海南出版社,2003.
[105] 何东墀.美国联邦政府如何推展学前特殊教育[J].特教园丁,1992,3.
[106] 贺荣一.道德经注译与析解[M].天津:百花文艺出版社,1994.
[107] 黑格尔.哲学史讲演录(第4卷)[M].贺麟等译.北京:商务印书馆,1978.
[108] 洪仁玕.资政新篇[M].荣孟源.中国近代史资料选辑.北京:三联书店出版,1954.
[109] 胡锦涛.高举中国特色社会主义伟大旗帜为夺取全面建设小康社会新胜利而奋斗[J].求是,2007,21.
[110] 湖南省地方志编纂委员会.湖南省志(第17卷)·教育志(下册)[M].长沙:湖南教育出版社,1995.
[111] 华东师范大学教育系.西方古代教育论著选[M].北京:人民教育出版社,2001.
[112] 华国栋.残疾儿童随班就读现状及发展趋势[J].教育研究,2003,2.
[113] 华林一.残废教育[M].上海:商务印书馆,1929.
[114] 黄炎培.八十年来[M].北京:中国文史出版社,1987.
[115] 黄志成.全纳教育一关注所有学生的学习和参与[M].上海:上海教育出版社,2004.
[116] 加斯东·米亚拉雷等.世界教育史(1945年至今)[M].张人杰等译.上海:上海译文出版社,1991.
[117] 江灏.今古文尚书全译[M].贵阳:贵州人民出版社,1992.

[118] 江苏省地方志编纂委员会.江苏省志(第77卷)·教育志(上册)[M].南京：江苏古籍出版社,2000.
[119] 教育部参事处编.教育法令汇编(第1辑)[M].上海：商务印书馆,1936.
[120] 教育部教育年鉴编纂委员会.第二次中国教育年鉴[M].上海：商务印书馆,1948.
[121] 金良年.论语译注[M].上海：上海古籍出版社,1995.
[122] 金良年.孟子译注[M].上海：上海古籍出版社,1995.
[123] 金铁宽.中华人民共和国教育大事记(第1卷)[M].济南：山东教育出版社,1995.
[124] 瞿葆奎.教育学文集·英国教育改革[M].北京：人民教育出版社,1993.
[125] 克里斯托弗·福尔.1945年以来的德国教育：概览与问题[M].肖辉英等译.北京：人民教育出版社,2002.
[126] 夸美纽斯.大教学论[M].傅任敢译.北京：教育科学出版社,2004.
[127] 拉伯雷.巨人传[M].成钰亭译.上海：上海译文出版社,1990.
[128] 蓝任哲.加拿大百科全书[M].成都：四川辞书出版社,1998.
[129] 黎庶昌.西洋杂志[M].钟叔河.走向世界丛书.长沙：岳麓书社出版,1985.
[130] 李圭.环游地球新录.钟叔河.走向世界丛书[M].长沙：岳麓书社出版,1985.
[131] 李家庆.教育古文选[M].上海：上海社会科学院出版社,1995.
[132] 李强.中、日、美聋人高等教育模式的对比与借鉴[J].比较教育研究,2004,11.
[133] 李庆良.美国1997年IDEA修正案的研究[C].中师院特教论文集8701.台湾：国立台中师范学院特殊教育中心,1998.
[134] 李庆良.美国特殊教育调节制度的研究[M].特殊教育丛书9101辑.台中：国立台中师范学院出版社,2002
[135] 李亚学.少年教养制度比较研究[M].北京：群众出版社,2004.
[136] 李正富.宋代科举制度之研究[M].台北：国立政治大学出版社,1963.
[137] 李钟善主编.加拿大教育研究[M].西安：陕西师范大学出版社,1992.
[138] 梁晓华.当今法国教育概览[M].郑州：河南教育出版社,1994.
[139] 林世田.道教经典精华[M].北京：宗教文化出版社,1999.
[140] 林鍼.西海纪游草.钟叔河.走向世界丛书[M].长沙：岳麓书社出版,1985.
[141] 刘良华.高慎英.马卡连柯论惩罚之分析[J].教育管理,1995,4.
[142] 刘全礼.特殊教育导论[M].北京：教育科学出版社,2003.
[143] 刘文.蒙台梭利幼儿感官教育[M].上海：第二军医大学出版社,2004.
[144] 刘昫.旧唐书.二十五史(5卷)[M].上海：上海古籍出版社,上海书店,1986.
[145] 龙文玲.朱子语类选注(上册)[M].桂林：广西师范大学出版社,1998.
[146] 卢梭.爱弥儿(上卷)[M].李平沤译.北京：人民教育出版社,1985.
[147] 卢梭.社会契约论[M].何兆武译.北京：商务印书馆,1990.
[148] 陆德阳.中国残疾人史[M].上海：学林出版社,1996.
[149] 路得·特恩布尔.今日学校中的特殊教育[M].方俊明等译.上海：华东师范大学出版社,2004.
[150] 洛克.人类理解论.关文运译[M].北京：商务印书馆,1983.
[151] 马健生.公平与效率的抉择—美国教育市场化改革研究[M].北京：教育科学出版社,2008.
[152] 马卡连柯.马卡连柯教育文集(上卷)[M].吴式颖等编译.北京：人民教育出版社,1985.
[153] 马卡连柯.马卡连柯教育文集(下卷)[M].吴式颖等编译.北京：人民教育出版社,1985.
[154] 毛礼锐.中国教育通史(第1卷)[M].济南：山东教育出版社,1985.

[155] 蒙台梭利.蒙台梭利幼儿教育科学方法[M].任代文主译校.北京：人民教育出版社,2002.
[156] 米歇尔.福柯.癫痫与文明[M].刘北成等译.北京：生活.读书.新知三联书店,2003.
[157] 南丁.日本特殊教育的重大改革：从特殊教育到特别支持教育[J].内蒙古师范大学学报（教育科学版）,2005,4.
[158] 欧阳修.新唐书.二十五史（6卷）[M].上海：上海古籍出版社,上海书店,1986.
[159] 帕特里克·西曼斯.社会人类学视角中的美国聋人教育[J].文平译.第欧根尼,1998,1.
[160] 潘一.特殊教育学基础[M].北京：高等教育出版社,2006.
[161] 庞朴.中国儒学（第1卷）[M].上海：东方出版中心,1997.
[162] 培根.新工具[M].许宝骙译.北京：商务印书馆出版,1984.
[163] 彭霞光.美国盲多重残疾儿童教育的现状[J].中国特殊教育,2005,12.
[164] 朴永馨.特殊教育[M].长春：吉林教育出版社,2000.
[165] 朴永馨.特殊教育词典（第2版）[M].北京：华夏出版社,2006.
[166] 齐尔格特·鲍曼.通过社会学去思考[M].高华等译.北京：社会科学文献出版社,2002.
[167] 强海燕.中、美、加、英四国基础教育研究[M].北京：人民教育出版社,2005.
[168] 乔纳森.伯内斯.亚里士多德[M].余继元译.北京：中国社会科学出版社,1990.
[169] 青岛市史志办公室.青岛市志·教育志[M].北京：新华出版社,1994.
[170] 任钟印.夸美纽斯教育论著选[M].北京：人民教育出版社,1990.
[171] 任钟印.西方近代教育论著选[M].北京：人民教育出版社2001.
[172] 容闳.西学东渐记[M].长沙：湖南人民出版社,1981.
[173] 阮元.十三经注疏（上下册）[M].北京：中华书局,1980.
[174] 山口薰.日本特殊教育的现状和课题[J].现代特殊教育,1994,2.
[175] 山口薰.日本的统合教育二——最新国际发展动向和特别支援教育[J].现代特殊教育,2006,5.
[176] 山口薰.特殊教育的展望——面向21世纪[M].沈阳：辽宁师范大学出版社,1996.
[177] 上海师范大学古籍整理研究所.国语[M].上海：上海古籍出版社,1988.
[178] 沈云龙.中华民国教育法规汇编·教育厅组织大纲[M].台北：文海出版社,1987.
[179] 施密特等.基督教对文明的影响[M].汪晓丹等译.北京：北京大学出版社,2004.
[180] 石部元雄等.世界各国的特殊教育[M].李聪明等译.台北：正中书局,1988.
[181] 舒新城.中国近代教育史资料（上中下册）[M].北京：人民教育出版社,1981.
[182] 司马迁.史记[M].长沙：岳麓书社,1988.
[183] 宋恩荣.中华民国教育法规选编（1912—1949）[M].南京：江苏教育出版社,1990.
[184] 苏雪云.加拿大特殊教育立法与实践[J].中国特殊教育,2004,12.
[185] 苏云峰.中国新教育的萌芽与成长（1860—1928）[M].北京：北京大学出版社,2007.
[186] 孙圣涛.日本弱智教育的历史、现状及面临的问题[J].外国中小学教育,1999,1.
[187] 滕大春.外国教育通史（第1卷）[M].济南：山东教育出版社,1989.
[188] 滕大春.外国教育通史（第五卷）[M].济南：山东教育出版社,2003.
[189] 滕伟民等.中国盲文[M].北京：华夏出版社,1996.
[190] 田正平.世纪之理想：中国近代义务教育研究[M].杭州：浙江教育出版社,2000.
[191] 脱脱.宋史（上下）.二十五史（7—8卷）[M].上海：上海古籍出版社,上海书店,1986.
[192] 万明美.视障教育[M].台中：五南图书出版有限公司,2001.
[193] 王炳照.中国教育思想通史（第2卷）[M].长沙：湖南教育出版社,1994.
[194] 王长纯.印度教育[M].长春：吉林教育出版社,2000
[195] 王立夫.烟台启喑学堂简介[J].山东烟台政协文史资料委员会.烟台市文史资料,烟台：烟

台市政协文史资料委员会,1982,1.
[196] 王明.太平经合校(上册)[M].北京:中华书局,1960.
[197] 王强虹.陈鹤琴的特殊儿童教育思想述评[J].西南师范大学学报(哲学社会科学版),1998,6.
[198] 王守谦.左传全译[M].贵阳:贵州人民出版社,1990.
[199] 王月清.中国佛教伦理研究[M].南京:南京大学出版社,1999.
[200] 王芸.民国时期北平市立聋哑学校史料[M].北京档案史料.北京:新华出版社,2004.
[201] 王治心.中国基督教史纲[M].上海:上海古籍出版社,2004.
[202] 文德尔班.哲学史教程(下卷)[M].罗达仁译.北京:商务印书馆,1993.
[203] 吴康.译者序.格莱夫斯.中世教育纪史[M].吴康译.上海:华东师范大学出版社,2005.
[204] 吴式颖.外国教育史教程[M].北京:人民教育出版社,1999.
[205] 吴式颖.外国教育思想通史(第1—10卷)[M].长沙:湖南教育出版社,2002.
[206] 夏征农.辞海(缩印本)[M].上海:上海辞书出版社,1989.
[207] 肖非.中国的随班就读:历史·现状·展望[J].中国特殊教育,2005,3.
[208] 谢明.融合和全纳教育是特殊教育的主题——加拿大、美国特殊教育考察报告[J].现代特殊教育,2003,6.
[209] 邢克超.战后法国教育研究[M].南昌:江西教育出版社,1993.
[210] 熊琪等.加拿大全纳教育的实践及启示[J].现代特殊教育,2008,1.
[211] 徐松.登科记考(上册)[M].北京:中华书局,1984.
[212] 徐桃坤.陈鹤琴特殊教育文选及研究[M].北京:华夏出版社,2005.
[213] 许天威等.新特殊教育通论[M].台北:五南出版社,2000.
[214] 薛福成.出使英法义比四国日记[M].钟叔河.走向世界丛书.长沙:岳麓书社出版,1985.
[215] 雅各布·布克哈特.意大利文艺复兴时期的文化[M].何新译.北京:商务印书馆,1996.
[216] 亚里士多德.政治学[M].吴寿彭译.北京:商务印书馆,1965.
[217] 颜之推.颜氏家训集解[M].王利器集解.上海:上海古籍出版社,1980.
[218] 杨汉麟.近代特殊教育的开路先锋[J].华中师范大学学报(人文社会科学版),2007.
[219] 杨汉麟.外国教育实验史[M].北京:人民教育出版社,2005.
[220] 杨民.当代日本的特殊教育及其对我们的启示[J].中国特殊教育,2000,4.
[221] 杨任之.白话荀子[M]长沙:岳麓书社,1991.
[222] 杨学为.中国考试制度史资料选编[M].合肥:黄山书社,1992.
[223] 姚思廉.梁书.二十五史(3卷)[M].上海:上海古籍出版社,上海书店,1986.
[224] 叶立群.特殊教育学[M].福州:福建教育出版社,1997.
[225] 尹德新.历代教育笔记资料(第2册)[M].北京:中国劳动出版社,1991.
[226] 应伟忠.德国特殊教育的特点和趋势(三)[J].现代特殊教育,1999,7.
[227] 喻本伐.中国教育发展史[M].武汉:华中师范大学出版社,1991.
[228] 喻岳衡.传统蒙学书集成[M].长沙:岳麓书社,1996.
[229] 袁桂林.外国教育史[M].长春:东北师范大学出版社,1995.
[230] 袁韶莹.日本的特殊教育[J].外国教育研究,1981,3.
[231] 袁茵.听觉障碍儿童沟通方法评介[J].中国特殊教育,2002,1.
[232] 载泽.考察政治日记[M].钟叔河.走向世界丛书.长沙:岳麓书社出版,1985.
[233] 张椿年.从信仰到理性——意大利人文主义研究[M].杭州:浙江人民出版社,1993.
[234] 张德伟.分离式教育与统合式教育——日本特殊教育的两种形式[J].日本问题研究.2001,4.

[235] 张德彝.航海述奇·欧美环游记[M].钟叔河.走向世界丛书.长沙：岳麓书社出版,1985.
[236] 张德彝.随使英俄记[M].钟叔河.走向世界丛书.长沙：岳麓书社出版,1985.
[237] 张福娟.特殊教育史[M].上海：华东师范大学出版社,2000.
[238] 张焕庭.西方资产阶级教育论著选[M].北京：人民教育出版社,1979.
[239] 张謇研究中心.张謇全集(第四卷)[M].南京：江苏古籍出版社,1994.
[240] 张兰馨.张謇教育思想研究[M].沈阳：辽宁教育出版社,1995.
[241] 张人杰.中外教育比较史纲(现代卷)[M].济南：山东教育出版社,2001.
[242] 张廷玉.明史.二十五史(10卷)[M].上海：上海古籍出版社,上海书店,1986.
[243] 张维平、马立武著.美国教育法研究[M].北京：中国法制出版社,2004.9
[244] 张湘洛.加拿大的教育立法及启示[J].教育评论,2003,1.
[245] 张载.张子正蒙[M].王夫之注.上海：上海古籍出版社,2000.
[246] 张仲仁.德国特殊教育的现状[J].外国中小学教育,1996,1.
[247] 章开沅.开拓者的足迹——张謇传稿[M].北京：中华书局,1986.
[248] 赵江红等.紧跟普教步伐不让一个孩子掉队——美国聋教育课程的历史、现状和发展趋势[J].中国特殊教育,2003,8.
[249] 赵守正.白话管子[M].长沙：岳麓书社,1993.
[250] 赵祥麟.外国教育家评传(第2卷)[M].上海：上海教育出版社,2003.
[251] 中共中央马克思恩格斯列宁斯大林著作编译局编译.马克思恩格斯全集(第3卷)[M].北京：人民出版社,1972.
[252] 中村满纪男、荒川智.障碍儿童教育历史[M].东京：明石书店,2003.
[253] 《中国教育年鉴》编辑部.中国教育年鉴(1949—1981)[M].北京：中国大百科全书出版社,1984.
[254] 中国第二历史档案馆编.中华民国史档案资料汇编·第五辑·第一编·教育(一)[M].南京：江苏古籍出版社,1997
[255] 中华续行委办会调查特委会.中华归主——中国基督教事业统计(1901—1920)(中册)[M].北京：中国社会科学出版社,1985.
[256] 钟经华.美国盲人融合高等教育的技术支持及启示[J].中国特殊教育,2006,11.
[257] 周秋光.中国慈善简史[M].北京：人民出版社,2006.
[258] 朱迪斯.M.本内特.欧洲中世纪史(第10版)[M].杨宁等译.上海：上海社会科学院出版社,2007.
[259] 朱进先.健康心理学[M].台北：五南图书出版公司,1992.
[260] 朱熹.论语章句集注[M].宋元人注.四书五经(上册).天津：天津市古籍书店,1988.
[261] 朱熹.孟子章句集注[M].宋元人注.四书五经(上册).天津：天津市古籍书店,1988.
[262] 朱怡华.上海盲童学校历史调查简记[J].华东师范大学学报(教育科学版),1994,2.
[263] 朱宗顺.交流与改革：教育交流视野中的中国教育改革(1978—2000)[M].杭州：浙江教育出版社,2006.
[264] 朱宗顺.现代学前教育史上的浙江学派[J].浙江教育学院学报,2007,2
[265] 左丘明.国语[M].尚学锋译注.北京：中华书局,2008.

# 北京大学出版社
## 教育出版中心 精品图书

### 21世纪特殊教育创新教材·理论与基础系列
特殊教育的哲学基础　　　　　　　方俊明 36元
特殊教育的医学基础　　　　　　　张　婷 36元
融合教育导论（第二版）　　　　　雷江华 45元
特殊教育学（第二版）　　　　雷江华 方俊明 43元
特殊儿童心理学（第二版）　　方俊明 雷江华 39元
特殊教育史　　　　　　　　　　　朱宗顺 39元
特殊教育研究方法（第二版）
　　　　　　　　　　　　　杜晓新 宋永宁等 45元
特殊教育发展模式　　　　　　　　任颂羔 36元
特殊儿童心理与教育（第二版）
　　　　　　　　　　　杨广学 张巧明 王　芳 49元
教育康复学导论　　　　　　　杜晓新 黄昭鸣 55元
特殊儿童病理学　　　　　　　王和平 杨长江 48元

### 21世纪特殊教育创新教材·发展与教育系列
视觉障碍儿童的发展与教育　　　　邓　猛 38元
听觉障碍儿童的发展与教育（第二版）
　　　　　　　　　　　　　　　　贺荟中 49元
智力障碍儿童的发展与教育（第二版）
　　　　　　　　　　　　　　刘春玲 马红英 55元
学习困难儿童的发展与教育（第二版）
　　　　　　　　　　　　　　　　赵　微 59元
自闭症谱系儿童的发展与教育
　　　　　　　　　　　　　　　　周念丽 32元
情绪与行为障碍儿童的发展与教育　李闻戈 42元
超常儿童的发展与教育（第二版）
　　　　　　　　　　　　　　苏雪云 张　旭 39元

### 21世纪特殊教育创新教材·康复与训练系列
特殊儿童应用行为分析（第二版）
　　　　　　　　　　　　　　李　芳 李　丹 49元
特殊儿童的游戏治疗　　　　　　　周念丽 42元
特殊儿童的美术治疗　　　　　　　孙　霞 38元
特殊儿童的音乐治疗　　　　　　　胡世红 32元
特殊儿童的心理治疗（第二版）　　杨广学 45元
特殊教育的辅具与康复　　　　　　蒋建荣 29元
特殊儿童的感觉统合训练（第二版）王和平 56元
孤独症儿童课程与教学设计　　　　王　梅 37元

### 自闭谱系障碍儿童早期干预丛书
如何发展自闭谱系障碍儿童的沟通能力
　　　　　　　　　　　　　　朱晓晨 苏雪云 29元
如何理解自闭谱系障碍和早期干预　苏雪云 32元
如何发展自闭谱系障碍儿童的社会交往能力
　　　　　　　　　　　　　　吕　梦 杨广学 33元

如何发展自闭谱系障碍儿童的自我照料能力
　　　　　　　　　　　　　　倪萍萍 周　波 32元
如何在游戏中干预自闭谱系障碍儿童
　　　　　　　　　　　　　　朱　瑞 周念丽 32元
如何发展自闭谱系障碍儿童的感知和运动能力
　　　　　　　　　　　韩文娟 徐　芳 王和平 32元
如何发展自闭谱系障碍儿童的认知能力
　　　　　　　　　　　　　　潘前前 杨福义 39元
自闭症谱系障碍儿童的发展与教育　周念丽 32元
如何通过音乐干预自闭谱系障碍儿童　张正琴 36元
如何通过画画干预自闭谱系障碍儿童　张正琴 36元
如何运用ACC促进自闭谱系障碍儿童的发展
　　　　　　　　　　　　　　　　苏雪云 36元
孤独症儿童的关键性技能训练法　　李　丹 45元
自闭症儿童家长辅导手册　　　　　雷江华 35元
孤独症儿童课程与教学设计　　　　王　梅 37元
融合教育理论反思与本土化探索　　邓　猛 58元
自闭症谱系障碍儿童家庭支持系统　孙玉梅 36元

### 特殊学校教育·康复·职业训练丛书（黄建行 雷江华 主编）
信息技术在特殊教育中的应用　　　　　　55元
智障学生职业教育模式　　　　　　　　　36元
特殊教育学校学生康复与训练　　　　　　59元
特殊教育学校校本课程开发　　　　　　　45元
特殊教育学校特奥运动项目建设　　　　　49元

### 21世纪学前教育规划教材
学前教育概论　　　　　　　　　　李生兰 49元
学前教育管理学　　　　　　　　　王　雯 45元
幼儿园歌曲钢琴伴奏教程　　　　　果旭伟 39元
幼儿园舞蹈教学活动设计与指导　　董　丽 36元
实用乐理与视唱　　　　　　　　　代　苗 40元
学前儿童美术教育　　　　　　　　冯婉贞 45元
学前儿童科学教育　　　　　　　　洪秀敏 39元
学前儿童游戏　　　　　　　　　　范明հ 39元
学前教育研究方法　　　　　　　　郑福明 39元
外国学前教育史　　　　　　　　　郭法奇 39元
学前教育政策与法规　　　　　　　魏　真 36元
学前心理学　　　　　　　　　涂艳国 蔡　艳 36元
学前教育理论与实践教程
　　　　　　　　　　　王　维 王维娅 孙　岩 39元
学前儿童数学教育　　　　　　　　赵振国 39元

## 大学之道丛书精装版
美国高等教育通史　　　　　[美]亚瑟·科恩 115元
知识社会中的大学　　　　[英]杰勒德·德兰迪 78元
大学之用（第五版）　　　　　[美]克拉克·克尔 49元
营利性大学的崛起　　　　　[美]理查德·鲁克 68元
学术部落与学术领地：知识探索与学科文化
　　　　　　　　　[英]托尼·比彻，保罗·特罗勒尔 88元
美国现代大学的崛起　　　[美]劳伦斯·维赛 118元
教育的终结——大学何以放弃了对人生意义的追求
　　　　　　　　　　　[美]安东尼·T.克龙曼 78元
世界一流大学的管理之道——大学管理研究导论
　　　　　　　　　　　　　　　　　　　程 星 68元
后现代大学来临？
　　　　　[英]安东尼·史密斯 弗兰克·韦伯斯特 68元

## 大学之道丛书
市场化的底限　　　　　　　　[美]大卫·科伯 59元
大学的理念　　　　　　　　　[英]亨利·纽曼 49元
哈佛：谁说了算　　　　　[美]理查德·布瑞德利 48元
麻省理工学院如何追求卓越
　　　　　　　　　　　　[美]查尔斯·维斯特 35元
大学与市场的悖论　　　　　[美]罗杰·盖格 48元
高等教育公司：营利性大学的崛起
　　　　　　　　　　　　　[美]理查德·鲁克 38元
公司文化中的大学：大学如何应对市场化压力
　　　　　　　　　　　　[美]埃里克·古德 40元
美国高等教育质量认证与评估
　　　　　　　　　　[美]美国中部州高等教育委员会 36元
现代大学及其图新　　[美]谢尔顿·罗斯布莱特 60元
美国文理学院的兴衰——凯尼恩学院纪实
　　　　　　　　　　　　　　[美]P. F.克鲁格 42元
教育的终结：大学何以放弃了对人生意义的追求
　　　　　　　　　　　[美]安东尼·T.克龙曼 35元
大学的逻辑（第三版）　　　　　　张维迎 38元
我的科大十年（续集）　　　　　　孔宪铎 35元
高等教育理念　　　　　　[英]罗纳德·巴尼特 45元
美国现代大学的崛起　　　　[美]劳伦斯·维赛 66元
美国大学时代的学术自由　　[美]沃特·梅兹格 39元
美国高等教育通史　　　　　　[美]亚瑟·科恩 59元
美国高等教育史　　　　　　　[美]约翰·塞林 69元
哈佛通识教育红皮书　　　　　　哈佛委员会 38元
高等教育何以为"高"——牛津导师制教学反思
　　　　　　　　　　　　[英]大卫·帕尔菲曼 39元
印度理工学院的精英们　　[印度]桑迪潘·德布 39元

知识社会中的大学　　　　[英]杰勒德·德兰迪 32元
高等教育的未来：浮言、现实与市场风险
　　　　　　　　　　　　　[美]弗兰克·纽曼等 39元
后现代大学来临？　　　　[美]安东尼·史密斯等 32元
美国大学之魂　　　　　　[美]乔治·M.马斯登 58元
大学理念重审：与纽曼对话
　　　　　　　　　　[美]雅罗斯拉夫·帕利坎 40元
学术部落及其领地——当代学术界生态揭秘（第二版）　　　　　[英]托尼·比彻 保罗·特罗勒尔 33元
德国古典大学观及其对中国大学的影响（第二版）
　　　　　　　　　　　　　　　　　陈洪捷 42元
转变中的大学：传统、议题与前景　　郭为藩 23元
学术资本主义：政治、政策和创业型大学
　　　　　　　[美]希拉·斯劳特 拉里·莱斯利 36元
21世纪的大学　　　　　[美]詹姆斯·杜德斯达 38元
美国公立大学的未来
　　　　[美]詹姆斯·杜德斯达 弗瑞斯·沃马克 30元
东西象牙塔　　　　　　　　　　　孔宪铎 32元
理性捍卫大学　　　　　　　　　　眭依凡 49元

## 学术规范与研究方法系列
社会科学研究方法100问　　　[美]萨尔金德 38元
如何利用互联网做研究　　　[爱尔兰]杜恰泰 38元
如何撰写与发表社会科学论文：国际刊物指南
　　　　　　　　　　　　　　　　　蔡今忠 42元
如何查找文献（第二版）　　[英]萨莉·拉姆齐 50元
给研究生的学术建议　　　　[英]戈登·鲁格 等 26元
社会科学研究的基本规则（第四版）
　　　　　　　　　　　　　[英]朱迪斯·贝尔 32元
做好社会研究的10个关键
　　　　　　　　　　　　[英]马丁·丹斯考姆 20元
如何写好科研项目申请书
　　　　　　　　　[美]安德鲁·弗里德兰德 等 28元
教育研究方法（第六版）
　　　　　　　　　　　[美]梅瑞迪斯·高尔 等 88元
高等教育研究：进展与方法
　　　　　　　　　　　　　[英]马尔科姆·泰特 25元
如何成为学术论文写作高手　　[美]华乐丝 49元
参加国际学术会议必须要做的那些事
　　　　　　　　　　　　　　　　[美]华乐丝 32元
如何成为优秀的研究生　　　　　[美]布卢姆 38元

## 21世纪高校职业发展读本
如何成为卓越的大学教师　　　　[美]肯·贝恩 32元

|  |  |  |
|---|---|---|
| 给大学新教员的建议 | [美] 罗伯特·博伊斯 | 35元 |
| 如何提高学生学习质量 | [英] 迈克尔·普洛瑟 等 | 35元 |
| 学术界的生存智慧 | [美] 约翰·达利 等 | 35元 |
| 给研究生导师的建议（第2版） | [英] 萨拉·德拉蒙特 等 | 30元 |

### 21世纪教师教育系列教材·物理教育系列

|  |  |  |
|---|---|---|
| 中学物理微格教学教程（第二版） | 张军朋 詹伟琴 王恬 | 35元 |
| 中学物理科学探究学习评价与案例 | 张军朋 许桂清 | 32元 |
| 物理教学论 | 邢红军 | 49元 |
| 中学物理教学评价与案例分析 | 王建中 孟红娟 | 38元 |

### 21世纪教育科学系列教材·学科学习心理学系列

|  |  |  |
|---|---|---|
| 数学学习心理学（第二版） | 孔凡哲 曾峥 | 49元 |
| 语文学习心理学 | 董蓓菲 | 49元 |

### 21世纪教师教育系列教材

|  |  |  |
|---|---|---|
| 教育学基础 | 庞守兴 | 40元 |
| 教育学 | 余文森 王晞 | 26元 |
| 教育研究方法 | 刘淑杰 | 45元 |
| 教育心理学 | 王晓明 | 55元 |
| 心理学导论 | 杨凤云 | 46元 |
| 教育心理学概论 | 连榕 罗丽芳 | 42元 |
| 课程与教学论 | 李允 | 42元 |
| 教师专业发展导论 | 于胜刚 | 42元 |
| 学校教育概论 | 李清雁 | 42元 |
| 现代教育评价教程（第二版） | 吴钢 | 45元 |
| 教师礼仪实务 | 刘霄 | 36元 |
| 家庭教育新论 | 闫旭蕾 杨萍 | 39元 |
| 中学班级管理 | 张宝书 | 39元 |
| 教育职业道德 | 刘亭亭 | 39元 |
| 教师心理健康 | 张怀春 | 39元 |
| 现代教育技术 | 冯玲玉 | 39元 |
| 青少年发展与教育心理学 | 张清 | 42元 |
| 课程与教学论 | 李允 | 42元 |
| 课堂与教学艺术（第二版） | 孙菊如 陈春荣 | 49元 |

### 21世纪教师教育系列教材·初等教育系列

|  |  |  |
|---|---|---|
| 小学教育学 | 田友谊 | 39元 |
| 小学教育学基础 | 张永明 曾碧 | 42元 |
| 小学班级管理 | 张永明 宋彩琴 | 39元 |
| 初等教育课程与教学论 | 罗祖兵 | 45元 |
| 小学教育研究方法 | 王红艳 | 45元 |
| 新理念小学数学教学论 | 刘京莉 | 38元 |
| 新理念小学音乐教学法 | 吴跃跃 | 46元 |

### 教师资格认定及师范类毕业生上岗考试辅导教材

|  |  |  |
|---|---|---|
| 教育学 | 余文森 王晞 | 26元 |
| 教育心理学概论 | 连榕 罗丽芳 | 42元 |

### 21世纪教师教育系列教材·学科教育心理学系列

|  |  |  |
|---|---|---|
| 语文教育心理学 | 董蓓菲 | 39元 |
| 生物教育心理学 | 胡继飞 | 45元 |

### 21世纪教师教育系列教材·学科教学论系列

|  |  |  |
|---|---|---|
| 新理念化学教学论（第二版） | 王祖浩 | 49元 |
| 新理念科学教学论（第二版） | 崔鸿 张海珠 | 36元 |
| 新理念生物教学论（第二版） | 崔鸿 郑晓慧 | 45元 |
| 新理念地理教学论（第二版） | 李家清 | 45元 |
| 新理念历史教学论（第二版） | 杜芳 | 42元 |
| 新理念思想政治（品德）教学论（第二版） | 胡田庚 | 55元 |
| 新理念信息技术教学论（第二版） | 吴军其 | 38元 |
| 新理念数学教学论 | 冯虹 | 36元 |

### 21世纪教师教育系列教材·语文课程与教学论系列

|  |  |  |
|---|---|---|
| 语文文本解读实用教程 | 荣维东 | 49元 |
| 语文课程教师专业技能训练 | 张学凯 刘丽丽 | 45元 |
| 语文课程与教学发展简史 | 武玉鹏 王从华 黄修志 | 38元 |
| 语文课程学与教的心理学基础 | 韩雪屏 王朝霞 主编 | |
| 语文课程名师名课案例分析 | 武玉鹏 郭治锋 主编 | |
| 语用性质的语文课程与教学论 | 王元华 | 42元 |

### 21世纪教师教育系列教材·学科教学技能训练系列

|  |  |  |
|---|---|---|
| 新理念生物教学技能训练（第二版） | 崔鸿 | 33元 |
| 新理念思想政治（品德）教学技能训练（第二版） | 胡田庚 赵海山 | 29元 |
| 新理念地理教学技能训练 | 李家清 | 32元 |
| 新理念化学教学技能训练（第二版） | 王后雄 | 46元 |
| 新理念数学教学技能训练 | 王光明 | 36元 |
| 新理念小学音乐教学法 | 吴跃跃 | 38元 |

### 王后雄教师教育系列教材

|  |  |  |
|---|---|---|
| 教育考试的理论与方法 | 王后雄 | 35元 |
| 化学教育测量与评价 | 王后雄 | 45元 |
| 中学化学实验教学研究 | 王后雄 | 32元 |

| 新理念化学教学诊断学 | 王后雄 48元 |

## 西方心理学名著译丛

| 荣格心理学七讲 | [美] 卡尔文·霍尔 45元 |
| 拓扑心理学原理 | [德] 库尔德·勒温 32元 |
| 系统心理学：绪论 | [美] 爱德华·铁钦纳 30元 |
| 社会心理学导论 | [美] 威廉·麦独孤 36元 |
| 思维与语言 | [俄] 列夫·维果茨基 30元 |
| 人类的学习 | [美] 爱德华·桑代克 30元 |
| 基础与应用心理学 | [德] 雨果·闵斯特伯格 36元 |
| 记忆 | [德] 赫尔曼·艾宾浩斯 32元 |
| 儿童的人格形成及其培养 | [奥地利] 阿德勒 35元 |
| 幼儿的感觉与意志 | [德] 威廉·蒲莱尔 45元 |
| 实验心理学（上下册） | [美] 伍德沃斯 施洛斯贝格 150元 |
| 格式塔心理学原理 | [美] 库尔特·考夫卡 75元 |
| 动物和人的目的性行为 | [美] 爱德华·托尔曼 44元 |
| 西方心理学史大纲 | 唐钺 42元 |

## 心理学视野中的文学丛书

| 围城内外——西方经典爱情小说的进化心理学透视 | 熊哲宏 32元 |
| 我爱故我在——西方文学大师的爱情与爱情心理学 | 熊哲宏 32元 |

## 21世纪教学活动设计案例精选丛书（禹明 主编）

| 初中语文教学活动设计案例精选 | 32元 |
| 初中数学教学活动设计案例精选 | 30元 |
| 初中科学教学活动设计案例精选 | 27元 |
| 初中历史与社会教学活动设计案例精选 | 30元 |
| 初中英语教学活动设计案例精选 | 26元 |
| 初中思想品德教学活动设计案例精选 | 29元 |
| 中小学音乐教学活动设计案例精选 | 32元 |
| 中小学体育（体育与健康）教学活动设计案例精选 | 36元 |
| 中小学美术教学活动设计案例精选 | 39元 |
| 中小学综合实践活动教学活动设计案例精选 | 30元 |
| 小学语文教学活动设计案例精选 | 29元 |
| 小学数学教学活动设计案例精选 | 38元 |
| 小学科学教学活动设计案例精选 | 32元 |
| 小学英语教学活动设计案例精选 | 36元 |
| 小学品德与生活（社会）教学活动设计案例精选 | 32元 |
| 幼儿教育教学活动设计案例精选 | 39元 |

## 全国高校网络与新媒体专业规划教材

| 文化产业概论 | 尹章池 38元 |
| 网络文化教程 | 李文明 42元 |
| 网络与新媒体评论 | 杨娟 39元 |
| 新媒体概论 | 尹章池 45元 |
| 新媒体视听节目制作（第二版） | 周建青 59元 |
| 融合新闻学导论 | 石长顺 49元 |
| 新媒体网页设计与制作 | 惠悲荷 39元 |
| 网络新媒体实务 | 张合斌 46元 |
| 突发新闻教程 | 李军 45元 |
| 视听新媒体节目制作 | 邓秀军 45元 |
| 视听评论 | 何志武 32元 |
| 出镜记者案例分析 | 刘静 邓秀军 39元 |
| 视听新媒体导论 | 郭小平 39元 |
| 网络与新媒体广告 | 尚恒志 张合斌 49元 |
| 网络与新媒体文学 | 唐东堰 雷奕 49元 |

## 全国高校广播电视专业规划教材

| 电视节目策划教程 | 项仲平 36元 |
| 电视导播教程 | 程晋 39元 |
| 电视文艺创作教程 | 王建辉 39元 |
| 广播剧创作教程 | 王国臣 36元 |

## 21世纪教育技术学精品教材（张景中 主编）

| 教育技术学导论（第二版） | 李芒 金林 38元 |
| 远程教育原理与技术 | 王继新 张屹 41元 |
| 教学系统设计理论与实践 | 杨九民 梁林梅 29元 |
| 信息技术教学论 | 雷体南 叶良明 29元 |
| 网络教育资源设计与开发 | 刘清堂 30元 |
| 学与教的理论与方式 | 刘雍潜 32元 |
| 信息技术与课程整合（第二版） | 赵呈领 杨琳 刘清堂 39元 |
| 教育技术研究方法 | 张屹 黄磊 38元 |
| 教育技术项目实践 | 潘克明 32元 |

## 21世纪信息传播实验系列教材（徐福荫 黄慕雄 主编）

| 多媒体软件设计与开发 | 32元 |
| 电视照明·电视音乐音响 | 26元 |
| 播音与主持艺术（第二版） | 38元 |
| 广告策划与创意 | 26元 |
| 摄影基础（第二版） | 32元 |

## 21世纪教师教育系列教材·专业养成系列（赵国栋 主编）

| 微课与慕课设计初级教程 | 40元 |
| 微课与慕课设计高级教程 | 48元 |
| 微课、翻转课堂和慕课设计实操教程 | 188元 |
| 网络调查研究方法概论（第二版） | 49元 |
| PPT云课堂教学法 | 88元 |